기독교문서선교회 (Christian Literature Center: 약칭 CLC)는 1941년 영국 콜체스터에서 켄 아담스에 의해 시작되었으며 국제 본부는 미국 필라델피아에 있습니다. 국제 CLC는 약 650여 명의 선교사들이 59개 나라에서 180개의 서점을 운영하며 이동 도서 차량 40대를 이용하여 문서 보급에 힘쓰고 있으며 이메일 주문을 통해 130여 국으로 책을 공급하고 있는 국제적 문서선교 기관입니다.

추천사

박영호 박사

전 한국성서대학교 교수
기독교문서선교회(CLC) 대표

　본서의 저자 조하늑(창헌) 목사님은 하나님의 말씀인 성경을 충실히 연구하고자 성경 원어를 열심히 공부하였고, 하나님의 아들 예수 그리스도를 하나님의 유일하고 가장 존귀한 복음으로 여깁니다. 특히, 저자는 이스라엘 현지에서 유학과 선교 사역을 하시면서 성경 원어에 충실하고자 성경의 인명과 지명도 그 당시에 발음되었던 대로 말하려 하고, 예수님의 이름도 그 시대에 불리셨던 대로 '예슈아'라고 부릅니다. 이처럼 원천에 대한 열심이 특별한 저자는 30여 년의 목회를 마치고 그동안 믿고 고백하며 가르치고 선포했던 그 복음의 말씀을 《하쉠 예슈아 시리즈》 전 3권으로 정리하여 출판하게 되었으니, 진심으로 축하드립니다.

　본 시리즈는 전체 성경이 무엇을 말하고 있는지를 통시적으로 바라보며 스토리텔링의 방식으로 풀어 주고 있어 독자가 본서를 읽다 보면 이야기 속으로 빠져들어 가게 될 것입니다. 저자는 '이스라엘'을 하나님의 시계요, 예수님의 시간표로 여기고 있습니다. 이러한 관점이 본 시리즈 전체에서 나타납니다.

제1권 『하쉠 예슈아: 구약이 본 이스라엘』은 구약성경을 토대로 하나님의 백성인 이스라엘의 태동과 성장과 쇠락이라는 큰 흐름을 보여 주고, 동시에 메시아에 대한 하나님의 약속에 주목하게 합니다.

제2권 『하쉠 예슈아: 신약이 본 이스라엘』은 신약성경을 토대로 예수 그리스도와 교회와 유대인들을 다룹니다. 즉, 하나님이 약속하신 메시아 예수의 나심, 즉 성육신을 비롯한 그분의 공생애와 십자가 죽음, 그리고 부활과 승천을 다루고, 신약 시대 교회의 탄생과 성장, 그리고 선교와 순교의 역사를 다루며, 그때부터 현재까지의 유대인의 역사를 살피는 가운데 하나님의 구속사적 섭리에 주목합니다.

제3권 『하쉠 예슈아: 내일이 본 이스라엘』은 성경의 예언에 주목하면서, 성경의 선지자들과 사도들이 이스라엘에 대하여 어떤 예언을 하였는지 살피고, 오늘날 그리스도인인 우리가 주님의 재림을 고대하며 깨어서 준비하도록 도전합니다.

이처럼 본 시리즈는 예수 그리스도를 중심으로 유대 이스라엘의 궁극적 회복을 바라보는 관점으로 성경과 오늘날의 역사와 미래를 고찰하도록 인도합니다. 본서의 또 다른 특징은 수준 높은 삽화가 다수 수록되었고, 성경 보조 자료로서 여러 지도를 제공하고 있어 입체적인 독서 경험을 갖게 한다는 점입니다. 특히, 이스라엘로 유학 가고자 하는 분들과 목사님들과 신학도들에게 매우 유익한 참고 도서가 되리라 확신합니다.

본서를 읽는 독자들에게 우리 주 예수 그리스도의 은혜와 하나님 아버지의 사랑과 성령의 교통하심이 가득하시기를 간구하고 축원합니다.

하쉠 예슈아
내일이 본 이스라엘

Ha Shem Yeshua: Aspect of Israel Tomorrow
Written by Hanoch Jo
All rights reserved.
Korean Edition Copyright ⓒ 2025 by Christian Literature Center, Seoul, Korea.

하쉠 예슈아: 내일이 본 이스라엘

2025년 1월 31일 초판 발행

지 은 이 | 조하녹

편   집 | 곽진수
디 자 인 | 소신애, 서민정
펴 낸 곳 | (사)기독교문서선교회
등   록 | 제16-25호(1980. 1. 18.)
주   소 | 서울특별시 동대문구 천호대로71길 39
전   화 | 02-586-8761~3(본사) 031-942-8761(영업부)
팩   스 | 02-523-0131(본사) 031-942-8763(영업부)
이 메 일 | clckor@gmail.com
홈페이지 | www.clcbook.com
송금계좌 | 기업은행 073-000308-04-020 (사)기독교문서선교회
일련번호 | 2025-12

ISBN 978-89-341-2770-3 (94230)
ISBN 978-89-341-2742-0 (세트)

이 책의 출판권은 (사)기독교문서선교회가 소유합니다.
신저작권법에 의하여 한국 내에서 보호를 받는 저작물이므로 무단 전재와 무단 복제를 금합니다.

목차 ▶

추천사 **박영호 박사** | 전 한국성서대학교 교수, 기독교문서선교회(CLC) 대표   1

일러두기   11
1. 현대 이스라엘 약황   11
2. 성경의 지명과 인명 표기   12
3. 성경의 권별 이름 목록   13

저자 서문   18
1. 성경 고유 명사의 '현지음'(現地音) 표기   19
2. 우리가 구원 얻을 유일한 '그 이름 예슈아'!   21
3. 주요 참고 서적   24
4. '하쉠 예슈아 시리즈'는 전 3권으로 구성되어 있습니다   24
5. 성경 지식이 질적으로 향상된 한국 교회 성도들을 위하여   25

제1장 구약 선지자들이 본 이스라엘   27

1. 성경 예언의 특징   27
2. 선지자들이 미리 본 이스라엘   36

제2장 신약 선지자들이 미리 본 이스라엘   129

1. 하마쉬앙의 탄생을 미리 본 선지자들   129
2. 부활의 증인들이 미리 본 이스라엘   144

제3장 하나님의 시계, 이스라엘   162

1. 치온주의의 태동과 예후다 국가론   162
2. 제1, 2차 세계 대전과 이스라엘   176
3. 이스라엘의 전쟁과 주변 아랍국들   188
4. 이스라엘과 아랍국들의 평화 행진   205
5. 이스라엘과 무력 단체 하마스 전쟁   234

목차 ▶▶

제4장 주님 오시는 나팔 소리 - 재림의 징조들   263

1. 2024년은 Doomsday Clock 90초 전!   263
2. 세계의 기후 변화, 불타는 지구   266
3. 기후 위기 시대의 원자력 발전   274
4. 해저와 지하의 감춰진 지뢰밭 – 지진과 화산   283
5. 기상 이변은 펜데믹의 근원   289
6. 우리가 살 지구는 우리가 지킬게요!   298
7. 동성애와 음란의 바다 인터넷   302
8. 인간 복제와 인간 배아 복제   323
9. 과학 기술의 발전과 바벨탑 교훈   333
10. A.I. ROBOT의 정체 - Helper? Ruler?   350
11. 핵폭탄 폭발은 지구가 완전 파괴되는 세계 최후의 날   378

제5장 사도 요하난이 미리 본 이스라엘   380

1. 예슈아 그리스도의 계시   380
2. 천상세계의 비전과 하늘 나라   397
3. 3대 7중 재앙(三大七重災殃)   401
4. 환란 중반의 삽입 계시들   412
5. 3대 3중 재앙 – 대환난 3단계   425
6. 큰 음녀 바벨론의 정체와 멸망   429
7. 어린양의 결혼 피로연과 그리스도의 재림   434
8. 그리스도의 천년왕국과 사탄의 최후   439
9. 최후의 심판과 새 하늘과 새 땅   443

맺음말 주님이 오시는 나팔 소리   452

너희 안에 이 마음을 품으라
곧 그리스도 예슈아의 마음이니
그는 근본 하나님의 본체시나
하나님과 동등됨을 취할 것으로 여기지 아니하시고
오히려 자기를 비워 종의 형체를 가지사
사람들과 같이 되셨고 사람의 모양으로 나타나사
자기를 낮추시고 죽기까지 복종하셨으니 곧 십자가에 죽으심이라
이러므로 하나님이 그를 지극히 높여
모든 이름 위에 뛰어난 이름을 주사
하늘에 있는 자들과 땅에 있는 자들과 땅 아래에 있는 자들로
모든 무릎을 예슈아의 이름에 꿇게 하시고
모든 입으로 예슈아 그리스도를 주라 시인하여
하나님 아버지께 영광을 돌리게 하셨느니라

[필립포이 2:5-11]

일러두기

1. 현대 이스라엘 약황[1]

이스라엘 국기

- 수도: 예루샬라임
- 국가(國歌): 하티크바(희망)
- 인구(2023년): 984만 명
  - 인구 비율: 유대인(74%), 아랍인(21%), 기타(5%)
- 면적: 20,770km2(1967년 이후 점령지 제외)
- 언어: 히브리어(공용어), 아랍어, 영어
- 정부 형태: 의원내각제
  - 의회 구성: 단원제(120석)
- 주요 인사(2024년)
  - 대통령: 아이작 헤르초그(Issac Herzog)
  - 총리: 벤야민 네타냐후(Benjamin Netanyahu)
- 경제 현황(2023년)
  - G.D.P.: 5,216억 불
  - 1인당 G.D.P.: 53,195불

---

1 참조. 주 이스라엘 한국대사관 자료 2024.

- 교역 규모(2022년)
  - 수출: 735.85억 불(하이테크 산업, 방산품)
  - 수입: 1,077.42억 불(투자재, 원자재, 소비재)
- 통화 단위: 세겔(Shekel[1$ = 3.75 shekel[2024.1.])
- 우리나라와의 관계
  - 수교 일자: 1962. 4. 10.
  - 주이스라엘 한국대사관 개설일: 1993. 12. 27.

이스라엘 국장

이스라엘의 국장은 1949년 2월 10일에 제정되었다. 파란색 방패 안에는 3천 년 동안의 전통 역사를 표현하는 성전의 '메노라'가 있는데, 유일하신 하나님의 빛으로서 국가의 중심이 된다. 메노라 양편에는 평화를 상징하는 '올리브 가지'가 감싸고 있으며, 그 아래에는 "ישראל"(이스라엘)이라는 이브리어 국명이 있다.

2. 성경의 지명과 인명 표기

본서에서 성경의 지명과 인명의 표기는 현지음을 따르는 것을 원칙으로 삼았습니다.

3. 성경의 권별 이름 목록

본서에서 구약성경의 권별 이름은 '원어 번역명'을 사용합니다.

† 구약: 옛 언약(Old Testament), תנ"ך(타낙)[2]

창세기: '태초에'(בְּרֵאשִׁית) | 출애굽기: '이름들'(שְׁמוֹת)
레위기: '부르심'(וַיִּקְרָא) | 민수기: '광야에'(בְּמִדְבַּר) | 신명기: '말씀들'(דְּבָרִים)
여호수아: '예호슈아'(יְהוֹשֻׁעַ) | 사사기: '사사들'(שֹׁפְטִים) | 룻기: '루트'(רוּת)
사무엘상: '1쉬무엘'(שְׁמוּאֵל א) | 사무엘하: '2쉬무엘'(שְׁמוּאֵל ב)
열왕기상: '1열왕'(מְלָכִים א) | 열왕기하: '2열왕'(מְלָכִים ב)
역대기상: '1역대'(דברי הימים א) | 역대기하: '2역대'(דברי הימים ב)
에스라: '에즈라'(עֶזְרָא) | 느헤미야: '느헤므야'(נְחֶמְיָה) | 에스더: '에스텔'(אֶסְתֵּר)
욥기: '이요브'(אִיּוֹב) | 시편: '찬양들'(תְּהִלִּים) | 잠언: '잠언'(מִשְׁלֵי)
전도서: '전도자'(קֹהֶלֶת) | 아가: '노래들'(שִׁיר הַשִּׁירִים) | 이사야: '예사야'(יְשַׁעְיָה)
예레미야: '이르메야'(יִרְמְיָה) | 예레미야 애가: '이르메야 어떡해'[3] (יִרְמְיָה אֵיכָה)
에스겔: '예헤즈켈'(יְחֶזְקֵאל) | 다니엘: '다니엘'(דָּנִיֵּאל) | 호세아: '호쉐아'(הוֹשֵׁעַ)
요엘: '요엘'(יוֹאֵל) | 아모스: '아모스'(עָמוֹס) | 오바댜: '오바드야'(עֹבַדְיָה)
요나: '요나'(יוֹנָה) | 미가: '미카'(מִיכָה) | 나훔: '나훔'(נַחוּם)
하박국: '하바쿡'(חֲבַקּוּק) | 스바냐: '츠판야'(צְפַנְיָה) | 학개: '하가이'(חַגַּי)
스가랴: '즈카르야'(זְכַרְיָה) | 말라기: '말라키'(מַלְאָכִי)

---

[2] 예후다교(유대교)에서는 율법서를 뜻하는 '토라'(תורה), 예언서를 뜻하는 '네비임'(נביאים), 성문서를 뜻하는 '케투빔'(כתובים)의 앞 자만을 '타낙'(תנ"ך, TaNaK)이라고 불러 왔다. 토라, 네비임, 케투빔의 삼분 구조는 예후다교에서 인식하는 위계적 순서로서 회당에서 사용하고 있으며, 개신교에서는 '구약'(옛 언약)이라고 불린다.

[3] "예레미야 애가"의 원어 음역인 '이르메야 에카'에서 '에카'의 의미는 '어떻게'(how)인데, 이르메야가 통곡, 절규, 탄식에 사용되었기에 '어떡해'로 표기하기로 한다.

본서에서 신약성경의 책 명은 '원어 번역명의 약어'를 사용합니다.

† 신약: 새 언약(New Testament, הברית החדשה[하브리트 하하다솨])[4]

마태복음: '**마타이오스**'(Τὸ κατὰ Ματθαῖον Εὐαγγέλιον, 마타이오스에 의한 복음)

마가복음: '**마르코스**'(Τὸ κατὰ Μᾶρκον Εὐαγγέλιον, 마르코스에 의한 복음)

누가복음: '**루카스**'(Τὸ κατὰ Λουκᾶν Εὐαγγέλιον, 루카스에 의한 복음)

요한복음: '**요하난**'(Τὸ κατὰ Ἰωάννην Εὐαγγέλιον, 요안네스에 의한 복음)[5]

사도행전: '**사도들**'(Πράξεις Ἀποστόλων, 사도들의 행적)

로마서: '**로마**'(Πρὸς Ῥωμαίους, 로마인들에게)

고린도전서: '**1 코린토스**'(Πρὸς Κορινθίους α´, 코린토스인들에게 알파)

고린도후서: '**2 코린토스**'(Πρὸς Κορινθίους β´, 코린토스인들에게 베타)

갈라디아서: '**갈라티아**'(Πρὸς Γαλάτας, 갈라티아인들에게)

에베소서: '**에페소스**'(Πρὸς Ἐφεσίους, 에페소스인들에게)

빌립보서: '**필맆포이**'(Πρὸς Φιλιππησίους, 필맆포이인들에게)

골로새서: '**콜롯사이**'(Πρὸς Κολοσσαεῖς, 콜롯사이들에게)

데살로니가전서: '**1 텟살로니케**'(Προς Θεσσαλονικείς α´, 텟살로니케인들에게 알파)

데살로니가후서: '**2 텟살로니케**'(Πρὸς Θεσσαλονικεῖς β´, 텟살로니케인들에게 베타)

디모데전서: '**1 티모테오스**'(Πρὸς Τιμόθεον α´, 티모테오스에게 알파)

디모데후서: '**2 티모테오스**'(Πρὸς Τιμόθεον β´, 티모테오스에게 베타)

디도서: '**티토스**'(Πρὸς Τίτον, 티토스에게)

---

[4] 신약성경은 예슈아 그리스도의 제자들이 보고 들은 사실들에 대한 증언들과 그들이 전도를 통해 교회를 세운 일과 믿음의 공동체 생활의 필요한 덕목들을 기록한 책이다. '신약(새 언약)'은 히브리어로 '하브리트 하하다솨'(הברית החדשה)라고 한다.

[5] 헬라어 이름 '요안네스'는 본래 히브리어 이름인 '요하난'으로 음역 표기한다(구약 표기와의 일관성).

빌레몬서: **'필레몬'**(Πρὸς Φιλήμονα, 필레몬에게)
히브리서: **'이브리'**(Πρὸς Ἑβραίους, 헤브라이오스인들에게)[6]
야고보서: **'야아콥'**(Ἐπιστολή Ἰακώβου, 야코보스의 편지)[7]
베드로전서: **'1 페트로스'**(Πέτρου Ἐπιστολή α´, 페트로스의 편지 알파)
베드로후서: **'2 페트로스'**(Πέτρου Ἐπιστολή β´, 페트로스의 편지 베타)
요한일서: **'1 요하난'**(Ἰωάννου Ἐπιστολή α´, 요안네스의 편지 알파)
요한이서: **'2 요하난'**(Ἰωάννου Ἐπιστολή β´, 요안네스의 편지 베타)
요한삼서: **'3 요하난'**(Ἰωάννου Ἐπιστολή γ´, 요안네스의 편지 감마)
유다서: **'예후다'**(Ἰούδα Ἐπιστολή, 유다스의 편지)[8]
요한계시록: **'요하난계시'**(Ἀποκάλυψις Ἰωάννου, 요안네스의 계시)

---

[6] 헬라어 단어 '헤브라이오스'는 본래 히브리어 단어인 '이브리'로 음역 표기한다(구약 표기와의 일관성).

[7] 헬라어 단어 '야코보스'는 본래 히브리어 단어인 '야아콥'으로 음역 표기한다(구약 표기와의 일관성).

[8] 헬라어 이름 '유다스'는 본래 히브리어 이름인 '예후다'로 음역 표기한다(구약 표기와의 일관성).

Hebrew Alphabet

ו	ה	ד	ג	ב	בּ	א
'V'av	'H'ay	'D'alet	'G'imel	'V'et	'B'et	Alef
ך	כ	כּ	י	ט	ח	ז
Final 'Kh'af	'Kh'af	'K'af	'Y'ud	'T'et	'Ch'et	'Z'ayin
ע	ס	ן	נ	ם	מ	ל
Ayin	'S'amekh	Final 'N'un	'N'un	Final 'M'em	'M'em	'L'amed
ר	ק	ץ	צ	ף	פ	פּ
'R'aysh	'K'uf	Final 'Tz'adi	'Tz'adi	Final 'F'ey	'F'ay	'P'ay
		ת	תּ	שׂ	שׁ	
		Sav 'T'	'T'av	'S'in	'Sh'in	
ֱ	ֶ	ֵ	ֵי	ֲ	ַ	ָ
'e' very short	'e' short	'e' long	'e' long	'a' very short	'a' short	'a' long
ִ	ִי	ֻ	וּ	ֳ	ֹ	וֹ
'i' short	'i' long	'u' short	'u' long	'o' very short	'o' short	'o' long

Greek Alphabet

Αα	Ββ	Γγ	Δδ	Εε	Ζζ
Alpha	Beta	Gamma	Delta	Epsilon	Zeta
Ηη	Θθ	Ιι	Κκ	Λλ	Μμ
Eta	Theta	Iota	Kappa	Lambda	Mu
Νν	Ξξ	Οο	Ππ	Ρρ	Σσ,ς
Nu	Xi	Omicron	Pi	Rho	Sigma
Ττ	Υυ	Φφ	Χχ	Ψψ	Ωω
Tau	Upsilon	Phi	Chi	Psi	Omega

저자 서문

조 하 녹 (창헌)

할렐루야!

　우리 주 **예슈아 하마쉬앟**(הָאָדוֹן יֵשׁוּעַ הַמָּשִׁיחַ, 하아돈 예슈아 하마쉬앟, The Lord YESHUA Messiah)의 귀하신 이름을 찬양합니다.

　광야 같은 인생에서 방황하던 죄인을 불러 주신 하나님 아버지께 감사드립니다. 이 세상의 자연과 우주를 창조하신 전지전능하신 살아 계신 하나님의 존재하심을 깨닫게 하시고, 눈에 보기 좋은 대로 마음대로 살던 허무한 인생을 어디서 와서 어디로 가는지 몰랐던 허무함에서 벗어나, 복음을 듣고 죄인임을 깨닫고 주님의 몸 된 거룩한 성도들의 공동체인 교회에서 여러 믿음의 선배의 가르침을 통하여 주님의 십자가의 보혈로 죄 사함과 자녀 됨과 영화로움의 거룩하신 그리스도의 신부로서 영생의 나라의 영원한 생명을 누리게 해 주신 주님께 영광과 감사를 드립니다.

　'이제 거룩한 성령님의 성전이 되어 진실하고 정직하고 거룩하고 성결한 삶을 살려면 어떻게 살아야 하는가?'

　기도하던 중, 고교 시절에 학생회 수련회에 참석하여 "한반도의 청사진을 가슴에 새기라"라는 지도 교사의 말씀이 가슴에 박혀, 장래를 고민하던 중, 강OO 목사님의 부흥회에 참석하였다가, 은혜를 받고 감히 장래에 주님의 종으로 쓰임 받고자 하는 마음으로 서원 기도를 드리게 되었습니다.

이에 주님께서 일꾼으로서 훈련받는 기간을 주셔서, 교회에서 교사와 집사로 섬기며, 직장과 사업도 경험하다가, 오스트레일리아에서 신학과 목회의 연단을 거쳐, 이스라엘에서 선교사로 교회를 섬기게 되었습니다. 이러한 은혜를 베푸신 하나님 아버지와 어린양 예수 그리스도께 모든 영광을 드립니다.

어느덧 30여 년의 목회를 마치고 은퇴하였습니다. 주님께서 수많은 말씀의 지식과 지혜를 주셔서, 깨닫는 은혜로 말씀을 전하게 하시고, 구원의 열매들을 주심에 감사하며 그동안의 삶을 회고하였습니다.

그러던 중, 신자들이 글로벌 시대에 걸맞게 부족하나마 성경에 기록된 많은 고유 명사(인명, 지명)의 현지음과 성경의 이브리어(히브리어)와 헬라어(그리스어)에 담긴 의미를 알게 된다면, 더 깊은 말씀 연구를 하고 은혜 받는 데 도움이 될 것이라 생각되었습니다. 그래서 신자들이 앞으로 지구촌 사회에서 여러 사람을 만나고 소통하고, 성령님 안에서 돈독한 교제와 연구로 그리스도의 나라와 의를 세워 가는 천국 시민으로서 성장하고 성숙하는 데 조금이나마 도움이 되리라는 마음으로 본서를 집필하게 되었습니다.

1. 성경 고유 명사의 '현지음'(現地音) 표기

필자는 주예수교회에서 목회할 때 전도용으로 격주간지 『생명의 길』을 발행하면서 이스라엘 코너를 만들었는데, 그 당시 필자는 이스라엘을 가 보지 못한 터라, 하나님께서 택하신 성경의 나라 이스라엘을 살펴보고 싶은 마음에, 교회에서 특별히 휴가를 받아 개인 배낭여행을 하였는데, 이것이 저의 첫 이스라엘 방문이었습니다.

1989년 가을, 비행기에서 내린 후, 첫 방문지는 텔아비브 해변에 있는 성경의 지역인 '욥바'였습니다. 그곳의 현지음(원지음)은 '야포'(יפו)였습니다.

텔아비브의 공식명은 '텔아비브-야포'(תֵּל־אָבִיב־יָפוֹ)인데, '텔-아비브'는 '봄의 언덕,' '야포'는 '아름다운'이라는 뜻으로서, '아름다운 봄의 언덕'이라는 이름만큼이나 아름다운 도시입니다. 현지 원어를 알면, 이렇게 그 이름의 의미를 통하여 더 깊은 은혜를 얻을 수 있다는 것을 직접 깨닫게 되었답니다.

그곳은 지금도 그 이름만 들어도 잊히지 않는, 이름만큼이나 아름다운 해변으로서, 일렬로 줄을 맞추어 밀려오는 하얀 파도 물결이 마치 백마들의 행진 같은 모습이 연상되었고, 지금도 야포 해변을 생각하면 백마를 타신 주님과 그분의 기마병들이 오는 것 같은 박진감 넘치는 생생한 환상을 보는 듯합니다. 이처럼 그곳은 아름다운 추억의 항구 도시로 지금도 마음에 남아 있습니다.

한글 성경의 고유 명사의 이름들이 현지음과 다른 경우가 많습니다. 이브리어 성경을 읽을 때마다 한글 인명과 지명들이 현지음과 너무 달라서 사전을 힘들게 찾았던 기억이 납니다. 물론, 우리가 읽는 성경이 처음에는 이브리어로, 그리고 헬라어, 라틴어, 영어, 중국어, 일본어를 거쳐 한글로 번역되었으니, 현지음을 찾기는 힘든 일이겠지만, 그래도 이브리어가 다른 여러 언어보다 한글과 많이 유사하다는 것을 알게 되었습니다.

특히, 우리나라 이름에 한자가 사용되어 뜻이 있듯이, 이브리 이름에도 반드시 뜻이 있습니다. 현재 서점에 있는 인명 및 지명 사전들을 보면 알 수 있습니다. 그러나 신학도들과 성경 전문 연구자들 외에는 그 사전들의 활용도가 낮습니다. 그래서 현대 이브리어의 소리값과 함께, 적절한 이야기 형식(Story-Telling)을 겸한, 그래서 일반 성도들의 눈높이에 맞아 쉽게 이해될 수 있도록 원어 연구의 문턱을 낮춘다는 마음으로 본서를 집필하게 되었습니다.

여기에 우리가 잘 알고 있는 성경의 고유한 인명과 지명을 몇 단어만 소개해 봅니다.

* 구약성경
  예루살렘 ➡ **예루샬라임** | 이삭 ➡ **이츠학** | 야곱 ➡ **야아콥**
  다윗 ➡ **다비드** | 여호수아 ➡ **예호슈아** | 이사야 ➡ **예사야**
  예레미야 ➡ **이르메야** | 욥 ➡ **이요브**

* 신약성경
  마태 ➡ **마타이오스** | 마가 ➡ **마르코스** | 누가 ➡ **루카스**
  요한 ➡ **요하난** | 베드로 ➡ **페트로스** | 바울 ➡ **파울로스**
  베들레헴 ➡ **베이트-레헴** | 마리아 ➡ **미르얌** | 히브리 ➡ **이브리**

2. 우리가 구원 얻을 유일한 '그 이름 예슈아'!

예루샬라임에 있는 킹오브킹스(King of King)교회에서 메시아닉 이스라엘인과 세계 여러 나라의 인종과 언어가 다른 많은 그리스도인이 함께 예배를 드리는데, "할렐루야" 하면 여기저기에서 "아멘, 아멘" 하고 응답해 주는 외국 성도들을 만나니 '맞아, 천국에 가면 바로 이런 모습일 거야'라고 속으로 생각하고는 너무 좋았고 감격스러웠습니다. '아멘,' '할렐루야'는 이브리어임에도 불구하고, 전 세계의 모든 그리스도인에게 공통어가 되었다는 것이 너무 마음에 흡족하였습니다.

그보다 더 놀라운 발견은 '예수'의 이름이 이브리어로 **'예슈아'**(ישוע, *Yeshua*)라는 것이었습니다. 찬양과 설교 중에도 수없이 반복되는 '예슈아'라는 이름을 들으면서, '예슈아'는 바로 우리가 믿는 '예수'의 이름임을 금방 알게 되었답니다.

'예슈아'!
우리를 구원한 유일한 '그 이름'!

우리를 구원하신 주 '예수'의 현지음이 '예슈아'라는 것을 처음 알게 되었을 때, 너무 감격스러웠습니다. 마치 큰 보물을 찾은 것처럼 심장이 뛰고 기쁨과 설레임을 느꼈습니다.

나를 구원하신 주님의 실제 이름이라니!

왜 이제껏 이 이름을 몰랐을까?

너무 감격하고 신기해서 이브리어로 '그 이름'을 수없이 중얼거렸습니다.

"하아돈 예슈아 하마쉬앟, 벤-엘로힘 하임!"(주 예수 그리스도, 살아 계신 하나님의 아들).

"하담 예슈아 하마쉬앟"(그리스도 예슈아의 피).

하쉠 예슈아 벤-엘로힘 하임(살아 계신 하나님의 아들 그 이름 예슈아).

벅찬 가슴을 안고 '제이팀'(מיתיז)산[1]으로 올라가서 예슈아의 이름을 수없이 감격의 눈물을 흘리면서, 목 놓아 부르고 또 불렀습니다. 이 세상에서 가장 귀중하고 소중한 보배로운 '그 이름'을 알게 해 주신 주님께 감사드렸습니다. 그 이후로 성경과 찬송가에 '예수' '그 이름'만 나오면, 속으로 '예슈아'로 고쳐 읽고 불렀답니다. 그러면 왠지 내 안에 기쁨이 솟아 나옴을 느껴지고 나도 모르게 눈물이 맺히고, 미소를 짓게 됩니다.

마치 사랑하는 사람의 이름을 조용히 부를 때의 느낌처럼!

온 인류를 구원하신 위대한 '그 이름' 예슈아!
수십억의 이름들 위에 뛰어난 '그 이름' 예슈아!
우리가 구원받을 다른 이름을 주신 적이 없다는 '그 이름 예슈아'!
만왕의 왕, 만주의 주 되신, 자랑스럽고 훌륭하며 놀라운,
'그 이름 예슈아'!

---

[1] 제이팀(감람)산: 예루샬라임 동쪽 해발 800m의 '감람'(올리브)나무가 많은 산이다.

하늘에 있는 자나 땅에 있는 자나 땅 아래 있는 자, 모든 자가 무릎을 꿇고 모든 언어로 "예슈아는 주님이시다"라고, 입으로 고백하여 하나님 아버지께 영광 돌리는 바로 그 위대하신 '그 이름 예슈아'(הַשֵׁם יֵשׁוּעַ, Ha Shem Yeshua)!

천만 번, 수천만 번, 아니 부르고 또 불러도 더욱 부르고 싶은 그 귀중하고 사랑스럽고 보배로우신 '그 이름,' 바로 예슈아입니다. '그 이름'을 위해서라면 목숨까지 내놓아도 기꺼이 그럴 가치가 있고도 남을 생명보다 귀중한 '그 이름'이니까요.

'여호와' 혹은 '야웨'는 구약 시대의 하나님의 이름이었는지 모르지만,—현재 이스라엘의 라비(랍비)들도 모르는 하나님의 이름(본서에는 '주님'[The LORD]으로 표기함)—지금은 **'예슈아'가 하나님 아버지의 이름**(요하난[요] 17:11-12; 이름들[출] 3:14-15. 'אֲנִי־הוּא'[I'm He]), **아들 하나님의 이름**(마타이오스[마] 1:20-23, 요하난 8:24, 28. 'ἐγώ εἰμι'[I'm He]), **성령님의 이름**(요하난 14:26), 곧 **삼위일체의 세 분 하나님의 이름**(복수가 아닌 단수이며, 호칭이 아닌 구원받을 분명한 이름, 마타이오스 28:19-20)입니다.

'예슈아' 이름 안에 아버지, 아들, 성령님께서 함께 영광을 받으시고 그 이름에 온 세계가 무릎을 꿇고 경배하여야 마땅한, 온 인류가 구원받을 단 하나뿐인 유일한 그 이름이 바로 '삼위일체'의 신비하고 놀라운 하나님의 이름이라고 믿습니다(필맆포이[빌] 2:9-11; 예사야[사] 45:21-23).

2024년 2월 22일에 미국 고든콘웰신학교 산하 세계기독교연구센터가 발행한 「2024 세계 기독교 현황」에 따르면 올해 전 세계 기독교 인구는 약 2,631,940,000명(세계 인구의 33%)으로 나타났는데, 세계 270여 개 국가와 민족의 전통, 풍속, 문화, 언어는 각기 다릅니다.

그러나 공동으로 사용하는 단어인 '아멘,' '할렐루야'와 같이, 세계 26억의 성도들이 함께 찬양할 '그 이름'을 한 마음, 한 입술로 부르면 더 좋겠습니다.

이것이 초대 교회로 돌아가는 개혁주의의 본질이 아닐까요?

우리 주님의 이름을 26억 생명들이 한 목소리로 '예슈아'라고 높이고 찬양하면 정말 좋겠다는 간절한 소원이 본서를 출판하게 된 가장 큰 동기가 되었던 것입니다.

3. 주요 참고 서적

주로 참고한 구약성경(이브리어)은 *BHS*(*Biblia Hebraica Stuttgartensia*, German Bible Society)와 *The Interlinear Literal Translation of The Hebrew Old Testament*입니다. 신약성경(헬라어)은 *The Interlinear Literal Translation of The Greek New Testament*(The Nestle Greek Text)입니다. 성경 번역본은 *Hebrew New Testament*(프란츠 델리취[Franz Delitzsch] 역)와 *The New King James Version*과 『히브리어 헬라어 직역성경』(허성갑 역)입니다.

기타 참고 자료는 *The Charis Bible Commentary by Synthetic System Method*와 *The Grand Bible Commentary*이고, 『구약원어 신학사전』(*Theological Wordbook of The O.T.*, 2 vols.)(요단출판사, 1986)과 박재역, 『성경고유 명사 사전』(생명의말씀사, 2009)입니다.

4. '하쉠 예슈아 시리즈'는 전 3권으로 구성되어 있습니다

제1권 『하쉠 예슈아: 구약이 본 이스라엘』
제2권 『하쉠 예슈아: 신약이 본 이스라엘』
제3권 『하쉠 예슈아: 내일이 본 이스라엘』

하나님은 이 지구상에 수많은 나라의 흥망성쇠를 경영하시는 분입니다.

왜 하나님은 이스라엘을 여러 나라의 장자와 제사장으로 삼으셨을까요?(Why Israel?)

이러한 질문에 공감하시는 분들을 생각하여 하나님의 마음을 살짝 들여다보고 싶었습니다. 이스라엘을 직접 방문하여 6년 동안 살면서, 조금이나마 그 이유를 알게 되었습니다. 왜 이스라엘을 '**하나님의 시계**'(The Watch of GOD)라고 부르는지 알 것 같습니다.

작은 나라 **이스라엘**은 인류 세계사의 주축으로서 그 시작과 그 끝을 수놓으면서 온 인류의 마지막을 장식하고 새 영생의 세계로 돌입하는 '**하나님의 시계, 예슈아의 시간표**'(Israel: The Watch of GOD, The Timetable of YESHUA)입니다.

5. 성경 지식이 질적으로 향상된 한국 교회 성도들을 위하여

최근 한국 교회 성도들의 성경 지식은 매우 높은 지식에 이르고 있습니다. 예전에는 목사나 선교사 혹은 주님의 종으로 헌신하는 분들이 주로 신학대학교를 지원하였습니다. 지금은 성도들은 평신도 제자훈련과 사역 등으로 그 질적 수준이 매우 높아지고 있고, 특히 인터넷과 매스 미디어를 통한 지식정보 시대에 발맞춰, 언어 연구와 학습에도 많은 관심을 갖는 등, 성경 지식의 수준도 많이 향상되고 있는 현실입니다. 또한, 세계여행이나 성지 순례 프로그램도 활발히 진행되어 큰 몫을 하고 있습니다.

이제는 고유 명사의 인명, 지명에 대한 관심도 높아졌기에, 성경의 인명, 지명을 세계화 시대에 맞는 현지음에 맞게 교정하는 작업은 시대적 요청입니다.

그러므로 본서에서 성경에 등장하는 많은 인명과 지명도 성경의 본 고장인 이스라엘의 현대 이브리어에 맞게 교정하고, 신약 역시 헬라어로 표기해야 하겠지만, 신약의 모든 저자가 이스라엘인으로 이브리적 사고로 기록하였기 때문에, 일부분은 현대 이브리어로, 일부분은 '코이네 헬라어'로 표기하였음을 참고해 주시기 바랍니다.

본서에서 사용하는 성경의 권별 이름의 목록은 본서의 "일러두기"를 참조해 주시기 바랍니다. 점차 본서의 표기 방식에 익숙해지실 것입니다.

끝으로, 외래어를 완벽하게 현지음으로 발음하는 것 자체가 불가능한 일이겠지만, 한글만의 독특한 소리 값의 장점을 살려 최대한 표시하였습니다. 혹 부족한 점이나 잘못 표기한 부분이 있거나 또는 다른 의견이 있다면, 서슴지 마시고 연락 주시면 참고하겠습니다.

또한, 본서의 내용 중에 빌려온 글들은 사전에 저자의 허락을 받기도 하였습니다. 그러나 사진이나 지도의 출처 표시가 미비한 점이 있다면 이메일(oyeshua@naver.com)로 연락을 주시기 바랍니다.

그동안 오늘의 부족한 종이 있기까지 교훈과 가르침을 주신 국내외의 선배 교수들과 목회자들께, 그리고 목회하는 동안 국내외 교회공동체의 모든 성도님과, 선교를 후원해 주시며 기도해 주신 성도님들께 이 지면을 빌어 감사의 인사를 드립니다. 또한, 본서를 출판을 허락해 주신 기독교문서선교회(CLC)의 대표 박영호 목사님과 수고해 주신 직원분들께 감사드립니다.

특히, 40년이 넘도록 늘 곁에서 사랑과 헌신으로 함께한 아내 홍은희, 외아들 조국의 가족, 그리고 주 안에서 모든 믿음의 형제께도 고마움을 전하고, 본서가 주님의 은혜 안에 거하는 데 작은 도움의 통로가 되기를 바라면서, 우리 **주 예슈아 그리스도의 보배롭고 영화로우신 이름으로** 축복하고 감사드립니다.

2024년 7월 보름날 해질녘에
세종 범지기 마을과 동해 현진 골방에서

 제1장
구약 선지자들이 본 이스라엘

1. 성경 예언의 특징

1) 성경 예언의 특징 1: 불변성

'예언'(豫言, Prophecy)은 미래의 일어날 사건을 미리 말하는 것이다. 고대의 종교나 지혜자들의 미래에 대한 예언은 동서고금을 통하여 남겨진 기록이 있고, 그 예언이 그대로 성취되었다는 사건들이 있었다는 것은 책이나 매스미디어를 통하여 일시적이나마 접할 수가 있다. 그러나 그 선지자가 죽으면 그 선지자와 같은 인물의 등장은 찾기 어려웠고, 그저 역사 속에 잠들어 있을 뿐이다.

성경의 예언이 다른 예언들과 다른 것은 이스라엘 국가와 민족에 대한 예언은 선지자들을 통하여 그 예언한 내용들이 성경에 4천 년 이상 그 기록들이 보관되었고, 그 기록들이 시간이 흘러 그대로 예언이 성취된 것을 역사적으로 확인할 수 있게 되자, 성경의 예언은 반드시 이루어진다는 확신을 가지게 된다는 것이 다른 특징이다.

선지자가 죽거나 그 사명을 마쳐도 하나님께서는 또 다른 선지자를 택하여 이스라엘의 미래의 사건과 운명을 예언과 성취를 계속해서 수천 년을 이어가고 있다. 성경의 예언의 특별한 사실 하나는 수천 년의 세월이 흘러 선지자들은 계속 바뀌어도 예언의 대상인 모든 인류를 향한 심판과 구원의 메시지는 같은 맥락에서 변함없이 동일하게 예언되었고, 동일하게 적용되었으며, 동일하게 성취되고 있다는 것이다. 이러한 하나님의 예언의 본질인 동일성을 바로 불변성이라고 한다.[1]

> 주께서 말씀하신다 … 나의 전에 지음을 받은 신이 없었고 나의 후에도 없으리라. 나 곧 나는 아도나이다. 나 외에 구원자가 없다(이사야 43:10-11).

> 온갖 좋은 은사와 온전한 선물이 다 위로부터 빛들의 아버지께로부터 내려온다. 그는 변함도 없으시고 회전하는 그림자도 없으신 분이다(야아콥 1:17).

2) 성경 예언의 특징 2: 성취성

미래에 대한 예언은 반드시 성취되어야 참 예언이다. 만약 그 예언의 성취가 없다면 그것은 거짓 예언이다. 따라서 성경의 예언들이 반드시 성취되었다는 것은 이 예언의 주체가 바로 유일하신 하나님이시기 때문이며, 하나님은 전에도 후에도 없는 절대적으로 홀로 유일한 신으로, 온 우주와 지구의 행성들을 비롯하여 자연 세계를 지으시고, 이 공허하고 메마른 지구라는 행성에 우주 어느 곳에도 없는 수많은 물들을 쏟아부어 바다를 만드시고, 작은 미생물로부터 식물과 곤충과 동물들 그리고 마지막에는 하나님의 형상을 닮은 사람을 만드신 모든 피조물의 창조 주체이시다.

---

1   윤상민 외 2인, 『그랜드종합주석(제10권 이사야)』 (서울: 성서아카데미, 2000), 14-15.

그뿐만 아니라, 하나님께서는 인류 역사의 주권자로서, 1,600년 동안 40여 명의 선지자들을 부르시고 어느 종교의 경전에도 없는 인류의 '그 시작'과 '그 종말'에 대한 말씀을 자세하게 알려 주셨고, 선지자들은 그 하나님의 말씀을 그대로 성경에 모두 기록하였다.[2]

이제 그 후대에 살고 있는 우리들은 그 성경의 예언의 성취를 우리들의 현실 속에서 하나하나 만나면서 예언 성취의 설레임과 현실감 있는 성취를 몸소 경험하면서 살고 있다는 것이다. 그러나 만약 예언의 성취가 없다면, 그것은 가짜 예언이며, 거짓 예언은 참고하거나, 두려워하거나 관심을 가질 필요도 없다.

> 이는 비와 눈이 하늘로부터 내려서 그리로 되돌아가지 아니하고
> 땅을 적셔서 그 소출이 나게 하며 싹이 나게 하여 파종하는 자에게는 양식을 줌같이
> 내 입에서 나가는 말도 이와 같이 헛되이 내게로 되돌아오지 아니하고
> 나의 기뻐하는 뜻을 이루며 내가 보낸 일에 형통할 것이다(예사야 55:10-11).
>
> 내가 토라나 예언서를 파괴하러 왔다고 생각하지 말라.
> 폐하러 온 것이 아니라 성취하려고 왔다.
> 아멘, 내가 그대들에게 말한다.
> 하늘과 땅이 사라지기 전에는 토라의 일점일획이라도
> 없어지지 않고 온전히 성취될 것이다(마타이오스 5:17-18).

---

2 윤상민 외 2인, 『그랜드종합주석(제10권 이사야)』, 14-16.

3) 성경 예언의 특징 3: 복합성

일반적인 예언은 미래에 발생할 어떤 특정한 사건에 한 가지 사실만을 성취하는 경우도 있으나, 때로는 미래에 성취할 한 가지의 예언이 다중적으로 복합성 있는 성취를 이루는 경우도 있다는 것을 말한다.

그 한 예로, B.C. 605년, 바벨(בָּבֶל) 제국의 1차 포로로 끌려왔던 다니엘(דָּנִיֵּאל) 선지자는 기도로 얻은 예언의 해몽(解夢)으로 제국의 국무총리에 올라 국정을 다스리다가, 이스라엘의 회복을 위하여 장래 일에 대한 기도를 하던 중, B.C. 538년에 환상을 보고 그의 예언서에 기록하였다(다니엘 11:31-32). 장차 북방 왕이 예루샬라임에 와서 성전 안에 매일 드리는 제사를 폐하고 미운 물건 우상을 세울 것이라는 이 다니엘의 예언은 당시 헬라 제국의 안티오쿠스 에피파네스 4세(B.C. 175-164)가 예후다교의 종교 탄압과 말살 시키려는 강경 정책으로 인하여 그 예언을 성취하였다.

예루샬라임의 성전은 또 다시 A.D. 70년, 로마 제국에 의하여 멸망되었고, 그후 이 예언은 다시 신약 시대에 이르러, A.D. 50-52년, 사도 파울로스(바울)에 의하여 다시 다니엘의 예언이 인용되었다. 이는 종말을 예언한 사건들 중에 하나로, 적그리스도가 등장하여 다시 재건된 성전에 앉아 자신을 하나님이라고 높이는 가증한 미운 물건인 우상이 세워질 것을 앞으로 성취될 예언으로 기다리고 있다(2텟살로니케 2:3-4).

이와 같이 한 예언이 그 성취를 이루었으나, 후일 또 하나의 예언을 성취하게 되는 예언의 복합성과 다중성의 본질이 있다는 것이다. 첫 번째의 성취는 예표(豫表)로서, 두 번째의 성취를 강조하여 후일에 더 중요하고 분명한 예언의 성취가 반드시 발생할 것을 경고하고 있는 것이다.

따라서 이 성경 예언의 복합성은 하나님의 주권 역사가 어느 한 시대에만 국한되어 일어나는 것이 아니라 전 역사를 포괄하고 있는 것이며, 하나님의 인류 역사의 경륜은 이미 태초로부터 종말의 마지막까지 모두 예언되어 있고

그 예언들이 성취되도록 하나님께서는 열심으로 인류 역사를 그분의 뜻대로 반드시 성취하실 분이시다.³

4) 성경의 선지자는 누구인가?

성경의 선지자는 하나님의 말씀을 대언(代言)하는 자를 가리킨다. 하나님께서 주시는 음성을 듣거나, 꿈이나 환상을 보거나, 하나님의 뜻을 먼저 깨닫고 하나님의 지시하시는 장소에 가서, 하나님께서 만나라고 하는 사람을 만나, 하나님께서 전하라는 말씀을 그대로 전달하는 자들이었다.

하나님께서 전달하라는 말씀에는 단지 미래의 일에 대한 예언들뿐만 아니라 과거의 죄악을 책망하고 회개를 촉구하며, 현재의 반성 없이 타락과 방탕이 계속된다면, 온갖 질병들과 자연의 재앙이라는 징벌을 받게 된다는 경고를 포함하고 있다.

특히, 구약성경에서의 그 말씀의 내용이 장래의 일에 대한 예언(豫言)이면, 전달하는 자를 선지자라고 불렀는데, 통일 왕정 시대 이전에는 이브리어 '보다'(see), '감지하다'(perceive)라는 의미의 '호제'(חֹזֶה, 14회)와 '보다,' '관찰하다'라는 의미인 '로에'(רֹאֶה, 11회)가 번갈아 선견자(先見者)로 번역되어 환상이나 꿈을 꾸고 '보고 아는 자'라는 뜻이 강하다. 그러나 왕정 시대 이후에는 '예언자'나 '선지자'라 번역된 이브리어 '나비'(נָבִיא)는 약 300회나 사용되어 가장 대표적인 단어로서, 자신의 주관, 감정, 느낌, 생각, 뜻을 말하는 자가 아니라, '하나님의 예언을 선포하도록 전달하는 자'(on who is called to announce)라는 뜻이다.⁴

---

3 윤상민 외 2인, 『그랜드종합주석(제10권 이사야)』, 16-17.
4 윤상민 외 2인, 『그랜드종합주석(제10권 이사야)』, 17.

그러므로 선지자는 하나님의 말씀을 들은 그대로 가감하지 말고 반드시 그대로 전달해야 했다. 어떠한 경우에도 자신의 뜻이나 가치관 그리고 감정이나 편견을 조금이라도 개입해서는 안 되며, 더욱이 하나님의 말씀을 그대로 전하였을 때, 혹이라도 자신에게 다가올 피해를 걱정하여 상대방을 두려워하거나 또는 인정에 끌려서도 절대 안 된다. 그럼에도 불구하고 가감하는 자는 거짓 선지자가 될 것이고 그 대가는 죽음이었다(이르메야 14:14-16).

5) 타나크의 예언서들의 정경 인정

최초로 공식적인 이브리(עִבְרִי, 히브리)어 성경이 정경(正經)으로 공인된 때는 A.D. 90년, 예후다(יְהוּדָה, 유다)교 얌니아 라비 평의회에서였다. 그러나 정통주의 신학자들은 성경의 기록과 이스라엘의 역사적 정황을 면밀히 연구한 결과, 이브리 성경의 형성 시기는 바벨의 포로 시기 이후인 B.C. 440년경으로 추정하고 있다.

예후다교의 정경 '타나크'(תנ"ך)는 '토라'(תּוֹרָה), '네비임'(נְבִיאִים), '케투빔'(כְּתוּבִים)의 맨 앞 글자들을 모은 약칭으로, 예후다교의 전통에 따라 총 36권으로 구성된 것을 한 권의 책으로 편찬하여 정경으로 공인하였다.

특히, 예언서에 해당하는 '네비임'(נְבִיאִים)은 시대를 둘로 분류하여, '전기 예언서'는 '예호슈아'(יְהוֹשֻׁעַ), '사사들'(שֹׁפְטִים), '루트'(רוּת), '1, 2쉬무엘'(שְׁמוּאֵל א, ב), '1, 2열왕'(מְלָכִים א, ב), '1, 2역대'(דִּבְרֵי הַיָּמִים א, ב)로 나뉬으며, '후기 예언서'는 '예사야'(יְשַׁעְיָה)서부터 '말라키'(מַלְאָכִי)서까지, 그리고 '다니엘'(דָּנִיֵּאל)서와 '이르메야 어떡해'(אֵיכָה יִרְמְיָה), 이 두 권을 추가하여 총 17권으로 구성되었다.

한편, 기독교는 B.C. 250년, 미츠라임에서 이브리(עִבְרִי)어로 된 타나크를 헬라(그리스)어로 번역한 '70인역'에서부터 '쉬무엘'(1, 2)과 '열왕'(1, 2)과 '역대'(1, 2)를 각각 두 권으로 구분하여 총 여섯 권으로 만들었고, 또한 경전으로 받아들일 때, 예언서의 목차를 일부 변경하여 타나크의 '네비임'(נְבִיאִים)의

'전기 예언서'는 역사에 관한 내용이므로 '역사서'로 분류하였고, '후기 예언서'는 '선지서'라는 명칭을 변경하여 '이사야'(יְשַׁעְיָה)서부터 '말라키'(מַלְאָכִי)서까지 17권을 그대로 인정하여 '구약성경'이란 명칭으로 예후다교가 공인한 39권을 정경으로 공인하였다.

또한, 신약성경의 자료들은 주로 A.D. 50-100년 사이에 기록된 것으로, 오리겐과 유세비우스 등 영향력 있는 교부들의 정경 분류 방식 지침에 따라, 문서들을 연구하고 확인한 철저한 검증을 거쳐, A.D. 363년 라오디케아 공의회, A.D. 393년 히포 공의회 등을 거치면서, 드디어 A.D. 397년 카르타고 공의회에서 정경 27권을 신약성경으로 공인하게 되었다.[5]

6) 이스라엘의 미래를 예언한 선지자들

구약성경의 선지서 17권은 대선지서와 소선지서로 분류하였는데, 이는 선지자들의 신분이나 사역과는 관계없이 예언의 분량에 따라 분류한 것이다.

따라서 대선지서는 '이사야'(יְשַׁעְיָה, 66장), '이르메야'(יִרְמְיָה, 52장), '이르메야 어떡해'(אֵיכָה יִרְמְיָה, 5장), '에헤즈켈'(יְחֶזְקֵאל, 48장), '다니엘'(דָּנִיֵּאל, 12장) 모두 5권과, 소선지서는 '호쉐아'(הוֹשֵׁעַ, 14장), '요엘'(יוֹאֵל, 3장), '아모스'(עָמוֹס, 9장), 오바드야(עֹבַדְיָה, 1장), '요나'(יוֹנָה, 4장), '미카'(מִיכָה, 7장), '나훔'(נַחוּם, 3장), '하바쿡'(חֲבַקּוּק, 3장), '츠판야'(צְפַנְיָה, 3장), '하가이'(חַגַּי, 2장), '즈카르야'(זְכַרְיָה, 14장), '말라키'(מַלְאָכִי, 4장) 모두 12권으로서, 총 17권을 예후다교 히브리어 타나크의 예언서와 동일하게 공인하였다.

---

5   윤상민 외 2인, 『그랜드종합주석(제1권 성경 총론-창세기)』 (서울: 성서아카데미, 2000), 19-30.

이 예언서 17권 중에서, 역사서 안에서 예언이 성취된 기록들과 이스라엘 외에 주변 열국에 대하여 예언한 예언서들 '요나,' '오바드야,' '나훔' 등은 본서에서 제외하였으며, 특히 이스라엘의 미래와 관련된 예언서에 집중하여 '예사야,' '이르메야'(+ '이르메야 어떡해'), '예헤즈켈,' '다니엘,' '호쉐아,' '요엘,' '아모스,' '미카,' '하바쿡,' '츠판야,' '하가이,' '즈카르야,' '말라키' 모두 12권을 선정하였다.

7) 수많은 선지자들의 예언의 성취

광의(廣義)의 선지자는 아담의 7대손 하녹(חֲנוֹךְ, 태초에[창] 5:21-24; 예후다[유] 1:14)을 시작으로, 대홍수와 방주의 주인공 노앟(נֹחַ, 태초에 6:17-22; 9:1-17; 2페트로스 2:5; 3:3-7)과 그리고 이브리인의 초대 족장 아브라함(אַבְרָהָם, 태초에 20:7), 2대 족장 이츠학(יִצְחָק, 태초에 25:23; 26:3-4; 27:26-29), 3대 족장 야아콥(יַעֲקֹב, 태초에 28:13-15; 35:9-13; 49:8-10), 4대 족장 미츠라임(애굽)의 국무총리 요셒(יוֹסֵף, 태초에 48:14-16)이었다.

미츠라임의 노예로부터 민족의 대탈출을 이룬 모쉐(מֹשֶׁה, 말씀들 34:10)와 크나안(כְּנַעַן, 가나안) 땅을 정복한 예호슈아(יְהוֹשֻׁעַ, 예호슈아 21:43-45) 그리고 마지막 사사이자 선지자 쉬무엘(שְׁמוּאֵל)과 신정 국가 최대의 전성기를 이룬 다비드 대왕(2쉬무엘 7:8-29; 1역대 16:7-35; 28:4-19) 그 외에도 병거 타고 하늘로 승천한 엘리야(אֵלִיָּה) 선지자와 그의 제자 엘리사(אֱלִישָׁע) 선지자 등을 비롯하여 성경에 등장하는 유, 무명(有無名)의 많은 선지자들도 하나님의 말씀을 대언하고 선포하였으며, 그 선포된 말씀들은 모두 그대로 성취되었음을 성경은 증언하고 있다.

8) 구약 선지자들의 예언 기록 시대별 분류

본 장에서는 이스라엘의 미래에 관한 예언을 한 선지자들을 중심으로 살펴본다. 또한, 대부분 B.C. 9세기부터 B.C. 5세기까지 예언하였던 선지자들의 활동 시기는 각각 다르나, 예언 사역을 시작한 시점을 연대별로 순서를 정하여 역사적 연결의 이해를 돕고자, 아래와 같이 선지자들의 순서를 재편성하였다.

이스라엘의 장래 운명을 미리 본 선지자들의 시대별 순서는 다음과 같다.[6]

1. 요엘 (B.C. 835-796)
2. 아모스 (B.C. 793-750)
3. 호쉐아 (B.C. 755-723)
4. 예사야 (B.C. 739-680)
5. 미카 (B.C. 735-690)
6. 츠판야 (B.C. 640-630)
7. 이르메야 (B.C. 627-586)
8. 하바쿡 (B.C. 612-605)
9. 다니엘 (B.C. 605-536)
10. 예헤즈켈 (B.C. 593-570)
11. 하가이 (B.C. 520)
12. 즈카르야 (B.C. 520-518, 480-470)
13. 말라키 (B.C. 520-470)

---

[6] 윤상민 외 2인, 『그랜드종합주석(제10권 이사야)』, 19.

오늘날 이스라엘과 팔레스타인 간의 테러와 군사 공격으로 끊임없는 복수와 복수의 연속은 어린 아동들과 여성들을 비롯하여 수많은 사람들이 정든 집과 재산을 잃고 원하지 않은 난민이 되어 환란의 고통과 사랑하는 가족들과 죽음의 이별을 당하고 있는데, 누가, 언제까지, 어떻게 이 두 민족의 멈출 수 없는 복수의 문제를 해결할 수 있을 것인가?

성경의 예언서를 고찰하면서 언젠가는 닥쳐올 이스라엘과 팔레스타인의 문제점과 장래에 있을 하나님께서 뜻하신 심판과 함께 그 땅의 미래의 해답을 엿보고자 한다.

2. 선지자들이 미리 본 이스라엘

1) 선지자 요엘이 미리 본 이스라엘

'요엘'(יוֹאֵל)의 뜻은 '주는 하나님'이다. 하나님의 선택을 받은 요엘 선지자(B.C. 835-796)는 남왕국 예후다 제8대 왕인 요아쉬(יוֹאָשׁ, 요아스, B.C. 835-796)의 통치 초기에 하나님의 말씀을 선포하였다.

요엘 선지자의 예언은 강력한 메뚜기 재앙이 곧 도래할 것이니 회개하여 하나님의 징벌을 피하라는 경고였다.

그러나 당시 요아쉬 왕은 7살의 어린 나이에, 이제 막 즉위하여 통치 수업을 받는 중이었고, 당시 국정 책임은 그의 계모, 바로 직전 왕인 제7대 아탈리야(עֲתַלְיָה, 아달랴, B.C. 841-835) 여왕에 대한 징계였다.

이스라엘의 역대 열왕(列王) 중에 유일한 여왕은 북왕국 이스라엘의 아흐아브(אַחְאָב, 아합)와 이제벨(אִיזֶבֶל, 이세벨)의 딸로서, 남왕국 예후다와 정략 결혼으로 시집왔는데, 당시 엘리사 선지자가 왕으로 기름부음을 받은 북왕국 이스라엘의 군대장관 예후(יֵהוּא)의 반란으로 남북의 왕들과 왕자들은 북왕국

<요엘 선지자>(Michelangelo 作, 1508-1512. 바티칸의 시스티나 성당 벽화)

이스라엘 9대 왕 예호람(יהורם, B.C. 852-841)과 남왕국 예후다 6대 왕 아하즈야(אחזיה, B.C. 841)를 비롯하여 왕비와 북왕국의 70명의 왕자들과 남 왕조의 왕족들까지 모두 참혹하게 집단 처형을 당하였다.

(1) 제사장들아, 울어라! 애통하며 슬피 울어라!

이에 아탈리야 왕비는 크게 분노하여 남왕국 예후다의 남은 왕손들까지 모두 처형하고 스스로 왕위에 즉위하여 남왕국 예후다를 통치하게 된 것이었다. 그녀는 자신이 낳은 왕자들만 남겨 두었다가, 하나님의 성전에 있는 거룩한 기명들을 임의로 꺼내, 바알 우상에게 바치도록 하는 악행을 서슴지 않는 등 하나님 앞에 많은 악행을 일삼았다(2열왕 8-11장).

당시 요아쉬 왕은 갓난아기로 대제사장 예호야다의 부부에 의하여 가까스로 목숨을 건져 보호와 양육을 받다가, 대제사장 예후야다의 반기로 7살 어린 나이에 왕좌에 오르게 된 것이다.

이와 같이 직전 여왕 아탈리야의 악행과 그녀를 처단하여 왕국 회복의 기회를 주었으나, 아직도 전전긍긍하고 있는 예후다 왕국을 향하여 속히 회개하고 제사를 회복하여 경성하기를 촉구하는 뜻에서 전무후무한 끔찍한 메뚜기—팥중이, 메뚜기, 느치, 황충은 모두 메뚜기에 대한 각기 다른 단어임—재앙을 보내신 것이었다(요엘 1장).

> 제사장들아 너희는 굵은 베로 동이고 슬피 울어라.
> 제단에서 봉사하는 자들아 너희는 울어라.
> 내 하나님을 섬기는 자들아.
> 너희는 와서 굵은 베 옷을 입고 밤이 새도록 누워 울어라. …
> 너희는 금식 일을 정하고 성회를 소집하여 장로들과 이 땅의 모든 주민들을
> 너희 하나님 주님의 성전에 모이게 하고 주님께 부르짖으며 울어라!
> 아, 슬프다 그날이여!(요엘 1:13-15)

> 주의 말씀에 너희는 이제라도 금식하고 애통하고 울며
> 마음을 다하여 나에게 돌아오라 하셨다.
> 너희는 옷을 찢지 말고 마음을 찢고
> 너희 하나님 주께로 돌아오라.
> 그는 은혜로우며 자비로우며 노하기를 더디하며
> 인애가 크고 뜻을 돌이켜 재앙을 내리지 않을 것이다(요엘 2:12-13).

(2) 옷을 찢지 말고 마음을 찢어라!

그러나 이러한 회개의 기회를 놓치면, 메뚜기 재앙과는 비교할 수 없는 '하나님의 크고 두려운 날'이라는 '큰 심판의 날'이 다가올 것을 경고하고 있는 것이다. 그날은 하나님께서 정하신 회개하지 않은 악한 자들에게는 '멸망의 심판의 날'임과 동시에 그 예언을 믿고 회개하고 겸손한 자들에게는 '축복의 구원의 날'이 될 것인데, 본 장에서의 요엘 선지자가 예언한 '그날'은 심판의 성격을 강하게 나타내고 있다.

결국 선지자가 예언하였던 바로 그날 '하나님의 크고 두려운 날'인 B.C. 586년, 하나님께서 보내신 요엘 선지자의 예언을 무시하고 회개하지 않은 남왕국 예후다는 바벨 제국에 의하여 예언된 그대로 멸망하고 말았고, 또다시 파라스(페르시아) 제국의 코레쉬 황제의 특명으로 즈루바벨 총독의 인솔 아래 고토 이스라엘 땅에 돌아와 제2 성전을 건축하였으나, 그토록 고대하던 하마쉬앟을 보내 주셨건만, 자신들의 권력과 안일한 욕망을 이루기 위하여 하마쉬앟을 오히려 십자가에 처형하는 죄악을 범하고 말았다. 결국 이스라엘은 A.D. 70년, 로마 제국에 의하여 멸망을 당하고 예후다인들은 전 세계의 디아스포라가 되어 흩어져 살게 되었던 것이다.

이로서 요엘 선지자의 심판에 대한 예언은 이중적 성취의 복합성을 보여 주고 있다.

(3) 성령 강림과 교회의 탄생

그러나 하나님께서는 하마쉬앟의 부활과 승천 후, 오순절에 120명의 제자들이 성령 강림이라는 놀라운 성령 체험과 함께, 이 지구상에 세계 최초의 교회의 탄생으로 복음이 땅끝까지 전파되어 온 인류를 구원하실 '이른 비와 늦은 비'(요엘 2:23)의 은혜와 함께 구원의 때가 시작되었음을 예비하시고, 요엘 선지자의 예언이 하마쉬앟의 승천 이후, 오순절에 성취됨을 깨닫도록 하셨던 것이었다.

이에 사도 페트로스는 성령의 감화 감동하심을 따라, 당시로부터 약 830년 전, 요엘 선지자의 예언이 기록된 구약성경의 '요엘' 2장 28-32절 말씀을 그대로 인용하여, 그 예언이 자신들의 시대에 이렇게 성취된 것과 성령님의 놀라운 체험을 하게 되었다는 역사의 주인공이 됨을 깨닫고, 그에 따른 감격의 설교를 담대하게 선포하였던 것이었다(사도들 3:28-32).

> 이는 곧 선지자 요엘을 통하여 말씀하셨다 하나님이 말씀하시기를
> 말세에 내가 내 영을 모든 육체에 부어 주리니 너희 자녀들은 예언할 것이요.
> 너희의 젊은이들은 환상을 보고 너희의 늙은이들은 꿈을 꾸리라.
> 그때에 내가 또 내 영을 남종과 여종들에게 부어주겠다.
> 그들이 예언할 것이요.
> 또 내가 위로 하늘에서는 기사를, 땅에서는 징조를 베푸니 곧 피와 불과 연기이다.
> 주의 크고 영화로운 날이 이르기 전에
> 해가 변하여 어두워지고 달이 변하여 피가 되고
> 누구든지 주의 이름을 부르는 자는 구원을 받으리라 하셨다(사도들 2:16-21).

(4) 거룩한 예루샬라임은 대대로 영원히

> 주께서 치온에서 부르짖고 예루샬라임에서 큰소리로 말씀하신다.
> 하늘과 땅이 진동할 것이다.
> 그러나 주께서 그의 백성의 피난처, 이스라엘 자손의 산성이 될 것이다.
> 그러므로 너희가 내가 나의 성산,
> 치온에 사는 너희 하나님 주님인 줄 알 것이다.
> 예루샬라임이 거룩하리니 …
> 예후다는 영원히 있겠고 예루샬라임은 대대로 있을 것이다. …
> 이는 주께서 치온에 영원히 계실 것이기 때문이다(요엘3:16-21).

요엘 선지자는 궁극적으로 예후다 왕국의 영원성과 예루샬라임 성전에서 성령님의 영생의 샘이 흘러나와 주님께서 치온(ציון)7에 영원히 거하심을 대대로 약속하고 있다. 이는 이스라엘의 미래가 무조건 보장된다는 것이 아니라, 주님의 말씀대로 회개와 순종의 거룩한 삶을 전제한 언약이며, 주 예슈아 하마쉬앟을 믿는 교회공동체 안에서 신부로서의 참여를 위하는 것이다.

2) 선지자 아모스가 미리 본 이스라엘

아모스(עמוס)의 이름의 뜻은 '짐을 지는 사람'이다. 아모스 선지자의 활동(B.C. 793-750)은 남왕국 예후다의 예루샬라임 남부 베이트-레헴의 남쪽에 있는 트고아(תקוע, 드고아) 마을의 목자요 뽕나무 재배 농부로 평범한 생활을 하고 있을 때, 하나님의 선지자로 부르심을 받고, 북왕국 이스라엘로 올라가, 이스라엘 왕과 주변 열왕의 서너 가지의 죄악에 대하여 예언을 선포한다는 것이 그에게는 '무거운 짐'이 되었는지도 모른다.

당시 북왕국 이스라엘의 제13대 왕 야라브암(ירבעם, 여로보암) 2세(B.C. 793-753)는 이스라엘의 북부 지역의

<아모스 선지자>(James Tissot 作, 1896-1902)

---

7 치온(시온): '봉우리.' 예루샬라임의 남쪽에 있는 작은 봉우리로서, 예루샬라임성의 예칭으로 함께 불렸다.

신흥 제국 아슈르(앗수르)의 공격으로 허약해진 아람(수리아) 왕국의 다메섹을 정복하였고 동부 지역의 모압 왕국까지 정복하는 등 크나안 정복 당시 모쉐가 명령한(광야에 34:8) 이스라엘의 북방 국경 지역인 하맡(חֲמָת)에서 남방의 아라바(עֲרָבָה) 바다(염해)까지 세력을 넓혀, 정치, 경제, 군사적으로 40년의 장기 통치로 최고의 전성기의 풍요를 누리고 있었다.

(1) 날마다 파티 향락에 취한 바산의 암소들아!

그러나 아모스 선지자의 메시지는 왕족과 귀족들 그리고 사회 지도층 인사들의 부정부패와 사치와 방탕 그리고 불의에 대한 강한 책망이었다. 종교적이고 형식적인 예배와 제물보다는 의롭고 가난한 자들을 신 한 켤레에 팔고, 힘없는 백성들을 압제와 포학과 학대와 탈취로 부정 축재하여 겨울 궁과 여름 궁을, 코끼리 뼈로 만든 상아(象牙)궁까지 건축하여, 날마다 호화판 파티와 향락의 술에 취하고 사는 '바산의 암소들'에게 "너희는 주를 찾으라 그리하면 살리라"를 수차례 외쳤다.

> 정의를 쓴 쑥으로 바꾸며 공의를 땅에 던지는 자들아!
> … 너희는 주님을 찾으라 그리하면 살리라!(아모스 5:4-8)

> 북왕국 이스라엘의 공의와 정의가 무너진 붕괴의 위기로 심판을 받게 될 테니 하루 속히 진실된 회개를 촉구한 것이다(아모스 3-4장).

(2) 정의를 물같이 공의를 강물같이

> 그러므로 이스라엘아!
> 내가 이와 같이 너에게 행하고 내가 이것을 너에게 행할 것이다.
> 이스라엘아! 네 하나님 만나기를 예비하라.

> 보라, 산들을 지으며 자기 뜻을 사람에게 보이며
> 아침을 어둡게 하며 땅의 높은 곳을 밟는 이는
> 그 이름이 만군의 하나님 주님이시다(아모스 4:12-13).

> 오직 정의를 물같이 공의를 강물같이 흐르게 하라!(아모스 5:24).

이에 하나님께서는 범죄한 북왕국 이스라엘에게 징계의 단계를 선지자에게 환상으로 보이셨다.

첫 번째 환상은 땅 위의 모든 식물을 뜯어먹는 황충, 메뚜기 떼의 재앙이다(아모스 7:1-3).
두 번째 환상은 큰 바다를 삼키던 거센 큰 불이 육지까지 삼키려는 환상(아모스 7:4-6)인데, 아모스 선지자의 강력한 만류의 기도로 간신히 보류되었다.
세 번째 환상은 심판의 잣대를 상징하는 다림줄(아모스 7:7-9)이다.
네 번째 환상은 역시 심판을 상징하는 여름 실과였다(아모스 8:2). 여기에 쓰인 여름(קַיִץ, 카이츠)과 종말(קֵץ, 카츠)의 단어는 유사한 문자와 음성으로 이스라엘의 종말을 경고하고 있다.
마지막 **다섯 번째 환상**은 성전이 파괴되는 멸망의 모습(아모스 9:1-6)이었다.

그러나 선지자는 이스라엘에 대한 절망 속에서 다시 새 소망의 메시지를 듣는다.

(3) 다비드의 무너진 장막, 이스라엘을 일으키리라

> 보라 내가 명령하여 이스라엘 족속을
> 만국 중에서 체질하기를 체로 체질함같이 하여
> 그 한 알갱이도 땅에 떨어지지 아니하리라. …
> 그날에 내가 다비드의 무너진 장막을 일으키고 그것들의 틈을 막으며
> 그 허물어진 것을 일으켜서 옛적과 같이 세우고 …
> 내 이름으로 일컫는 만국을 기업으로 얻게 하리라. …
> 내가 내 백성 이스라엘이 사로잡힌 것을 돌이키고
> 그들이 황폐한 성읍을 건축하여 거주하며 …
> 내가 그들을 그들의 땅에 심고
> 그들이 내가 준 땅에서 다시 뽑히지 아니할 것이다.
> 네 하나님 주의 말씀이다(아모스 9:9-15).

비록 아모스 선지자의 "악을 미워하고 선을 사랑하며 성문에서 정의를 세우라"(아모스 5:15)라는 책망을 듣고도 범죄를 회개하지 않고, 오히려 아모스 선지자를 욕하고 이스라엘 밖으로 내쫓아 죽이려고 협박하는 끝까지 완악한 자들에게는 하나님의 재앙이 반드시 임할 것이며, 결국 남은 자들은 이스라엘을 떠나 이방 나라로 끌려가겠지만, 그곳에서 다행히도 늦게나마 회개하는 자들은 체질로 걸러내듯이 다시 이스라엘로 돌아오게 해 주겠고, 무너진 이스라엘의 영웅 다비드의 왕조 시대의 영광을 다시 회복시켜 하마쉬앝의 왕권을 세워 주겠다는 주님의 긍휼의 언약을 다시 예언하신 것이다.

하나님께서는 이스라엘 땅에 황폐한 도시들을 재건축하여 모두 안전하게 거주하게 하고 포도원들을 가꾸고 그 포도주를 마시며, 과수원들을 만들고 그 열매를 먹게 해 주겠다는 확실한 의식주 보호를 약속하신 것이다. 특히, 이스라엘의 땅에 그 민족을 심고 다시는 뽑히지 않도록 지켜 주시겠다는

말씀을 예언하신 것이다.

그러나 아모스 선지자가 예언한 30년 후, B.C. 722년 북왕국 이스라엘은 멸망하였다. 이는 이스라엘 왕국이나 어느 나라도 회개하지 않으면, 멸망한다는 것이다. 이것이 하나님의 심판의 공정과 공평성이다.

3) 선지자 호쉐아가 미리 본 이스라엘

'호쉐아'(הוֹשֵׁעַ, 호세아)는 '구원'이란 뜻이다. 호쉐아 선지자(B.C. 755-723)는 북왕국 이스라엘의 제13대 왕 야르브암 2세의 통치 말기부터 제19대 마지막 왕인 호쉐아 때까지 북왕국 이스라엘의 우상 숭배의 영적 음행을 버리고 하나님께로 돌아오라고 외쳤고 계속 거절하면 왕국은 멸망하게 될 것이라고 예언하면서, 북왕국 이스라엘의 멸망을 그가 예언한 그대로 성취되는 것을 마지막까지 목격한 선지자였다.

(1) 음녀 이스라엘을 사랑하시는 그 사랑

이스라엘 왕국의 마지막 왕인 호세아와 마지막 선지자의 이름이 똑 같은 것은 무슨 의미일까?

하나님께서는 멸망의 시각이 점점 다가오자, 이스라엘 백성을 향한 사랑을 포기하지 않으시고 호쉐아 선지자를 불러, 이스라엘이 하나님을 떠나 크게 음란하고 있으니, "너는 가서 음란한 여자를 맞이하여 음란한 자식을 낳으라"(호쉐아 1:2)라고 말씀하셨던 것이다.

선지자라면, 그 누구보다 율법을 준수하고 사회적 정의와 공의 앞에서도 흠이 없는 거룩한 생활의 모범이 뒤따른다.

그런 하나님의 준엄하신 말씀을 전해야 할 선지자에게 음란한 창녀와 결혼을 하라니?

호쉐아와 고멜(작가 미상, 1372. Bible Historiale, Den Haag, MMW, 10 B 23 426r)

이것이 정말 결혼의 신성과 순결로 두 사람이 한 몸이 되어 주님께서 기뻐하시는 거룩한 가정생활을 지향하라는 주님의 가르침은 어디로 갔는가?

비록 선지자가 아닌 일반 백성이라도 순결한 처녀와의 결혼을 마다하고, 여러 남자에게 몸을 파는 음란한 창녀를 데려와서, 음란한 자식까지 낳으라고 하니, 어찌 거룩하신 하나님께서 이런 일을 요구하셨던 것일까?

그러나 이것이 진짜 하나님의 사랑이었다.

공의의 하나님께서 우상 숭배로 음란한 이스라엘을 마땅히 징계하지 않으시고 어찌 다시 사랑으로 품으신다는 것인가?

한 번뿐인 인생에서 선량한 선지자의 가정을 희생하면서까지 하나님께서 이스라엘을 부부관계로 비유하면서, 음란하고 방탕한 이스라엘을 얼마나 사랑하셨기에 그렇게 더러워진 이스라엘을 그래도 다시 아내로 맞아들이겠다는 것인가?

　호쉐아 선지자는 순종하여 모압인 디블라임의 딸 '고멜'(גֹּמֶר, 끝내다)과 결혼하여 첫 아들 '이즈르엘'(יִזְרְעֶאל, 하나님이 흩으신다)을 낳았고, 둘째는 딸 '로 루하마'(לֹא רֻחָמָה, 긍휼을 얻지 못한다)와 셋째는 아들 '로 아미'(לֹא עַמִּי, 내 백성이 아니다)를 낳았다. 그러나 호쉐아의 아내 고멜은 어린 자식들을 버려두고 또 가출하여 다른 남자와 음란한 생활을 계속하였다.

(2) 가출한 음녀 아내를 데려오라

　하나님께서는 고통스러워 하는 호쉐아 선지자에게 "가서 네 아내를 데려오라"라고 또 명하셨고, 선지자는 아내를 찾아가서 포주에게 몸 값을 지불하고 음란한 아내를 다시 데려오면서, 하나님께서 음란하여 더러워진 이스라엘을 어찌 이토록 사랑하시는지, 하나님의 무한정, 무제한, 무조건적인 사랑에 감탄하면서 하나님의 고귀한 사랑을 조금이나마 깨달으면서 이스라엘 백성을 향하신 하나님의 무한한 사랑과 그 사랑의 줄을 결코 어느 누구도 끊지 못하도록 하시는 주님을 대변하는 것이었다(호쉐아 2:14-20; 11:1-4).

(3) 내 백성이 지식이 없어 망한다

> 이스라엘 자손들아, 주의 말씀을 들으라 주께서 이 땅 주민과 논쟁하신다.
> 이 땅에는 진실도 없고 사랑도 없고 하나님을 아는 지식도 없고
> 오직 저주와 속임과 살인과 도둑질과 간음뿐이요,
> 피 흘림이 계속되기 때문이다(호쉐아 4:1-2).

> 내 백성이 지식이 없어 망한다.
> 네가 지식을 버렸으니 나도 너를 버려 내 제사장이 되지 못하게 할 것이요.

네가 하나님의 율법을 잊었으니 나도 네 자녀들을 잊어버리고

그들이 번성할수록 내게 범죄하니

내가 그들의 영광이 치욕이 되도록 바꿔주겠다(호쉐아 4:6-7).

오라! 우리가 주께로 돌아가자!

주께서 우리를 찢으셨으나, 도로 낫게 하실 것이요.

우리를 치셨으나 싸매어 주실 것임이라.

주께서 이틀 후에 우리를 살리시며

셋째 날에 우리를 일으키시고 우리가 그 앞에서 살리라.

그러므로 우리가 주님을 알자.

힘써 주님을 알자(호쉐아 6:1-3).

그러나 선지자의 애타는 권고에도 불구하고, 어리석은 비둘기 같은 에프라임(אֶפְרַיִם, 에브라임)과 쇼므론(שֹׁמְרוֹן, 사마리아)은 하나님의 사랑에 대한 지혜가 없어서 주변의 강대국 미쯔라임(מִצְרַיִם, 애굽)과 아슈르(אַשּׁוּר, 앗수르)를 의지하고 음행과 교만과 거짓과 악한 행위가 마치 뜨거운 화덕에 뒤집지 않아 곧 새까맣게 타 버릴 전병과 같았다(호쉐아 7-9장).

내 백성이 끝끝내 나에게서 떠나가는구나.

비록 그들을 불러 위에 계신 분께 돌아오라고 불러도 일어나는 자가 하나도 없구나.

어찌 내가 너 에프라임을 놓겠느냐?

어찌 내가 너 이스라엘을 버리겠느냐?

어찌 내가 너를 아드마[8]같이 놓겠느냐?

---

8   아드마(אַדְמָה)와 쯔보임(צְבֹאיִם): 아브라함의 조카 롯이 아브라함을 떠나 거주하였던 성읍으로서, 하늘에서 내린 유황불로 멸망을 당한 스돔(סְדֹם, 소돔)과 아모라(עֲמֹרָה, 고모라)와 함께 멸망한 성읍들이다(말씀들 29:23).

어찌 내가 너를 쯔보임같이 두겠느냐?
내 마음이 내 속에서 돌이키어 나의 긍휼이 온전히 불붙듯 하구나(호쉐아 11:7-8).

호쉐아 선지자는 북왕국 이스라엘이 결국 아슈르 제국에 의하여 멸망을 당하지만, 비록 이스라엘 땅은 많은 날 동안 왕도 없고 지도자도 없고 제사도 없고 '에폰'(에봇)도 없는 침묵의 공백기를 지내다가, 그후에 이스라엘 자손이 다시 돌아오게 될 것이다.

그러나 북왕국 이스라엘의 지파들은 과거에 다비드 왕조를 거역하고 다른 왕조를 세웠으나, 결국 패망하게 되었다며, 이제 다시 다비드 왕의 영광을 되찾고자 하나님을 경외하고 새출발할 것을 다짐하며, 하나님의 은총을 구하게 될 것을 예언한 것이었다.

(1) 이스라엘아, 말씀을 가지고 주께 돌아오라!

이스라엘아, 네 하나님 주께로 돌아오라!
네가 불의함으로 말미암아 엎드러졌다.
너는 말씀을 가지고 주께로 돌아와서 아뢰기를
"모든 불의를 제하시고 선한 것을 받아주세요.
우리가 수송아지를 대신하여 입술의 열매를 주께 드립니다. …
다시는 우리의 손으로 만든 것을 향하여 너희는 우리의 신이다 하지 않겠으니
이는 고아가 주로 말미암아 긍휼을 얻었기 때문입니다."
내가 그들의 반역을 고치고 기쁘게 그들을 사랑하니 나의 진노가 그에게서 떠났다.
내가 이스라엘에게 이슬과 같이 되리니
그가 백합화같이 피겠고 레바논 백향목같이 뿌리가 박힐 것이라.
그의 가지는 펴지며 그의 아름다움은 감람나무 같고

> 그의 향기는 레바논 백향목 같으니 그 그늘에 거주하는 자가 돌아올 것이다.
>
> 그들은 곡식같이 풍성할 것이며 포도나무같이 꽃이 필 것이며
>
> 그 향기는 레바논의 포도주 같다 (호쉐아 14:1-7).

하나님께 돌아오되, 빈손으로 오지 말고 하나님의 말씀을 가지고 돌아오라고 말씀하셨다.

전통이나 관습이 아닌, 살아 있고 운동력 있는 좌우의 날 선 칼처럼, 영과 혼과 관절과 골수와 생각을 쪼개는 말씀을!

4) 선지자 예사야가 미리 본 이스라엘

(1) 제가 여기 있습니다 저를 보내 주소서!

'예사야'(יְשַׁעְיָה, 이사야)는 '하나님은 구원'이라는 뜻이다. 그의 예언 사역(B.C. 739-680)은 남왕국 예후다의 제10대 왕 우지야(עֻזִּיָּה, 웃시야, B.C. 791-739)가 별세한 때, 하나님의 성전에서 기도하던 중, 높이 들린 보좌에 앉으신 주님의 옷자락이 성전 안을 가득 채운 모습과 그분의 주변에 있는 여섯 날개를 가진 스라핌(שְׂרָפִים, 천사들)이 주님을 향해 다음과 같은 찬양 소리를 들었다.

"거룩하다! 거룩하다! 거룩하다! 만군의 주님이시여! 온 땅이 그의 영광으로 가득하도다."

그러자, 선지자는 이 갑작스러운 놀라운 환상을 보고는, 거룩한 하나님을 본 자는 반드시 죽을 것이라는 생각에, 자신은 이제 곧 죽게 될 것이라는 두려움에 사로잡혔다.

바로 그때, 스라핌 천사 중의 하나가 제단 위에서 불타는 숯을 부집게로 집어 들고는 예사야에게 다가가서, 그의 입술에 대면서 말하였다.

제1장 구약 선지자들이 본 이스라엘 51

예사야 선지자(ⓒ Providence Lithograph Company, 1904)

"보라 이것이 그대의 입에 닿았으니 그대의 악이 제하여졌고 그대의 죄가 사하여졌다."

그때, 주님의 말씀이 들렸다.

"내가 누구를 보내며 누가 우리를 위하여 갈꼬?"

예사야가 주님께 말씀드렸다.

"제가 여기 있습니다. 저를 보내 주소서! 제발 저를 보내 주소서!"

선지자 예사야의 사역은 제11대 왕 요담(יוֹתָם, B.C. 747-731)을 시작으로, 제12대 아하즈(אָחָז, B.C. 731-716), 제13대 히즈키야(חִזְקִיָּה, B.C. 715-687), 제14대 므나쉐(מְנַשֶּׁה, B.C. 697-642) 통치 초중반까지 이르다가, 예후다 전승에

의하면 B.C. 680년, 므나쉐 왕의 우상 숭배를 반대하다가 톱으로 처형 당하여 순교하였다고 한다.[9]

북왕국 이스라엘이 아슈르 제국에 의한 참혹한 멸망을 목격한 증인이 된 남왕국 예후다는 많은 선지자들을 통한 하나님의 경고를 누구보다 자세히 들어 알고 있으면서도, 하나님께 대한 책망을 등한시하는 행위로 가득하여 선지자의 질책을 피할 수 없었다.

> 하늘이여 들으라. 땅이여 귀를 기울이라.
> 주께서 말씀하시기를 내가 자식을 양육하였는데 그들이 나를 거역하였다.
> 소는 그 임자를 알고 나귀는 그 주인의 구유를 알건마는
> 이스라엘은 알지 못하고 나의 백성은 깨닫지 못하는구나.
> 아! 범죄한 나라, 죄가 무거운 백성, 악한 자의 씨, 타락한 자식들이다.
> 그들이 주님을 버렸고
> 이스라엘의 거룩하신 분을 멸시하여 멀리하고 물러갔다(예사야 1:2-4).

(2) 구약의 복음(1-39장), 신약의 복음(40-66장)

예사야서는 모두 66장으로 전반부 39장과 후반부 27장으로 되어 있다. 그런데 이 숫자의 의미가 있는 것은 마치, 기독교의 정경으로 공인된 성경이 총 66권으로 구약 39권과 신약 27권이라는 숫자가 똑같다는 것이다. 또한, 신학자들의 연구에 의하면, 전반부 1-39장은 '구약의 복음서'로, 남왕국 예후다의 심판과 멸망에 대한 '구약의 요약'이며, 후반부 40-66장은 '신약의 복음서'라 불릴 정도로 침례 요하난의 사역의 시작으로 새 하늘과 새 땅으로 예언을 마치는 메시지의 구성이 '신약의 요약'이라고 할 수 있겠다.[10]

---

9   윤상민 외 2인, 『그랜드종합주석(제10권 이사야)』, 66-68.
10 이형기, "이사야 어떻게 읽을 것인가," 『비전성경』 (서울: 두란노서원), 968-969.

예사야의 예언의 주제는 그의 이름에서 알 수 있듯이 '하나님의 구원'이다. 구원의 문제는 하나님만이 해결할 수 있는 온 인류의 중요한 문제이기 때문이며, 구원의 주체는 하나님의 기름부음을 받은 종 곧 하마쉬앟(그리스도)은 이스라엘을 통치할 왕의 정체성을 예사야 선지자는 곳곳에서 증거하고 있다.

(3) 하마쉬앟의 정체성, 하나님의 성육신(聖肉身) 예슈아

> 보라! 처녀가 잉태하여 아들을 낳을 것이요.
> 그의 이름을 임마누엘이라 하라(예사야 7:14).

> 이는 한 아기가 우리에게 났고
> 한 아들을 우리에게 주신 바 되었는데
> 그의 어깨에는 통치권이 주어졌고
> 그의 이름은 놀라우신 분, 지혜로우신 분, 전능하신 하나님, 영존하시는 아버지,
> 평강의 왕이라 칭하게 될 것이다.
> 그분의 통치와 평강의 무궁하며 다비드의 왕좌에 앉아 그분의 나라를 다스리고
> 그분의 나라를 부강하게 하고 지금부터 영원까지 정의와 공의로 그것을 보존하실 것이다.
> 만군의 주님의 열심이 이를 이루실 것이다(예사야 9:6-7).

(4) 이샤이의 줄기에서 나온 한 싹, 하마쉬앟 예슈아

> 이샤이의 줄기에서 한 싹이 나며 그 뿌리에서 한 가지가 결실할 것이요.
> 그분의 위에 주님의 영 곧 지혜와 총명의 영이요, 모략과 재능의 영이요,
> 지식과 주를 경외하는 영이 강림하시어
> 그분은 주를 경외함으로 즐거움을 삼을 것이며

> 그분의 눈에 보이는 대로 심판하지 아니하며
> 그분의 귀에 들리는 대로 판단하지 아니하며
> 공의로 가난한 자를 재판하며 정직으로 낮은 자를 바르게 책망하며
> 그분의 입의 막대기로 세상을 치며 그의 입술의 능력으로 악인을 죽일 것이며
> 공의로 그의 허리띠를 삼으며 성실로 그의 몸의 띠를 삼을 것이다(예사야 11:1-5).

이 예언들은 약 740년 후인 B.C. 4년, 주 예슈아의 성육신으로 신약성경 4복음서에 기록된 대로 성취되었으며, 그 하마쉬앟을 지목하는 '이샤이(ישׁי, 이새)의 줄기에서 나온 한 싹'에서 '이샤이'는 예후다 지파의 보아즈(בעז)와 효부 루트(רות)의 손자이자, 이스라엘 통일 왕국의 다비드 대왕의 부친으로서, 하나님께서 다비드에게 언약하신 예언대로, 이스라엘의 하마쉬앟은 예후다 지파의 다비드 왕족의 계보로 세상에 오실 것을 역사적으로나 혈통적으로도 성취한 것이었다(1역대 17:10-14, 23-27; 마타이오스1:14).

(5) 하마쉬앟 예슈아는 온 인류의 구원자

성경에 예언된 하마쉬앟은 이스라엘의 예후다 지파를 통해서 성육신으로 오셨지만, 단지 그들만을 위한 하마쉬앟이 아니었다. 그분은 전 인류를 위한 그리스도 곧 구세주요, 구원자이시다. 이것이 예후다 민족의 하마쉬앟의 사명에 대한 성경 해석의 오해로 인하여, 그토록 수천 년을 고대하고 고대하였던 하마쉬앟을 정작 눈앞에 두고도 알아보지 못하고 십자가에 못 박아 죽이라고 정죄하며 외쳤던 것이다.

하마쉬앟의 첫 번째 사명은 하나님과 죄악으로 멀어졌던 전 인류와의 관계의 회복이 먼저였다. 하나님과 인류가 멀어지게 된 것은 하나님의 형상대로 지음을 받은 축복의 사람들이 하나님께 불순종하는 범죄와 그것도 부족하여 하나님처럼 되려는 영적 교만이 문제였다.

죄의 삯은 사망 곧 죽음뿐이다. 하나님께서는 사람들의 저지른 죄를 동물들의 머리에 안수하여 동물들에게 죄를 뒤집어 씌우고, 동물들을 대신 죽임으로 일시적인 죄 사함을 주셨다. 죄를 범할 때마다 계속 희생제물은 절대적으로 필요하였다.

그리하여 무죄하신 하나님의 아들이 오셔서 단번에 십자가에서 죽으심으로 온 인류의 죄를 대속하였고, 더 이상의 희생제물의 제사를 폐하고, 누구든지 이 하마쉬앟의 죽으심이 자신의 죄악 때문임을 믿고 자신의 죄를 자백하면 하나님과의 관계가 회복되어 죄 사함을 받게 되고 하나님의 자녀가 되며, 영생을 누리게 되는 것이었다.

보라! 세상 죄를 지고 가는 하나님의 어린양이시다!(요한난 1:36).

그러므로 그 하마쉬앟은 이 세상에 오시기 전부터 십자가의 죽으심을 미리 알고 있었고, 여러 선지자들을 통하여 예언하도록 하셨으며 때가 차매, 이 세상에 오셔서 모든 제자들과 선한 백성의 만류를 뿌리치고 십자가의 고난의 길을 망설임 없이 가셨던 것이다.

<하나님의 어린양>(Francisco de Zurbarán 作, c. 1635-1640)

그렇다. 그분이 어깨에 짊어진 십자가는 온 인류의 죄악의 짐이었던 것이다.

이러한 예언들이 '예사야' 53장에 자세하게 기록되었으며 하마쉬앟은 그 예언대로 죽음과 장사와 부활과 승천의 성취가 신약성경 4복음서에 그대로 기록되어 있다(예사야 52:13-53:12).

(5) 예슈아의 찔림과 상함은 우리의 허물과 죄악

> 우리가 전한 것을 누가 믿었느냐?
> 주님의 팔이 누구에게 나타났느냐?
> 그분은 주 앞에서 자라나기를
> 연한 순 같고 마른 땅에서 나온 뿌리 같아서
> 고운 모양도 없고 풍채도 없은 즉,
> 우리가 보기에 흠모할 만한 아름다운 모습이 아니었다.
> 그분은 멸시를 받아 사람들에게 버림을 받았고
> 고통을 많이 겪었으며 질병을 아는 자다.
> 마치 사람들이 그분에게 얼굴을 가림으로 멸시당하였고
> 우리도 그분을 귀히 여기지 않았다.
> 그분은 실로 우리의 질병을 짊어지고
> 우리의 고통을 당한 것을
> 그분이 하나님께 징계를 받아 하나님께 맞으며
> 고난을 당한다고 우리는 생각하였다.
> 그분이 찔림은 우리의 허물 때문이요.
> 그분이 상함은 우리의 죄악 때문이라.
> 그분이 징계를 받음으로 우리가 평화를 누리고
> 그분이 채찍에 맞음으로 우리가 나음을 입었다(예사야 53:1-5).

(6) '그 나라와 그 의'로 통치하는 하마쉬앝 예슈아

하나님은 예루샬라임의 멸망으로 이방에서 노예생활에 허덕이는 예후다 민족을 위로하라고 명령하셨다.

"그들의 마음에 닿도록 말하여 외쳐라. 이젠 노역의 때가 끝났고 죄악의 용서를 받았다. 이젠 하마쉬앝의 때가 이르렀으니, 광야에서 주의 길을 예비하라. 우리 하마쉬앝의 대로를 평탄케 하라. 주님의 영광이 나타나고 모든 육체가 보게 될 것이다. 그러므로 이방 나라들을 두려워하지 말고 이 아름다운 소식을 예루샬라임에 전하라"(예사야 40:1-11).

하마쉬앝의 통치 이념은 좌익도 우익도 아니고 공산주의도 민주주의도 아니다.

오직 "너희는 먼저, 하나님의 나라와 그 의를 구하라"(마타이오스 6:33)라는 명령은, 하나님의 나라 신정 국가(神政國家)의 설립을 위해 충성하고, 하마쉬앝께서 공의와 정의와 정직과 공평으로 다스릴 나라를 위해 모든 것의 1순위가 되어야 한다는 것이다.

그는 결코 외치거나 소리지르지 않고 큰소리로 떠들지도 않았으며, 상한 갈대를 꺾지 않고 꺼져 가는 심지를 끄지 않고 오직 억울하고 고통받는 자들을 위한 공의를 세우고 정의를 실행할 것이다(예사야 42:1-4).

(7) 나의 택한 종, 하마쉬앝과 이스라엘

또한, 하마쉬앝은 요엘 선지자가 예언한 바 있는 성령님께서 함께 통치하시고, 성령을 받은 성도들과 함께 영원한 이스라엘, 대대의 기쁨과 번영을 이루실 것이라 예언하였다(예사야 45:17; 60:15).

> 내가 붙드는 나의 종,
> 내 마음에 기뻐하는 자 곧 내가 택한 사람을 보라!
> 내가 나의 성령을 그에게 주었고

그가 이방에 정의를 베풀 것이다(예사야 42:1).

나의 종 야아콥,

내가 택한 이스라엘아, 이제 들으라!

너를 만들고 너를 모태에서부터 지어낸 너를 도와줄 주가 이같이 말한다.

나의 종 야아콥,

내가 택한 여수룬아,[11] 두려워하지 말라!

나는 목마른 자에게 물을 주며 마른 땅에 시내가 흐르게 하며

나의 성령을 네 자손에게 나의 복을 네 후손에게 부어 주리니 …

어떤 사람은 이르기를 자기가 주님께 속하였음을 손으로 기록하고

이스라엘의 이름으로 존귀히 여김을 받으리라(예사야 44:1-5).

이스라엘은 주께 구원을 받아 영원한 구원을 얻으리니

너희가 영원히 부끄러움을 당하거나 욕을 받지 아니하리라. …

땅의 모든 끝이여, 내게 돌아와 구원을 받으라!

나는 하나님이라 다른 이가 없었다. …

내게 모든 무릎이 꿇겠고 모든 혀가 맹세하리라(예사야 45:17, 22-23).

(8) 이스라엘은 나의 손에 아름다운 왕관, '헵치-바'!

하마쉬앝은 온 인류의 구원자로서, 이방 교회를 가리켜 '주님께 연합한 이방인'이라 불렀다. 그리고 주님의 성전에서 아들과 딸보다 더 나은 기념물과 영원한 이름을 주어 끊어지지 않게 할 것과 주님의 말씀의 언약을 굳게 지키는 이방인마다 주님의 성산으로 인도하여 만민이 기도하는 주님의 성전에서 그들을 기쁘게 할 것이며 그들의 예배를 받으실 것이라고 하셨다. 그러므로 하마쉬앝 안에서, 이스라엘과 이방 교회가 하나의 공동체가 되어 만민

---

[11] 여수룬(יְשֻׁרוּן): 정직한 자.

이 기도하는 하나님의 성전에서 주님을 찬양하게 될 것이다(예사야 56:3-7).

> 나는 나를 구하지 아니한 자에게 질문을 받았으며
> 나를 찾지 않은 자에게 찾아냄이 되었으며
> 내 이름을 부르지 아니하던 나라에게
> 내가 여기 있다, 여기 있다고 하였다(예사야 65:1).

> 일어나라 빛을 발하라!
> 이는 네 빛이 너에게 들어왔고
> 주님의 영광이 네 위에 임하였고 …
> 나라들은 네 빛으로 왕들은 비치는 네 광명으로 나올 것이다.
> 네 눈을 들어 사방을 보라.
> 무리가 다 모여 너에게 올 것이다.
> 네 아들들은 먼 곳에서 오겠고 네 딸들은 안기어 올 것이다.
> 그때에 네가 보고 기쁜 빛을 내며 네 마음이 놀라고
> 또 화창하겠고 이는 바다의 부귀가 너에게 돌아오며
> 이방나라들의 재물들이 너에게로 올 것이다(예사야 60:1, 4-5).

세상의 모든 나라들과 왕들이 그리스도 왕에게 값진 보물들을 바치고 하나님의 영광의 집, 성전을 아름답게 건축하고 영화롭게 할 것이며 성벽을 다시 쌓고, 예루살라임을 일컬어 주님의 성읍이요, 청년이 처녀와 결혼하듯, 신랑이 신부를 기뻐함같이 이스라엘은 '헵치–바'(חֶפְצִי־בָהּ, 헵시바)[12]이며, 이스라엘의 땅은 '베울라'(בְּעוּלָה, 뿔라),[13] 곧 거룩한 주님의 '치온'(작은 봉오리)

---

12   헵치–바: '나의 기쁨은 그녀 안에.'
13   베울라: 여인(결혼한 여자).

이 될 것이며, 주님의 손에 아름다운 왕관이 될 것이라고 예언하였다(예사야 60:10-14; 62:1-5).

(9) 하마쉬앟의 은혜의 해와 신원의 날

하나님께서는 인류의 마지막에 심판이 있다는 예언적 경고를 수없이 하셨다. 하나님은 모든 믿는 자들에게는 '은혜의 해(년, 年)'를 베풀어 구원하시고, 불신앙과 불순종으로 하나님을 대적하고 믿는 자들을 핍박한 원수들에게 보복과 복수의 심판 날인 '신원(伸寃)의 날'이 예언되었다.

이에 하마쉬앟은 그의 재림 때, 하늘을 가르고 재림하실 것이다. 그 앞에 산들이 진동하고 뜨거운 불길에 둘러싸여 회오리 바람처럼, 과거 광야에서 시내산에 강림하셨던 하나님을 연상케 하면서, 하마쉬앟의 크신 능력과 위엄의 장엄하고 천지의 삼라만상이 모두 경외의 떨림으로 묘사하였다(예사야 64:1-4; 66:15-16).

> 에돔에서 오는 분이 누구냐?
> 붉은 옷을 입고 보스라에서 오는 분이 누구냐?
> 그의 화려한 의복과 큰 능력으로 걷는 분이 누구냐?
> 공의를 말하고 구원하는 능력을 가진 그는 바로 나다!
> 어찌하여 네 의복이 붉으며
> 네 옷이 포도즙 틀을 밟는 자 같으냐?
> 만민 가운데 나와 함께 한 자가 없어 내가 홀로 포도즙 틀을 밟았는데
> 내가 노함으로 말미암아 무리를 밟았고 분함으로 말미암아 짓밟았으므로
> 그들의 선혈이 내 옷에 튀어 내 의복을 다 더럽혔으니
> 이는 내 원수 갚는 날이 내 마음에 있고 내가 구속할 해가 왔으나
> 내가 본즉 도와주는 자도 없고 붙들어 주는 자도 없으므로
> 이상하게 여겨 내 팔이 나를 구원하며 내 분노가 나를 붙들었다(예사야 63:1-5).

보라 주께서 불에 둘러싸여 강림하실 것이다.

그분의 마차들은 회오리바람 같고

그분이 놀라운 위엄으로 분노를 나타내시고

맹렬한 화염으로 책망하실 것이라.

주께서 불과 칼로 모든 혈육들을 심판하시리니

주께 죽임을 당할 자가 많을 것이다(예사야 66:15-16).

하마쉬앝의 분노는 하늘을 찌르고 땅은 그 위엄 앞에 떨고 또 떨게 될 것이다. 본문에서 언급된 '에돔' 나라와 에돔의 도시 중의 하나인 '보스라'는 이스라엘의 대표적인 대적으로서 이스라엘의 멸망을 즐기고 기뻐한 비난에 대한 상징적인 지명으로 마귀들을 포함한 대적 원수들이 살육당하고 짓밟힘으로 그들의 선혈이 옷에 튀어 붉은 홍의(紅衣)가 되었다는 것은 전쟁에서의 승리를 거두고 개선장군처럼 당당하게 귀환하는 모습을 바라보며 예사야는 예언한 것이다.

(10) 새 하늘과 새 땅, 왕 예슈아의 통치

보라! 내가 새 하늘과 새 땅을 창조한다.

이전 것은 기억되거나 마음에 생각나지 않을 것이라.

너희는 내가 창조하는 것으로 말미암아

영원히 기뻐하고 즐거워하라!

　　보라! 내가 예루살라임을 즐거운 도시로 창조하고

그 백성을 기쁨으로 삼으며 내가 예루살라임을 즐거워하고

나의 백성을 기뻐하리니 우는 소리와 부르짖는 소리가

그 가운데서 다시는 들리지 않을 것이라(예사야 65:17-19).

> 그때에 이리와 어린양이 함께 살며 표범이 어린 염소와 함께 누우며
>
> 송아지와 어린 사자와 살진 짐승이 함께 있어 어린이에게 끌려 다니며
>
> 암소와 곰이 함께 먹으며 그것들의 새끼가 함께 엎드리며
>
> 사자가 소처럼 풀을 먹을 것이며 젖 먹는 유아가 독사의 구멍에서 장난하며
>
> 젖뗀 아기는 독사의 굴에 손을 넣을 것이라.
>
> …
>
> 나의 거룩한 산 모든 곳에서 해 됨도 없고 상함도 없을 것이다.
>
> 이는 물이 바다를 덮음같이
>
> 주를 아는 지식이 세상에 충만할 것이다(예사야 11:6-9; 65:25).

하마쉬앟의 통치는 유일하신 하나님을 믿고 말씀대로 순종하는 신정 국가 건설에 있다. 창조주 하나님께서 생육하고 번성하여 세상의 모든 것을 잘 다스리고 관리하라고 인류에게 재위임하셨으나, 그 기대치는 사람들의 불의와 부정과 거짓과 탐욕과 음란과 폭력과 살인과 전쟁으로 인하여 물이 넘치는 홍수로 심판을 받고 회복의 기회를 얻게 된 것이었다.

그러나 오히려 하나님을 대적하는 바벨탑을 쌓으며 자유의지와 자기 관리의 실패를 비롯하여 가정 파괴, 우상 숭배, 자연의 훼손 등 결국 인류는 자신들의 악함과 교만의 높은 절벽의 끝자락에 서서 절망의 늪을 내려다 보고만 있을 뿐이었다.

그때, 하나님께서 독생자 아들을 보내사, 성육신과 진리의 빛을 밝혀 주시고 공의와 정의와 진실과 정직을 이념으로 하나님의 나라를 세워 통치하시고 새 하늘과 새 땅에서 누리는 행복과 영생의 삶을 예비하신 하나님을 찬양하고 경배하게 될 것이다.

(11) Post-Israel, 평화로운 하마쉬앝의 나라

예사야 선지자가 본 '새 하늘과 새 땅'은 아담과 하와의 옛 에덴동산을 회복한 때와 같은 제2의 에덴으로, 하마쉬앝께서 통치하는 온전한 평화의 나라가 임하는 것을 보았다.

물론 영원한 영생의 나라 천국은 아직 아니다. 왜냐하면, 그곳에는 인생의 의식주의 삶이 계속 죽음과 함께 존재하고 있기 때문이다.

마치 노앝의 홍수 이전 시대의 사람들처럼, 사람들의 수명이 수백 년의 나무의 수명과 같고 주택을 건축하고 포도나무를 심고 열매를 먹으며 헛된 수고도 없고 자녀들의 재난도 없을 것이며, 그들은 모두 주님의 복된 자의 자손이요 그들의 후손도 그들과 같다고 하였다.

사람들의 수명은 길어져서, 태어난 지 얼마 안되어 죽는 어린 아기나 장수의 수명을 다 채우지 못하고 죽는 노인이 없을 것이며, 100살도 못 살고 죽는 자는 저주 받은 자가 되리라 예언하였다(예사야 65:20-24).

예사야 선지자는 이스라엘의 미래를 넘어, 온 인류의 통치자로 새 하늘과 새 땅에서 신정 국가의 이상을 실현하시고 영원한 평화와 영생의 주 예슈아 하마쉬앝의 나라, 곧 '그 나라와 그 의'를 완성하시는 하나님 아버지의 나라를 이루실 것을 예언한 것이었다.

5) 선지자 미카가 미리 본 이스라엘

'미카'(מִיכָה, 미가)는 '미카야후'(מִיכָיְהוּ)의 단축형으로, '누가 주님과 같은가!'라는 뜻이다. 아모스, 호쉐아 선지자와 동시대의 선지자자로서, 북왕국 이스라엘의 참혹한 멸망을 목격한 후, 남왕국 예후다의 회개를 촉구하며 약 45년간의 왕성한 예언 사역(B.C. 735-690)을 감당하였다.

미카 선지자(작가 미상, 18세기, 러시아 이콘)

(1) 통치 권력자들의 총체적인 부정부패

오직 나는 주의 영으로 말미암아

능력과 정의와 용기로 충만해져서

야아콥의 허물과 이스라엘의 죄를 그들에게 보이리라.

야아콥 족속의 우두머리들과 이스라엘 족속의 통치자들

> 곧 정의를 미워하고 정직한 것을 굽게 하는 자들아, 이 말을 들으라.
> 시온을 피로, 예루살렘을 죄악으로 건축하는구나!
> 그들의 권력자들은 뇌물을 위하여 재판하고
> 그들의 제사장들은 삯을 위하여 가르치며
> 그들의 선지자는 돈을 위하여 점을 치면서도
> 주님을 의지하고 있다면서 말한다.
> 주께서 우리 중에 계시지 않느냐?
> 재앙이 우리에게 임하지 않을 것이다.
> 이러므로 너희로 말미암아 시온은 갈아엎은 밭이 되고
> 예루살렘은 무더기가 되며 성전의 산은 수풀의 높은 곳이 되리라(미카 3:8-12).

미카 선지자는 이러한 지도자들의 뇌물과 돈의 탐욕으로 가득하니, 일반 백성도 덩달아 부자들은 강포가 가득하고 그 상인들은 거짓 저울추를 쓰고 주민들은 거짓말을 하니 공의로우신 주님께서 징계하심은 당연한 징벌임을 강조한 것이었다.

> 그러므로 나도 너를 쳐서 병들게 하였으며, 네 죄로 말미암아 너를 황폐하게 하였다.
> 네가 먹어도 배부르지 못하고 항상 속이 빌 것이며 네가 감추어도 보존되지 못하겠고
> 보존된 것은 내가 칼에 붙일 것이며 네가 씨를 뿌려도 추수하지 못할 것이며
> 감람 열매를 밟아도 네 몸에 기름을 바르지 못할 것이며
> 포도를 밟아도 술을 마시지 못하리라(미카 6:13-15).

미카 선지자는 경건한 자가 세상에서 끊어졌고 정직한 자가 사람들 가운데 없다며, 그들 중에 가장 선한 자라고 생각되는 사람조차도 가시 같고 가장 정직한 자라고 칭찬받는 자도 찔레 울타리보다 더하니, 믿을 만한 사람을 세상에서 더 찾아볼 수 없게 되었다는 큰 실망에 잠길 사이도 없이, 아들

이 아버지를, 아버지가 아들을 멸시하고, 딸이 어머니를, 며느리가 시어머니를 대적하는 세상이 되었으니, 사람의 원수가 곧 집안 사람이 되었음을 한탄하였다(미가 7:2-6). 그럼에도 불구하고, 미카 선지자는 다음과 같이 말하며 주님의 응답을 주실 것을 믿었다.

> 오직 나는 주님을 우러러보며 나를 구원하실 하나님을 바라 보리라.
> 하나님께서 나의 기도에 귀를 기울이실 것이다(미카 7:7).

그렇다. 이미 하나님께 많은 죄악을 행하였고 설혹 이미 결정된 심판을 다시 돌이킬 수는 없다 하더라도, 주저 앉아서 후회와 원망으로 절망만 할 것이 아니라, 자신들의 죄를 돌이켜 보고 진정으로 회개하면 혹시 노하기를 더디하시는 주님께서 환란을 감해 주시고 회복과 구원의 은혜를 베풀어 주시기를 하나님께 소망을 갖고 기도하자고 권면하고 있다.

(2) 주의 산에 올라가자! 성전에 들어가자!

하나님의 징계는 아프고 힘들지만, 그래도 주저앉지 말고 하나님의 치온 산에 올라가자!

자비와 긍휼이 풍성하신 주님의 성전에 들어가자! 선지자는 늦지 않았으니 지금 일어나라고 촉구하고 있는 것이다.

> 오라 우리가 주님의 산에 올라가자!
> 야아콥의 하나님의 성전에 들어가자!
> 하나님께서는 그의 진리를 우리에게 가르치실 것이고
> 우리는 그분의 가르치시는 진리대로 행하자!
> 이는 율법이 치온에서부터 나올 것이요.
> 주의 말씀이 예루살라임에서부터 나올 것이라(미카 4:2).

(3) 딸 치온아, 이제부터 영원까지 내가 다스리마

마지막 날에는 이스라엘의 회복과 함께 많은 이방인들이 그리스도의 교회를 통하여 유일하신 하나님을 믿는 역사가 일어날 것이며, 그들이 예루살라임 하나님의 성전에 모여 주님의 진리를 배우고, 전쟁의 칼과 창을 농기구인 삽과 낫을 만드는 것은 다시는 전쟁이 없기 때문이다.

주님이 다스리는 나라는 포도나무와 무화과나무 아래 앉아서 평강을 누리며, 이스라엘의 남은 자들을 불러, 쫓겨난 자와 환란을 받은 자와 장애인들을 모아, 하나님의 말씀이신 주 하마쉬앟이 통치하는 날이 오면, 허약한 남은 자들로 강한 나라가 되게 할 것을 선지자는 예언하였다.

> 내가 치온산에서 이제부터 영원까지 너희들을 다스릴 것이다.
> 너 양 떼의 망대, 딸 치온의 산아!
> 이전 권능 곧 예루살라임의 나라가 너에게 돌아올 것이다.
> 딸 치온아! 해산하는 여인처럼 힘들여 낳아라.
> 딸 치온아! 일어나 쳐라!
> 내가 네 뿔을 무쇠 같게 하며 네 굽을 놋 같게 해 주겠다.
> 네가 여러 백성을 쳐서 깨뜨릴 수 있을 것이다.
> 네가 그들의 탈취물을 구별하여 주께 드리며
> 그들의 재물을 온 땅의 대 주권자께 드려라 (미카 4:6-13).

(4) 하마쉬앟의 시작은 베이트-레헴에서

딸 치온의 군대는 비록 원수들이 에워싸고 이스라엘 지도자들은 수치를 당할지라도, 하나님께서는 '상고'(上古) 곧 만세 전에, '태초'(太初) 곧 영원 전부터 계신 하나님의 아들, 하마쉬앟을 보내셔서 이스라엘을 주님의 능력과 위엄으로 심히 창대하고 번영하여 땅끝까지 정복하는 위대한 통치자 하마쉬앟의 다스리는 나라와 장차 하마쉬앟은 예후다 족속의 땅, 베이트-레헴

(בֵּית־לֶחֶם) 에프라타(אֶפְרָתָה)¹⁴에서 탄생하실 장소를 예언하셨다.

마지막으로 하나님께서는 이스라엘 왕국과 예후다 왕국의 멸망을 선포하였으나, 마지막 날에는 하마쉬앝을 통한 남은 자들의 구원과 영원한 회복을 약속하셨음을 강조하면서, 이러한 하나님의 결정에 대하여 불만이 있다면, 일어나 나와 함께 변론하자고 초대하셨다.

(5) 주께서 원하시는 것, 정의와 사랑과 겸손한 동행

> 내 백성아! 내가 너에게 무엇을 행하였으며 너를 무슨 일로 괴롭게 하였느냐?
> 너는 나에게 증언해 보아라(미카 6:1-3).

이때, 미카 선지자가 증인으로 나섰다.

> 내가 무엇을 가지고 주 앞에 나아가며 높으신 하나님께 경배할까?
> 내가 번제물로 일년 된 송아지를 가지고 그분 앞에 나아갈까?
> 주님께서 천천의 수양이나 만만의 강물 같은 기름을 기뻐하실까?
> 내 허물을 위하여 내 장자를, 내 영혼의 죄로 내 몸의 열매를 드릴까?
> 인자야, 주께서 선한 것이 무엇임을 너에게 보이셨으니
> 너에게 구하시는 것은 오직 정의를 행하며 인자를 사랑하며 겸손하게
> 네 하나님과 함께 동행하는 것이 아니냐?(미카 6:6-8)

---

14 베이트-레헴 에프라타: '베이트-레헴'은 '빵 집'(베이커리)이라는 의미이다. '에프라타'는 '풍성한 열매'라는 뜻이다. 성경에서 두 지명은 결합된 상태로 기록되었다(태초에 35:19). '에프라타'는 고대의 지명으로, '베이트-레헴'으로서 후대의 지명으로 전해지는 곳이다. 족장 야아콥의 아내 라헬의 무덤과 다비드 왕의 고향이다.

누가 주님 같은 신(神)입니까?(מִי־אֵל כָּמוֹךָ)

주께서는 죄악과 그 기업의 남은 자의 허물을 용서하시며

사랑을 기뻐하시므로 진노를 오래 품지 않으십니다.

다시 우리를 불쌍히 여기셔서 우리의 죄악들을 발로 밟으시고

우리의 모든 죄를 깊은 바다에 던지실 것입니다.

주님께서 옛날에 우리 조상들에게 맹세하셨던 것처럼

야아콥에게 성실을 베푸시고 아브라함에게 사랑을 베풀어 주소서(미카 7:18-20).

미카 선지자는 오늘날 우리에게도 주님의 무한하신 사랑 안에서 겸손한 동행을 촉구하고 계신다.

6) 선지자 츠판야가 미리 본 이스라엘

'츠판야'(צְפַנְיָה, 스파냐)는 '하나님께서 숨겨 둔 자,' '하나님께서 감춰둔 자'라는 뜻이다. 북왕국 이스라엘이 멸망한 지 약 80년 후, 남왕국 예후다의 제16대 왕 요쉬야(יֹאשִׁיָּהוּ, B.C. 640-609)의 통치 시기에 츠판야 선지자는 히즈카야 왕 4대손 왕족으로 왕궁을 자유롭게 출입하면서, 16세의 어린 나이에 왕위에 오른 왕을 지켜보면서 선지자로 부르심을 받고 사역(B.C. 640-630)을 시작하였다.

북왕국 이스라엘의 가장 악한 왕을 꼽으라면, 제7대 왕 아흐아브(אַחְאָב, 아합, B.C. 874-853)이었고, 남왕국 예후다의 가장 악한 왕은 요쉬야 왕의 조부인 제14대 왕 므나쉐(מְנַשֶּׁה, B.C. 697-642)로, 55년간 최장 통치를 하면서, 온갖 우상 숭배와 함께 예사야 선지자의 처형을 비롯하여 많은 선지자들과 무죄한 백성의 피를 많이 흘려 돌이킬 수 없는 종교적 암흑기를 거치면서 하나님의 심판의 결정적인 역할을 한 왕이었다(2역대 33:1-20).

츠판야 선지자(작가 미상, 1650, 러시아 이콘)

또한, 요쉬야 왕의 부친은 제15대 아몬(אָמוֹן, B.C. 642-640) 왕으로 2년간 통치하다 암살당하자, 갑자기 요쉬야 왕은 8세의 어린 나이에 즉위하게 되어, 당시 선지자 츠판야는 전국에 어지럽게 널려진 우상 숭배를 척결하고 백성의 억울하고 한 맺힌 상처들을 치유하는 사명에 집중하게 되었다.

(1) 우상까지 수입하는 전적 타락

츠판야 선지자는 선민으로 택함 받은 남왕국 예후다라고 하면서도 하나님께서 가증하게 여기시는 이방의 온갖 우상 잡신들을 수입하여, 하나님도 믿고 이방 우상의 풍습을 전통 문화라는 이름으로 귀신들도 섬기는 종교 혼합주의를 책망하였다.

지도자들의 무분별한 탐욕과 거짓으로 전적 타락(Total Depravity)과 전적 무지(Total Ignorance)와 전적 무능(Total Inability)으로 국가적인 멸망이 이르게 되었다는 것을 경고한 것이었다.

> 주님의 진노의 날에는 그들의 금과 은이 있어도 그들을 구할 수 없으며
> 주님의 질투의 불에 온 땅이 삼켜질 것이니
> 이는 주께서 이 땅의 모든 주민을 진멸하되 무섭게 진멸할 것이다(츠판야1:14-18).

> 부끄러움을 모르는 모든 백성아 모일지어다, 모일지어다.
> 명령을 실행하여 날이 겨같이 지나가기 전에,
> 주님의 진노가 너희에게 내리기 전에,
> 주님의 분노의 날이 너희에게 이르기 전에 그리하라.
> 주님의 규례를 지키는 세상의 모든 겸손한 자들아,
> 너희는 주님을 찾아라 그리고 공의와 겸손을 구하라.
> 너희가 주님의 분노의 날에 숨김을 얻을 수 있으리라(츠판야 2:1-3).

(2) 너로 인하여 기쁨을 이기지 못하시는 주님

츠판야 선지자는 주변 열국들의 심판을 예언하면서, 그들도 하나님의 공의의 심판을 피할 수 없음을 경고하였다. 그러나 이방 열국의 심판과 이스라엘의 심판과의 공통점은 하나님을 경배하고 겸손한 남은 자들을 구원하신다는 것이다.

그러나 다른 점은 이스라엘의 나라는 완전히 멸망하지 않고 반드시 다시 회복시킨다는 것이다. 이것은 그들의 믿음의 조상들과 약속 때문이었다.

> 치온의 딸아 노래하라 이스라엘아 기쁘게 불러라
> 예루샬라임의 딸아 전심으로 기뻐하며 즐거워하라.
> 주님께서 네 형벌을 제하셨고 네 원수를 쫓아냈으며
> 이스라엘 왕 주께서 너희 가운데 계시니 네가 다시는 두려워 말아라.
> 그날에 사람이 말한다.
> "예루샬라임아, 두려워 말고 치온아 손을 늘어뜨리지 말라.
> 너의 하나님 주께서 너의 가운데 계시니 그분은 구원을 베푸실 전능자다.
> 그분은 너로 말미암아 기쁨을 이기지 못하시고 너를 잠잠히 사랑하시며
> 너로 말미암아 즐거워하고 기뻐하신다"(츠판야 3:14-17).

(3) 구원의 기쁨, 칭찬과 명성을 얻게 되리라

주님의 진노와 분노의 날에 심판 받을 자들은 처참한 멸망을 당하지만, 하나님을 경배하고 겸손한 자들은 모두 구원받아 즐겁고 기쁜 날이 될 것이다. 이는 단지 이스라엘만을 위한 것이 아니다. 주님께 대한 믿음의 자녀들일지라도 회개하지 아니하면 하나님의 심판을 받을 것이요, 반드시 회개하고 겸손히 순종하면, 주님의 구원의 은혜가 반드시 온다는 것을 기억해야 할 것이다.

이 세상에서 끝까지 믿음을 가지고 모든 핍박과 수욕을 당한 모든 주님의 자녀들은 칭찬과 명성으로 높임을 받겠고, 선지자의 예언한 그대로 천하 만민 가운데 칭찬과 명성을 얻게 될 것이다(츠판야 3:18-20).

> 옳습니다. 그들은(이스라엘) 믿지 않아서 꺾였고
> 여러분(이방 교회)은 믿음으로 서 있으니

높은 마음을 품지 말고 (주님을) 경외하세요.
진실로 하나님께서 원가지(이스라엘)도 아끼지 않으셨으니
여러분(이방 교회)도 아끼지 않으실 것입니다(로마 11:20-21).

진실로 우리가 진리의 지식을 받은 후
의도적으로 죄를 범하면 속죄할 희생제사는 다시 없고
오직 무서운 마음으로 심판을 기다리는 것과
대적하는 자를 삼키려는 맹렬한 불만 있습니다(이브리 10:26-27).

7) 선지자 이르메야가 미리 본 이스라엘

'이르메야'(יִרְמְיָה, 예레미야)의 이름의 뜻은 '주께서 높이신다' 또는 '세우신다'는 뜻이다. 이르메야 선지자는 제사장의 아들로 태어나 당시 남왕국 예후다 제16대 왕인 요쉬야의 즉위 13년(B.C. 627)에 하나님의 부르심을 받았다.

이르메야는 태어나기 전, 모태에서 출산하기 전에 이미 택함을 받은 선지자라는 말씀을 들었으나, 그래도 아직 전통 사회의 정치, 경제, 특히 종교 율법과 규례 등을 잘 모르는 어린아이 같다면서 극구 사양하였음에도 불구하고, 자신의 나이나 지식과 경험을 불문하고 하나님께서 가라고 지시하면 그냥 그곳으로 가고, 전하라는 예언의 말씀을 주면 그대로 전달만 하면 된다는 선지자의 사역의 본질을 일깨워 주셨다. 그는 두려운 마음에 망설였지만, 주님께서 시키시는 대로만 하면 되겠지라는 생각에 주님의 부르심에 순종하기로 마음을 먹었다.

이르메야 선지자(Michelangelo 作, 1508-1512. 바티칸의 시스티나 성당 벽화)

(1) 너는 아이라 말하지 마라

너는 아이라 말하지 마라!
내가 너를 누구에게 보내든지 너는 가라!
내가 네게 무엇을 명령하든지 너는 그대로 말하라!
주께서 그분의 손을 내밀어 내 입에 대시며 주께서 내게 말씀하셨다.
보라, 내가 나의 말을 네 입에 두었다.
보라, 내가 오늘 너를 여러 나라와 여러 왕국 위에 세워 네가 그것들을 뽑고 파괴하며
파멸하고 넘어뜨리며 건설하고 심게 하였다(이르메야 1:7, 9-10).

방년 20세의 청년 선지자로서 사역을 시작하여, B.C. 586년 예루샬라임 성과 하나님의 성전이 멸망을 당하여 불타는 광경과 동족들이 노예가 되어 손발이 쇠사슬에 묶인 채로 바벨론으로 비참하게 끌려가는 마지막 모습까지 약 40년 동안의 예언 사역을 통하여 자신이 예언하였던 그대로 성취된 현장의 목격자 중의 한 사람이었다.

주님의 말씀은 처음부터 열국의 멸망을 뜻하는 내용이라 너무 무겁게 느껴졌다. 이어서 주신 살구나무 가지와 끓는 가마의 환상을 보여 주셨는데, 그 해석이 북방 왕국으로부터 침략이라는 재앙이 이 땅에 살고 있는 모든 백성 위에 부어질 것이라는 말씀에 너무 큰 충격을 받았다.

이 말씀을 국가의 절대 권력자인 왕과 장관들 앞에서, 연로한 장로들과 근엄한 제사장들 그리고 많은 백성에게 나이 어린 청년이 그대로 전하라 하시니 망설이지 않을 수 없었다.

이 시대에 MZ세대의 젊은이가 하나님의 부르심으로 자칭 선지자라며, 친일, 친미, 친중, 친북을 주장하고 항복을 외치면, 기성세대의 반응이 어떨까?

두말할 것도 없이 부모와 친구들의 손가락질 대상이 되고 말 것이다. 이르메야 선지자의 입장이 이러하였다. 그러나 주님은 재촉하셨다.

>이제 일어나 허리띠를 단단히 묶고 내가 너에게 명령한 말을 그대로 그들에게 말하거라.
>그들을 두려워하지 말아라.
>그들이 너를 치나 너를 이기지 못할 것이다.
>내가 너와 함께하여 너를 구원할 것이다(이르메야 1:17-19).

(2) 진리와 정의를 찾는 자, 정말 한 사람도 없나요?

> 너희는 예루샬라임 거리를 이리저리 다니며 알아보고 그 넓은 광장에서 찾아 보아라.
> 너희가 만일 정의를 행하며 진리를 구하는 자를 한 사람이라도 찾으면
> 내가 이 성읍, 예루샬라임을 용서할 것이다.
> 그들이 주께서 살아 계시는 하나님께 맹세할지라도
> 실상은 거짓 맹세이다(이르메야 5:1-2).

이르메야 선지자는 자신이 예언을 하면서도 깜짝 놀랄 일이었다. 이 예루샬라임에 정의와 진리를 찾는 자가 정말 단 한 사람도 없단 말인가! 그는 지도자들을 찾아가서 당장 확인하고자 지도자들을 찾아 다녔다. 그런데 그들은 주님이 치신다는 경고를 듣고도 주님의 징계로 여기지 않고, 얼굴을 바위보다 굳게 하며 주님께 돌아오기를 거부하고 있었다.

그는 지도자들의 신앙이 천하고 어리석어 '자기 하나님의 법'을 알지 못하여 주님께 대한 반역이 심각함을 알게 되었다.

> 선지자들은 거짓을 예언하며,
> 제사장들은 자기 권력으로 다스리며,
> 나의 백성은 그것을 좋게 여기니 …
> 가장 작은 자부터 큰 자까지 모두 탐욕을 부리며,
> 선지자로부터 제사장까지 다 거짓을 행함이라(이르메야 5:31; 6:13).

그들은 모두 하나같이 하나님의 징계에 관심도 없고 북방에서 오는 재앙과 큰 파멸이 예정되어 있다고 알려줘도 아름답고 우아한 치온의 딸의 멸망을 한낱 꿈 같은 이야기로 여겼다(이르메야 6:1-2).

너는 주의 성전 문에 서서 내 말을 선포하라.

주님께 예배하러 이 문으로 들어가는 예후다인들아, 주님의 말씀을 들으라!

너희는 '이곳이 주님의 성전이다. 주님의 거룩한 전이다. 주님의 거룩한 집이다'라는

거짓말을 믿지 마라.

너희가 만일 길과 행위를 참으로 바르게 하여 이웃들 사이에 정의를 행하며

이방인과 과부와 고아를 압제하지 아니하며 무죄한 자의 피를 이곳에 흘리지 아니하며

다른 신들의 뒤를 따라 화를 자초하지 아니하면 내가 너희를 이곳에 살게 하리니

곧 너희 조상에게 영원무궁하도록 준 땅이니라(이르메야 7:2, 4-11).

(3) 이 백성을 위하여 기도도 하지 마라

하나님께서 온갖 거짓말과 도둑질과 살인과 간음과 거짓 맹세와 우상 숭배를 자행하면서도 내 성전에 들어와 내 앞에서는 "우리가 구원을 얻었다"라고 말하니 이는 위선적이고 가증한 일이다. 나의 성전이 너희들의 눈에는 도둑의 소굴로 보이느냐고 분노하시는 하나님은 이르메야 선지자에게 다음과 같이 말하며 등을 돌리셨다(이르메야 7:8-16; 11:13-14).

"너는 이 백성들을 위하여 기도하지 말아라. 부르짖어 구하지 말아라. 내게 간구하지 말아라. 내가 듣지 아니하리라."

남왕국 예후다는 므나쉐 왕의 55년의 통치 중에 행한 수많은 우상 숭배를 아직도 척결하지 못하고 성전 안에 우상들을 들여왔으며, 특히, 인신제사(人身祭祀)의 사당이 있는 '벤-힌놈(בן־הִנֹּם)의 골짜기'에서 자녀들을 산 채로 불 사르는 악행까지 저질러 '죽임의 골짜기'로 변하였다며, 더 많은 사람들의 시체가 무더기로 쌓일 것인데, 이 백성의 시체가 공중의 새와 땅의 짐승들의 밥이 될 것이라고 예언하셨으며, 그뿐만 아니라 조상들의 무덤의 뼈들까지 끌어내어 하늘의 별자리 우상들 아래 펼쳐놓고, 다시 묻히지 못하여 지면 위에 먼지같이 될 정도로 참혹한 멸망을 예언하셨다(이르메야 7:30-8:3).

하나님은 선지자에게 몇 가지의 예표를 주셨다. '이르메야' 13장에는 삼베 속옷을 사서 바위 틈 물에 담갔다가 여러 날 후에 다시 꺼내어 보니 삼베가 썩었다. 이는 예후다의 교만과 예루샬라임의 큰 교만을 이같이 썩게 하실 것이며, 이스라엘의 모든 가죽부대에 포도주로 채우라 하신 후, 모두에게 마시라 하여 잔뜩 취하게 한 후, 모두 멸하겠다고 하셨다.

> 주께서 내게 이르시되,
> "모쉐와 쉬무엘 이 내 앞에 섰다 할지라도
> 내 마음은 이 백성을 향할 수 없나니 그들을 내 앞에서 쫓아 내보내라.
> 그들이 만일 너에게 말하기를, '우리가 어디로 나아가리요?' 하거든
> 너는 그들에게 이르기를, '주께서 이같이 말씀하시니라.
> 죽기로 되어 있는 자는 죽을 것이다.
> 칼에 죽을 자는 칼에 죽고, 기근으로 죽을 자는 기근으로 죽고,
> 포로가 될 자는 포로로 잡혀 갈 것이다.
> 예후다 왕 히즈키야의 아들 므나쉐가 예루샬라임에서 행한 일로 말미암아
> 내가 그들을 세계 여러 왕국에
> 공포의 본보기가 되게 할 것이다'라고 하라"(이르메야 15:1-2, 4).

(4) 매국노가 된 선지자의 고독과 저주

예후다 왕국의 지도자들은 이르메야 선지자가 더 이상 이 같은 예언을 하지 못하도록 죽이려는 음모를 계획하여, 성전의 총 감독자인 제사장 파스훌(פַּשְׁחוּר)이 성전의 멸망을 예언하여 성전 내의 질서를 어지럽혔다는 이유로 이르메야를 체포하고 폭행하며, 목에 씌우는 나무 고랑으로 채웠다가 다음날 석방하였다.

이에 이르메야는 하나님께서 주신 바스훌의 장래를 예언하였다. 하나님께서 그의 이름을 '파스훌'(사방의 열매)이 아니라 '마골-미싸비브'(מָגוֹר מִסָּבִיב,

사방의 공포)라고 이름을 바꿔 주셨고, 하나님께서 바벨의 왕에게 온 예후다를 넘길 때에 그와 그의 가족과 친구들도 모두 바벨 제국의 포로가 되어 끌려갈 것이며, 그는 거기서 죽을 것이라고 하셨다(이르메야 20:1-6).

선지자 이르메야는 언제나 예루샬라임의 파멸과 멸망을 외치니, 백성은 이방인들의 침략으로 국가가 위기를 당하여 망한다면, 먼저 나라를 위하여 구국 기도는 못할 망정, 이방인의 승리로 나라의 멸망을 학수고대하는 매국 노라며 조롱과 비난이 시작되더니, 법정에 고소하는 자들에게 자신의 친한 벗들까지도 동조하며 원수가 되었고, 그에게 편드는 사람은 하나도 없어 너무 외롭고 고독하였다.

결국 낙심한 선지자는 어찌 내가 태어나서 이 고통과 슬픔으로 살아야 하는가?

자신의 생일을 저주하기도 하였다.

(5) 뼛속까지 태우는 불길과 강처럼 흐르는 눈물들

그러나 주님의 말씀을 그만 선포하려고 하면, 그의 마음 속에 불같이 타는 것이 뼛속 골수까지 사무치니 더 견딜 수 없고 더 감당할 수도 없었고(이르메야 20:7-18), 다시 일어나 선포할 때에는 밤낮으로 멈출 수 없는 눈물이 강처럼 흘러 눈앞을 가렸으며, 창자가 끊어지는 고통과 간이 땅에 쏟아지는 듯한 비통함으로 물도 마실 수 없는 절망스러운 상한 심령과 슬픔이 가시지 않았다고 고백하였다(이르메야 어떡해 2-4장).

> 어찌하여 그 수많던 백성의 성이 홀로 앉아 과부처럼 되었던가!
> 어찌하여 이방 중에 큰 나라요, 공주였던 나라가 이제는 노예가 되었는가!
> 그 성이 밤새도록 슬피 우니 눈물이 아직 그녀의 뺨에 있고
> 그 성을 사랑하던 자들 중에 위로하던 자도 없고
> 그 성의 이웃들이 다 그녀를 배반하여 그녀의 원수가 되었도다(이르메야 어떡해 1:1-2).

이는 딸 내 백성이 패망하여

어린아이와 유아들이 성의 대로에서 기진하고 있으니

내 눈이 눈물에 상하고 내 창자가 끊어지며

내 간이 땅에 쏟아졌도다(이르메야 어떡해 2:11).

그들의 마음이 주를 향하여 부르짖는구나.

딸 치온의 성벽아! 낮과 밤으로 눈물을 강처럼 흘릴지어다.

쉬지 말고 네 눈동자도 쉬게 하지 말라.

일어나라! 밤에 일어나 울부짖어라!

주님 얼굴 앞에서 네 마음을 물 쏟듯 부어라!

주님 보옵소서! 주께서 누구에게 이처럼 행하셨는지요?

어떻게 여인들이 자기가 낳은 자식을 먹습니까?

어떻게 주님의 성소에서 제사장들과 선지자들이

죽임을 당합니까?(이르메야 어떡해 2:18-20)

딸 내 백성의 멸망으로 말미암아 내 눈에 눈물이 시내처럼 흐르고

내 눈에 흐르는 눈물이 쉬지 않고 그치지도 않습니다(이르메야 어떡해 3:48-49).

어떻게 이런 일이?
어찌하여 이런 일이?
이스라엘이, 예루샬라임이 그토록 배역하고 타락하였던가?

하나님께서는 죄를 회개하면 모두 용서하신다. 비록 회개하였을지라도 죄에 대한 벌은 받아야 한다는 원칙에 따라 징계를 받지만 그것은 연단이요, 성장을 위한 촉진제로서 인내로써 징계를 잘 마쳐야 한다. 남왕국 예후다의 죄를 용서하시나, 그들에게 내리는 징계는 바벨론의 포로로 가서 70년

의 인내를 통하여 다시 회복시키시는 하나님의 연단의 기간이 될 것이다.

(6) 70년이 차면 …

>보라 내가 북방의 모든 종족과 내 종 바벨 왕 느부카드네찰을 불러
>이 땅과 그 주민과 사방 모든 나라를 쳐서 진멸하여
>그들을 놀램과 비웃음거리가 되게 하여 땅으로 영원한 폐허가 되게 할 것이다.
>내가 그들 중에서 기뻐하는 소리와 즐거워하는 소리와 신랑의 소리와 신부의 소리와
>등불 빛이 끊어지게 하고 이 모든 땅이 폐허가 되어 놀랄 일이 될 것이며
>이 민족들은 70년 동안 바벨의 왕을 섬기리라. 주님의 말씀이다.
>70년이 마치면 내가 바벨의 왕과 그의 나라와 갈대아인의 땅을
>그 죄악으로 말미암아 벌하여 영원히 폐허가 되게 하고
>내가 그 땅을 향하여 선언한 바,
>곧 이르메야가 모든 민족을 향하여 예언하고 이 책에 기록한 나의 모든 말을
>그 땅에 임하게 할 것이다(이르메야 25:9-13).

B.C. 605년, 바벨(בָּבֶל)의 왕 느부카드네찰(נְבוּכַדְרֶאצַּר, 느부갓네살)은 예루살라임을 정복하여 1차 포로 노예들을 바벨로 압송해 갔고, B.C. 597년, 2차 포로 노예들을 또 압송해 갔다. 이에 이르메야 선지자는 바벨에서 노예생활을 하고 있는 동족에게 편지를 써서 그들의 삶을 위로하고 어찌되었건 70년이 차기를 의심이나 절망하지 말고 꼭 기다리라고 부탁하였다.

"그대들은 거기에서 집을 짓고 텃밭을 만들어 그 열매를 먹으며, 아내를 맞아 자녀들을 낳고 거기에서 번성하도록 하세요. 또한, 그대들이 있는 그 성읍을 위한 평안을 주님께 기도하여 그 성읍이 평안함같이 그대들도 평안히 거하기를 바랍니다"(이르메야 29:1-7).

> 주께서 이와 같이 말씀하신다.
>
> 바벨에서 70년이 차면 내가 너희를 돌보고 나의 선한 말을 너희에게 성취하여
>
> 너희를 이곳으로 돌아오게 하리라 주의 말씀이다.
>
> 너희를 향한 나의 생각은 평안이요 재앙이 아니라
>
> 너희에게 미래와 희망을 주려는 것이다.
>
> 너희가 나에게 부르짖으며 내게 와서 기도하면
>
> 내가 너희 기도를 들을 것이요.
>
> 너희가 온 마음으로 나를 구하면 나를 찾을 것이요, 나를 만나리라.
>
> 이것은 주의 말씀이다.
>
> 나는 너희들을 만날 것이며 너희를 포로 된 중에서 다시 돌아오게 하되
>
> 내가 쫓아 보냈던 나라들과 모든 곳에서 사로잡혔던 그곳으로 돌아오게 하리라.
>
> 주의 말씀이다(이르메야 29:10-14).

(7) 심비에 새긴 이스라엘과의 새 언약

하나님께서는 멸망을 당하여 열방으로 흩어진 이스라엘에게 십계명 돌판에 새긴 언약을 폐하시고 말세에 보내실 성령님과 마음 판(심비[心碑])에 새겨 영원히 내주(內住)하시는 새 언약을 약속하시고 이스라엘과 예루샬라임의 회복은 하마쉬앟의 오심으로 성취할 것을 예언하셨다(이르메야 33장).

> 주의 말씀이다 보라 날이 이를 것이다.
>
> 내가 이스라엘 집과 예후다 집에 새 언약을 맺을 것이다.
>
> 이 언약은 내가 그 조상들의 손을 잡고
>
> 미쯔라임 땅에서 인도하여 내던 날에 맺은 것과 같지 않을 것은
>
> 내가 그들의 남편이 되었어도 그들이 내 언약을 깨뜨렸기 때문이다. 주의 말씀이다.
>
> 그러나 그날 후에 내가 이스라엘 집과 맺을 언약은 이것이다.
>
> 내가 나의 법을 그들의 속에 두며 그들의 마음에 기록하여

나는 그들의 하나님이 되고 그들은 내 백성이 될 것이라.

주의 말씀이다(이르메야 31:31-33).

일을 행하시는 주, 그것을 만들어 성취하시는 주, 그 이름을 주라 하는 분이 말씀하셨다.

너는 내게 부르짖으라 내가 네게 응답하겠고

네가 알지 못하는 크고 비밀한 일을 보이리라(이르메야 33:2-3).

보라, 내가 이 성읍을 치료하며 고쳐 낫게 하고

평안과 진리가 풍성함을 그들에게 나타낼 것이며

내가 예후다의 포로와 이스라엘의 포로를 돌아오게 하여

그들을 처음과 같이 세울 것이며

내가 그들을 내게 범한 그 모든 죄악에서 정하게 하며

그들이 내게 범하여 행한 모든 죄악을 사할 것이라.

이 성읍이 세계 열방 앞에서 나의 기쁜 이름이 될 것이며 찬송과 영광이 될 것이요,

그들은 내가 이 백성에게 베푼 모든 복을 들을 것이요,

내가 이 성읍에 베푼 모든 복과 모든 평안으로 말미암아

두려워 떨 것이라(이르메야 33:6-9).

그날 그때에 내가 다비드에게서 한 공의로운 가지가 나게 하여

그가 이 땅에 정의와 공의를 실행할 것이라.

그날에 예후다가 구원을 받겠고 예루샬라임이 안전하게 살 것이며

이 성은 '주는 우리의 의'라는 이름을 얻으리라(이르메야 33:15-16).

8) 선지자 하바쿡이 미리 본 이스라엘

'하바쿡'(חֲבַקּוּק)은 '껴안는 자'(Hugger), '매어 달리는 자'라는 뜻이다. 하바쿡 선지자는 이르메야 선지자와 동시대의 사역자로서, B.C. 612년, 고대

하바쿡 선지자(작가 미상, 18세기, 러시아 이콘)

근동 지역의 신흥 제국으로 급부상한 바벨 제국이 아슈르 제국의 수도 니느 베(니느웨)를 정복하였던 때로부터 남왕국 예후다를 1차 침공하였던 B.C. 605년까지 예언 사역을 하였다.

(1) 주님, 제가 이렇게 부르짖는데 들리지 않으세요?

주변 강대국들은 기회 나는 대로 침략하여 나라의 귀중한 보물들을 탈취해 갔고, 지도자들은 부정 부패와 우상 숭배와 타락으로 탐욕에 빠져 있으며, 힘없는 백성은 먹고 사는 일에 허덕이면서도 그나마 의롭게 살려고 바둥거리는 시대의 현실을 보면서, 왜 공의와 정의롭게 살라고 책망하시는 하나님은 악한 자를 징계하지 않으시고 오히려 더 형통하게 배 불리며 잘 살게 두시고, 의로운 자들은 가난에 허덕이며 살면서도 정직과 진실을 지키려고 애쓰고 있는데, 왜 복은 주시지 않고 그냥 보고만 계시느냐는 불만스러운 마음을 품고 기도하면서 선지자는 주님께서 자신에게 응답을 주실 때까지 기다리겠다는 솔직히 불만스러운 기도를 하고 있었다.

> 주여 제가 부르짖어도 주께서 듣지 아니하시니 어느 때까지 입니까?
> 제가 강포로 말미암아 외쳐도 주께서 구원하지 아니하십니다.
> 어찌하여 제가 죄악을 보게 하시며 패역을 눈으로 보게 하십니까?
> 겁탈과 강포가 제 앞에 있고 변론과 분쟁이 일어났습니다.
> 율법은 감각조차 잃어 마비되고 재판들은 뇌물 판결로 정의가 사라지고 있으니
> 이는 악인이 의인을 에워쌌으므로 정의가 뒤틀려지고 있습니다(하박국 1:2-4).

다소 회의적인 선지자의 질문에 하나님에게서 '묵시로 받은 경고'를 받았다. '묵시'라는 이브리어(חָזָה, 하자)는 '본다'라는 뜻으로 환상 중에 계시를 받은 것을 말하고, '경고'는 이브리어 '마사'(מַשָּׂא)로 문자적으로는 '무거운 짐'이란 뜻이나, 이 단어가 예언서에서 사용될 때에는 '엄중한 심판'을 예언하는 것이므로 그 예언의 무게를 무겁게 받아드린다는 의미를 주고 있다.

(2) 그래도 주님, 어떻게 악인이 의인을 삼키나요?

하나님은 하박국 선지자에게 응답하셨다. 죄에 대한 공의의 하나님의 침묵은 죄에 대한 방관이나 용납이 아니라, 그들의 죄를 심판할 때가 차기까지 기다리는 것이며, 예후다의 죄악을 심판하기 위하여 바벨 제국이 심판의 도구로 사용될 것을 알려 주셨다.

> 선지자가 말하였다.
> "주 나의 하나님, 나의 거룩한 주여!
> 주께서는 만세 전부터 계시지 않으십니까?
> 우리가 사망에 이르지 않을 것입니다.

> 주여, 주께서 심판하기 위하여 그들을 두셨습니다.
> 반석이여, 주께서 경계하기 위하여 그들을 세우셨습니다.
> 주께서는 눈이 정결하시므로 악을 차마 보지 못하시고 패역을 차마 보지 못하시면서
> 어찌하여 거짓된 자들을 방관하시며
> 악인이 자기보다 의로운 사람을 삼키는데도 잠잠하고 계십니까?"(하박국 1:12-13)

그러나 선지자는 또 다시 불만스러운 질문을 하지 않을 수 없었다.
"비록 남왕국 예후다의 범죄가 머리카락보다 더 많다 할지라도, 그래도 하나님의 백성 아닙니까?"
그런데 하나님도 믿지 않는 더 흉악한 이방인을 예후다의 심판하는 도구로 사용하실 수 있느냐는 것이었다.
어떻게 이럴 수가 있는가?
비록 그렇다고 할지라도, 이방 바벨 제국이 예후다 왕국보다도 더 의롭기 때문은 결코 아니다. 바벨의 심판의 때는 하나님께서 정하신 그 어느 날에, 하나님의 방법으로 심판하실 것이다.

> 주께서 내게 대답하여 말씀하셨다.
> 너는 이 묵시를 기록하여 판에 명백히 새기되 달려가면서도 읽을 수 있게 하라.
> 이 묵시는 정한 때가 있으니 그 종말이 속히 이르겠고 결코 거짓되지 아니하리라.
> 비록 더딜지라도 기다리라.
> 지체되지 않고 반드시 응하리라.
> 보라, 그의 마음은 교만하며 그 속에서 정직하지 못하나
> 의인은 믿음으로 말미암아 살리라(하박국 2:2-4).

(3) 의인은 믿음으로 말미암아 살리라

주님께서 말씀하신 '그'는 바벨 제국을 뜻하며, 바벨도 하나님의 정하신 때, 곧 심판의 날이 기다리고 있으니 결코 거짓되지 아니하고 기다리라 반드시 응하리라고 말씀하시면서, 탐욕과 불의한 이득과 살인과 비열한 협박 그리고 우상 숭배의 죄 등 바벨의 다섯 가지의 죄목을 지적하셨다(하바국 2:5-19).

이러한 죄목에 주님 앞에서 정결한 자가 누구인가?

바벨 제국이 아무리 강한 군대를 가지고 있다 할지라도 하나님의 크고 놀라운 심판을 피할 수 있겠는가?

결국 예후다 왕국의 징계는 70년의 노예생활로 마치게 될 때, 바벨 제국은 그 70년 만에 제국의 영광을 내려놓고 멸망을 당하게 될 것이다.

공의의 하나님의 심판에 대하여 신앙의 회의를 잠시 품었던 하바국 선지자는 하나님의 응답을 듣고 나서야 다음과 같이 찬양하였다.

"나는 주님으로 인하여 즐거워하며 나의 구원의 주님을 통하여 기뻐한다."

하바국 선지자는 장차 세상을 심판하실 때, 주님의 강림하심을 환상으로 보듯이 생생하게 기록하였다. 그분의 영광이 하늘을 덮었고 찬양이 세계에 충만하며 그분의 광명은 햇빛같이 빛나고 그분의 권능이 그 속에 가득하며 불덩이가 그의 발 밑에서 나와 땅이 진동하고 산들이 무너지고 강과 바다가 소리를 지르며 손을 높이 들고 찬양하니, 여러 나라가 두려워 떨며 주 앞에 무릎을 꿇고 구원의 말 병거를 타고 화살과 창이 빛의 광채로 악인의 머리를, 전사의 머리를 치셨으며 주께서 말을 타시고 바다 곧 큰 물의 파도를 밟으신 모습을 보며, 이스라엘 백성의 구원과 다비드 왕조의 기름부음 받은 왕들을 구원하여 예루샬라임의 회복을 성취하심을 믿었다(하바국 3:3-15).

(4) 비록 무화가나무가 무성하지 못해도

선지자는 공의로우신 주님의 강림의 환상을 보고는 창자가 흔들렸고 주님의 목소리를 듣고 입술이 떨렸으며 극도의 경건의 두려움과 떨림으로 간신히 용기를 내어 수금에 맞춘 기도시로 온전히 주님을 찬양하였다.

> 비록 무화과가 무성하지 못하며 포도나무에 열매가 없으며 감람나무에 소출이 없으며
> 밭에 먹을 것이 없으며 우리에 양이 없으며 외양간에 소가 없을지라도
> 나는 주로 말미암아 즐거워하며 나의 구원의 하나님으로 말미암아 기뻐하리로다.
> 주님은 나의 힘이시라 나의 발을 사슴과 같게 하사
> 나를 나의 높은 곳으로 다니게 하시리로다(하바쿡 3:17-19).

9) 선지자 다니엘이 미리 본 이스라엘

'다니엘'(דָּנִיֵּאל)의 뜻은 '하나님은 나의 재판관'이다. B.C. 605년, 남왕국 예후다를 침공한 신 바벨 제국의 느부카드네찰(B.C. 604-562)은, 건국자인 나포폴라살(B.C. 625-605)의 아들로서, 아슈르 제국과 메소포타미아 전 영토와 중근동 지역 그리고 미츠라임까지 정복한 당대 최대의 제국을 세운 대왕이었다. 그가 미츠라임을 정복하러 가는 원정 길에 크나안 땅의 예후다 왕국은 지나칠 수 없는 관문이었다.

예루샬라임성에 무혈 입성한 느부카드네찰 왕은 왕족과 귀족과 건축 기술자와 영재들 그리고 성전의 보물들을 전리품으로 제국의 수도 바벨론으로 압송되었는데, 이때의 포로들을 제1차 포로라 부르고, 그중에 선지자 다니엘과 그의 친구들도 함께 포로 노예로 끌려가게 되었다.

다니엘 선지자의 사역(B.C. 605-536)은 비록 포로 신분이었으나, 바벨 제국의 인재 양성 특채를 통해 왕궁 학교에 입학하여 우수한 실력으로 졸업하였고, 고위 관직을 임명받아 잘 수행하였으며, 그의 정치 인생 말년에, 바벨

제국이 패망하고 파라스(바사) 제국으로 정권이 바뀌는 위기 속에서도 계속하여 총리직을 맡는 등 두 제국 사이의 권력 구조하에서도 약 70년 동안 총리직을 수행한 탁월한 능력의 정치 행정가인 동시에 선지자였다.

특히, 다니엘의 예언은 하나님의 묵시를 받아, 주변 열국들의 미래를 기록하여 제국들의 흥망성쇠와 종말론 연구 등의 텍스트로 채택되어 많은 역사적 고고학적 자료로 활용되고 있다.

본 장에서는 그의 5대 묵시를 다음을 중심으로 살펴보고자 한다.

① '다니엘' 2장의 느부카드네찰의 큰 한 형상과 산 돌의 영원한 세계 통치.
② 7장의 네 짐승과 인자의 신정 국가의 왕권.
③ 8장의 수양과 숫염소 그리고 작은 뿔의 핍박.
④ 9장의 70이레와 기름부음 받은 자의 비밀.
⑤ 10-12장의 바사와 헬라 제국의 권력의 암투.

(1) 느부카드네찰의 큰 한 형상과 뜨인 돌의 세계 통치(다니엘 2장)

고대 근동 지방에서는 꿈을 중요하게 여겼는데, 특히 제왕들의 꿈은 세계사 흥망성쇠의 단초 원인이나 해석에 더욱 중요한 근거가 되었다. 당시 전 세계를 정복한 바벨 제국의 느부카드네찰 황제는 부친의 갑작스러운 사망으로 전쟁터에서 돌아와 B.C. 604년, 황제로 즉위하였고, 재임 2년째 되는 어느 날 밤, 너무 충격적인 꿈을 꾸었다. 그는 당장 박수, 술객, 점쟁이, 술사 등 모두 소집하여 자신의 꿈을 말해 주지도 않고, 자신의 꿈과 해몽을 명령하였고, 꿈과 해몽을 못하는 자는 모두 처형하라는 명령까지 내렸다.

이 사실을 알게 된 다니엘과 세 친구는 하나님께 간절히 기도하였고, 하나님께서는 다니엘에게 황제가 꾼 꿈과 해몽까지 그 비밀을 알게 해 주셨다. 드디어 다니엘은 세계의 통치자 황제 앞에 나아가, 먼저 이 꿈과 해몽은 인간의 두뇌로는 도저히 알 수 없는 것이지만, 살아 계신 하나님께서 하늘의

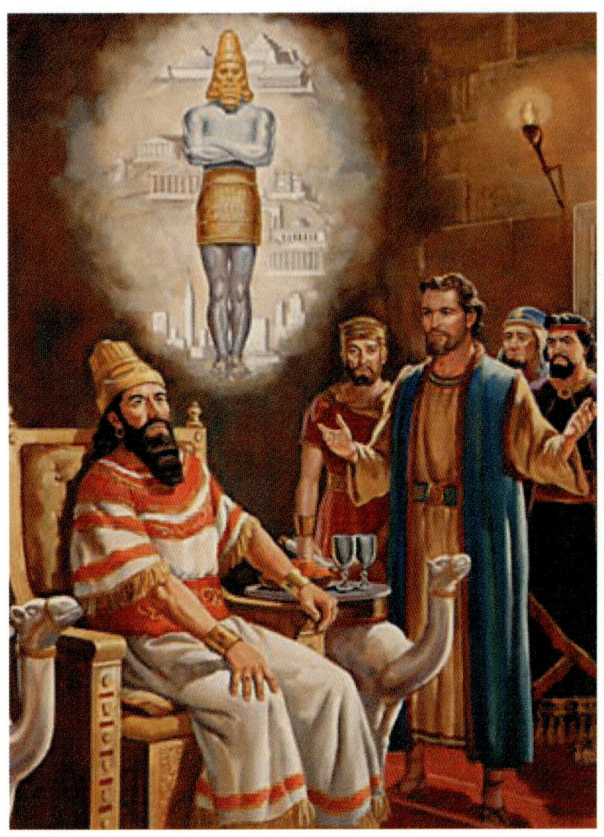

느부카드네찰의 꿈을 해몽하는 다니엘(ⓒ Review and Herald Publ, Assoc.)

지혜로 자신에게 가르쳐 주신 것임을 명백하게 선언하였다.

다니엘은 왕의 꿈과 해몽을 망설임 없이 일사천리로 말하자, 황제는 자신이 꾼 꿈과 해몽을 듣고는 황제의 보좌에서 내려와 이스라엘 소국에서 잡혀온 포로 소년 다니엘 앞에 무릎을 꿇고 절까지 하며 말하였다.

"진실로 너의 하나님은 모든 신들 중의 신이요, 모든 왕들의 주님이시다. 모든 왕들의 주님이시고 비밀을 드러내시는 분이시므로 네가 이 비밀을 드러낼 수 있었다."

이에 황제는 다니엘을 바벨 제국의 총리와 모든 지혜자의 어른으로 임명하였고 많은 선물을 주었으며, 다니엘의 요청으로 세 친구인 하난냐(חֲנַנְיָה)와 미샤엘(מִישָׁאֵל)과 아자랴(עֲזַרְיָה)에게도 각각 지방의 관직을 주었다.

선지자 다니엘이 하나님께로부터 받은 느부갓네살 황제가 꾼 꿈은 큰 한 사람의 형상과 그에 대한 해몽은 다음과 같았다.

큰 한 형상은 사람의 모양으로 머리는 광채 나는 순금과 가슴과 두 팔은 은, 배와 넓적다리는 놋, 종아리는 철, 발은 철과 진흙이 섞인 형상이었다. 그러나 그후 갑자기 뜨인 돌 하나가 날아와서 이 형상을 부수니 산산조각이 났고 이 돌이 온 세계에 가득하였다는 꿈이었다.

다니엘은 이 형상에 대한 해몽은 장래에 대한 예언으로 금(金)으로 된 머리는 바벨 제국의 황제 자신이고, 은(銀)으로 된 가슴과 두 팔은 왕보다 조금 못한 나라의 왕이 뒤를 이을 것이요, 다음은 동(銅)으로 된 나라가 일어날 것이며, 그 다음은 쇠처럼 강한 철(鐵)로 된 나라가 세계를 다스리게 될 것이다. 그러나 철과 진흙이 섞인 것은 여러 나라가 함께 연합하지만, 하나가 되지는 못할 것이라는 국제 연합(United Nations) 같은 다국가적 연합체일 가능성이 높다고 하겠다.

마지막으로 사람이 손 대지 않은 돌 하나가 산에서 날아오더니, 그 신상을 박살 내 부서져 버렸고, 그 신상은 순식간에 가루가 되어 바람에 날아가는 겨처럼 모두 날아가 버렸다. 산에서 날아온 그 돌은 세계에 흩어져 커다란 태산을 이루었고 온 세계에 가득하게 되었다는 것이다. 바로 이 세계의 가득하게 된 돌은 하나님께서 손으로 세우지 않는 나라 곧 우리 주님 그리스도의 나라가 될 것이라는 예언이었다.

이 예언은 신학자와 역사학자들의 연구로 '금 머리'는 바벨 제국(B.C. 605-539), '은으로 된 가슴과 팔'은 초기에는 마다이(מָדַי, 메대)와 파라스(פָּרַס, 바사) 동맹국인 파라스 제국(B.C. 539-331), '동으로 된 배와 넓적다리'는 헬라 제국(B.C. 331-63), '철 종아리'는 로마 제국(B.C. 63-A.D. 1345), '발과

'발가락'은 로마 제국 이후의 세계 열국(A.D. 476, 세계사의 종말 시대의 국가들)이요, '산에서 날아온 뜨인 돌'은 그리스도의 나라(세계사 종말 이후 영원한 신정 통일 국가)가 될 것을 예언한 것이었다.

> 이 여러 왕들의 시대에
> 하늘의 하나님께서 영원히 망하지 않을 한 나라를 세우실 것입니다.
> 그 나라는 다른 민족에게 넘어가지 않고
> 도리어 세계의 모든 나라들을 쳐서 멸망시키고 영원히 서 있을 것이며
> 왕께서 보신 것처럼
> 사람이 손대지 않은 돌이 산에서 날아와서 철과 놋과 진흙과 은과 금을 부순 것은
> 크신 하나님께서 장래의 일을 왕께 알게 하신 것입니다.
> 그 꿈은 참되고 이 해몽은 확실합니다(다니엘 2:44-45).

(2) 네 짐승과 인자의 영원한 나라(다니엘 7장)

다니엘의 두 번째 묵시는 바벨 제국의 마지막 왕 '벨샤찰'(בלשאצר, B.C. 552-539) 원년, 다니엘은 자신의 침대에서 꿈으로 환상을 보았다.

바다에서 큰 네 짐승이 나왔다.

첫째 짐승은 독수리 날개가 달린 사자이다.
둘째는 곰 같은데 몸 한쪽을 들고 서 있었다.
셋째는 표범 같은데, 머리는 네 개이며, 등에는 네 날개가 있었다.
넷째는 무섭고 강한 쇠로 된 큰 이빨로 먹고 부수고 발로는 밟는 열 뿔을 가졌다.

이 환상은 '다니엘' 2장과 같은 시대적 제국의 모습과 같은 반복된 환상으로 반복은 환상의 확신을 강조하는 것이다.

다만, 이 열 뿔 사이에 작은 뿔이 나더니 세 뿔이 뿌리까지 뽑혔고, 이 작은 뿔에는 사람의 눈들이 있고 또 입이 있어 큰 말을 하였다고 하여, 작은 뿔이지만, 그 권력은 월등함을 의미한다.[15] 선지자 다니엘은 이 환상 후에, 왕의 보좌에 앉으시는 하나님을 보이는 대로 기록하였다.

> 옛날부터 항상 계신 분이 보좌에 좌정하셨고
> 그분의 옷은 희기가 눈 같고 그분의 머리털은 깨끗한 양의 털 같고
> 그분의 보좌는 불꽃이요, 그분의 바퀴는 타오르는 불이며
> 그분의 앞에서 불이 강처럼 흘러 흘러나오며
> 그분을 섬기는 자는 천천이요, 그분 앞에서 모셔 선 자는 만만이며
> 심판을 베푸는데 책들이 펴놓여 있었습니다(다니엘 7:9-10).

바로 그때, 작은 뿔이 큰소리를 지르니 넷째 짐승이 죽고 불 속에 던져졌다. 남은 세 짐승은 권세를 빼앗겼으나, 정한 때를 기다리고 있었다.

> 내가 밤에 또 환상을 보니 인자 같은 분이 하늘의 구름을 타고 나타나
> 옛날부터 항상 계신 분에게 인도를 받아 앞으로 가더니
> 그분이 인자 같은 분에게 권세와 영광과 나라를 주고
> 모든 백성과 나라들과 다른 언어를 말하는 모든 자들이 인자를 섬기게 하였고
> 그분의 권세는 소멸되지 않는 영원한 권세요,
> 그분의 나라는 멸망하지 않을 것입니다(다니엘 7:13-14).

---

15 느부카드네찰의 큰 한 형상의 세계를 제패하는 제국들의 순서대로, 첫째 짐승은 바벨 제국, 둘째 짐승은 파라스 제국, 셋째 짐승은 헬라 제국, 넷째 짐승은 로마 제국, 혹자는 '작은 뿔'이 가장 크리스천들을 박해한 네로 황제로 해석하였으나, '3년 반'과 '성도들의 영원한 나라'의 해석이 난해하다. 또한, 마지막 때의 적그리스도라는 개혁주의 견해도 있다. 김영진, 『그랜드 종합주석(제11권 다니엘-말라기)』 (서울: 성서교재간행사, 1994), 144-156.

다니엘은 도저히 이해할 수 없는 환상이라 번민하다가 견디다 못해, 보좌 곁에 있는 천사들 중 하나에게 이 환상이 무엇을 뜻하는지 물었다. '바다'는 곧 '세상'이고, '네 짐승'은 '앞으로 일어날 네 왕'이며, '넷째 짐승'은 넷째 나라 곧 '로마 제국'인데, 다른 나라와 달리 모든 면에서 월등하게 강하였다.

또한, '열 뿔'은 그 나라의 '열 왕'이고, '작은 뿔'은 '하나님을 말로 대적하고 때와 법을 바꾸려고 하며 성도들을 괴롭히는 자'로서, '한 때, 두 때, 반 때'는 '1년 + 2년 + 반 년 = 3년 6개월' 동안의 핍박을 받게 될 것이나, 심판이 시작되자, 작은 뿔은 완전히 멸망을 당할 것이고 지극히 높은 분의 성도들은 영원한 나라를 얻게 될 것이며 그 누림이 영원하고 영원하고 영원하리라(다니엘 7:15-28).

(3) 수양과 숫염소 그리고 작은 뿔의 권력(다니엘 8장)

다니엘의 세 번째 묵시는 벨샤찰 왕 재위 3년에 다시 환상을 보았다. 그러나 다니엘은 자신의 몸은 엘람(עֵילָם) 왕국[16]의 슈샨(שׁוּשַׁן)성에 있었는데, 환상을 볼 때의 자신은 울라이(אוּלַי, 을래) 강변에 서 있었다고 기록하였다.

강변에서 보이는 환상은 뿔이 둘 달린 한 마리 수양이었다. 그러나 한 뿔이 다른 뿔보다 나중에 나왔으나 더 길었다는 것은 마다이-파라스 연합국이 동맹을 맺을 때는 파라스 왕이 더 약하였으나, 주변을 정복하고 다시 단일화할 때는 더 강성해진 파라스 왕이 그 주도권을 쥐게 되어 파라스 제국으로 건국하게 된 것을 묘사하고 있다.

---

16 엘람 왕국: 바벨 제국의 동쪽에 위치한 이란의 남서부 고원 지대인 쿠지스탄 평원과 자그로스 산맥 부근 지역에 위치한 나라로서, 본래 바벨의 속국이었으나, B.C. 640년경, 아슈르 제국에 의해 잠시 정복당하였다가 다시 독립하여 마다이(메대) 왕국과 연합하였다. 그후 B.C. 550년경, 다시 파라스 제국에게 정복당하였고, 다니엘은 파라스 제국의 도시 중의 하나인 슈샨성 가까이 흐르는 울라이 강가에서 세 번째 환상을 보게 된 것이다.

이 연합국은 파라스 왕국의 동쪽에 있는 엘람 왕국의 정복을 시작으로 하여 서쪽의 바벨을 비롯하여 아슈르 제국과 소아시아를, 북쪽의 아르메니아와 카스피해 인근 지역의 왕국들, 남쪽의 미츠라임을 차례로 정복하여 파라스 제국을 세우게 될 것을 예언하게 된 것이었다. 그런데 '서쪽'에서 수염소 한 마리가 등장하더니 땅에 발이 닿기도 전에 두루 다니다가, 강가의 수양을 보고는 단숨에 달려들어 수양의 두 뿔을 꺾고 땅에 엎드려 있는 수양을 짓밟아 버렸다.

'서쪽'은 헬라 제국의 위치로 알렉산더 대왕(Alexander the Great, B.C. 336-323)이 발이 땅에 닿지 않을 정도로 그의 정복 속도는 놀랄 만큼 신속하였다. 그의 지혜와 용맹과 정복의 야망은 다른 왕들과 비교할 수 없을 만큼 탁월하였다. 그는 출전한 지 5년 만에 파라스 제국을 정복하였고, 유럽, 소아시아, 중근동, 중앙 아시아를 거쳐 인도까지 이르렀다.

이 수염소가 점점 강대해지더니 강성할 때에 큰 뿔이 꺾이고, 헬라 제국의 영토가 절정에 달할 때, 큰 뿔 곧, 알렉산더 대왕은 33세의 젊은 나이에 바벨론에서 열병으로 세상을 떠났다.

그후 그를 대신하여 네 뿔이 등장하게 되었는데, 헬라 제국은 알렉산더 대왕의 심복 네 장군에 의하여 4등분으로 분할되었다. 그중 한 뿔에서 작은 뿔 하나가 나와서 영화로운 땅 이스라엘을 향하여 심히 커지더니, 매일 드리는 제사와 안식일을 폐하고 하나님의 성전을 헐고 제우스 우상을 세웠으며 돼지의 피로 제사를 드리도록 하는 등 하나님을 대적하고 예후다교 말살 정책을 한 장본인은 바로 헬라의 4분할 왕국 중의 하나인 셀류쿠스 왕조의 제8대 왕 안티오쿠스 에피파네스(Antiocus Ephiphanes, B.C. 175-163)이었다.

그러나 2,300 주야[17]가 마치면, 주님의 성전은 다시 정결케 될 것이라고 예언하였다. 하나님께서는 다니엘이 이 환상을 미쳐 깨닫지 못하는 것을 보시고, 천사장 가브리엘(גַּבְרִיאֵל)을 보내 이 환상을 깨닫게 하라고 말씀하셨다.

이 모든 예언은 그대로 성취되었으니, 안티오쿠스 왕은 질병으로 죽고, B.C. 164년, 마카비 혁명으로 이스라엘은 기적적으로 하나님의 성전을 탈환하고 더러워진 성전을 정결케 하는 재봉헌식을 거행하게 되었으며, 그날을 기념하여 '하누카'(חֲנֻכָּה, 빛의 축제)[18] 혹은 '수전절'(修殿節, 요한난 10:22)라는 명절을 지금도 지키고 있다. 그뿐만 아니라, 이 기세를 몰아, 독립 예후다 왕국이 되어, 하스모니아 왕조를 세웠다.

다니엘 선지자는 약 200년에서 400년 후의 두 제국의 흥망성쇠와 예루샬라임 성전의 재봉헌까지의 사건들을 미리 내다보고 있었던 것이었다. 이 환상이 그에게는 너무 충격적이고 놀라운 미래의 역사적이고 연속적인 제국들에 관한 사건들로 초긴장 상태에 몰입해 있던 다니엘은 환상에 대한 해석이 마치자, 그만 지쳐서 여러 날을 앓다가 일어나 정상 업무를 볼 수 있었다고 하였다(다니엘 8:27).

---

17 2,300 주야: 2,300일로서 B.C. 171년, 시리아의 안티오쿠스 에피파네스 4세 왕이 예루샬라임에서 경건한 대제사장 오니아스 3세를 파직하고 뇌물을 바친 야손을 임명한 때를 시작으로 많은 박해를 가하였으나, 하스모니아 가문의 제사장 맛다디아의 네 형제를 주축으로 게릴라 전략의 무력 항쟁으로 헬라의 군사들을 쫓아내고 예루샬라임 성전을 탈환한 B.C. 164년까지의 에피파네스의 박해 기간을 말한다. 김영진, 『그랜드 종합주석 (제11권 다니엘-말라기)』 (서울: 성서교재간행사, 1998), 163.

18 하누카: 마카비 형제들이 성전을 탈환하고 우상들을 버리고 대청소를 한 후, 성전 안의 메노라(מְנוֹרָה)에 불을 밝히려는데, 율법에 정한 성유(聖油)는 단 하루 분의 양만 남아 있었고, 다시 성유를 만드는 데 최소한 8일이 소요되었다. 그러나 하루 분의 성유는 8일 동안 내내 불이 꺼지지 않는 기적이 일어났다. 드디어 9일째 되는 날 메노라 촛대는 정상적으로 성전 안을 환하게 빛을 내었고, 이를 기념하여 메노라 본 촛대의 가지는 7개이지만, '하누카'의 촛대는 '하누키야'(חֲנֻכִּיָּה)로 9개를 만들어, 하루에 한 개의 가지에 불을 밝히며 8일간의 '빛의 축제'를 오늘날에도 전 국민이 기념하고 있다. 이브리력의 아홉 번째 달인 키슬레브 25일에 시작해 8일 동안 계속되며, 그레고리력으로는 11-12월에 해당되어, 성탄절의 빛과 조화를 이루고 있다.

(4) 70이레와 하마쉬양의 통치 (다니엘 9장)

B.C. 539년, 바벨 제국을 멸망시킨 마다이-파라스 동맹국은 제국 건설을 위한 연립 정권의 과도기를 준비하면서 파라스 왕 코레쉬(כורש, 키루스 2세, B.C. 538-530)는 계속 정복 전쟁에 출전하였고 외삼촌이자 장인인 마디아 왕 '다르야붸쉬'(דריוש, 다리오, B.C. 539-538)는 과도기의 임시 왕으로 즉위하여 120도(道)로 나누는 행정 정비를 맡았다.

다르야붸쉬 왕은 당시 바벨 제국을 정복은 하였으나, 대다수의 고위 관료들이 바벨의 기득권 세력인 카스딤 족속으로, 행정 정비 작업은 그들의 자문이 필요하였고, 다니엘도 그런 정책으로 계속 총리직을 수행하였던 것으로 보였다.

그러던 중, 다르야붸쉬 왕의 원년인 B.C. 539년, 다니엘은 어느 때보다 더 열심히 기도에 전념하였던 것은 이제 곧 이스라엘 민족은 이르메야 선지자의 예언대로 포로생활 70년을 마치게 될 것이기 때문이다. 파라스 제국의 새 대왕의 "예후다 민족은 모두 본국으로 돌아가라"는 명령이 속히 이뤄지기를 베옷을 입고 금식하면서 재를 덮어쓰고 하나님께 간청하였다. 그의 기도는 자신의 죄와 민족의 죄에 대한 철저한 회개요, 이 회개의 금식 기도는 이스라엘 민족의 회복을 위한 간절한 간구였다.

> 나의 하나님이여! 귀를 기울여 들으시며
> 눈을 떠서 우리의 황폐한 상황과 주님의 이름으로 일컫는 성전을 보소서.
> 우리가 주 앞에 간구하는 것은 우리의 공의를 의지하여 하는 것이 아니라
> 주의 큰 긍휼을 의지하기 때문입니다.
> 주여 들으소서! 주여 용서하소서! 주여 귀를 기울여 행하소서! 지체하지 마소서!
> 나의 하나님이여! 주님 자신을 위하여 하소서!
> 이는 주의 성과 주의 백성이 주의 이름으로 행하고 있기 때문입니다(다니엘 9:18-19).

다니엘의 기도가 어찌나 간절하였는지, 하나님께서 소식을 전하는 천사장 가브리엘을 또 보내 주셨다. 다니엘이 기도를 시작할 때, 하나님께서는 미리 아시고 환상을 잘 깨닫도록 잘 가르쳐 주라고 보내 주셨던 것이었다. 한국 교회가 부르짖으며 간절히 통성 기도를 시작할 때 하는 '주여 3창'은 바로 '다니엘' 9장 19절 말씀에서 비롯되었다.

> 네 백성과 네 거룩한 성을 위하여 70주(Weeks)를 기한으로 정하였다.
> 허물이 그치며 죄가 끝나며 죄악이 용서되며
> 영원한 의가 드러나며 환상과 예언이 성취되며
> 또 지극히 거룩한 분이 기름부음을 받게 될 것이다(다니엘 9:24).

지극히 거룩한 분이 기름부음을 받는다 함은 이스라엘의 구원자 하마쉬앟이 분명하다. 하마쉬앟의 통치로 인하여 이스라엘 백성과 거룩한 예루살라임성이 허물과 죄악이 끝나게 될 것이고 모든 죄가 용서받으며 영원한 의가 드러날 것이라는 하마쉬앟의 공의와 정의의 나라가 건국됨으로 모든 비전과 예언이 더 이상 필요하지 않을 세상이 될 것이다라는 예언이다.

그러나 '70주(이레)'는 무엇을 말하는가?

이에 대한 연대기적 해석으로 '70주'가 문자적으로 이미 다 성취되었거나, 문자와 상징적 해석의 병행으로 '69주' 일부 성취와 공백기를 두고 '1주'가 환란으로 남았거나, 모두 상징으로 해석 등 여러 신학자들의 견해가 시대적으로 매우 다양하다. 그러나 분명한 것은 다니엘 선지자는 이르메야가 예언한 바와 같이 70년의 예루샬라임의 황무함을 마치고 회복을 염두에 둔 희년을 뜻하는 '70년'에 하나님의 모든 창조 사역을 마치신 후, '7일'에 안식하심 같이 '70의 7'이라는 영원한 안식을 약속하신 하나님의 시간이라 생각된다.

> 그러므로 너는 깨달아 알아라.
> 예루살렘을 중건하라는 명령이 날 때부터
> 하마쉬앟 곧 왕이 일어나기까지 7주와 62주가 지날 것이요,
> 그 곤란한 동안에 성이 중건되어 광장과 거리가 세워질 것이며
> 62주 이후에 기름부음을 받은 자가 끊어져 없어질 것이며
> 장차 한 왕의 백성이 와서 그 성과 성전을 무너뜨리고
> 그의 마지막은 홍수에 휩쓸림 같을 것이며
> 또 끝까지 전쟁이 있겠으며 황폐할 것이 작정되었다(다니엘 9:25-26).

B. C. 538년, 파라스 제국의 새 권력자 코레쉬의 이스라엘에 하나님의 성전을 건축하라는 조서에 따라 총독 즈루바벨의 지휘 아래 본토의 귀환을 희망하는 자들과 성전의 기명들과 공사 비용과 식량까지 전폭적인 지원을 받으며 귀국하였다(에즈라 1장). '7주 + 62주 = 69주'가 지나면 하마쉬앟 왕이 등장할 것과 함께 그 하마쉬앟이 처형될 것을 예언하였다.

이는 '예사야' 53장의 예언처럼 주 예슈아 하마쉬앟의 십자가 처형과 장사됨의 예언과 일치됨을 알 수 있으나, 장차 한 왕이 나타나서 예루샬라임의 성과 성전을 파괴한다는 것으로 보아, 그는 A. D. 70년, 예루샬라임성과 성전을 파괴한 로마의 티투스 장군임을 역사의 증거로 알 수 있다.

> 그가 장차 많은 사람들과 더불어 1주 동안의 언약을 굳게 맺고
> 그가 그 주의 절반에 제사와 예물을 금지할 것이며
> 또 포악하여 가증한 것이 날개를 의지하여 설 것이며
> 또 이미 정한 종말까지 진노가 황폐하게 하는 자에게 쏟아질 것이다(다니엘 9:27).

여기에서 '그'는 모두의 예상처럼 말세에 등장할 '적그리스도,' '거짓 메시아'임을 알 수 있다. '1주'의 언약은 마지막 날에 하나님께 드리는 예배와

찬양을 금지하고 우상을 주님의 성전 안에 설치하는 등 주님을 대적하여 주님의 진노의 재앙이 쏟아져 황폐케 되는 종말을 맞게 될 것이다.

(5) 파라스 제국과 헬라 제국의 권력의 암투(다니엘 10-12장)

갑작스러운 대왕의 죽음으로 헬라 제국은 넓은 정복지의 영토 관리 문제로 대혼란의 도가니에 빠져 들고 말았다. 후계자 선정 문제와 야망 있는 장군들의 반란 등이 있었으나, 네 장군은 각자 지지 세력의 연고가 있는 지역을 중심으로 네 왕국으로 나누어 가지게 되었다.

네 장군의 영토 분할은 서부의 마케도니아(본국)에는 카산더 장군이, 북부의 비두니아 지역에는 리시마쿠스 장군이, 동부의 메소포타미아와 시리아 지역은 셀류쿠스 장군이, 남부의 미츠라임과 이스라엘은 프톨레미 장군이 각각 왕국을 세우고 헬라(그리스) 문화권 안에서 통치를 하게 되었다.

그러나 헬라 제국의 4개 지역 중, 마케도니아는 B.C. 280년 골족의 침입으로 갈라디아로 이주하였고, 소아시아 지역은 메소포타미아 지역의 셀류쿠스 왕조에게 점령당하여 합병되었다.

'다니엘' 11장의 기록대로 북방 왕의 셀류쿠스 왕조와 미츠라임과 예후다 지역의 남방 왕의 프톨레미 왕조의 두 세력 간의 계속된 전쟁과 암투가 있었다. 북방 왕은 자기의 딸을 남방 왕과 정략적인 결혼을 시키고 남방 왕국을 정복하려 하였으나, 딸 클레오파트라는 오히려 아버지를 배반하고 남방 왕 남편의 편에 섰다(다니엘 11:17). 이로 인해 타격을 입고, 후계자로 '비천한 자'가 왕위를 계승하였다(다니엘 11:21).

바로 이 '비천한 자'는 성전에 미운 물건인 우상을 세우고 하나님을 대적하며 성도를 박해하였던 '안티오쿠스 에피파네스 4세'다. 그는 적그리스도의 예표적인 인물로서, 전장에서 겹치는 내용들이라 생략한다. 그러나 신흥 로마 제국의 등장으로 헬라의 잔존하였던 두 국가들도 서서히 멸망하여 역사 속으로 사라지게 되었다.

(6) 큰 환난 후, 하마쉬앟의 신정 국가 건국

> 그때에 네 민족을 호위하는 큰 천사장 미카엘이 일어날 것이며
> 건국 이래 없었던 큰 환란이 다가올 것인데
> 그때에 네 백성 중에 책에 기록된 모든 자는 구원을 받을 것이다.
> 땅의 티끌 가운데서 자는 자 중에 많은 사람이 깨어나 영생을 얻을 자도 있고
> 수모를 받고 영원히 부끄러움을 당할 자도 있을 것이며
> 지혜 있는 자는 창공의 빛과 같이 빛날 것이요,
> 많은 자를 의롭게 한 자들은 별처럼 영원히 빛날 것이다(다니엘 12:1-4).

예사야, 이르메야, 다니엘 선지자들의 예언대로 이스라엘 백성은 70년의 바벨 제국의 멸망과 함께 파라스 제국의 코레쉬 대왕의 칙령으로 이스라엘 백성들은 즈루바벨 총독의 인솔 아래 꿈에 그리던 이스라엘 땅으로 귀국하여 제2 성전을 건축하게 되었다.

때가 차매, 아버지의 시간에 하마쉬앟 예슈아의 성육신과 공생애와 십자가의 죽으심으로 하마쉬앟의 잠시 끊어짐의 예언이 성취되었으며, 승천하신 후, 성령의 강림으로 교회가 탄생하여 전 세계의 복음화가 일어나고 있다. 이제 하마쉬앟의 재림하심으로 심판과 사탄을 멸함으로 명실공히 하마쉬앟의 나라, 신정 국가의 건국을 보게 될 것이다.

10) 선지자 예헤즈켈이 미리 본 이스라엘

'예헤즈켈'(יְחֶזְקֵאל)은 '하나님은 강하시다,' '하나님은 강하게 하신다'는 뜻이다. B.C. 597년, 2차 포로가 되어 남왕국 예후다의 제19대 예호야킨 (יְהוֹיָכִין, B.C. 598-597) 왕이 많은 성전 보물과 기명들을 약탈당하고, 왕후와 왕비를 포함하여 방백들, 고관들, 용사들, 공장 기술자들 등 많은 백성이

바벨론의 건설 현장 공사의 노동 인력에 동원되고자 압송될 때, 함께 끌려왔다(2열왕 24:6-17; 2역대 36:8-10).

(1) 막노동 포로 제사장을 이스라엘의 파수꾼으로 부르심

당시 에스겔은 제사장이었으나, 성전도 없는 이방 바벨의 땅에서 막노동을 하는 그 안타까움은 더하였을 것이다. 그의 선지자 사역(B.C. 593-570)은 어느덧 5년이란 세월이 흘러, B.C. 593년 4월 5일, 크발(כְּבָר) 강가에서 특별히 하나님의 권능이 처음으로 임함을 느끼면서 북방에서 벌어지는 환상을 보았을 때는 그의 나이 30세에 시작되었다.

> 하늘이 열리며 하나님의 모습이 내게 보이니 …
> 그의 머리 위에 있는 궁창 위에서부터 음성이 들렸다.
> 그 생물이 설 때에 그 날개를 내렸다.
> 그 머리 위에 있는 궁창 위에 보좌의 형상이 있는데
> 그 모양이 남보석 같고 그 보좌의 형상 위에 한 형상이 있어 사람의 모양 같았다.
> 내가 보니 그 허리 위의 모양은 단 쇠 같아서 그 속과 주위가 불 같고
> 내가 보니 그 허리 아래의 모양도 불 같아서 사방으로 광채가 나며
> 그 사방 광채의 모양은 비 오는 날 구름에 있는 무지개 같으니
> 이는 주님이 영광의 형상의 모양이었다.
> 내가 보고 엎드려 말씀하시는 분의 음성을 들었다.
> 그분이 내게 이르시되,
> "인자야 네 발로 일어서라. 내가 네게 말하리라"(에스겔 1:1, 25-2:1).

하나님께서는 예루살렘의 멸망으로 타국 땅에 노예로 끌려와서 날마다 극심한 중노동에 시달리며, 낙심과 좌절과 절망에 빠져 있는 이스라엘 자손들에게 지난 날 죄악에 대한 심판과 그로 인한 진지한 회개와 주님의 회복을

제1장 구약 선지자들이 본 이스라엘   103

예헤즈켈 선지자(Michelangelo 作, 1508-1512, 바티칸의 시스티나 성당 벽화)

간구하는 믿음을 북돋으려고 선지자를 보내 위로와 비전을 주려고 하였다.

그러나 이스라엘 자손은 생각보다 이마가 화석보다 굳은 금강석 같은 마음이라 선지자가 전한 주님의 말씀을 귀담아듣지 않았다고 안타까워하셨다(예헤즈켈 3:7-11). 그러므로 하나님께서는 예헤즈켈에게 이스라엘 족속의 파수꾼으로 세워 그들이 듣든지 안 듣든지 하나님을 대신하여 하나님의 말씀을 전하고 그들을 깨우치라고 명령하셨다. 만약 그들을 깨우치지 않으면, 그들은 자기 죄로 인하여 죽을 것이지만, 하나님이 그들의 피 값을 예헤즈켈의 손에서 찾을 것이라며, 파수꾼의 사명을 임명하셨다(예헤즈켈 3:16-21).

그때에 주님의 영이 나를 들어 올리시는데, 내가 뒤에서 크게 울리는 소리를 들었다.

"찬양하라! 주의 영광이 그분의 성소로부터 나오고 계시다."

이는 생물들의 날개가 서로 부딪치는 소리와 생물 곁의 바퀴소리였다.

주님의 영이 나를 들어올려 데리고 가시는데 내가 근심과 함께 화가 났으나

주님의 권능이 힘 있게 나를 감동시키셨다.

이에 내가 '텔-아비브'에 이르러

그 포로 된 백성, 곧 크발 강가에 거주하는 자들과 함께 7일간 두려워 떨면서 지냈다.

7일이 지나자 주의 말씀이 내게 임하여 말씀하셨다.

"인자야! 내가 너를 이스라엘 족속의 파수꾼으로 세웠으니

너는 내 입의 말을 듣고 나를 대신하여 그들을 깨우쳐라"(에헤즈켈 3:12-17).

하나님께서 에헤즈켈 선지자에게 실물 예언의 여러 가지 징조와 표적을 주셨다.

(2) 예언을 실물 시범으로 보여 주는 선지자

바벨에 거주하는 자들이 선지자를 줄로 동여맬 때에 선지자의 혀가 굳어져 잠시 벙어리가 되는 일(에헤즈켈 3:24-27)과 토판에 예루살라임성의 그림과 적군이 성읍을 포위하여 모래 언덕을 쌓고 공성퇴로 공격하는 그림을 그렸다(에헤즈켈 4:1-2).

또한, 선지자가 잠잘 때의 자세를 북왕국 이스라엘과 남왕국 예후다의 범죄한 햇수대로 날 수를 정하여 왼쪽으로 390일과 오른쪽으로 40일 동안 몸을 줄로 결박하여 잠잘 것(에헤즈켈 4:8)과, 음식을 먹을 때, 근심에 쌓여 주위를 두리번거리고 깜짝깜짝 놀라며 물을 마시고 부들부들 떨면서 빵을 먹되, 잡곡 빵을 만들어 왼쪽과 오른 쪽의 옆으로 눕는 날 수만큼 하루에 228g(1쉐켈[11.4g] × 20쉐켈)씩 때를 따라 먹되, 인분(人糞, 사람의 똥)으로 불을 피워 구워서 먹고(에헤즈켈 4:9-12), 물은 0.6ℓ(약 2되, 1힌[3.67ℓ] × 1/6힌)

만 조금 마시라고 하셔서 그대로 하였다(에헤즈켈 4:9-17).

그뿐만 아니라, 선지자의 머리털과 수염을 깎아 무게를 달아서, 3분의 1은 불사르고, 3분의 1은 칼로 자르고, 3분의 1은 바람에 흩어버려서, 예루살라임의 남은 자들이 당할 공포스러운 큰 환난을 보여 주라는 것도 그래도 순종하였다(에헤즈켈 5:1-13).

또 짐을 꾸려서 멀리 포로로 끌려가는 장면을 연출해 보이고(에헤즈켈 12:1-11), 가마솥에 물을 가득 채우고 양 한 마리를 골라 각을 뜨고 고기를 뼈와 함께 푹 삶되 고기와 뼈가 녹아질 때까지 국물을 졸이고 태워 가마솥의 놋을 달궈서 그 속의 더러운 것을 다 녹여 소멸되게 하였는데, 이는 백성의 음란 죄를 소멸하는 것이었다(에헤즈켈 24:1-14).

심지어는 주님께서 자신의 아내의 목숨을 데려가면서, 죽은 아내를 위하여 슬퍼하거나 울거나 눈물도 흘리지 말라고, 수건으로 머리를 동이고 신발을 신고 음식도 먹지 말고 조용히 탄식하라고 하였다(에헤즈켈 24:15-24). 선지자는 주님께서 세밀하게 지시하는 모든 것을 그대로 순종하며 실천하였다. 이것이 선지자의 본질적인 태도이다. 나의 의지나 가치관 또는 호불호(好不好)를 가리지 않고 그저 주님께서 지시하시는 말씀대로 그대로 말하고, 그대로 행동하라면, 하나도 빠짐없이 그대로 행동하였다. 이것이 선지자의 사명이었다.

(3) 온갖 우상으로 가득 찬 예루살라임 성전

여섯째 해 여섯째 달 초 닷새 날에
나는 집에 앉았고 예후다 장로들은 내 앞에 앉았는데
주님의 권능이 거기서 내게 오시더니 내가 보니 불 같은 형상이 있었다.
그 허리 위에는 광채로 인해 단 쇠 같은데
그가 손 같은 것을 내게 펴서 내 머리털 한 숨을 잡고

> 나를 들어 하늘로 올리시고 주의 환상 가운데로 나를 이끌어
> 예루살렘 성전으로 들어가서 안뜰 북향한 문에 이르니
> 거기에는 질투의 우상 곧 질투를 일으키는 우상들이 가득했다(에헤즈켈 8:1-3).

하나님께서는 주의 영으로 선지자를 이끌어, 이스라엘의 죄악의 실상을 하나하나 똑똑히 보라고 하시면서, 조상들에게 약속한 젖과 꿀이 흐르는 이스라엘 땅의 산과 골짜기마다 곳곳에 빽빽하게 세워진 우상들의 산당과 분향 제단 그리고 인신(人身) 제사를 행한 시체와 해골들의 가증하게 여기셨던 더러운 죄악들의 실상들을 낱낱이 보여 주셨다.

선지자는 주의 영에 이끌려, 예루살렘 성전에 들어가 안뜰 벽에 각양 곤충과 가증한 짐승들과 모든 우상들을 그린 벽화를 보고 놀라지 않을 수 없었다. 그럼에도 불구하고 한편에서는 70명의 장로들이 손에 향로를 들고 우상에게 분향을 하고 있었고, 북문 쪽에는 담무스를 위하여 애곡하는 여인네들과 성전을 등지고 동쪽 태양신을 향하여 절하는 자들도 있었다. 또 동문에 이르니 25명이 앉아서 악한 꾀를 꾸미는 자들이 있었다.

> 끝이 왔다! 종말이 왔다 마지막이 너에게 왔다!
> 보라! 그날이다! 보라! 그날이 왔다!
> 정해진 멸망이 왔다! 몽둥이가 꽃이 피고 교만이 싹이 났다(에헤즈켈 7:6, 10).

주님의 뜻은 분명하셨다.

> 비록 노앙, 다니엘, 이요브(욥)가 거기에 있다 할지라도
> 그들은 자기의 공의로 자기의 생명만 건지리라(에헤즈켈 14:14).

이스라엘 족속들이 하나님의 성소와 거룩한 지성소까지 더럽혔으니 더 이상 심판이 지체될 수 없었음을 명백히 알려 주신 것이었다(에헤즈켈 6-8, 11장).

(4) 잠깐 성소가 되어 마음 속에 새 영을 주리라

> 그때 주님의 말씀이 내게 임했다. …
>
> 인자야, 너는 말하기를,
>
> "주님의 말씀에 '내가 비록 그들을 멀리 이방인 가운데로 쫓아내어 여러 나라에 흩었으나
>
> 그들이 도달한 나라에서 내가 잠깐 그들에게 성소가 되리라' 하셨다" 하고
>
> 너는 또 말하라. "주님의 말씀에 '내가 너희를 만민 가운데서 모으며
>
> 너희를 흩은 여러 나라 가운데서 모아내어 이스라엘 땅을 너희에게 주리라.'"
>
> …
>
> 내가 그들에게 한 마음을 주고 그 속에 새 영을 주며
>
> 그 몸에서 돌 같은 마음을 제거하고 살처럼 부드러운 마음을 주어
>
> 내 율례를 따르며 내 규례를 행하게 하리니
>
> 그들은 내 백성이 되고 나는 그들의 하나님이 되리라(에헤즈켈 11:14, 16-17; 36:25-27).

(5) 골짜기의 마른 뼈들이 부활하여 큰 군대

하나님께서는 이스라엘 족속의 죄악이 도를 넘었고 심판은 이미 명백하게 정해졌지만, 그래도 주님은 남은 자들을 염두에 두시고, 비록 성전이 파멸되어 더 이상 제사도 없고 이스라엘을 만날 장소도 없어졌으나, '잠깐이나마 성소(회당)의 만남'(에헤즈켈 11:16)을 염두에 두시고 그들에게 주님의 말씀과 예배와 교제의 장소를 마련하여 영적 회복의 피할 길을 열어 두신 것이다.

환상 가운데 골짜기에서 많은 메마른 뼈를 본 예헤즈켈(Jim Padgett 作, 1984)

또한, 이스라엘은 주님의 초장이요, 백성은 주님의 양 떼인데, 이스라엘의 목자들은 주님의 양 떼의 안전과 보호에는 관심이 없고, 살진 양을 잡아 기름을 먹고 털은 옷으로 걸치면서 양 떼는 먹이지 않고 병든 양을 치료하지 않고 잃어버린 양을 찾지도 않는 삯꾼 목자들을 책망하시면서 선한 목자인 하마쉬앟을 약속하셨다.

> 내가 한 목자를 그들 위에 세워 먹이게 하겠다.
> 그는 내 종 다비드이다. 그가 그들을 먹이고 그들의 목자가 될 것이다.
> 나 주는 그들의 하나님이 되고 내 종 다비드는 그들 중에 왕이 될 것이다.
> 나 주의 말씀이다. 내 양 곧 내 초장의 양, 너희는 사람이요,
> 나는 너희의 하나님이다. 주님의 말씀이다(예헤즈켈 34:23-24).

하나님께서는 이스라엘 땅을 떠나 전 세계로 흩어진 백성들을 마치 마른 뼈들이 주님의 말씀을 듣고, 뼈들 위에 힘줄이 생기고 살을 입히고 피부로

덮어 생기를 넣어 주고 다시 살아나서 공동묘지 같은 골짜기에서 부활의 능력으로 큰 군대를 만들어 주겠다고 말씀하셨다(예헤즈켈 37:1-10).

> 인자야, 이 뼈들은 이스라엘 온 족속이다.
> 그들이 말하기를,
> "우리의 뼈들이 말랐고 우리의 희망이 사라졌다.
> 우리는 다 끊어졌다"라고 한다.
> 그러므로 너는 대언하여 그들에게 말하라.
> "주님께서 이같이 말씀하신다.
> 내 백성아! 내가 너희 무덤을 열고 너희로 무덤에서 나오게 하고
> 내가 너희를 데리고 이스라엘 땅으로 갈 것이다.
> 내 백성아! 내가 너희 무덤을 열고 너희로 무덤에서 나오게 할 때
> 너희는 내가 주님인 줄 알 것이다.
> 내가 너희 안에 내 영을 주어 너희가 살고
> 내가 너희를 너희 고국 땅에 둘 것이다.
> 그때 너희는 내가 말하고 내가 행하는 주님인 줄을 알 것이다.
> 주님의 말씀이다"(예헤즈켈 37:11-14).

(6) 예헤즈켈이 본 새 예루샬라임 성전

B. C. 573년, 하나님께서 주의 영으로 예헤즈켈을 데리고 이스라엘 땅에서 가장 높은 산으로 가서 남쪽으로 보이는 성읍의 건축 구조물 형상 같은 것을 보았는데, 그 성읍의 성문 앞에 이르니, 완성된 새 성전의 모습을 환상으로 보여 주셨다. 선지자는 예루샬라임의 성전이 이방인들에 의하여 파멸된 이야기를 들었을 때, 큰 충격에 빠졌던 때가 다시 생각나면서, 어느덧 포로 생활 25년 차에 성전이 파괴된 지도 14년이나 지나, 나그네 인생 길이 50살 중반이 되어 있었다.

> 인자야, 내가 너에게 보이는 그것을 눈으로 보고, 귀로 듣고, 네 마음으로 생각하라.
> 내가 이것을 너에게 보이려고 이리로 데리고 왔으니
> 네가 본 것을 다 이스라엘 족속에게 전하라(예헤스켈 40:4).

주님께서 예비하신 새 성전이라고 하니 더욱 감개무량하였다. 동문으로 들어가 계단에 오르니 성전 바깥 뜰과 안뜰 입구의 세 문과 계단을 올라가니 안뜰에는 제사장과 레위 후손들을 위한 방들이 있었고, 번제단도 있었다. 특별히 동쪽 문을 향하여 보니, 주님의 영광이 성전에 가득한 것을 보았다.

> 이스라엘 하나님의 영광이 동쪽에서부터 오는데
> 하나님의 음성이 많은 물소리 같고
> 땅은 그 영광으로 말미암아 빛나니 …
> 주의 영광이 동문을 통하여 성전으로 들어가고
> 주의 영이 나를 들어 안뜰에 데리고 들어가서
> 내가 보니 주의 영광이 성전에 가득하더라.
> 인자야, 이는 내 보좌의 처소, 내 발을 두는 처소,
> 내가 이스라엘 족속 가운데 영원히 있을 곳이다(예헤스켈 43:2, 4-5, 7).

하나님께서는 이 성전의 모든 규례와 율례와 출입의 규정을 말씀하셨다. 먼저, 동문은 주님께서 출입하시는 문이니 다시 열지 말고 아무도 그리로 출입하면 안 된다고 하셨고, 마음과 몸에 할례 받지 않은 이방인의 출입을 금하며, 바벨의 포로로 끌려갈 때 나의 성소의 직분을 지킨 차독(צָדוֹק)의 자손 레위인 제사장들만 직무를 수행하도록 하라고 하셨다. 그 외에도 제사장의 의복과 정결한 규례와 속죄를 비롯한 여러 제사에 대해서도 거룩한 예식을 준비하도록 하셨다(예헤스켈 40-44장).

<예헤즈켈의 성전 환상, 40-48장>
(By Sonia Hidalgo Z, CC BY-SA 4.0, https://commons.wikimedia.org/w/index.php?curid=39183178)

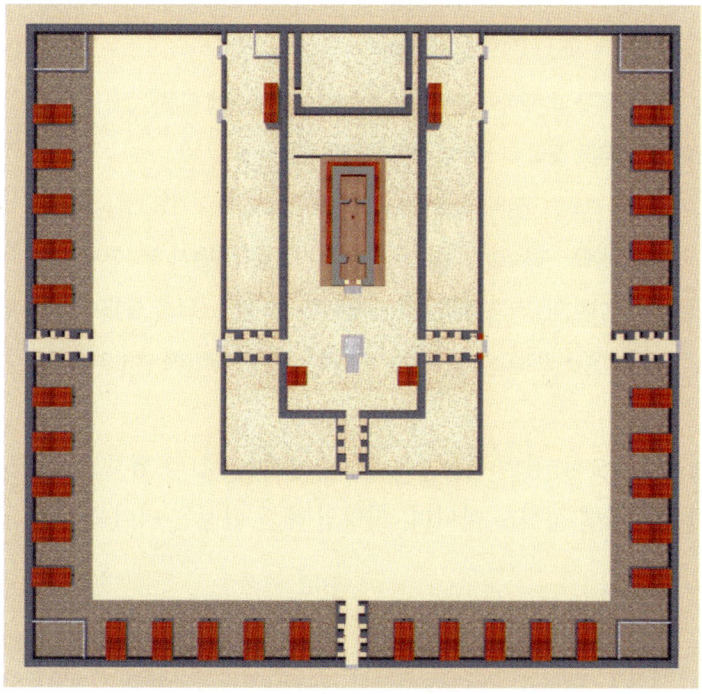

<예헤즈켈 성전 구역 계획, 40-46장>
(By Aaadir, CC BY-SA 4.0, https://commons.wikimedia.org/w/index.php?curid=75156052)

또한, '예헤즈켈' 45-47장은 새 이스라엘의 땅이 동쪽의 야르덴(יַרְדֵן, 요단)강에서 서쪽의 지중해까지 동서와 남북의 길이 2만 5000척(尺)[19](12.5km × 12.5km = 156.25km²)의 대지를 확보하여, 높이와 길이와 폭이 같은 정사각 형체 하나님의 성전을 중심으로 한 거룩한 지역을 구분한 후, 제비를 뽑아 땅을 분배하도록 하였다.

한편, 중앙 지역은 중심부에 '250m × 250m = 62.5km²'의 성전터와 바깥 뜰에 초목 지대를 만들고, 중앙 구역의 동서는 같은 길이에 남북 5km는 차독 계보의 제사장들에게, 북쪽 구역의 남북 5km는 레뷔인들에게, 남쪽 구역의 남북 5km는 모든 백성의 거주지로 할당해 주었다.

> 그분이 나를 데리고 성전 문에 도착했다.
> 성전의 앞면이 동쪽을 향하였는데 그 문지방 밑에서 물이 나와 동쪽으로 흐르다가 성전 오른쪽 제단 남쪽으로 흘러내리더라. …
> 이 물이 동쪽으로 향하여 흘러 아라바로 내려가서 바다에 이르고
> 이 흘러내리는 물로 그 바다의 물이 되살아나리라.
> 이 강물이 흐르는 곳마다 번성하는 모든 생물이 살고 또 고기도 심히 많으리니 …
> 강 좌우 가에는 각종 먹을 과실나무가 자라서 그 잎이 시들지 아니하며
> 열매가 끊이지 아니하고 달마다 새 열매를 맺고 그 물이 성소를 통하여 나옴이라.
> 그 열매는 먹을 만하고 그 잎사귀는 약 재료가 되리라 (에헤즈켈 47:1, 8-9, 12).

'예헤즈켈' 45-47장의 환상으로 본 새 성전은 제1의 쉴로모 성전도 아니고, 제2 즈루바벨 성전도 아니며, 이방인 헤롯 성전은 더욱 아니다. 하마

---

19 2만 5000척: '척'(尺)은 이브리어 수치의 기본형 '암마'(אַמָּה)이다. 1척은 1규빗(cubit), 곧 1암마이다. 일반적인 수치의 단위는 약 45cm(노아의 방주 단위, 태초에 6장)와 왕실의 수치는 손바닥만큼 더한 약 50cm로 사용하고 있으며 길이는 25,000척 x 50cm = 약 12.5km로 계산한 수치이다.

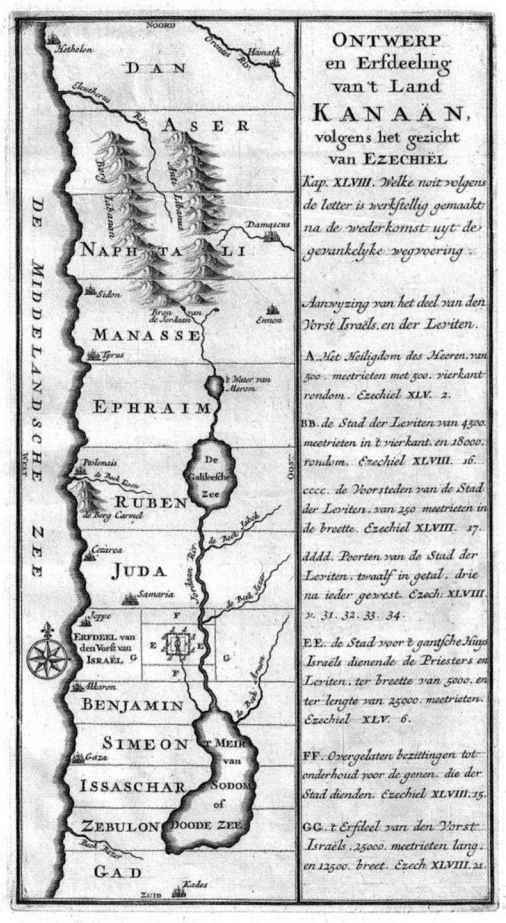

예헤즈켈 48장에서 나타난 이스라엘 지파별 지역(Schryver 作, 1729)

쉬앝의 재림 이후에 사람의 손으로 지어지지 않은 새 성전은 신도시에 설립되어 성취될 하나님의 제3성전이 될 것이다.

마지막 48장에는 열두 지파에 대한 땅 분배의 환상이 기록되어 있다. 새 땅 배분은 예호슈아의 제1차 크나안(가나안) 정복 때와는 지파별로 인구에 따라 각각 다른 규모의 영토였으나, 하나님께서 보여 주신 예헤즈켈 선지자가 본 환상에는 열두 지파 모두 똑같은 면적을 배분받는 것이었다(에헤즈켈 48:23-28).

지파별로 북쪽에서부터 단(דן), 아쉘(אשר), 납탈리(נפתלי), 므나쉐(מנשה), 에프라임(אפרים), 르우벤(ראובן), 예후다(יהודה), 모두 일곱 지파(에헤즈켈 48:1-8)가 있고, 중앙의 거룩한 구역 아래로 남쪽에는 빈야민(בנימין), 쉬므온(שמעון), 잇사칼(יששכר), 즈불룬(זבולן), 갇(גד) 모두 5지파의 땅을 배분하였다.

이 신도시의 둘레는 동서남북의 4면이 같은 크기로, 한 면이 4,500척(2.25km)이니, 총 약 9km의 성벽으로서, 예전의 예루샬라임 성읍에 비하면 넓은 도시이다. 각 면마다 3개의 성문이 있고, 열두 지파의 이름이 정해져 있었다.

북쪽의 성문은 르우벤, 예후다, 레뷔, 동쪽은 요셉, 빈야민, 단, 남쪽은 쉬므온, 잇사칼, 즈불룬, 서쪽은 갇, 아쉘, 납탈리로 불리었다. 또한, 그 성의 이름은 예루샬라임 대신에 '아도나이-샤마'(יהוה שמה, 주님 계신 저 곳)라고 불리게 될 것을 예언하였다(에헤즈켈 48:29-35).

기존 성전과 달리 특이한 점은 그러나 이 모든 환상들 대로 예언이 성취된다면 아마도 하마쉬앟의 재림 이후, 주님의 천년왕국 통치 시기에 비로소 성취될 것이라 보인다. 사도 페트로스의 교훈이 생각난다. 성경의 모든 예언은 사사로이 풀 것이 아니다. 섣불리 억지로 해석하다가 골방에 숨게 될지도 모르니 겸손하게 하나님의 손에 맡기는 편이 바람직해 보인다(2페트로스 1:20-21).

11) 선지자 하가이가 미리 본 이스라엘

'하가이'(חגי, 학개)의 뜻은 '축제'(祝祭)이다. '주님의 축제'라는 축약형으로 기쁘고 즐거운 날이다.

하가이 선지자(작가 미상, 985, Menologion of Basil II)

　B.C. 537년, 파라스 제국의 코레쉬 원년, 황제의 조서에 따라 꿈에도 그리던 조국으로의 귀환에 참여한 하가이 선지자는 예후다 총독으로 임명을 받은 즈루바벨의 지휘 아래 성전 건축에 참여하여 B.C. 536년, 제2 성전의 착공식에 기쁨과 감격스럽게 거행하였다.
　그러나 쇼므론 지역에 거주하고 있던 이방인들의 아하수에로 황제에게 올린 고발장(성전 공사에 대한 방해 공작)으로 인하여 무려 16년 동안이나 공사가 중단되었고, 백성들은 자신들의 사업과 생업에 열중하다 보니, 성전 건축의 열망은 어느덧 시들어졌고 잊혀져 가고 있었다.

(1) 성전을 건축하라! 내가 기뻐하리라!

　때가 차매, 하나님께서는 하가이 선지자를 통하여 다음과 같이 말씀하셨다.
　"성전을 건축하라! 내가 기뻐하고 영광을 얻으리라."

다시 백성의 참여를 촉구하는 메시지가 계속 선포하게 하셨다(하가이 1:8). 예후다 장로들의 성전 공사 재개를 위한 탄원서를 올리자, B.C. 520년, 파라스 제국의 '다르야붸쉬'(דָּרְיָוֶשׁ, 다리오 1세, B.C. 522-486) 왕의 제2년, 왕은 탄원서에 적힌 대로 건국의 아버지 코레쉬 대왕의 조서(詔書)를 보관 창고에서 발견하고 확인하게 되었다.

B.C. 520년, 신속히 예루샬라임 성전 재건을 명령하고, 필요한 비용과 하나님께 드릴 제물과 하나님의 성전을 다시는 허물지 말라는 것과 왕과 왕자를 위하여 기도해 달라는 내용까지 포함하는 조서를 내렸다.

이에 성전 건축은 서둘러 진행되었고 드디어 B.C. 586년에 멸망한 예루샬라임 성전은 이르메야 선지자가 예언한 대로 만 70년인 B.C. 516년 다르야붸쉬(다리오) 왕 6년, 아달월 3일 예루샬라임의 제2 성전이 완공되었다.

예전에 제1 쉴로모 성전을 본 장로들과 노인들에게 제2 성전은 규모나 재료 등 분위기조차 초라해 보였을 것이다. 그러나 주님은 그들의 가련한 마음을 위로의 말씀을 주셨다.

(2) 나중 영광이 이전 영광보다 크리라

> 너희 가운데 남아 있는 자 중에 이 성전의 이전 영광을 본 자가 누구냐?
> 지금 이 성전이 너희에게 어떻게 보이느냐?
> 이것이 너희 눈에 보잘 것 없지 아니하냐? 주님의 말씀이다.
> 즈루바벨아, 굳세어라! 예호짜닥의 아들 대제사장 예호슈아야, 굳세어라!
> 이 땅의 모든 백성아 굳세게 일하라! 내가 너희와 함께 한다.
> 만군의 주님의 말씀이다. …
> 조금 있으면 내가 하늘과 땅과 바다와 육지를 진동시킬 것이며
> 모든 날의 보배가 이르리니 내가 이 성전에 영광이 충만하게 하리라.
> 은도 내 것이요, 금도 내 것이다. 만군의 주의 말씀이다.

이 성전의 나중 영광이 이전 영광보다 크리라. 만군의 주의 말씀이다.
내가 이곳에 평강을 줄 것이다. 만군의 주의 말이다(하가이 2:3-4, 6-9).

그러나 이제 남은 것은 '천지와 열국을 진동시킬 주님의 보배인 마쉬앟 왕의 오심'을 기다리는 것이다.

하늘의 문을 여소서!
이곳에 오셔서 이곳에 앉으소서!
이곳에서 드리는 예배를 받으소서!
주님의 이름만이, 오직 주님의 이름 '예슈아'만 이곳에 있습니다(<임재> 가사).

12) 선지자 즈카르야가 미리 본 이스라엘

'즈카르야'(זְכַרְיָה, 스가랴)의 뜻은 '하나님께서 기억하신다'이다. 하가이 선지자와 동시대 인물로서, 바벨 제국에서 제사장의 집에서 출생하여, B.C. 537년, 즈루바벨 총독을 따라 1차 귀환에 참여하여 이스라엘 땅에 들어왔다. 본격적인 예언 사역은 하가이와 함께 B.C. 520년에 시작한 전반부 1-8장은 성전 재건과 이스라엘의 회복 그리고 열국에 대한 종말론적 심판에 대한 환상들과 후반부 9-14장은 B.C. 480-470년경, 하마쉬앟의 오심과 하나님의 나라에 대한 환상을 보고 예언한 기록이었다.

본서는 이스라엘의 미래에 대한 후반부를 중심으로 살펴보았다. 특히, 이스라엘의 마쉬앟이자, 왕으로 오신 주 예슈아 그리스도에 대한 예언으로서, 왕의 입성과 은 30개에 주님을 팔아 넘긴 제자의 배신 그리고 십자가에서 찔림을 당할 것이라는 고난을 즈카르야는 예언하였다.

<즈카르야 선지자>(Michelangelo 作, 1508-1512. 바티칸의 시스티나 성당 벽화)

(1) 나귀 새끼를 타고 입성하신 이스라엘의 왕

치온의 딸아, 크게 기뻐하라! 예루샬라임의 딸아! 즐거운 소리를 외쳐라!

보라! 네 왕이 네게 임하시나니 그는 공의로우시고 구원을 베푸시며

겸손하여 나귀를 타시나니 나귀의 작은 것 곧 나귀 새끼이다.

내가 에프라임의 병거와 예루샬라임의 말을 끊겠고 전쟁하는 활도 끊을 것이다.

그분이 이방인들에게 화평을 전할 것이요,

그분의 통치는 바다에서 바다까지 이르고

유프라테스강에서 땅끝까지 이르리라(즈카르야 9:9-10).

A.D. 33년 3월 30일 유월절이 시작되는 주간 주일 아침, 주 예슈아 하마쉬앚께서는 감람산 너머, 베이트-히니(בֵּית־הִינִי, 베다니) 집에서 제자들과 함께 아침을 드시고, 두 제자를 불러 건너편 마을 베이트-파게(בֵּית־פַּגֵּי, 벳바게) 마을로 보내며, 마을에 들어가면 나귀와 나귀 새끼가 매어 있는 것을 볼 텐데, 그 나귀 주인에게 내가 나귀 새끼를 빌려 달라고 말하면, 보내 줄 것이니 끌고 오라고 일러 주었다.

잠시 후, 주님의 말씀대로 제자들이 나귀 주인을 만나 "주께서 쓰시겠다"라고 하자, 주인이 "당신들의 주인이 누구요?"라고 묻지도 않고 아무 말도 없이, 나귀새끼를 보내 주어 끌고 왔다. 제자들이 겉옷을 벗어 어린 나귀의 등에 얹으니 주 예슈아께서 어린 나귀 등 위에 올라타시고 올리브(감람)산을 넘어, 예루샬라임성의 황금 성문(Golden Gate)으로 입성하셨다.

(2) 호쌰-나! 주의 이름으로 오시는 왕 예슈아!

이는 약 500년 전, 즈카르야(זְכַרְיָה, 스가랴) 선지자의 예언을 따라, 주 예슈아께서 마쉬앚 왕이심을 입증하는 역사적인 순간이었다. 아무도 상상하지 못하였던 예언의 말씀을 성취함에 대하여 백성들은 갑작스러운 하마쉬앚의 출현에 크게 기뻐하며, 어린 나귀를 타시고 입성하시는 하마쉬앚을 향하여 소리쳤다.

"호쌰-나! 다비드 왕의 자손이여!

찬양합니다. 주님의 이름으로 오시는 왕이여! 호쌰-나!"

드디어 하나님께서 이스라엘을 잊지 않으시고, 수많은 선지자들이 예언하였던 이스라엘의 하마쉬앚이 자기 시대에 자신들의 눈앞에 나타나다니!

믿어지지 않는 감격과 함께 하나님의 예언의 말씀의 성취에 대한 소름 끼치는 경외감의 전율이 몰려왔고, 구원의 은혜를 베푸셨다는 꿈 같은 현실에 감격하여, 이제는 지긋지긋한 로마 군사들의 폭행에 환멸이 날 정도로 힘에 겨웠는데, 너도나도 할 것 없이 종려나무 가지를 흔들고, 자신들의 겉옷을 길가에 양탄자처럼 펴고 '호솨-나'(נא-הושׁיעה, 호산나)의 그토록 목말라 하였던 자유와 해방을 목이 터지라고 외치고 또 외쳤다.

(3) 은 30개에 팔린 하나님의 아들 하마쉬앟 예슈아

> 내가 그들에게 이르되 너희가 좋게 여기거든
> 내 품삯을 나에게 주고 그렇지 아니하거든 그만두라.
> 그들이 곧 은 30개를 달아서 내 품삯을 삼았다.
> 주께서 나에게 말씀하셨다.
> 그들이 나를 헤아린 바 그 삯을 토기장이에게 던지라 하여
> 내가 곧 그 은 30개를 주의 전에서 토기장이에게 던졌다(즈카르야 11:12-13).

3년간의 공생애 동안 주 예슈아 하마쉬앟과 함께 동거동락하였던 열두 제자들 중에 제자 '크리욭'(가룟) 사람 예후다(유다)는 재정 일부를 개인적인 용도로 허락 없이 훔쳐 간 도둑이었다(요하난 12:6). 그는 예슈아께서 앞으로 자신이 체포되고 십자가에서 처형되는 이야기를 자꾸 듣다 보니, 하마쉬앟에 대한 기대와 열망도 사라지고, 점점 의심을 하게 되자, 사탄이 그 마음 속에 예슈아를 팔려는 생각을 넣었고 결국 대제사장을 찾아가 흥정까지 하였다(루카스 22:3; 요하난 13:3, 27).

"내가 예슈아를 너희에게 넘겨주면 나에게 얼마를 주겠느냐?"

이렇게 물으니, 은 30쉐켈을 달아 주었다. 이 돈은 당시 한 노예의 몸 값으로, 하나님의 아들, 하마쉬앟 예슈아의 가치가 노예 한 사람의 값어치밖에 안되었다. 그것도 3년 동안 예슈아를 가장 가까운 곁에서 진리를 접하고, 전도 여행을 다니면서 수많은 능력과 기적의 증인이 그동안 받은 천국 말씀과 소망 그리고 셀 수 없는 사랑과 은혜를 받고 누린 결과가 고작 은 30쉐켈뿐이었던 것이다.

그러나 이는 약 500년 전, 즈카르야 선지자가 하마쉬앟에 대하여 예언하였던 이스라엘 양떼를 돌본 하마쉬앟의 값을 은 30쉐켈로 정하였는데, 그 금액까지 정확하게 성취되었던 것이다. 뒤늦게 후회한 제자 예후다는 은 30쉐켈을 반납하고, 스스로 목메어 자살하였고, 대제사장은 그 돈으로 토기장이의 밭을 사서 나그네들의 공동묘지로 사용하도록 지시하였다(즈카르야 11:12-13; 마타이오스 27:3-8).

(4) 그들이 찌른 그분을 바라보고 큰 애통과 통곡이

> 내가 다비드의 집과 예루샬라임 주민에게 은총과 간구하는 심령을 부어 주리니
> 그들이 그 찌른 바 그분을 바라보고
> 그분을 위하여 애통하기를 독자를 위하여 애통하듯 하며
> 그분을 위하여 통곡하기를 장자를 위해 통곡하듯 하리라.
> 그날에 예루샬라임에 큰 애통이 있으리니 …
> 그날에 죄와 더러움을 씻는 샘이
> 다비드의 족속과 예루샬라임 주민을 위하여 열리리라(즈카르야 12:10-11; 13:1).

(5) 열국 연합국들의 예루샬라임 침공과 멸망

즈카르야 선지자는 하마쉬앟의 환상에 이어 이스라엘의 회복과 이스라엘을 대항하는 열국들의 연합국들과 마지막 전쟁의 환상을 보고 예언하였다.

> 만군의 주의 말씀이 임하여 이르시되 만군의 주께서 이같이 말한다.
> 내가 치온을 위하여 크게 질투하고 크게 분노함으로 질투하였다.
> 주께서 이같이 말씀하신다.
> 내가 치온에 돌아와 예루샬라임 가운데 거하리니
> 예루샬라임은 진리의 성읍이라 부르겠고 만군의 주의 거룩한 산이라 부르리라. …

만군의 주가 말씀하신다.
보라, 내가 내 백성을 해가 뜨는 땅과 해가 지는 땅에서부터 구원하여 내고 인도하여
예루살렘 가운데 거주하게 하여 그들은 내 백성이 되고
나는 진리와 공의로 그들의 하나님이 될 것이다(즈카르야 8:1-3, 7-8).

이스라엘에 관한 주의 경고의 말씀이라.
주 곧 하늘을 펴시며 땅의 터를 세우시며 사람 안에 심령을 지으신 분이 말씀하신다.
보라, 내가 예루살렘으로 그 사면의 모든 민족에게
'취하게 하는 잔'이 되게 할 것이다.
예루살렘이 에워싸일 때에 예후다까지 이르고
그날에는 내가 예루살렘을 모든 민족에게 '무거운 돌'이 되게 할 것이다.
그것을 드는 모든 자는 크게 상할 것이라.
천하만국이 그곳을 치려고 모이리라.
그날에 주께서 예루살렘 백성을 보호하리니
그중에 약한 자가 그날에는 다윗 같겠고 다윗 족속은 하나님 같고
무리 앞에 있는 주의 천사 같을 것이라.
예루살렘을 치러오는 모든 나라들을 내가 멸하기를 찾을 것이다(즈카르야 12:1-3, 8-9).

이스라엘을 공격하러 올라오는 모든 나라들의 총력 '전쟁의 날'을, 선지자는 열방을 심판하는 '주의 날'이라고 경고하였다. 이방의 모든 군대들이 예루살렘을 포위하여 에워싸고 성읍을 함락시키고 가옥이 약탈되며 부녀가 욕을 당하고 성읍 백성이 절반이나 사로잡혀 가는 멸망의 위기에 놓여 있을 때, 주님께서 강림하시는 환상을 보았다.

(6) 그분의 발이 올리브 산에 서실 것이다

그날에 그분의 발이 예루샬라임 앞 곧 동쪽 올리브산에 서실 것이요,
올리브 산은 한 가운데가 동서로 갈라져 매우 큰 골짜기가 되어서
산 절반은 북으로, 절반은 남으로 옮기고 그 산 골짜기는 아쉘까지 다다를 것이다.
너희가 그 산 골짜기로 도망하되
예후다 왕 웃시야 때에 지진을 피하여 도망하던 것같이 하리라.
나의 하나님 주께서 임하실 것이요. 모든 거룩한 자들이 주와 함께 하리라.
그날에는 빛이 없겠고 광명한 것들이 떠날 것이라.
주께서 아시는 한 날이 있으니 낮도 아니요 밤도 아니라.
어두워갈 때에 빛이 있을 것이다(즈카르야 14:4-7).

선지자는 위엄과 용맹으로 재림하시는 하마쉬앟의 이방 나라들을 공략하는 모습을 보면서 이스라엘의 승리를 확인하고, 예루샬라임을 치러 온 모든 자들이 재앙으로 그들의 살이 썩고 그들의 눈이 눈구멍 속에서 썩으며 그들의 혀가 입속에서 썩는 죽음과 함께 그들의 말과 노새와 낙타와 나귀와 모든 가축에게 미칠 재앙을 환상으로 보았다고 하였다(즈카르야 14:12-15).

그날에 생수가 예루샬라임에서 솟아나서 절반은 동해로 절반은 서해로 흐를 것이라.
여름에도 겨울에도 그러하리라.
주께서 천하의 왕이 되시리니 그날에는 주께서 홀로 한 분일 것이요
그 이름이 홀로 하나이실 것이라(즈카르야 14:8-9).

13) 선지자 말라키가 미리 본 이스라엘

'말라키'(מַלְאָכִי, 말라기)는 '나의 사자'라는 뜻이다.

당시 그의 시대적 상황은 성전과 성벽 재건을 마친 후, 어느덧 1세기가 지날 즈음인 B.C. 432년경, 예언 활동을 하면서 하나님의 신정 국가의 재건은 외적으로는 어느 정도 갖춰진 것 같은데, 아직도 파라스 제국의 식민지로서, 사실상 메시아 왕국의 실현이 가시적으로 임할 것을 고대하였으나, 언제부터인가 아득하게 느껴지면서 점차 세상 문화의 타락과 형식적 종교생활로 신앙생활의 회의를 느끼고 있었던 시대였다.

말라키 선지자, 18세기 초 러시아 이콘
(By 18 century icon painter, Public Domain,
https://commons.wikimedia.org/w/index.php?curid=3235324)

이러한 신앙 상태를 통하여 무엇보다 경건생활을 촉구해야 할 영적 지도자인 제사장들과 서기관들 마저도 올바로 서지 못하고 오히려 타락에 동조하는 태도를 보고 하나님께서는 말라기 선지자를 불러, 경성하여 회개하지 않으면, 곧 그리스도가 도래할 때, 용서받을 수 없다는 것을 경고한 것이다. 특별히, 하나님께서 그들의 죄를 책망하시면, 백성들은 그에 대한 회개는커녕 오히려 하나님께 "우리가 언제 그랬어요?"라고 무례하게 영적 사춘기처럼 반항을 하면서, 예언하는 말라기 선지자를 기가 막히게 만드는 권태기성 짜증 변증법을 사용하였다.

그들의 양심에 화인 맞은 뻔뻔한 변증 일곱 가지를 들어보자.

<하나님, 우리가 언제 그랬어요?>

Q1. 내가 너희를 사랑하였다.

A1. 주께서 어떻게 우리를 사랑하셨어요?

☞ 내가 에싸브(עשו, 에서)는 미워하고 야아콥은 사랑하였다(말라기 1:2-3).

Q2. 나의 이름을 왜 멸시하느냐?

A2. 우리가 언제 당신의 이름을 멸시했어요?

☞ 아들은 아버지를 공경하고 종은 주인을 두려워하는데, 너희는 나의 계명을 지키지 않았다. 그것은 나를 공경하지 않고 두려워하지 않기 때문이다. 나를 무시하기 때문이다(말라기 1:6).

Q3. 너희는 왜 더러운 떡을 바치느냐?

A3. 우리가 어떻게 당신을 더럽혔어요?

☞ 나에겐 병들고 절뚝거리고 허약한 희생제물을 바치면서 너희 총독에게 그것들을 바쳐 봐라. 총독이 너희를 기뻐하겠느냐. 차라리 누가 내 성전 문을 닫아주었으면 좋겠다. 오히려 이방 민족 중에서 나의 이름이 크게 될 것이다(말라키 1:7-14).

Q4. 너희가 말로 나를 괴롭게 한다.

A4. 우리가 어떻게 당신을 괴롭혔어요?

☞ 한 분 하나님, 한 분 아버지처럼, 한 남자 아담에게 한 아내 하와를 지어 결혼하게 한 것은, 한 몸을 이루어 경건한 자손을 얻기 위함이었다. 너희가 어려서 맞이한 그녀는 너의 동반자요, 너의 언약의 아내이며, 나는 너와 네 아내 사이의 증인이니, 나는 아내를 버리고 이혼하는 것과 아내에게 행한 거짓과 학대를 미워한다(말라키 2:13-16).

Q5. 내게 돌아오너라. 나도 돌아가리라.

A5. 우리가 어떻게 돌아갈까요?

☞ 나를 경외하고 이웃을 사랑하라. 내가 심판하러 너희에게 임할 텐데, 점치고, 간음하고, 거짓 맹세하고, 품꾼의 삯과 과부와 고아를 압제하고, 나그네를 내쫓는 일을 회개하라(말라키 3:5).

Q6. 너희가 어찌 나의 것을 도둑질하느냐?

A6. 우리가 언제 도둑질했어요?

☞ 어찌 나, 하나님의 것을 도둑질하느냐. 십일조와 봉헌물은 나의 것이다. 그것을 도둑질하면 저주를 받는다. 그러나 온전한 십일조를 드리면 하늘의 문을 열고 너희에게 복을 쌓을 곳이 없도록 부어 줄 것이다. 토지 소산이 아름다워지고 이방인들이 복되다고 하리라(말라기 3:8-12).

Q7. 너희가 완악한 말로 나를 대적하는구나.

A7. 우리가 당신께 무슨 말로 대적했어요?

☞ 너희가 말하기를 하나님을 섬기는 것이 '헛되다.' 교만한 자에게는 '복되다.' 악을 행하는 자에게는 '번성한다.' 하나님을 시험하는 자에게는 '화를 면하다'라고 말한 모든 말들이 다 하나님의 '기억의 책'에 다 기록해 두었으니 심판의 날에 모두 밝혀질 것이다(말라기 3:13-18).

(1) 너희에게 엘리야 선지자를 보내리라

보라, 만군의 주께서 말씀하셨다.

용광로같이 불타는 그날이 온다.

교만한 자와 악을 행하는 자는 다 지푸라기 같을 것이다.

그날이 이를 때 그들을 불살라 그 뿌리와 가지를 남기지 않을 것이다.

그러나 내 이름을 경외하는 너희에게는

공의의 태양이 떠올라서 치료하는 광선을 비추겠고

너희가 나가서 탐스러운 송아지같이 뛰어놀 것이다.

또 내가 행하는 그날에 너희가 악인을 밟을 것이며

그들이 너희 발바닥 아래에서 재가 될 것이다. …

보라 주의 크고 두려운 날이 오기 전에

내가 너희에게 엘리야 선지자를 보낼 것이다(말라기 4:1-3, 5).

구약의 마지막 선지자 말라키는 하나님의 끊임없는 무한한 사랑을 선포하고, 주님의 크고 두려운 심판의 날이 올 텐데, 그날에 하마쉬앟이 와서 진리를 사모하고 온 세계에 천국의 구원의 대문이 활짝 열려질 것을 예언하시면서, 그 하마쉬앟이 오기 전에, 엘리야 선지자가 먼저 와서 천국에 들어가려면 반드시 회개를 해야 하기 때문에 회개를 촉구할 것을 말씀하셨다.

그 엘리야 선지자는 불 말과 불 마차를 타고 죽지 않고 하늘나라에 올려진 그 선지자가 다시 온다는 것이 아니라, 그 엘리야의 성품을 가진 선지자가 올 것을 예언하신 것이다. 주 예슈아 하마쉬앟께서는 '말라키' 3장 5절을 말씀하면서, 하나님께서 나의 사자를 보낸다고 하신 '그 사자'가 바로 침례 요하난이요, 오기로 예언된 엘리야 선지자라고 증언해 주셨다(마타이오스 11:10-14).

> 기록된 바, 보라 내가 내 사자를 네 앞에 보낸다.
> 그가 네 앞에서 네 길을 준비할 것이다.
> 하신 말씀이 바로 이 사람에 관한 예언이었다.
> 아멘, 내가 너희에게 말한다.
> 여자가 낳은 자 중에 침례 요하난보다 큰 자가 일어남이 없다.
> 그러나 천국에서는 극히 작은 자라도 그보다 크다.
> 침례 요하난의 때부터 지금까지 천국은 침입을 당하고 있고
> 침입하는 자는 천국을 소유한다.
> 모든 예언서와 율법은 요하난의 때까지 예언한 것이기 때문이다.
> 만일 너희가 즐겨 받는다면, 오기로 되어 있는 엘리야가 곧 그 사람이다.
> 귀 있는 자는 들으라(마타이오스 11:10-15).

제2장
신약 선지자들이 미리 본 이스라엘

1. 하마쉬앙의 탄생을 미리 본 선지자들

1) 하마쉬앙의 탄생을 예언한 천사장 가브리엘

'가브리엘'(גַּבְרִיאֵל)의 뜻은 '하나님의 능력'이다. 가브리엘은 하나님의 소식을 전달하는 천사장(天使長)으로서 이스라엘의 회복의 첫 단추는 그리스도의 성육신(聖肉身)을 성취하기 위하여 미리 준비해야 할 일이 있었다.

말라키 선지자는 주 그리스도께서 오시기 전에, 먼저 '주의 길을 예비하는 엘리야 선지자의 심령'을 가진 자가 준비되어야 하므로, 당대의 의인이나, 연로하여도 아직 무자(無子)한 제사장 즈카르야(זְכַרְיָה, 스가랴)를 방문하여 조상 아브라함과 같이 비록 그가 무자라 하여도 노년에 이츠학을 낳았던 것처럼, 즈카르야에게도 아내 엘리쉐바(אֱלִישֶׁבַע, 엘리사벳)[1]가 자식을 낳을 거라는 소식을 전해 주었다.

---

1 엘리쉐바: '나의 하나님은 맹세(약속).' 전승에 의하면, 미르얌과 엘리쉐바는 4촌간이라고 한다. 고종희, "마리아, 엘리사벳을 방문," 「가톨릭신문」 제2671호(2009. 11. 3.), 18.

즈카르야 제사장와 가브리엘 천사 (작가 미상, c. 1800)

천사장 가브리엘은 마침 제사장 즈카르야가 제사장 반열의 차례에 따라 제사장의 직무를 수행하려고 성전에 들어가서 분향을 피우고 기도하고 있을 때, 천사는 분향단 오른편에 조용히 서 있었다.

즈카르야 제사장은 기도를 마치고 분향단을 쳐다보다가 천사를 보고 깜짝 놀라며 두려움에 사로잡혔다.

즈카르야, 두려워하지 마세요.

그대의 기도를 듣고 그대의 아내 엘리쉐바가 그대의 아들을 낳을 겁니다.

그 아기의 이름을 '요하난'이라 부르세요.

그대에게 기쁨과 즐거움이 되고 많은 사람이 그의 출생을 기뻐할 것이며

진실로 아기는 주 앞에서 큰 사람이 될 것이며 포도주나 독주를 마시지 말고 모태에서부터 이미 충만해질 것입니다.

> 또한, 그가 많은 이스라엘 자손을 주 하나님께로 돌아오게 하고
> 그는 엘리야의 영성과 능력으로 주 앞에 앞서가며
> 아버지의 마음을 자녀들에게, 불순종하는 자들을 의인의 지혜로 돌아오게 하며
> 주를 위하여 예비한 백성을 준비할 것입니다 (루카스 1:13-17).

제사장 즈카르야는 도저히 믿어지지 않았다. 그토록 자식을 달라고 거의 일평생을 하나님께 기도하였지만, 이제는 우리 부부가 나이 먹고 늙어 모든 것 다 내려놓고 있는데, 주께서 이제까지 잠자코 계시다가 이제 와서 아들을 주시겠다고 하니 믿어지지 않았다. 가브리엘은 그대가 믿지 않으니, 아들을 낳을 때까지 말을 못하게 될 거라는 징표를 주고 떠났다. 그날 후에, 엘리쉐바는 이브리 민족의 조상 할머니 사라(שָׂרָה)처럼 임신을 하게 되었다.

2) 천사장 가브리엘의 예언에 순종한 미르얌

6개월 후, 천사장 가브리엘은 하나님의 보내심을 받아 갈릴(גָּלִיל) 지방의 네차렡(נְצֶרֶת)에 요셒의 약혼녀 미르얌(מִרְיָם)을 방문하였다. 미르얌은 낯선 남자의 갑작스러운 방문에 매우 당황하였으나, 곧 천사라는 신분을 밝힘으로써 다소 경계를 풀었지만, 전달 내용에는 더 충격적이라 입을 다물 수가 없었다.

> 미르얌, 두려워하지 마세요. 그대가 하나님께 은혜를 입었습니다.
> 보세요, 그대가 임신하여 아들을 낳으리니 그 이름을 예슈아라고 부르세요.
> 그 아기가 큰 사람이 되어 지극히 높으신 분의 아들이라 불릴 것입니다.
> 주 하나님께서 그의 조상 다비드의 왕위를 그에게 주실 것이며
> 그 아기는 야아콥의 집을 영원히 다스릴 것이며
> 그 나라가 무궁할 것입니다 (루카스 1:30-33).

미르얌은 어이없는 천사의 말을 듣자마자, 반문하였다.

"저는 아직 결혼을 하지 않았고, 남자를 알지 못한 처녀인데, 어떻게 아기를 가질 수 있단 말인가요?"

그러나 가브리엘 천사는 성령님이 임하시고 하나님께서 창조의 권능으로 덮으시면 그분의 능력으로 불가능이 전혀 없다는 것을 강조하였다.

또한, 그녀의 4촌 엘리쉐바도 하나님의 능력으로 임신을 하여 벌써 6개월이나 되었다고 증거해 주었다. 미르얌은 하나님의 말씀은 능치 못하심이 없다는 말에 더 이상 뭐라고 할 말을 잃었고 결국 하나님의 뜻을 거절할 수

미르얌에게 수태고지를 하는 가브리엘 천사
(By Jardel Bassi, https://www.freepik.es/imagen-ia-premium/
representacion-artistica-angel-gabriel_50872383.htm)

없어서 순종하였다.

"주님의 여종입니다. 말씀대로 이루어지기를 원합니다."

미르얌은 하나님의 쓰임 받는 위대한 역사에 자신의 몸이 사용됨을 통하여 너무 거룩하고 위대한 온 인류의 구원 역사에 자신이 비천한 존재이나, 천사로부터 메시아의 수태고지(受胎告知)를 받고 자신의 한 부분을 기여함에 믿기지 않을 정도로 충격을 느끼면서 감당할 수 없는 이 놀라운 기적의 도구로 선택을 받음에 대한 찬양을 주님께 올려 드렸다.

> 제 영혼이 주님을 찬양합니다.
> 제 마음이 하나님 나의 구주를 즐거워하는 것은
> 주님께서 비천한 여종을 택하셨기 때문입니다.
> 보세요 이제는 모든 세상이 저를 복되다고 하겠지요.
> 전능하신 주께서 저에게 큰 일을 행하셨으니 주의 이름이 거룩하시고
> 주의 긍휼하심은 주를 경외하는 자들에게 대대로 있을 것입니다. …
> 주의 종 이스라엘을 긍휼과 기억하심으로 도우셨습니다.
> 주께서 아브라함과 우리의 조상들과 그의 자손에게
> 말씀하셨던 것같이 영원히 말씀해 주세요(루카스 1:46-55).

3) 침례 요하난의 사역을 예언한 제사장 즈카르야와 엘리쉐바

다음날, 미르얌(마리아)은 예후다성이 있는 한 산지에 살고 있는 엘리쉐바(엘리사벳)의 집을 찾아 떠났다. 두 여인이 만나자마자, 인사하는 것은 놀랍게도 엘리쉐바의 태중에 있는 아기였다. 아기는 갑자기 복중에 뛰놀았고, 엘리쉐바는 성령의 충만하여 큰 소리로 외치며 반갑게 맞이하였다.

"그대는 여자 중에서 복을 받은 자요, 태아도 복을 받은 아기요. 내 주의 어머니가 나를 방문하다니 이 어찌된 일인가!

주께서 하신 말씀을 그대로 믿는 자가 복이 있도다."

두 여인은 모두 아기를 가질 수 없는 입장이었으나, 하나님의 특별한 은혜로 그리스도와 주님의 오실 길을 준비하는 자로서 택함을 받은 역사의 주인공들이 되었다. 미르얌은 3개월 동안 엘리쉐바와 함께 은혜의 교제를 나눈 후, 네체렡 집으로 다시 돌아갔다(루카스 1:39-45).

어느덧, 출산 때가 다가왔다. 제사장 스카르야의 아내 엘리쉐바는 천사의 예언대로 아들을 낳았다. 8일만에 할례를 받고 아기의 이름을 지으려고 하니, 이런저런 이름들이 나왔으나, 엘리쉐바는 '요하난'이 좋겠다고 하였다.

친척들이 제사장 스카르야의 의견을 물으니, 그가 말 못하는 벙어리가 된 지 6개월이나 되어 서판을 가져오게 하고 그 위에 '요하난'이라고 쓰자, 스카르야 제사장이 그제서야 혀와 입술이 풀리더니 말을 하게 되어 주님께 찬양을 드렸다. 이 모두 가브리엘의 예언대로 성취되었다.

이때, 스카르야 제사장이 성령이 충만하여 예언을 하였다.

스카르야 제사장과 엘리쉐바(Jim Padgett 作, 1984)

주 이스라엘의 하나님을 송축하라!

그의 백성을 돌아보고 속량하셨으며

우리를 위하여 그의 종 다비드의 집에 구원의 뿔을 일으켰기 때문입니다.

이 일은 그분이 옛날부터 거룩한 선지자들의 입으로 말씀하신 그대로입니다.

아가야, 네가 지극히 높으신 하나님의 선지자라 일컬음을 받고

주의 앞에 가면서 주의 길을 예비하고

주의 백성에게 그들의 죄 사함으로 말미암는 구원을 알게 할 것이다.

이는 우리 하나님의 긍휼로 인함이다 (루카스 1:68-70, 76-77).

4) 하마쉬앟의 출생지의 예언 성취를 위한 로마 황제의 호적신고령

B.C. 29년, 옥타비아누스(Gaius Julius Caesar Octavianus, B.C. 63-A.D. 14)가 로마 제국의 초대 황제가 되자, 제국의 위상에 걸맞는 황실의 면모를 갖추기 위하여 부실한 재정 확보를 위한 수단으로, 로마 전국에 호적 등록을 하라는 칙령을 내리고 세금 징수에 박차를 가하고 있었다. 이에 B.C. 4년, 로마 제국의 속국인 예후다 왕국의 네체렡에 살고 있던 요셒은 약혼녀 미르얌의 출산을 앞두고 있었지만, 그들의 고향 베이트-레헴(베들레헴)으로 호적 등록을 하려고 떠났다.

그녀는 이러한 로마 황제의 호적등록령 이전에, 하나님께서 천사를 통하여 주신 수태고지를 마음 속에 간직하고 이스라엘의 구원자 하마쉬앟의 출생이 베이트-레헴이라는 자신들의 고향에서 출산케 하시려는 예언의 성취를 이루기 위한 놀라운 경륜을 생각하고는, 비록 임신하여 거동이 매우 어려운 상태였으나, 예언 성취라는 설레임과 긴장된 은혜 가운데, 조상 다비드 왕의 고향인 베이트-레헴에 도착하였고, 겨우 도착한 그들에게 여관 숙소마다 호적 신고하러 온 손님들로 가득하여 빈 방을 찾을 수 없어서, 간신히 양떼가 밤이슬을 피할 정도의 작은 동굴 안으로 들어가, 볏짚단을 모아

펴놓고 그 위에 누울 자리를 마련할 수 있었다.

　미르얌은 이스라엘의 구원자 그리스도가 될 분을 하나님께서 설마 이런 초라한 가축들의 동굴에서 출산케 하시지는 않을 것이라고 기대하면서 피곤에 지친 몸을 짚단 위에 뉘였다. 그러나 출산할 때가 다 되었는지, 갑자기 통증이 심해지자, 요셒은 급히 달려나가 산파를 수소문하여 찾아 무사히 해산하게 되었다.

　우렁찬 첫 울음을 시원스레 터트리는 아기를 받아 포대기에 싸서 뉘이려 하였으나 누일 곳이 변변치 않았다. 마지못해 찾은 것은 가축들의 여물통뿐이었다. 그 통에는 가축들의 냄새가 깊이 베어 있었고, 먹다 남은 잔여 음식물 찌꺼기들로 불결한 위생 상태의 통이지만, 물로 조금이나마 깨끗하게 닦았다. 창조주 하나님의 아들, 온 인류의 구원자로 오신, 그 어린 주 예슈아의 눌 자리가 없어 가축들의 밥그릇인 여물통(구유)을 보금자리 삼아 위에 누이자, 성육신하신 하나님의 아들이신 아기는 이 세상에서의 첫 잠을 소록소록 청하셨다.

　그렇다. 드디어 예후다 민족이 그토록 기다리고 기다렸던 하마쉬앟 곧 그리스도께서 이 세상에 성육신하여 탄생하게 된 것이었다. 이로써 가브리엘 천사가 예언한 다비드의 왕족의 계보를 따라, 베이트-레헴의 땅에서 하마쉬앟의 탄생이 예언 그대로 성취되었던 것이다.

5) 천군천사들의 찬양과 예언의 목격자 목동들

　그리스도의 탄생을 제일 먼저 축하한 사람들은 당시 베이트-레헴의 주변에 밤새워 양떼를 지키던 목동들이었다. 갑자기 캄캄하였던 밤 하늘이 대낮같이 밝아져서 목동들이 밖에 나와 하늘을 쳐다보니 천사들이 찬양을 하고 있는 놀라운 광경을 목격하게 된 것이다.

주의 천사가 그들 앞에 서 있고

주의 영광이 그들을 비추니 매우 두려워했다.

천사가 말했다.

"무서워하지 말고 보세요.

내가 온 백성에게 큰 기쁨의 좋은 소식을 전합니다.

오늘 다비드의 성에 계신 여러분을 위한 구원자, 주 하마쉬앙이 태어났습니다.

지금 가서 포대기에 쌓여 구유에 누워 있는 아기를 볼 수 있으니

이것이 그 표적입니다"(루카스 2:8-20).

　목자들은 밤하늘을 수놓은 수많은 천군 천사들이 즐겁게 찬양하는 광경을 난생 처음 보면서 너무 아름답고 신비스러운 황홀감에 빠졌다.

<천사들이 그리스도의 탄생을 목자들에게 알림>(Govert Flinck 作, 1639)

> 지극히 높은 곳에서는 하나님께 영광이요
> 땅에서는 기뻐하심을 입은 사람들 중에 평화로다!(루카스 2:14)

천사들은 이 찬양을 하고는 모두 하늘로 사라졌다. 목동들은 쏜살같이 천사들이 말한 '베이트-레헴'으로 달려가서 포대기에 싸인 갓 태어난 아기를 찾으니, 가축들이 머무는 작은 동굴 안에 있었다. 목동들은 갑자기 천사들의 소식을 듣고 선물 준비는커녕, 양떼를 돌보느라 누추하고 냄새 나는 의복도 갈아입지 못한 채, 아기의 탄생을 축하하고 천사들이 자신들에게 해 준 이스라엘의 구원자의 탄생에 대한 모든 말과 천사들의 춤을 추며 즐겁게 찬양한 광경들을 본 그대로 아기 부모에게 전해 주었다.

미르얌은 목동들이 전해 준 천사들의 아름다운 찬양들과 하마쉬앟에 대한 메세지들이 바로 자신이 낳은 아기 예슈아의 탄생을 축하하는 사건들이라는 것을 마음에 깊이 간직하고 진정 이스라엘의 하마쉬앟이요, 이스라엘의 구원자로 오신 하나님의 아들의 구원 사역을 성취하기 위하여 간절히 기도하였다.

6) 아기 그리스도를 안고 예언 성취를 이룬 선지자 쉬므온

선지자 쉬므온(שמעון)은 '하나님께서 들으심'이란 뜻으로, 예루샬라임에서 의롭고 경건하여 이스라엘의 위로를 기다리는 자로서, "주의 그리스도를 보기 전에는 결코 네가 죽지 아니하리라"라는 성령님의 응답을 받고, 언제 이스라엘의 그리스도를 만나게 하실지 몰라 자나깨나 성전에서 성령께서 가르쳐 주실 때만을 간절히 기다리고 있었다.

그러던 어느 날, 아기 예슈아께서 난 지 8일이 되어 할례를 받으려고 예루샬라임 성전에서 결례를 따라 신청하고 있는데, 마침 성령의 인도하심에 따라, 쉬므온 선지자가 성전 안으로 들어와 서로 마주하게 되었다. 바로 그때,

성령께서 "이 아기가 하마쉬앙"라고 가르쳐 주셨고, 그는 감격하여 아기 그리스도를 안고 하나님께 감격의 눈물과 함께 기쁜 마음으로 하나님을 찬양하고 감사의 기도를 드렸다.

> 오, 주님, 이제는 말씀하신 대로 종을 평안히 놓아주시는군요.
> 제 눈이 주님께서 온 만민 앞에 준비하신 주님의 구원을 보았습니다.
> 이 아기는 이방을 비추는 빛이요, 주님의 백성 이스라엘의 영광입니다(루카스 2:22-32).

쉬므온 선지자는 그들을 모두 축복하고 아기의 어머니 미르얌에게 말하였다.

"보세요, 이 아기는 이스라엘에 있는 많은 사람들을 넘어지게 하고 일어나게도 하며 비난을 받는 표적이 되어, 칼이 그대의 마음을 찌르듯 고통이 될 것입니다. 그래서 여러 사람의 마음의 생각들이 드러나게 될 겁니다"(루카스 2:25-35).

후에, 미르얌은 선지자 쉬므온의 예언대로 오직 남을 위하여 살아온 자신이 낳은 아들이 잔인한 로마 군병들에게 채찍을 맞고 저주의 나무 십자가에서 참혹한 고통을 순순히 받아들이고 있는 모습을 곁에서 지켜보는 동안, 비록 하나님의 아들로서 온 인류의 죄 사함을 위한 위대한 사명의 길이라고 하지만, 여느 어머니들이 그러하듯, 출산의 고통과 함께 갓난아기 때부터 직접 자신의 손으로 마른 자리, 진자리 가리며 양육한 어머니로서의 본능적 애정은 자신의 온 몸을 칼로 한 점 한 점 도려내는 듯한 자식 사랑의 고통을 몸소 겪으면서 약 30년 전, 예루샬라임 성전에서 쉬므온 선지자의 영혼까지 칼로 찌르는 고통을 받으리라는 예언을 기억하며 실신하고도 남았을 것이다.

그때 마침, 남편과 어려서 사별한 이후, 성전에서 84세가 되도록 성전을 떠나지 않고 밤낮으로 금식하며 기도하는 여선지자 하나(חנה)를 만났다.

그녀도 아기 예수아를 보더니 하나님께 감사 기도를 드리고 예루샬라임의 구속을 기다리는 많은 사람들 앞에서 아기의 하마쉬앟이심을 증거하였다 (루카스 2:36-38).

7) 하마쉬앟의 사역을 예언한 침례자 요하난

침례 '요하난'(יוחנן)은 '주님은 은혜로우시다'는 뜻으로, 그는 제사장 가문의 대를 이을 수 있었지만, 하나님의 특별한 부르심을 따라 약 8백 년 전, 선지자 예샤야가 예언한 대로 '광야에서 외치는 자의 소리'가 되어 주의 길을 예비하고 하나님의 대로를 평탄케 하라는 사명(예샤야 40:3)과 엘리야 선지자의 모습을 연상케 하는 약대 털 옷을 입고 허리에 가죽 띠를 띠고, 메뚜기와 야생 꿀을 먹으며 광야의 생활로 절제된 삶을 살면서 약 4백 년 전, '언약의 사자' 엘리야 선지자를 보내겠다는 선지자 말라키의 예언(말라키 3:1; 4:5-6)을 성취하고 있었던 것이다.

> 소리가 외친다.
> 너희는 광야에서 주님의 길을 닦아라.
> 광야에서 주님의 대로를 바르게 만들어라!(예샤야 40:3)

> 회개하라! 진실로 천국이 가까이 왔다(마타이오스 3:2).

'광야의 외치는 소리' 요하난의 첫 메시지는 다음과 같다.
"천국이 가까웠으니 회개하라!"
이는 율법을 지키라는 것이 아니었다. 그리스도께서 오시면 로마 제국을 쫓아내고 이스라엘 왕국의 독립을 외치는 것도 아니었다.

구약성경에 없던 새로운 나라인 '천국,' 곧 '하늘의 왕국'(מלכות השמים), '하나님의 나라'(אלהים מלכות)였다.

요하난의 외침은 이제 이 세상의 종말이 가까이 왔고 하나님께서는 새로운 나라, 곧 하늘 나라를 세우실 것을 준비하고 계시는데 그 나라에 가려면, 아브라함의 자손이라는 할례에 대한 자긍심은 불필요하다며, 반드시 '회개'(שוב, 돌아서다)를 해야 하고, 회개는 단순히 반성이나 뉘우침에 그치는 것이 아니라 회개에 합당한 열매 맺는 태도와 행실의 변화, 즉 죄악의 길을 떠나서 하나님께로 완전히 되돌아서는 삶이 되어야 한다는 것이다. 그리고 이 진정한 회개의 표시로, 온 몸을 물에 잠기는 침례(הטבל)를 받으라고 외쳤던 것이었다(마타이오스 3:1-10).

이와 같이 아브라함의 할례나 모쉐의 율법이나 안식일이나, 다비드 왕조의 회복이나, 이스라엘의 자주 독립이 아니라 '하늘 왕국'이라고 하는 새로운 복음을 듣고 오히려 많은 사람들이 천국이라는 하나님의 나라에 대한 관심을 가지고 광야로 몰려들기 시작하였다.

침례 요하난은 이어서 자신의 뒤에 등장하실 영광스러운 왕 하마쉬앟의 오심을 선포하였다. "나는 물로 침례를 주고 있으나, 내 뒤에 오시는 하마쉬앟, 그분은 성령과 불로 침례를 주실 것"이라며, 하늘의 권능과 능력을 주실 하마쉬앟의 사역을 위한 대로를 활짝 열어드리는 자신의 본분을 강조하였다. 침례 요하난은 자신이 그분의 신발을 받드는 것조차 감당하지 못할, 비교할 수도 없는 존재라고 밝혔다(마타이오스 3:11).

8) 하나님의 의를 이루기 위하여 침례를 받으신 하마쉬앟

그러던 어느 날, 예슈아께서 갈릴리 지방 네체렡으로부터 야르덴 강가에 도착하셨다. 그리고 요하난에게 가까이 오시더니, 침례를 받으려는 자세를 취하자, 요하난은 자신도 처음에는 그분이 하마쉬앟이심을 알아보지 못하였으나, 성령께서 비둘기같이 그분 위에 임하는 것을 보고, 바로 이분이 성령으로 침례를 베푸는 하마쉬앟임을 알고 깜짝 놀라서, 자신이 오히려 침례받아야 할 사람이라며 몇 번이고 거절하고 만류하였으나, 예슈아께서 하신 말씀 한마디에 순종하고 하마쉬앟께 침례를 베풀었다(요하난 1:32-34). 그렇게 한 이유는 다음과 같다.

> 왜냐하면, 이렇게 하여 모든 의를 성취하는 것이
> 우리에게 합당하기 때문입니다(마타이오스 3:15).

요하난도 할 수 없이 죄가 없으신 하나님의 아들이요, 왕이신 그분이지만, 순종하는 마음으로 조심스럽게 침례를 베풀었다. '모든 의를 성취하는 것'은 하나님 아버지께서 뜻하신 의(義)이며, 그리스도는 무조건 세상 통치 권력자들처럼, 군림하는 것이 아니라, 죄인인 인간들과 연대성을 갖기 위하여 그리고 그들의 모든 죄를 대신 대속해야만 하는 아름다운 의(義)요, 모든 율법의 완성을 이루는 하나님의 의(義)를 이루는 것이기도 하였다(요하난 3:12-16).

하나님의 아들께서 침례를 받으시고 물에서 올라오실 때, 하늘의 문이 열리고 음성이 들렸다. 그리고 하나님의 성령께서 비둘기같이 예슈아의 위에 임하셨다. 하나님 아버지의 음성과 겸손히 침례를 받으시는 하나님의 아들 그리고 성령 하나님의 임재하심까지 삼위일체 하나님의 동시 출현 현장을 목격하는 절대적인 하나님의 의를 이루시는 순간이었다. 갑자기 하늘에서 하나님 아버지께서 말씀하셨다.

> 이는 나의 사랑하는 아들이다. 내가 그를 기뻐한다(마타이오스 3:17).

9) 보라! 세상 죄를 지고가는 하나님의 어린양!

그날 이후로 침례 요하난은 많은 사람 앞에서 예슈아의 하마쉬앟시요, '하나님의 아들'이심을 담대하게 외치며 선포하였다.

> 보라, 하나님의 아들, 세상 죄를 지고가는 하나님의 어린양이시다!(요하난 1:29, 34, 36).

침례 요하난은 하마쉬앟 주 예슈아께서 유월절 '하나님의 어린양'같이 십자가 위에서 피 흘려 죽으실 그분의 죽음에 대하여 예언한 것이다. 그는 자신의 제자들이 하나둘 떠나 그분의 제자로 간다고 해도 오히려 신부를 취하는 자는 신랑이지만, 신랑 곁에 있는 친구가 더 기뻐하듯이 자신은 이런 기쁨이 충만하다며, 그분은 점점 흥해야 하겠고 자신은 점점 쇠하여야 한다며 자신의 삶은 순전히 메시아를 위한 삶이라는 것에 만족하였다(요하난 3:25-30).

그러나 침례 요하난은 헤롯의 아들 분봉왕의 부정한 결혼을 비난하다가 옥에 갇혔고 옥중생활이 길어지자, 메시아의 활동이 궁금하여 주 예슈아께 제자들을 보내 다음과 같이 묻게 하였다.

"오실 그분이 당신입니까?

아니면 우리가 다른 이를 기다려야 하나요?"

주님은 '예사야' 35장에서 시청각 장애인들이 고침을 받고 죽은 자가 살아나며 가난한 자들에게 복음이 전파되는 하나님의 나라에 대한 예언이 성취되는 말씀으로 대답해 주셨다(마타이오스 11:3-6).

결국, 침례 요하난은 비록 그리스도의 왕권과 이스라엘의 회복을 직접 보지는 못하였지만, 그분의 앞 길을 대로로 만드는 사명은 이미 충분히 잘 감당하였으나, 당시 분봉왕 헤롯 안티파스의 불륜 관계에 대한 정의로운 책망을 한 이유로 참형을 당하고 30대 초반의 젊은 나이에 아브라함의 품에 안겼다(요하난 6:24-29).

이에 예슈아께서는 선지자 말라키의 예언을 인용하면서, 침례 요하난이 바로 엘리야 선지자의 심령과 능력으로 메시아 앞서 온 언약의 사자임을 직접 증언해 주셨다.

> 기록된 바, "보라 내가 내 사자를 네 앞에 보내리니 그가 네 길을 네 앞에 준비하리라."
> 내가 진실로 말합니다 여자가 낳은 자 중에 침례 요하난보다 더 큰 사람은 없습니다.
> 그러나 천국에서는 가장 작은 자라도 침례 요하난보다는 큰 자라고 할 것입니다. …
> 모든 예언서와 율법이 예언한 것은 요하난까지이기 때문입니다.
> 만일 여러분이 이것을 사실로 받아들인다면
> 오리라 한 엘리야가 바로 그 사람입니다(마타이오스11:10-14).

2. 부활의 증인들이 미리 본 이스라엘

1) 사도 파울로스가 미리 본 이스라엘

사도 샤울(שאול), 곧 파울로스(Παύλος, 바울)는 중동 아시아와 유럽에 기독교의 신학과 선교의 기초를 닦아 교회를 개척하여 세우고, 그 교회들이 말씀 위에서 굳건한 믿음을 지키도록 성령님의 감동으로 쓴 주옥 같은 편지들을 지역 교회를 수신자로 하여 회람 형식으로 공지하고 각 교회들은 그의 편지의 사본을 제작하여 배부하였다.

당시에는 수많은 로마 그리스 신화들과 고대 전통과 관습의 우상 숭배와 인간의 얕은 철학 등의 범람으로 극도의 혼돈의 시대였다. 거기에 더하여 기독교 내부에 침투한 파생된 이단들의 미혹과 외부의 또 하나의 핍박 종교인 예후다교(Judaism)의 율법과 전승된 교훈의 라비들의 비난과 저주 등으로 주 예슈아의 진리 수호에 많은 문제가 뒤따르고 있었다.

그러나 기독교가 점차 안정을 찾아가면서, 사도 파울로스의 편지들은 신약성경 27권 중, 절반에 이르는 분량인 13권이 모두 기독교의 정경(Canon)으로 인정받고, 오늘날 전 세계 교회들의 하나님의 사랑의 구속사를 믿고 의지하는데 귀중한 유산이 되고 있다.

2) 부활의 절대성과 신령한 몸의 비밀

과연 사도 파울로스의 이스라엘에 대한 예언을 살펴본다. 사도는 그리스도의 가르침에 대하여 소개할 때면, 항상 탄생에 대한 언급은 거의 없고, 언제나 그리스도의 죽으심과 부활이 주 포인트였다. 즉, 성탄절보다는 부활절에 더 무게를 실었고, 부활은 세상의 종말 이전에 개인의 종말이라는 죽음 너머의 세계를 조명하고 있다. 물론, 신화나 타 종교에서의 죽음 이후의 세계에 대한 여러 가지 설(說)이 있으나, 사도는 그 누구보다도 부활에 대하여 힘 있게 강조하였다.

> 그리스도께서 죽은 자 가운데서 다시 살아나셨다 선포되었는데
> 어찌 여러분 중에 어떤 분들은 죽은 자의 부활이 없다고 말합니까?
> 만일 죽은 자의 부활이 없다면 그리스도께서도 다시 살아나지 못한 것입니다.
> 그리스도께서 다시 살아나지 못했다면 우리의 전도도 헛되고 여러분의 믿음도 헛됩니다.
> 만일 그리스도안에서 우리의 소망이 다만 이 세상뿐이라면
> 모든 사람들 중에 우리는 가장 불쌍한 사람들입니다.
> 그러나 이제 그리스도께서 죽은 자 가운데서 다시 살아나서
> 잠자는 자들의 첫 열매가 되셨습니다(1코린토스 15:12-14, 19-20).

사도 파울로스는 부활의 역사적 대표성을 부여하였다. 에덴동산의 첫 사람 곧 인류의 대표자 아담 한 사람으로 말미암아 죄가 세상에 들어왔고 그 죄로 말미암아 죽음이 왔고 사망이 왕 노릇하여 모든 사람이 죽게 된 것이었다.

그러나 아담은 오실 자의 예표이자 모형이었다. 이 '오실 자'는 인류의 구원의 대표자 '둘째 아담'이자, '마지막 아담'인 예슈아 그리스도 한 사람의 피 흘리심으로 말미암아 죄 사함을 받게 되었고 그 죄 사함으로 말미암아 모든 사람이 다시 살게 되었으며, 부활이 왕 노릇하여 모든 사람이 영원한 생명을 얻게 된 것이다. 한 사람의 범죄로 많은 사람이 정죄 받은 것같이 한 사람의 의로움으로 많은 사람이 의롭다 함을 받았고, 한 사람의 불순종으로 많은 사람이 죄인이 되었으나, 한 사람의 순종함으로 많은 사람이 의인이 되었다고 설명하였다(로마 5:12, 19).

그렇다! 부활의 첫 열매가 되신 주 예슈아를 믿는 자는 누구든지 그리스도의 부활을 본받아 죽음 이후에 모두 부활하신 주님과 함께 영생을 누리게 된다는 것이 크리스천들의 마음의 소망인 것이다.

사도 파울로스는 여기서 머무르지 않고 한 걸음 더 들어가, 부활의 구체적인 몸의 변화를 '씨앗과 그 열매'에 대한 비유를 들어 설명하였다. 씨앗을 땅에 심어 그 씨앗이 죽으면 상상하지 못한 완전히 다른 모양의 형태로 자라나서 저마다 각각 여러 가지의 형체로 열매를 맺듯이, 사람의 몸도 죽고 나면, 썩어질 육체로 다시 사는 것이 아니라 새로운 영적인 몸의 형체로 부활한다는 것이다.

씨앗의 형체가 모두 다르듯이, 육체도 다 같은 육체가 아니다. 사람의 육체와 동물의 육체, 새와 물고기의 육체가 다르듯이, 땅에 속한 육체가 있으나, 하늘에 속한 육체도 있다. 땅에 속한 우주의 발광체의 빛도 태양과 달 그리고 여러 행성들의 빛이 각각 다르다.

죽은 자의 부활도 그와 같다. 인간은 죽으며 땅에 썩어져 흙이 되는 육신이지만 그리스도를 믿음으로 다시 살아나게 되고, 비록 불명예와 치욕을 받고 죽더라도 영광스러운 하나님의 자녀로 다시 살아나며, 병들고 약한 몸으로 살았지만 부활하면 건강하고 튼튼한 몸으로 다시 살아난다는 것이다. 그러므로 육의 몸이 있으면 영의 몸이 있는 것처럼, 육체의 몸은 부활하면 영적인 몸이 된다는 것이다(1코린토스 15:42-44).

> 첫 사람은 흙으로 만든 땅으로부터 둘째 사람은 하늘로부터 …
> 그리고 우리가 흙으로 만든 자의 형상을 입었던 것같이
> 우리는 하늘에 속한 자의 형상을 다시 입을 것입니다.
> 형제 여러분, 내가 다시 말합니다.
> 육체와 피는 하나님의 나라를 상속받을 수가 없고
> 썩는 것은 썩지 않을 것을 상속받을 수 없습니다(1코린토스 15:47, 49-52).

사도 파울로스는 부활의 영적인 비밀을 첫 사람 아담이 흙으로 지음 받을 때, 하나님께서 코에 생기를 불어넣어 '살아 있은 생명'(ψυχὴν ζῶσαν, 프쉬켄 조산)이 되었다는 태초의 첫 인간의 '살아 숨쉬는 존재 곧 생물체'와 우리의 마지막 아담 곧 그리스도는 하늘의 신령한 몸을 주실 때, 성령을 불어넣어 '살리는 영'(πνεύμα ζῳοποιοῦν, 프뉴마 조오포이운), 곧 '살려 주는 성령'을 주실 것을 대조하여 설명해 주었다.[2]

하늘의 신령한 몸이란 주님의 부활 때에 가지셨던 바로 그 몸, 영적인 몸(Spiritual Body)을 말한다.

2　한글 개역성경에는 두 단어가 '영'으로 번역되었으나, '프쉬케'는 인간이 생물체라는 것을 나타내지만, '프뉴마'는 죽은 인간을 다시 살려주는 구원자 그리스도의 본질을 나타낸 것이다. 강병도, 『카리스 종합주석 제17권』(서울: 기독지혜사, 2007), 980-981.

3) 부활의 순서 – 첫 열매 주 예슈아

사도 파울로스는 첨가하여 텟살로니케 교회를 수신자로 보낸 편지에 부활의 순서도 예언하였다.

주 예슈아께서 재림하실 때, 부활이 '눈 깜빡할 순식간'에 일어난다 할지라도 순서가 있는데, 그 먼저는 부활의 첫 열매인 주 예슈아를 구주로 믿고 주 안에서 죽은 성도들이며, 그 다음이 주님께서 재림하실 때, 그때 믿음을 가진 생존해 있는 성도들을 말한다.

여기에서 '주님 안에'는 세계적인 교회에 소속된 모든 믿음의 성도들을 가리킨다. 남녀노소 빈부귀천의 차별도 없고 이방인과 예후다인에 대한 구분도 없다. 단지 교회 안의 탕자나 교회 밖의 탕자든, 교단과 교회의 행정적 소속이 싫어서 골방이든 산골이든 관계없이, 오직 주 예슈아를 하나님의 아들이요, 하마쉬앟 곧 그리스도를 자신의 구원자라는 진실한 믿음을 가진 자는 누구든지, 전지전능하신 주님께서 영광스러운 '부활과 변화의 자리'에 초대하실 것이라 믿는다. 단, 초대의 주권과 판단은 오직 하나님 한 분이시다.

4) 주님의 '파루시아'와 교회의 '아판테신'

> 주님께서 친히 호령과 천사장의 소리와 하나님의 나팔 소리와 함께
> 하늘에서 내려오실 것입니다.
> 그리스도 안에서 죽은 자들이 먼저 일어나고
> 그후 살아 있는 우리는 갑자기 위로 낚아 채이듯이 구름 속으로 올라가
> 공중에서 주님을 맞이하게 되며
> 그리하여 언제나 주님과 함께 있을 것입니다(1뎃살로니케 4:16-17).

주 예슈아께서 재림하실 때, 살아서 죽음을 맛보지 않고 공중에서 주님을 맞이하는 것을 소망하지만, 혹이라도 그 전에 죽는다 해도 주 안에서 잠자듯이 있다가 부활하여 주님을 맞이하면 될 테이니 죽으나 사나 감사할 따름이다.

그리스도의 재림, 15세기 복음서 사본 삽화
(By Walters Art Museum Illuminated Manuscripts, CC0,
https://commons.wikimedia.org/w/index.php?curid=76790938)

여기에서 '공중'(ἀέρα)이란 예후다 우주론에 의하면, 천국과 땅과의 중간 지대를 가리키며, 또한, 주님께서 '강림'(παρουσία, 파루시아)하실 때와 성도들이 '영접'(ἀπάντησιν, 아판테신)할 때는 고대 그리스나 로마 제국 시대의 황제가 지배국을 방문할 때, 그 성에 있는 왕이 성문을 열고 직접 마중을 나가 황제를 영접할 때의 예식에 대한 헬라어 전문 용어를 사용하여 '파루시아'(강림)하시는 주님을, 교회들은 기쁨으로 환영하며 '아판텐신'(영접)하는, 감격스러운 만남을 연상케 하는 표현인 것이다.[3]

5) 불법의 사람과 불법을 막는 성령님

사도 파울로스는 뎃살로니케 교회에 지난 첫 번째 편지를 보낸 후, 성도들이 믿음이 자라고 서로 사랑하는 것을 하나님께 감사하면서, 한편으로는 박해와 환난을 인내와 믿음으로 잘 극복함을 자랑스럽게 여긴다고 칭찬하였다. 그러나 그리스도의 재림과 부활에 대한 혼란과 곡해로 잘못된 종말론에 휩쓸리지 않도록 그에 대한 보충 설명이 필요하다고 판단하여 부득불 다시 편지를 쓰게 되었다.

먼저 주님의 재림에 대하여 영으로나 말로나 편지로나 주님의 날이 가까웠다고 하여 쉽게 마음이 흔들리거나 두려워하거나 미혹되면 절대 안 된다는 다짐을 단단히 당부한 것이다.

> 여러분은 누가 뭐라고 해도 미혹되지 마세요.
> 왜냐하면, 먼저는 배교하는 일이 있을 것이며
> 멸망의 아들인 불법의 사람이 나타나기 전에는 그분께서 오시지 않기 때문입니다.
> 하나님을 대적하고 하나님 혹은 경배의 대상으로 여겨지는 모든 것들 위에

---

[3] 강병도, 『카리스 종합주석 제21권』 (서울: 기독지혜사, 2007), 304.

> 자기를 스스로 높이는 자가
> 하나님의 지성소에 앉아 스스로 하나님이라 나타낼 겁니다(1뎃살로니케 4:16-17).

주님께서 재림하실 날이 언제인지 모르지만,

첫째, 배교하는 일이 먼저 일어날 것이다.
둘째, 하나님을 대적하고 자신을 높이는 멸망의 아들, 불법자가 등장한 이후에 그때에 주님께서 재림하실 것이다.

그러므로 주님의 오실 날에 지나치게 집중하여 현실을 도피하지 말아야 합니다.

먼저 배교(背敎) 또는 배도(背道)는 같은 의미이나, 정치적-군사적 쿠데타나 혹은 신앙이나 믿음의 도를 버리고 하나님의 권위에 대적하고 주 예슈아의 대속의 은혜를 저버리는 신앙의 변심과 배반이 어느 지역에 국한된 소규모적이 아닌, 세계적이고 광범위한 대규모 배도 사건이, 정치 경제적으로 연결된 혼합적 성격의 배교가 될 것이다.

또한, '불법의 사람'은 하나님의 구원과 대속의 은혜를 무시하고 그리스도의 십자가를 거짓이라 폄하하며 하나님의 법뿐만 아니라, 세상 권력의 법도 자기 합리화와 변칙적으로 이용하는 수단과 방법을 가리지 않는 무법자로서의 '불법의 대명사'라고 할 수 있겠다.

그러므로 '멸망의 아들'은 이미 멸망을 받기로 정해진 멸망 받기에 마땅한 자로서, 하나님께 범죄한 자의 종말을 보는 것과 같다. 이 멸망은 일시적인 죽음이 아니라, 완전히 다음 세계에서도 영원히 멸망 받을 범죄자의 영원한 멸망이 될 것이다.

> 여러분이 알다시피,
>
> 지금은 그를 막는 자가 그 자신의 때가 되면 등장하게 될 것입니다.
>
> 왜냐하면, 불법의 비밀이 이미 활동하고 있으나
>
> 지금은 그것을 막는 자가 그 가운데서 나올 때까지입니다.
>
> 그때에 불법한 자가 등장하게 되면
>
> 주 예슈아께서 오셔서 그분의 입의 성령으로 그를 죽이실 것이며
>
> 그분께서 강림하실 때 그를 폐할 것입니다.
>
> 그 불법자가 오는 것은
>
> 사탄의 세력을 따라 모든 초능력과 표적과 거짓 이적과 불의의 모든 속임수로
>
> 멸망하는 자들에게 있을 것인데
>
> 이는 그들이 구원받을 진리의 사랑을 거부하였기 때문입니다(2뎃살로니케 2:7-10).

'불법의 비밀 곧 멸망의 아들'은 사탄의 세력을 힘입어 온갖 마술과 술수로 눈속임을 하여 초능력과 표적과 이적을 행하는 자로서 그의 정체는 바로 말세에 주 예슈아 그리스도를 흉내 내는 적그리스도(Anti-Christ)이다.

그러나 지금은 '막는 자'가 있음은 바로 성령님과 함께 교회공동체가 성령님의 아홉 가지 은사들과 아홉 가지 열매로 복음을 전하고 있기 때문이다. 곧 하늘 아버지의 시간이 되면, 막는 자가 들림 받아 그 가운데서 나오고, 그때 적그리스도가 등장하여 하나님을 대적하는 최후의 발악을 행하다가 그리스도의 입의 능력으로 죽임을 당하게 되고 멸망의 불구덩이에서 영원히 멸망하게 될 것이다.

6) 이스라엘의 비밀, 참올리브나무와 돌올리브나무

사도 파울로스는 당시의 온 세계를 누비면서 이방인들의 사도가 되어 이방인들에게 복음을 전하고 이방인들의 교회를 세우고 온통 남은 생애를

오직 이방인의 구원을 위하여 살았다. 그러나 한편으로는 예후다인들에 대한 연민이 있었음을 부정하지 않았다.

그는 자신도 이스라엘인(יִשְׂרָאֵל)이요, 아브라함(אַבְרָהָם)의 자손이요, 빈야민(בִּנְיָמִין) 지파에 속한 자라고 솔직히 고백하였다. 그것은 자신의 가슴 한편에는 동족에 대한 구원의 복음을 전하고픈 열망이 있었기 때문이었다.

진정 이스라엘을 구원하실 하나님의 계획은 무엇일까?

결국 하나님께서는 앞으로 조금 있으면, 로마 제국에 멸망을 당하여 전 세계로 흩어질 디아스포라 민족이 될 텐데, 그래도 이스라엘은 조상 아브라함을 통한 언약의 백성이요, 맏아들 장자 나라요, 제사장 나라인데, 하나님께서 이대로 망하도록 그냥 버려 두시지는 않을 거라는 믿음을 갖고 있었다.

그렇다. 사도는 기도하는 중에 이스라엘의 비밀은 참올리브나무와 돌올리브나무의 비유로 깨닫게 되었다. 한 농부가 참올리브나무에 대한 기대를 안고 잘 재배하였으나, 가지마다 열매가 맺히지 않는 기대 이하의 결과로 가지들을 모두 잘라 버리고, 산에 있는 돌올리브나무의 가지를 꺾어서 참올리브나무에 접붙임을 하니 예상 외로 많은 올리브가 주렁주렁 맺혔다.

여기서 참올리브나무는 주 예슈아요, 참올리브나무에 본래 붙어 있던 가지는 이스라엘이고 돌올리브나무의 가지는 이방인이다. 이스라엘은 그리스도를 알아보지 못하고 불순종하여 구원의 열매를 맺을 수가 없었으나, 버림받은 것 같았던 돌올리브나무의 가지가 참올리브나무에 접붙임을 하자, 많은 열매를 맺은 것은 주 예슈아의 구원을 받아들이고 전 세계적인 죄 사함과 구원의 하나님의 자녀가 된 것이었다.

이에 대한 하나님의 구원의 다음 계획은 이방인의 구원받는 수가 충만하게 차기까지 이스라엘로 하여금 질투 나게 자극하여 다시 하나님의 구원의 계획 속으로 들어오도록 이끌어 이스라엘의 남은 자들을 구원하시려는 것이었다.

올리브나무와 양떼(By Eliane Haykal, Stock 사진 ID: 2439504931)

그러므로 이방인들은 잠시 실패하여 넘어진 이스라엘을 교훈 삼아, 그들을 업신여기거나 괴롭히지 말고 그들을 도와주면서 한편으론 그들의 실패를 교훈 삼아 참올리브나무의 원 가지들도 아끼지 않고 꺾어 버리셨는데, 돌올리브나무의 가지인 이방인들도 꺾임 당할 수 있음을 깨닫고 많은 열매를 맺어야 한다는 것을 잊어서는 안 될 것이다.

하나님께서는 이스라엘의 구원을 실행하심으로 아브라함과 다비드 왕과의 언약을 지키고 이방인과 이스라엘이 모두 그리스도의 신부(전 세계적인 교회공동체)가 되어 새 예루샬라임성에서 하나님을 모시고 함께 살게 될 것을 알게 되자, 파울로스 사도는 하나님 아버지의 온 인류의 구원 경영에 깊은 감사를 드렸다.

<blockquote>
그러므로 제가 말합니다.

그들이 넘어지기까지 실족한 것인가요?

아닙니다.
</blockquote>

그들이 넘어짐으로 구원이 이방인에게 이르러

이스라엘로 하여금 시기 나게 하려고 한 것이었습니다.

그들이 넘어짐으로 세상의 풍성함이 되며 그들의 실패가 이방인의 풍성함이 될 것인데

하물며 그들의 충만함이면 얼마나 더 많겠습니까!

형제들이여, 왜냐하면 여러분이 스스로 지혜 있다고 하면서

이 비밀을 여러분이 모르기를 내가 원하지 않기 때문입니다.

이 비밀은 이방인의 충만한 수가 차기까지 이스라엘의 더러는 완고하게 된 것입니다.

그리하여 모든 이스라엘이 구원을 받게 될 것입니다(로마 11:11-12, 25-26).

2) 사도 쉬므온 페트로스가 미리 본 이스라엘

(1) 내가 처음 주를 만났을 때

주 예슈아께서 직접 택하신 열두 제자 중에 가장 리더십이 뛰어난 제자, 요하난의 아들 '쉬므온'(하나님께서 들으심)은 그의 급한 성격처럼 직선적이고 저돌적인 행동으로 주 예슈아를 처음 만났을 때, 그 자리에서 일어나 배와 그물을 버리고 주님을 따라 나섰던 인물이었다.

그는 예슈아처럼 갈릴리 호수 위를 잠깐이나마 직접 걸어 본 사람이다. 잠시 물 위를 걷다가 거센 풍랑으로 파도가 일자, 호수에 빠지긴 하였지만 말이다. 그는 제자들 중에 제일 먼저 주님의 정체성에 대한 정답을 맞춰 그의 이름이 대대로 지금까지 많은 사람들이 제일 좋아하는 이름을 가진 제자가 되었다. '페트로스'(Πέτρος, 반석)라는 이름의 뜻으로서, 이 반석 위에 주님의 교회가 세워진다고 주님이 말씀하셨기에, 가톨릭의 교황 제도와 많은 성인들 이름 중에 세례명으로 가장 많이 사용되었다. '반석'을 의미하는 아람어 '케파'(게바), 헬라어 '페트로스'는 주님께서 직접 작명해 주신 이름이기도 하였다.

(2) 주님을 세 번이나 부인하였던 배신자

그러나 정작 주님께서 체포되셨을 때, 페트로스 자신의 목숨까지 내걸겠다 맹세하였던 그는 3년 동안 스승을 따라 수행하면서 셀 수도 없는 수많은 기적과 병 고침과 귀신 축사 등을 직접 목격하고도 대제사장의 군사들이 무서워 세 번씩이나 스승을 모른다면서 스승을 욕하고 배반한 장본인이 되었다.

그러나 페트로스는 부활하신 주님을 직접 만난 이후, 자신의 나약함과 주님을 부인하였던 일을 회개하고 주님의 용서를 구하였으며, 주님께서 승천하신 이후에는 오순절 성령의 충만함을 받고 율법의 박사인 서기관들보다 명쾌한 하늘의 지혜로 유창하고 설득력 있는 설교를 하였고, 대표 사도로 자리매김을 하였다.

페트로스는 가는 곳마다 예슈아의 부활을 증거할 때면, 그곳에는 성령 침례가 반드시 이루어졌고 교회가 최초로 세워지는 역사가 계속 일어났다.

(3) 성령 충만으로 담대히 복음 전도한 대표 사도

초대 교회의 초창기에는 예루샬라임에 거주하면서 이스라엘의 복음화를 위한 사도의 리더십으로 예후다인 전도에 힘썼으나, 점점 핍박이 심해지자, 다른 사도들처럼 뿔뿔이 타국으로 흩어진 믿음의 제자들과 함께, 세워진 여러 교회들을 방문하며 신앙을 북돋워 주며 이방인들에게도 복음을 전하다가, A.D. 64년, 로마 제국의 수도 '로마시'의 큰 화제가 발생하자, 크리스천들의 소행이라는 정치적 음모에 의해, 피신하려다가, 부활하신 주님을 만나, 〈쿼바디스 도미네〉라는 영화에도 소개되었듯이, 당시 주 예슈아의 수제자요, 대표 사도로서 자진 체포되어, 자신을 십자가에 거꾸로 못 박아 달라고 간청하여 처형당하였다는 순교사가 전승되어 왔다.

A.D. 67년, 페트로스가 순교하기 전, 몇 년 전에 흩어진 성도들에게 보낸 격려와 깊은 영성의 내용들이 듬뿍 담긴 편지를 보내면서, 평생 갈릴리

제2장 신약 선지자들이 미리 본 이스라엘   157

<감옥에 갇힌 사도 베드로>(Rembrandt 作, 1631)

　호수의 어부로 살았다던 그의 편지를 보면, 율법에 대한 전문 교육도 받지 않았는데, 라비(랍비)들보다도 더 성경을 잘 아는 아주 유식하고 영적 진리에 박식한 뛰어난 설교자라는 평가를 받고 있다.
　특히, 페트로스의 편지에는 세상 심판에 대한 놀라운 예언이 기록되어 있어, 그의 예언을 읽은 자들은 이 세상의 종말이 얼마나 두렵고 절망적인가를 깨닫게 되고 저절로 새 하늘과 새 땅을 바라보는 천국 소망자로 변신하지 않으면 안 될 심령의 변화를 촉구하고 있다. 그의 이스라엘, 아니 이 세상의 마지막 종말을 형편을 살펴본다.

> 사랑하는 자들아! 내가 이제 이 두 번째 편지를 여러분에게 씁니다. …
> 거룩한 선지자들의 예언한 말씀과 구원하신 주께서 사도들에게 주신 계명을
> 기억하게 하려는 것입니다.
> 무엇보다도 알아야 할 것은
> 말세에는 조롱하는 자들이 와서 자기의 욕심대로 조롱하면서 말합니다.
> "주께서 강림하신다는 약속이 어디 있느냐?"(2페트로스 3:1-4)

(3) 첫 심판은 물, 둘째 심판은 불

사도 페트로스는 예언된 말씀을 희롱하는 자들이 와서 이 세상 만물들이 수천 년 동안 조상 대대로, 그대로 존재하고 있는데 무슨 종말이 어쩌고 저쩌고 감언이설을 하느냐는 비방을 한다고 말한다. 그러나 그들은 비록 오래 전에 노앟의 홍수로 물이 죄악으로 넘친 온 세상을 멸망하였다는 역사적 사실이 조차도 일부러 잊으려고 하지만, 앞으로는 하늘과 땅이 지금처럼 하나님의 말씀으로 계속 보호하여 유지되고 있으나, 그것은 불경건한 사람들을 심판하여 멸망하는 그날에는 모두 불에 타 버리게 될 것이라고 예언하였다.

> 사랑하는 자들아!
> 주께는 하루가 천 년 같고 천 년이 하루 같은 이 한 가지를 잊지 마세요.
> 주의 약속은 어떤 분들에게는 더디다고 생각하는 것같이 더딘 것이 아니라
> 여러분에 대한 오랜 참으심으로 아무도 멸망하지 않고 회개하기를 원하십니다.
> 그러나 주의 날이 도둑같이 오는 그날에는 하늘이 큰 소리를 지르며 떠나가고
> 모든 물체들이 뜨거운 불에 녹아져서
> 땅과 그 모든 물체들이 보이지 않을 겁니다(2페트로스 3:8-10).

사도 페트로스는 이 세상의 종말이 옛날의 노앟 때처럼, 물로 심판한 후, 다시 새 삶을 살도록 하였던 것처럼 다가올 심판 때도 그렇게 다시 살게 될

거라는 막막한 상상 속의 심판이 아니라, 이 세상의 모든 물질들이 불에 타서 다 녹아 버리는 전 지구촌의 대 폭발과 화재가 발생하게 될 것이라는 사도의 예언은 큰 충격을 주었다.

(4) 새 하늘과 새 땅, 새 예루샬라임을 사모하라

그렇다면 이 지구는 어찌되는 것일까?

모두 불에 타서 녹아버리면, 모두 녹아서 사라진다면, 이 세상과 이 세상 사람들과 이 지구는 어떻게 되는가?

> 이 모든 것이 이렇게 되어질 텐데 여러분은 어떤 사람이 되어야 할까요?
> 거룩한 행실과 경건함으로 하나님의 날이 임하기를
> 소망하면서 간절하게 사모하기 바랍니다.
> 그날에는 하늘이 불에 타서 풀어지고 모든 물질들도 다 녹게 될 것이나
> 우리는 그분의 약속대로 새 하늘과 새 땅을 바라봅니다.
> 그곳은 의로움이 가득한 곳입니다.
> 그러므로 사랑하는 여러분!
> 여러분도 이 소망을 가지고 기다리고 있어야 합니다.
> 주 앞에서 티도 흠도 없이 평강 가운데 보이기를 힘쓰기 바랍니다. …
> 오직 우리 주 곧 예슈아 그리스도의 은혜와 그분을 아는 지식까지 성장하세요.
> 그분에게 영광이 이제부터 영원한 날까지 있기를 축복합니다(2 페트로스 3:11-18).

3) 제자 예후다가 미리 본 이스라엘

제자 예후다는 주 예슈아의 친동생이다. 그분의 하마쉬알 공생애 초기에는 그 역시 자신의 큰 형님이 온 이스라엘이 고대하고 기다리던 그리스도라고는, 그의 작은 형 야아콥처럼 결코 현실로 받아들이지 못하였다.

그러나 십자가와 부활의 사건 그리고 오순절 성령 충만을 받으면서 이제는 형과 동생의 관계가 아닌, 주님과 성도의 관계가 되었고, 작은 형 야아콥의 뒤를 이어 예루샬라임 교회의 목회에 참여하였다고 한다.

그는 흩어진 교회와 성도들의 형편에 대한 소식들을 전해 들으면서, 자신이 경험한 영적 체험들과 경건하지 못한 자들과 거짓 교사들의 교회에 잠입하여 말씀으로 미혹에 대한 경계를 목적으로 회람식의 편지를 쓰게 되었다.

(1) 자기 지위를 지키지 않은 타락한 천사들

예후다는 먼저 모든 심판의 원인 제공자는 '자기 지위를 지키지 않고 자기 위치를 떠난 천사들'이라며 타락한 천사들 곧 사탄과 그를 따르는 귀신들의 정체를 폭로하고 그들을 위한 큰 날의 심판과 영원한 결박으로 흑암(무저갱)에 가두었으며, 사탄을 따르는 불경건한 자들이 교회에 가만히 들어와 음란과 방탕으로 육체를 더럽히고 주님의 권위를 업신여기며 하늘의 영광을 비방하는 자들에게는 화가 있을 것을 경고하면서 아담의 7대손 '하녹'에 대한 예언을 소개하였다.

(2) 죽지 않고 들림 받은 하녹을 본받아

> 보라! 주님께서 수만의 성도들과 함께 오실 것입니다.
> 모든 사람들을 심판하실 때 모든 경건하지 않은 자가
> 모든 경건하지 않게 행한 모든 경건하지 않은 일들과
> 또 경건하지 않은 죄인들이 주를 대적하여 모든 완악한 말로 말미암아
> 주님께서 그들을 정죄하실 것입니다.
> 그들은 모두 원망하는 자들이고 불평하는 자들이며
> 자기들의 욕심대로 사는 자들이고
> 그 입으로는 자랑과 자신의 이익을 위하여 아첨하는 자들입니다(예후다 1:14-16).

여기에서 아담의 7대손 하녹(חֲנוֹךְ, 바치다)을 언급한 이유는 무엇일까?
제자 예후다는 왜 하필이면 많은 신앙 위인들 중에 하녹을 선택하였는가?
하녹에 대하여 무슨 말을 하고 싶은 것이었을까?

'태초에' 5장 21-24절에 등장하는 하녹은 그 당시 하나님을 믿고 있었으나, 365년 동안 확실하게 주님을 믿고 주님과 동행한 것은 므투셀랗(מְתוּשֶׁלַח) 때문이었다.

하녹은 65세에 므투셀랗을 낳았다. 그의 이름의 뜻이 '그가 죽으면 보낸다'는 것인데, 누가 작명하였는지는 모르겠지만, 어쨌든 '죽다'라는 의미를 가진 '메투'(מְתוּ)라는 단어와 '보내다'라는 의미를 가진 '셀라흐'(שֶׁלַח)라는 단어의 합성어이다. 즉, 그가 죽음을 맞이할 때 무엇을 보낸다는 뜻이다.

바로 죽음을 의미하는 하나님의 심판의 도구인 홍수를 보내겠다는 것이었다. 하녹은 큰 충격을 받고 그 후, 3백 년 동안 하나님과 동행하다가 죽음을 맛보지 않고 산 채로 하나님께서 하늘로 데려가셨다(태초에 5:21-24). 그러나 놀라운 사실은 하녹이 죽고, 그의 아들 므투셀랗이 죽은 바로 그해, 노앟의 나이 600세인 2월 17일 바로 그날부터 40일간 대홍수가 시작되었던 것이다.

그렇다! 하녹은 예언을 통해 그의 아들의 이름을 생각할 때마다 하나님의 심판이 있을 것을 깨닫고 이 세상을 본받지 않고 하나님과 동행하는 경건한 삶을 살게 되었던 것이었다.

제3장
하나님의 시계, 이스라엘

1. 치온주의의 태동과 예후다 국가론

1) 이스라엘 독립의 씨앗 - 치온주의의 태동(1884)

'치온주의'(Zionism)란 이스라엘의 멸망으로 전 세계로 흩어져 디아스포라로 살고 있는 예후다인들이 옛 조상들이 살았던 고토(故土) 크나안 땅에 예후다 민족의 독립된 주권국가 이스라엘을 재건하겠다는 정치적 회복운동을 말한다.

'치온'(ציון)은 이스라엘의 수도 예루샬라임성의 남쪽에 있는 작은 산으로, '봉오리'라는 뜻이며, '치온 (혹은 찌온)성'은 '다비드성'이나 '큰 왕의 성'을 가리키며(1열왕 8:1; 1역대 11:5), 시적 표현으로 '하나님의 산,' '거룩한 산'으로(찬양들 2:6; 9:11; 예사야 2:3), 혹은 '딸 치온'(예사야 1:8), '치온의 딸'(즈카르야 2:10), '예루샬라임'과 동등한 또 다른 대명사로 불리고 있다(이브리 12:22; 요하난예언 14:1).

'치온주의'라는 용어가 처음 사용된 것은 오스트리아 예후다계 '나탄 비른바움'(Nathan Birnbaum, 1864-1937)이었다. 그는 1884년 대학 예후다 동창들과 함께 민족주의 국가의 회복을 위한 '카디마'라는 단체를 결성하고, 1890년 하나님께서 우리 조상들에게 약속하셨던 그 땅에 정착하여 번영하여야 한다는 글을 『Selbstemanzipation』(1890년 4월 1일자)이라는 잡지에 게재하였는데, 그 글에서 "치온주의는 에레츠(땅, 영토) 이스라엘을 향한, 과도기에 설치한 민족적, 정치적 집단"이라고 정의하였다.

나탄 비른바움은 민족적-정치적 치온주의 정당을 조직하여, "치온으로 돌아가자!"는 뜻의 "쉬바트-치온!"(שִׁיבַת צִיּוֹן)을 외치면서, 바벨 제국의 포로생활을 하고 살았지만, 페르시아 제국의 코레쉬 대제가 하나님의 명령에 따라(이사야 44:28; 에스라 1:2), 예후다 민족의 옛 고국의 귀환 허락을 받고, 이스라엘의 치온산에 다시 성전을 세우고 예후다 민족의 건국과 정체성을 되찾은 것처럼, 지금도 살아 계시는 하나님의 긍휼을 의지하여 다시 "쉬바트-치온"을 갈망하면, 1800여 년 동안 잠들어 있는 예후다 민족을 다시 일깨워 이스라엘을 재건하도록 역사하실 것이라는 믿음의 외침이었다.[1]

당시 예후다 민족은 디아스포라(diaspora)[2]로 온 세계에 흩어져 살면서, 나라를 잃은 민족의 부당한 인종 차별로 미움과 멸시 천대의 서러움과 억울함의 얼룩진 삶이 어떠하다는 것을 진저리 나도록 대대로 겪어왔기에 조국의 중요성은 익히 잘 알고 있었지만, 뿔뿔이 흩어져서 구심점도 없는 현실에서는 꿈도 꿀 수 없는, 아니 이방인으로서 당장 오늘이라는 하루를 살면서 나와 가족들에게 무슨 일이 일어나면 어떻게 해야 하는지를 몰랐다. 하루하루 하루살이 인생살이로 늘 긴장과 염려와 불안과 두려움의 나날을 연명해야 하는 비운의 삶을 살고 있었다.

---

1 권혁승, "Peopled Land' 관점에서 본 이스라엘의 신앙과 역사," 『크리스천투데이』 (2018).

2 디아스포라: 그리스어 '흩어진다.' '산재한다'라는 뜻으로, 원래 보통 명사이나, 삶의 고장을 잃은 예후다 민족의 이산과 방랑을 의미하는 고유 명사가 되어 버렸다. 디아스포라 시대 이후 유태인과 밀접한 관계를 맺게 되는 단어이다.

폴란트에 있는 큰 게토와 작은 게토를 연결하는 다리
(By Bundesarchiv, CC BY-SA 3.0 de,
https://commons.wikimedia.org/w/index.php?curid=5410657)

2) "쉬바트-치온!" 운동

1347년 유럽 인구 3분의 1을 죽음으로 휩쓴 흑사병(일명, 검은 죽음)이 있었으나, 평소 율법 의식에 따라 손을 잘 씻는 예후다인의 습관 탓에 그들에게서 낮은 감염율이 나타나자, 오히려 예후다인들은 독극물로 사람을 죽인다는 모함을 받아, 억울하게 집단으로 화형을 당하였던 사건이 있었다. 이를 비롯하여, 항상 사회적 경계의 대상이며 미운 털이 박힌 예후다인들의 주거 제한 정책으로, 1516년 이탈리아 베네치아의 게토(Ghetto)[3] 설치를 시

---

3 게토: 정치적, 사회적, 법적, 환경적 또는 경제적 압력의 결과로, 소수 집단의 구성원들이 격리되어 사는 도시의 한 부분으로서, 게토인들은 종종 도시의 다른 지역보다 폐쇄되어 더 가난하였으며, 이 용어는 16세기 이탈리아 베니스에 있는 '베네치아 게토'에서 예후다인 거주 제한 및 격리가 있었고, 유럽으로 확산되었다가, 독일 나치 정권에 이르러 '홀로코스트' 수용소에 집단 수용과 대규모 탄압과 학살이 자행된 예후다 민족 말살 정책으로 인류 역사상 가장 큰 비난을 받고 있다.

작으로, 유럽 전역으로 확산되어, 아프리카, 아시아, 미국에까지 주거생활의 제한을 받아 왔었다.

특히, 1881년부터 러시아의 조직적인 예후다 민족에 대한 포그롬(Pogrom) 정책으로, 1882년에는 예후다인들의 거주 지역을 제한하고 탄압하는 '반유대주의 5월 법' 법률까지 제정되었다. 당시 러시아에는 전 세계 예후다 인구의 절반에 해당하는 약 500만 명이 거주하고 있었는데, 이들 대부분은 시온으로의 귀환을 학수고대하면서 전통적 보수 신앙의 소유자들이었다.

그러나 러시아의 대대적인 예후다 민족에 대한 포그롬으로, 예후다인들의 선택은 세 가지 중에 하나를 선택해야 하는 운명에 처하게 되었다.

첫째, 미국과 같이 자유가 보장되는 국가로 이민을 가는 것이다.
둘째, 러시아에 남아 있으면서 황제 반대 운동에 참여하는 것이다.
셋째, 오랫동안 염원하던 고토 이스라엘의 시온으로 돌아가자는 '쉬바트-치온!' 운동에 참여하는 것이다.

그 결과, 미국으로 망명 길을 택하는 이민자들도 다수 발생하였고, 많은 예후다인은 공산주의로 발전된 사회주의 정당에 가입하여 반정부 정치적 활동을 전개하였으며, 셋째 길을 선택한 사람들 가운데 젊은 예후다인들은 '호베베이 치온'(חובבי ציון, Lovers of Zion, 치온을 사랑하는 사람들)[4]이라는 단체를 조직하여 이스라엘로 올라가자는 '알리야'(עֲלִיָּה)[5] 시대를 열게 되었다.

---

4 호베베이 치온: '치온을 사랑하는 사람들'은 이브리어 'חובבי ציון'(Hovevei Zion) 혹은 이브리어 'חיבת ציון'(Hibbat Zion),으로도 알려져 있으며, 반유대주의에 대응하여 1881년에 러시아에서 포그롬 이후 설립된 이스라엘로의 이민 조직을 말한다. 1884년 레온 핀스케르(Leon Pinsker)가 회장으로 선출되어 공식 단체로 등록되었다. Derek J. Penslar, *Zionism and Technocracy: The Engineering of Jewish Settlement in Palestine, 1870-1918* (Bloomington: Indiana University Press, 1991).

3) '호베베이 치온'과 알리야(1882)

'호베베이 치온'(The first Hovevei Zion) 첫 모임은 극심한 반유대주의 탄압과 학살로, 러시아에서 회의 개최는 불가능하여, 1882년 오스만 제국의 수도 이스탄불에서 회의를 열고, 선언문을 채택하였다. 유럽 사회의 동의나 협력을 구하려는 노력은 당시 어렵다는 같은 견해였으나, 그래도 이스라엘 땅은 하나님께서 그들 조상들에게 본래 주셨던 땅이므로, 하나님께서 도우시면, 외교적 노력을 통해서라도 반드시 되찾아야 할 것을 강조하였다.

마침내 1882년에서 시작하여 1907년까지 이어진 제1차 알리야 운동은 주로 러시아와 폴란드에서 약 2만 5000-3만 5000명이 팔레스타인으로 이주하였다. 물론, 이전에도 팔레스타인에 이미 거주하고 있던 1,000여 세대의 예후다인들이 있었고, 간헐적이지만, 주로 종교적인 동기에서 비롯된 작은 소규모의 가족단위의 예후다 이주민들도 있었다.

당시 팔레스타인의 인구를 조사한, 미국 케임브리지대학교 출판부의 『국제 중동 연구 저널』에 따르면, 1850년에 팔레스타인에는 총 약 35만 명의 주민이 살고 있었는데, 그중에 약 85%(29만 7500명)는 무슬림, 11%(3만 8500명)는 크리스천, 4%(1만 4000명)만 예후다인이라고 하였다.[6] 그후 30년이 지나

---

5   알리야: 디아스포라에서 역사적으로, 지리적으로 이스라엘 땅으로 이주한 예후다인으로, '알리야'는 전통적으로 '이민'(移民)이라는 단어보다는, '위로 올라가는' 행위로 묘사되었는데, 그것은 주변의 일반 도시들은 주로 평지인데 반하여, 예루살라임은 해발 약 880m의 산 위에 있는 고지대 도시이므로, 산으로 올라가는 등산과 같고, 또한 낮은 땅에 사는 인간이 하늘에 계신 하나님을 경배하려면 높은 곳으로 올라가야 한다는 의미도 있다. '알리야 운동'은 치오니즘의 가장 기본적인 행동 강령 중 하나였다. 1950년 이스라엘 의회에서 통과된 '귀환법'은 모든 디아스포라 예후다인과 그들의 직계 자녀 및 손주들에게까지 이스라엘로 이주할 권리와 예후다인의 정체성을 바탕으로 이스라엘 시민권을 취득할 수 있는 권리를 부여하고 있다.

6   Alexander Scholch. "팔레스타인의 인구학적 발전, 1850-1882," 『국제 중동 연구 저널』(1985).

제1회 호베베이 치온 총회
(By לשכת העיתונות הממשלתית, Public Domain,
https://commons.wikimedia.org/w/index.php?curid=59128867)

1880년에는 2만 3000여 명으로, 1907년에는 8만 명으로 증가하였다.[7]

그후 오스만 제국의 국내 정책의 자유화(탄지마트 개혁)와 당시 예루살렘과 야포(יפו, 현, 텔아비브-야포시) 항구에 세워진 유럽 영사관에 의한 이민자 보호가 확장된 결과로 급증하기 시작하였는데, 대부분의 이민자들은 러시아 제국, 루마니아, 헝가리 등 동유럽과 중부 유럽에서 왔다.

그들은 전통적인 이데올로기, 즉 이스라엘 땅은 하나님께서 예후다 조상들에게 주신 선택받은 특성과 치온으로의 귀환을 통한 유대 민족의 신정 국가의 하마쉬앝의 통치 실현 그리고 그들의 살고 있던 나라에서의 인종차별적 탄압과 추방과 학살의 상황에서 탈출하고자 하는 갈망이 혼합된 동기 부여가 있었던 것이 사실이었다.

---

7 Mordecai Elia, *Ahavar Tziyon ve-Kolel Hod* (Tel Aviv, 1971), 부록 A.

4) 치온주의의 출범과 예후다 국가론(1896)

러시아에서 예후다인 박해가 있은 지 13년이 지난 1894년, 파리에서는 '알프레드 드레퓌스'(Alfred Dreyfus) 재판이 있었다. 알프레드 드레퓌스는 프랑스 육군 포병 대위였다. 그러나 그가 독일군에게 군사 비밀문서를 넘겼다는 혐의로 국가 반역죄로 재판을 받고 있었는데, 명백한 증거도 없이 혐의만으로 결국 종신형 선고를 받았던 것이다.

1891년 테오돌 헤르츨(1860-1904)[8]은 비엔나의 유력한 신문인 『신 자유신문』(Neue Freie Presse)의 파리 특파원으로 임명되었고, 당시 재판을 취재 중인 헤르츨은 드레퓌스 대위가 예후다인이라는 것을 알고, 그러나 정작 드레퓌스 대위 본인은 예후다인임을 부인하였다고 하여 관심 있게 취재하고 있었는데, 분명 재판은 무죄임에도 불구하고 프랑스 사회에 만연한 반(反)예후다주의와 편견 때문에 간첩으로 몰렸던 것을 알게 되었다.

이러한 부당한 판결에 프랑스의 유명 언론인 '에밀 졸라' 등 지성인들까지 재판의 부당함을 고발하면서 전 유럽을 떠들썩하게 만들었던 사건이었다. 이 사건을 취재하던 오스트리아의 저널리스트인 헤르츨은, 결백을 주장하

---

8 T. 헤르츨: 그의 본명은 '빈야민 제에브 테오돌 헤르츨'(בִּנְיָמִין זְאֵב תֵּאוֹדוֹר הֵרְצֵל). 1860년 5월 2일, 오스트리아제국의 일원이던 헝가리의 부다페스트에서 출생. 유복한 가정에서 태어나 빈대학교에서 법학을 전공하고 신문기자 겸 저널리스트로 활동하였다. 러시아제국의 '포그롬 학살'과 프랑스 파리의 '드레퓌스 사건'으로 예후다인들의 장래를 위한 그의 인생은 큰 전환점을 맞게 되었다. 그의 유토피아 정치소설 『예후다인 국가』(1896)와 『오래 된 새로운 땅』(1903)은 치온주의를 촉진하는 데 결정적인 영향을 주었으며, 1897년 헤르츨은 자신의 사비를 들여 스위스의 바젤에서 제1차 치온주의 세계 대회를 소집하여 19개국에서 204명이 모인 가운데 '바젤 계획안'을 작성하였고, 이 치온주의 회의는 1901년까지 다섯 차례나 개최되었다. 그는 1904년 돌연 심장병으로 별세하여, 꿈에 그리던 이스라엘의 건국을 목격하지는 못하였지만, 오스트리아의 빈에 묻혀 있던 그의 유해는 1949년 이스라엘로 옮겨져 예루살렘에 위치한 '헤르츨산'으로 명명된 국립묘지에 안장되었으며, 오늘날 고(故) '빈야민 제에브 테오돌 헤르츨'은 이스라엘의 국부(國父)로서 존경을 받고 있다.

1898년 제1차 치온주의자 세계 대회 동안, 바젤에서 '세 왕 호텔'의 발코니에 있는 테오돌 헤르츨
(By Ephraim Moses Lilien, 1901, Public Domain,
https://commons.wikimedia.org/w/index.php?curid=131706422)

며 무죄를 항변하는 드레퓌스 대위를 향하여 파리 시민들은 "저 예후다인을 죽여라"라고 외치는 아우성에 큰 충격을 받았다.

파리는 프랑스 혁명의 중심지요, 혁명의 3대 명제인 자유, 평등, 박애는 어디 가고, 무죄한 자국의 군 장교를 단지 예후다인이라는 이유만으로 사형을 요구하는 파리 시민들의 난폭성을 보면서, 큰 실망과 함께 예후다 민족의 장래를 향한 대책이 시급함을 절절히 느꼈다.

이 사건을 통하여 예후다 민족을 위한 나라를 반드시 세워야 하고, 그 예후다의 국가를 세우려면, 외교적 노력을 통해 국제 사회로부터 인정을 받아야 한다는 것을 헤르츨은 굳게 결심하였다.

1896년 헤르츨은 자신이 구상한 예후다인 국가 건설 방안을 치온주의의 교과서라고 할 수 있는 『예후다 국가: 예후다인 문제의 현대적 해결 시도』라는 소책자를 발간하였다.

그는 이 책에서 이상적인 예후다 국가 건설의 비전과 구상을 제시하였는데, 예후다 사회에서는 그의 책을 읽고 다양한 의견으로 출렁거렸다. 계몽주의적 성향을 지닌 엘리트층은 이론과 실제에서 너무 현실성이 부족하여 이룰 수 없는 불가능한 이상주의라며 정면으로 반박하였고, 반면에 일반 예후다인은 그의 계획을 강력히 지지하면서, 이집트에서 대탈출의 지도자인 모쉐처럼, 그를 '새 시대의 모쉐'라고 환영하였다. 그리하여 헤르츨의 '예후다 국가' 논쟁은 이스라엘의 독립을 가져올 정치적 치온주의의 출발점이 되었다.

5) 제1차 치온주의 세계 대회 창립(1897)

T. 헤르츨은 1896년 8월에는 오스만 제국의 '압뒬하미드 2세'(1876-1909) 술탄을 찾아가, 팔레스타인의 영토를 독립국으로 할당해 달라는 청원을 시도하였으나, 결국 황제와의 면담은 실패하였다. 그러나 이 일로 헤르츨은 치온주의의 정치적 지도자로 부각되었다.

1897년, 스위스 바젤에서 3일간 열린 제1차 '치온주의 세계 대회'를 개최하였다. 19개국에서 모인 204명의 대표자들 앞에서 헤르츨은 다음과 같이 강조하였다.

> 우리의 첫 과제는 지구 한 모퉁이에 우리의 상당한 요구를 충족시킬 만한 영토를 차지하여 국제법의 보호를 받으면서 독립 국가로서의 주권을 획득하는 것이다. 이러한 목표는 도덕적이고 합법적이며 인본주의적 운동일 뿐 아니라,

우리 예후다 민족이 오랫동안 열망해 오던 숙원이요, 공동의 목표를 성취하는 것이다.

헤르츨은 본 세계 대회의 의장으로 선출되어 마지막 연설에서 "50년 안에 팔레스타인에 국제법으로 보장되는 '이스라엘, 예후다의 조국을 건설하자!"라고 선포하자, 참석자 모두는 일어서서 힘차게 외치면서, 예후다의 국가 건설에 함께 뜻을 모으기를 다짐하였다.

그후 헤르츨은 영국의 예후다 최고의 갑부 '월터 로스차일드'(Walter Rothschild, 1868-1937)의 은행장과 여러 부호들을 찾아가 기부금을 부탁하였으나, 쉽게 동의를 얻지 못하였다. 그러나 그의 열정은 굽히지 않았다. 1898년 그는 팔레스타인을 직접 답사하여 구체적인 국가 재건의 현실성을 다방면으로 연구하였고, 독일 황제 빌헬름 2세와 오스만 제국의 술탄을 팔레스타인에서 직접 만났으나, 별 효과를 거두지 못하자, 실망한 헤르츨은 영국과의 협상에 주력하는 등 포기하지 않았다.

헤르츨은 예후다 민족을 '키프러스 섬'이나 시나이반도에 위치한 '엘아리쉬' 지역, 그리고 후에는 아프리카 중부의 '우간다'에 정착시키는 문제를 놓고 영국과 협상을 벌리기도 하였다. 그토록, '예후다 국가' 재건에 대한 그의 열정은 1901년까지 치온주의 세계 대회를 무려 다섯 차례의 개최할 만큼 뜨거웠다.

6) 현대 이브리어 선구자, '엘리에젤 벤 예후다'

1880년, 22살의 엘리에젤 벤 예후다(אֱלִיעֶזֶר בֶּן־יְהוּדָה, 1858-1922)는 이스라엘로 이민 왔다. 어린 시절, 러시아에서 태어난 그는 다른 예후다인 아이들과 마찬가지로 가정과 회당에서 예후다 종교 교육을 받으며 고대 이브리어를 습득하였으나, 별 관심은 없었고 당시 동유럽의 젊은 예후다인들이 그랬던

예루살라임의 자신의 집에서 업무 중인 엘리에젤 벤 예후다
(By Ya'ackov Ben-Dov, Public Domain, https://commons.wikimedia.org/w/index.php?curid=67032859)

것처럼 종교보다는 새로운 사회에 대한 호기심으로 가득하였다. 그러던 중 발칸반도에서의 독립전쟁의 소문을 듣고, 외국에서 이방인으로 사는 것보다는 예후다 조상들의 고향 땅, 이스라엘의 독립한 나라에서 살고 싶다는 꿈을 가지고 예루살라임의 땅을 밟았다.

그러나 당시에는 오스만 제국의 통치하에 이미 살고 있는 아랍인들과 여러 나라로부터 갓 이민 온 예후다인들이 서로 언어가 달라, '이디쉬'(Yiddish, 독일계 이브리어)와 '라디노'(Lidino, 스페인계 이브리어) 말이 통하는 사람들끼리 만나서 이야기할 뿐, 여기가 내가 앞으로 살 이스라엘인지에 대한 의문을 가질 정도로 낯설었다. 성경 이브리어가 있었지만, 회당에서 라비들과 성경을 읽거나, 종교 예식 때만 쓰는 거룩한 언어였기에 일상생활에서의 의사소통은 매우 불편하였다. "하나의 국가에, 하나의 국민이 되려면, 하나의 언어"가 있어야 한다는 생각이 고민으로 바뀌고 결국 기도하게 되었다.

그러던 어느 날, 마음 속에 미세한 음성이 들렸다.

'그 조상들의 땅에서 네가 이스라엘과 언어를 부활시켜라!'

그는 여러 이브리어 잡지에 유대 민족, 그들의 땅과 언어의 르네상스에 대한 주제로 기고하였고, 이브리어의 재생을 위해 세 가지 실천 목표를 정하였다.

"가정에서 이브리어를!"

"학교에서 이브리어를!"

"이브리어 단어, 단어, 단어를!"

벤 예후다는 팔레스타인에 도착해서 예후다인들과 이브리어로 말하기를 시도하였다. 무엇보다도 가정에서는 이브리어로만 말하기로 결심하였다. 벤 예후다와 그의 부인은 이스라엘에서 이브리어로만 말하는 첫 가정이 된 셈이다. 아직 없는 단어는 손짓, 발짓, 몸짓(Body language)으로 하고, 새 단어를 찾으려고 성경과 탈무드 등 라비 문서들과 관련서적들을 연구하면서 많은 외래어의 단어들과 일상생활에서도 소통할 수 있는 표준 발음과 문법 체계도 만들어냈다. 그중의 대표적인 단어는 경제 유통의 기본이 되는 화폐의 단위를 구약성경에서 쓰던 '쉐켈'(שֶׁקֶל)을 채택하여 현재도 사용 중이다.[9]

헤르츨은 첫 아들이 태어나자 이브리어로만 말을 가르쳤고, 다른 언어를 듣지 못하도록 동네 친구들과 놀이도 금하고, 손님이 와도 격리시키고, 학교도 보내지 않고 오직 이브리어만 듣고 말하도록 하고 성경 이브리어만 가르쳤다. 벤 예후다 자신은 사명감을 가지고 이브리어에 전념하여 주변에서 미친 사람이라는 비난도 받았고, 그의 자녀들은 이브리어로 인하여 큰 희생을 치러야 하였다.

1884년, 이브리어 신문「하쯔비」(הצבי)를 최초로 발행하였고, 1910년에는 이브리어 사전을 편찬하였으나, 그의 사후에 그의 아내와 자녀들에 의하여 완성되었다. 1922년 11월 29일, 위임 통치를 하고 있던 대영 제국은 팔레스

---

9 김은정,『예언의 지표 이스라엘』(서울: 말씀보존학회, 2003), 202-209.

1884년 10월 24일, 이브리어 최초의 신문 「하쯔비」의 1면 기사
(By לשכת העיתונות הממשלתית, Public Domain,
https://commons.wikimedia.org/w/index.php?curid=59128624)

타인의 공식 언어로 이브리어를 인정해 주었다. 그러나 아쉽게도 한 달 후, 그는 세상을 떠나고 말았다.

문어(文語)인 이브리어를 활어(活語)로 완성한 '벤 예후다'는 진정한 개척자요, 이스라엘 건국의 선구자였다. 치온주의 선구자 T. 헤르첼은 '예후다 국가' 건설에 큰 비전을 주었으나, '벤 예후다'는 '예후다 국가' 건설에 전 국민이 하나로 대동단결할 수 있는 민족적 정기를 하나로 하는 데 큰 반석이 되었다.

이제 이스라엘은 언제 어디서나, 이브리어로 말한다. 매스 미디어, 국회, 정치, 경제, 사업, 직장, 학교 등 어디서나 이브리어로 말하고 쓰고 웃고 토론하고 즐기고 있다. 이스라엘에서 태어난 아기들은 '울판'(אולפן, Ulpan)에서 이브리어를 배운다. 처음 이민 온 '알리야'도 '울판'에서 배우고, 이민 오기 전에는 예후다 타운이 있는 각국에도 울판이 설치되어 있어서 이젠, 전 세계적으로 어디서나 이브리어를 배울 수도 있게 되었다.

그 나라만의 고유 언어는 나라에 대한 긍지와 자부심을 가지게 한다. 동방의 작은 나라 우리의 조국 '대한민국'도 세종대왕의 '한글 창제'로 그렇게 자부심을 가졌듯이, 그래서 오늘날의 이스라엘도 비록 작은 나라이지만, 창조주 하나님의 선택 받은 이브리 언어(십계명과 율법)와 제사장 나라, 장자 국가라는 자부심을 가지고 사는 것으로 여겨진다.

7) 치온주의 선구자, 헤르츨의 별세(1904)

헤르츨은 1903년에 개최된 제6차 치온주의 세계 대회에서 영국이 제안한 '우간다 안'을 의제로 내놓았다. 이 안은 당시 영국령이었던 우간다에 정식 예후다인 국가가 건설되기까지 잠정적으로 예후다인들을 이주시키자는 제안이었으나, 큰 의견 충돌로 불발되었다.

이 일로 인해 헤르츨은 정신적으로나 신체적으로 많은 어려움을 겪게 되었고, 그의 건강이 악화되었으며, 그런 와중에도 그는 쉴 사이 없이 세계의 여러 지도자들을 만나 치온주의의 목표를 위한 외교적 노력에 전력하였다. 그는 자신의 의견에 찬성하는 이탈리아 왕을 만났는가 하면, 자신의 의견에 반대하는 교황까지도 만났다. 그러나 그의 건강은 더욱 악화되어 결국 헤르츨은 제7차 치온주의 총회를 앞둔 1904년 7월 3일 비엔나에서 돌연 심장병으로 44세의 젊은 나이로 짧은 생을 마쳤다.

그는 생전(生前)에 이스라엘의 건국을 보지는 못하였지만, 오스트리아의 빈에 묻혀 있던 그의 유해는 1949년, 이스라엘로 옮겨져 예루샬라임에 위치한 '헤르츨산'으로 명명된 국립묘지에 안장되었고, 오늘날 고(故) '빈야민 제에브 테오돌 헤르츨'은 이스라엘의 국부(國父)로서 존경을 받고 있다.

2. 제1, 2차 세계 대전과 이스라엘

1) 제1차 세계 대전과 와이즈만 박사

 치온주의는 전 세계에 걸쳐서 자발적으로 규합된 예후다인 조직으로서 연설문과 안내 책자 그리고 여러 언어로 발행되는 신문들을 통해서 적극적인 선전 활동을 전개되었다. 1905년 러시아 혁명이 실패하고 예후다인에 대한 탄압이 다시 시작되자, 많은 예후다인들은 팔레스타인으로 이주하기 시작하였다. 그리하여 1914년에는 팔레스타인에 예후다인들이 9만 명이나 거주하였고, 이 가운데 1만 3000명은 43개의 정착촌을 건축하여 생활하고 있었다. 제1차 세계 대전이 발발하자 치온주의가 재추진되었고, 헤르츨의 바톤을 이어받은 영국에 거주하는 예후다인들이 그 주도적 역할을 맡게 되었다.

 특히, 헤르츨의 영향력을 계승한 치온주의자 '하임 와이즈만'[10](חיים ויצמן, 1874-1952)은 영국의 전쟁터에서 폭탄이 부족하여 수세에 몰려 고전하고

---

10 하임 와이즈만: 1874년에 러시아 제국의 모탈에서 출생하였다. 젊은 시절에는 치온주의 운동에 참여하여 치온주의의 선구자 '테오돌 헤르츨'을 존경하였다. 1910년에 와이즈만은 영국 맨체스터대학교에서 설탕으로 인조 고무를 만드는 연구를 하면서, 설탕을 인조 고무의 원료로 변화시킬 수 있는 박테리아를 찾고 있었는데, 이 과정에서 우연히 설탕을 아세톤으로 바꾸어 주는 박테리아를 발견하게 되었다. 이 박테리아에는 '클로스트리듐 아세토부틸리쿰'이라는 이름이 붙었는데, 나중에는 '와이즈만 유기물'이라는 별칭으로 불리게 되었으며, 그는 연구를 계속해서 녹말을 설탕으로 변화시키고 이것을 다시 박테리아로 처리해서 아세톤을 대량으로 얻는 공정 개발에 성공하였다. 그러나 당시에는 그의 연구논문에 아무도 관심이 없었으나, 제1차 세계 대전의 발발로 영국은 폭탄 제조 등에 필요한 화약의 수요가 증가하였지만, 공급이 충분하지 못하여 전쟁에서 고전하고 있던 차에, 당시 영국의 총리로 재임 중이던, 허버트 헨리 애스퀴스로부터 아세톤의 제조법을 개발해 달라는 요청을 받았고, 얼마 지나지 않아 ABE 발효를 이용해 옥수수를 사용해 아세톤을 대량 생산하는 데 성공하였으며, 감자나 보리 등 녹말의 원료가 되는 곡물들과 미국에서 수입한 대량의 옥수수도 아세톤의 원료가 될 수 있었다. 그는 결국 국내외 여러 곳에 아세톤 제조 공장을 건설하여 고성능 폭탄을 대량 생산하게 되었고, 영

있을 때, 그가 대학교에서 연구한 아세톤의 발명 논문이 채택되어, 고성능 폭약 '아세톤'(Aceton)을 개발하여 영국의 승리에 결정적인 공헌을 하게 되었고, 당시 제34대 영국 총리 '데이비드 로이드 조지'(1916-1922)가 와이즈만 박사에게 대영 제국의 훈장을 수여하였으나, 와이즈만 박사는 훈장을 거부하고 대신에 이스라엘의 조상들의 영토를 요구하였다.

하지만, 그곳은 이미 강대국과의 이해관계가 얽혀져, 영국은 아랍인들에게 주기로 약속한 영토로 불가능하다며,

이스라엘 초대 대통령 하임 와이즈만
(By Government Press Office[Israel], CC BY-SA 3.0, https://commons.wikimedia.org/w/index.php?curid=22807528)

와이즈만에게 그 대신 영국의 점령국인 아프리카의 '우간다'를 제안하였으나, 와이즈만 박사는 완강하게 거절하며 이렇게 대답하였다.

"만약 누군가 당신들에게 파리에 가서 나라를 세우라고 제안하면, 당신들은 런던을 버릴 것입니까?

국은 제1차 세계 대전을 승리로 이끌 수 있었다. 이에 대해 보답으로 팔레스티나에 이스라엘 영토를 분할 받게 되었다. 이후 세계치온주의협회 총재를 두 번이나 역임하면서 이스라엘 건국에 국제 외교 무대의 주역으로 활동하여 1948년 이스라엘이 건국을 선언하자, 초대 대통령으로 선출되었고 1952년 재임 중에 서거하였다.

예루살렘에는 우리 선조들의 뼈가 묻혀 있습니다. 런던이 원시적이었던 그 옛날부터 예루샬라임은 우리의 땅이었습니다.

우리에게 그 땅을 되돌려 주십시오!"

결국 영국은 고민 끝에 와이즈만 박사의 청을 들어주었고, 제1차 세계 대전이 종료 1년 전인, 1917년 11월 2일, 당시 영국 외무장관 '아서 제임스 벨포어'(Arthur James Balfour)가 영국인 유태계 금융재벌 로스차일드 백작에게 공문서를 보냈다. 그 편지의 내용은 '팔레스타인'에 예후다 민족의 건국을 찬성하고 영국 내각의 승인까지 받았다는 이른바, '밸포어 선언'(Balfour Declaration)[11]이었다.

2) 중동 분쟁의 씨앗, 영국의 외교 미숙(1916)

그러나 이 선언은 단지 선언으로 끝날 일이 아니었다. 더 큰 문제는, 벨포어 선언이 있기 1년 전, 1916년 3월 '맥마흔-후세인 선언'을 진행하면서도, 영국과 프랑스가 러시아의 전권 위임을 받고, 두 나라가 중동의 유전 개발 사업을 나눠 가지기로 하여, 1916년 5월 '사이크스-피코의 비밀 협정'을 맺고 러시아에게 통보하자, 1917년 10월 러시아 혁명 세력인 볼세비키 공산당 정권이 비밀 협정을 폭로하여 온 세계는 발칵 뒤집혔다.

이 뉴스에 누구보다도 큰 충격을 받은 사람은 '팔레스타인' 땅에 이슬람 단일 국가를 세우려고 한 메카의 샤리프 후세인이었다. 그는 오스만 제국의 반군 세력들을 통합하려고 반대파들을 설득하고 있던 차에, 맥마흔 경에게 약속을 지킬 것을 오히려 선동하고 나섰다.

---

[11] 밸포어 선언: 영국 정부의 외교 정책 방향이 담긴 문서로서, 1917년 11월 2일자 당시 외무장관 '아서 밸포어'가 서명하고, 예후다를 대표하는 거부(巨富) '월터 로스차일드 경'에게 발송한 영국 외무성의 공식 문서이다. 로스차일드 경은 이 문서를 세계치온주의협회에 전달함으로 공개되었다.

그러나 애당초 맥마흔-후세인 교환 문서에는 레반트 지역과 '예루샬라임 산자크' 지역은 다종교 특별 관리 구역으로서 아랍 영토에서 제외될 것을 이미 명시하였고, 후세인도 이미 알고 있던 사항이었다. 그가 결사반대하고 나선 속마음은 예후다 민족의 건국이었기 때문이었다. 특히, 반(反)예후다 정서가 깊게 뿌리내린 아랍 측에서는 반대하는 것이 당연지사였다.

그러나 영국의 맥마흔 경은 언론 인터뷰를 통하여 당시 교환 문서를 직접 공개하고, 지중해 서해안의 레반트 지역과 예루샬라임 산자크는 오래 전부터 오스만 제국의 직영 관리 특별 지역으로 후세인과의 약속한 국가 경계에 결코 포함되지 않았다며 후세인의 억지라고 해명하였으나, 후세인은 그래도 다른 나라면 몰라도 예후다인의 건국은 절대 불가하다며 약속 위반이라고 고집하고 반예후다, 반치온주의와의 적대적인 무력 반대 시위와 곳곳에서 무력 충돌까지 발생하여 영국은 요르단의 영토를 후세인에게 이양해 주었다.

그래도 아랍국들의 반예후다 건국을 반대하는 억지 요구로 다시 이 문제를 제1차 세계 대전에 참전하였던 연합국에 넘기고 당시 연합국들은 국제 연맹에 넘겼다. 결국 국제 연맹은 두 민족의 자주독립을 승인하게 되었다. 그러나 결국 이 문제는 지금까지 중동의 불씨가 되어 아랍국과 이스라엘의 전쟁이 계속되고 있는 것이다.

3) 대영 제국의 팔레스타인 점령(1917)

1917년 12월에 영국 알렌비 장군의 지휘 아래 영국 군이 예루샬라임성에 입성함으로써, 4세기에 걸친 오스만 제국의 지배는 끝났고, 예루샬라임을 점령한 영국 군에는 수천 명의 예후다인 의용군이 포함된 3개 대대의 예후다인의 여단이 함께 포함되어 있었다.

이 예후다 여단이 예루샬라임성에 주둔하게 되자, 치온주의와 벨포어 선언(1917년) 그리고 영국 군의 점령에 고무된 많은 예후다인들의 '알리야 운동'은 1919년부터 1923년까지 주로 러시아에서 온 3만 5000명의 이주민들로 더욱 거주 인구는 증가되었다.

한편, 와이즈만 박사는 치온주의 세계 대회에서 총재로 선출되어 '예후다 국가'의 현실화를 추진하고자, 예후다인 단체의 대표들과 정치인들 그리고 영국, 미국, 국제 유엔을 오가며 정치인들과 각국의 대사들을 만나 외교전으로 대응하였다.

1920년 4월, 이탈리아 '산레모 회의'에서 오스만 제국의 영토의 분할을 결정하였다. 프랑스는 시리아와 레바논을, 영국은 이라크와 요르단 그리고 팔레스타인을 보호하는(?) 위임 통치국이 되었다.

4) 대영 제국의 팔레스타인 위임 통치국(1922-1947)

1922년 7월, 국제 연맹은 1917년부터 팔레스타인을 점령하고 있던 영국에게 이스라엘 건국 건설을 추진하도록 위임하였다.

이에 영국은 예후다와 아랍 집단에게 내부에서 일어나는 사건에 대한 자치권을 부여하였고, 이러한 권한을 이용하여 예후다는 정당 기구인 '선출된 의회'와 여러 정책과 계획을 수행하는 집행부인 '국가 평의회'도 만들었다(1920년). 지방의 자원과 세계에서 보낸 기부금을 재원으로, 이 기구들은 전국의 교육, 종교, 보건, 사회 복지 시설을 위한 조직망을 확충하였다.

또한, '예후다 대리 기관'을 구성하여, 영국 당국과 대등한 위치에서 외국 정부와 국제 기구에 대해 이스라엘은 예비 국가로서 대표 자격을 갖게 되었다. 이 소식을 들은 예후다 디아스포라는 조국을 되찾는 꿈 같은 희망을 안고, 예후다인들의 고토 이스라엘로 귀국(또는 귀향)하는 알리야 운동의 붐이 일어났다.

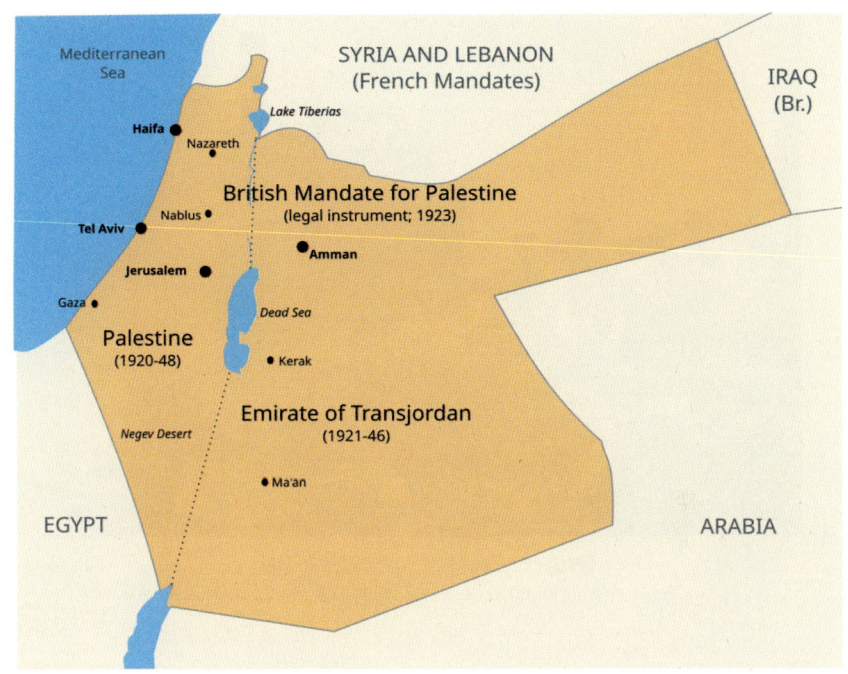

대영 제국의 위임 통치 1922년 전과 후의 팔레스타인의 관할 영토의 경계선
(By Onceinawhile, CC BY-SA 4.0, https://commons.wikimedia.org/w/index.php?curid=62036591)

5) 알리야 운동의 귀국 행진(1924)

알리야(Aliyah) 개척자들은 포괄적인 사회적, 경제적 구조의 토대를 세우고, 농업을 발전시키고 최초의 집단공동체인 키부츠(데가니아, 1909)와 모샤브(나할랄, 1921)를 설립하였으며, 주요 도시들을 연결하는 넓은 새 도로망도 건설하였다.

1924년부터 1932년까지 주로 폴란드에서 온 약 6만 명의 이주민들은 도시생활을 발달시켰다. 이들은 주로 텔아비브, 하이파, 예루살렘에 정착하였는데, 그곳에서 소규모의 사업체와 건축회사 경공업체를 설립하였다. 1930년대 말, 독일에 히틀러 정권이 등장하면서, 독일에서 온 알리야는 약 16만

팔마흐(The Palmach)호, 이스라엘로의 귀환
(By אין מידע, Public Domain, https://commons.wikimedia.org/w/index.php?curid=20336470)

5000명이나 되었는데, 이들 중에는 전문가들과 학자들이 많이 포함되었다.

또한, 중서부 유럽에서도 많은 알리야의 귀국민들이 있었다. 그들의 지식과 기술 그리고 경험은 비즈니스의 수준을 높였고, 도시와 농촌의 생활 환경을 많이 개선하였으며, 예후다인공동체의 문화생활의 질적 수준을 높였다. 어느덧, 1933년 당시 팔레스타인 내의 예후다의 인구는 공식적으로 23만 8000명이나 집계되었다.[12]

---

12 미야자키 마사카츠, 『한눈에 꿰뚫는 중동과 이슬람 상식도감』, 안혜은 역 (고양: 한영문화사, 2022), 318-323.

6) 아랍의 폭동 vs 예후다 군사 단체(1920-1929)

이러한 예후다 국가를 재건하려는 공동체의 노력은 극단의 아랍 민족주의자들의 반대에 직면하였다. 외교는 세계치온주의협회 와이즈만 총재가 아인슈타인 박사와 함께 전담하였으나, 이스라엘 국내의 내치 문제는 갑자기 증가한 알리야 이민자들의 거주할 주택 마련과 아랍 부족들의 폭동으로 전쟁 이상의 전투가 곳곳에서 발발하였는데, 이에 대한 책임은 '다비드 벤-구리온' 대장이 통솔하고 있었다.

특히, 아랍 부족들의 강한 적개심은 1920년부터 1929년에 걸쳐 격렬한 폭동으로 분출되어 총격 사고와 폭탄 테러 그리고 방화 등 개인 거주지에 대한 무차별 공격으로, 아랍인들과 대화는 실패로 끝났다.

이에 영국은 일찍이 위임 통치하의 지역을 분할하였듯이(1922년), 요르단 강 서쪽 땅을 둘로 나누어 하나는 예후다 국가로, 다른 하나는 아랍 국가로 분할할 것을 재차 권유하였다. 그러나 예후다 대표단은 영국의 제안을 수용하였으나, 아랍 대표단은 끝까지 거부하였다.

계속되는 아랍의 대규모 반예후다 폭동과 무력 공격으로 인명 재산 피해가 증가하자, 이에 벤-구리온 대장은 군사 단체를 결성하였다. 가장 큰 규모의 단체인인 '하가나'(הַהֲגָנָה, 1920)는 주로 정착촌의 안전과 방어를 위한 공식 공동체 조직이었고, '하이르군'(האצ״ל, 1931)은 하가나의 한 분파로서, 무력 투쟁만이 국가 수립의 필수라는 수정 치온주의에 바탕을 둔 준(準)군사 조직으로서, 예후다인의 알리야를 저지하는 영국과 아랍에 테러를 자행하였다.

1940년에 결성된 '레히'(לח״י, 1940)는 가장 소규모였지만, 암살과 테러 무장 조직으로서, 나치와 소련과도 연계하는 자칭 '동맹적 사회주의자'라고 불렀다. 그러나 이 조직들은 1948년 5월 이스라엘의 독립과 함께 해산되었고, 국가 방위군(IDF)이 설립되었다.

7) 제2차 세계 대전과 홀로코스트의 참극(1939-1945)

그러나 뜻하지 않게 제2차 세계 대전이 발발하였다. 이스라엘 내의 2만 6000명이 넘는 예후다인들은 제1차 세계 대전 때와 같이, 영국 군에 자원입대 하여, 독일과 이탈리아와 일본 동맹국과 맞서게 되었다. 영국은 특별히 예후다 여단을 조직하도록 하였고, 그 여단은 자체 깃발과 휘장을 가졌다. 해외 치온주의 단체들의 합세로 약 5,000명으로 구성된 예후다 여단 부대의 주 격전지는 이집트와 북 이탈리아와 북서 유럽이었다. 1945년 연합군의 승리 후에 많은 부대원들은 홀로코스트 생존자들을 이스라엘 땅으로 귀환하는 '알리야 운동'에 참가하였다.

제2차 세계 대전 동안, 독일 나치 정부는 특별히 유럽의 예후다 민족을 말살하려는 정책으로, 150만 명의 어린이를 포함한 600만 명의 예후다인을 집단 처형하였다. 당시 세계에는 약 900만 명의 예후다인 중에서 전쟁 전에

아우슈비츠 수용소의 예후다인들
(By Unknown author, Public Domain, https://commons.wikimedia.org/w/index.php?curid=72831474)

유럽으로 떠난 사람들을 포함하여 3분의 1만이 겨우 생존할 수 있었다.

나치 독일군은 예후다인을 게토에 몰아넣고, 개인 재산을 모두 탈취하였으며, 강제 수용소로 옮겨져서는 무차별 처형과 가스실 대량 집단 학살을 자행하였다. 전쟁 후 관계자들의 증언에 따르면, 가스실 시체 보관소 옆에는 시체들을 쌓아 둔 비누공장을 거쳐, 사망자들의 수십 톤의 머리카락은 담요공장에 보내졌다는 증언이 있었다. 참으로 이토록 인간의 잔인함에 세계는 놀라움과 참담함을 금할 수 없었다.

전쟁터에서 겨우 살아남아 이스라엘을 찾아온 예후다인들을, 영국 군은 난민들은 '불법이민자'라는 명목으로, 이스라엘에 입국하는 것을 차단하려고, 해안을 봉쇄하였고, 국경 순찰대를 만들어 체포된 예후다인들을 지중해의 키프러스 섬에 있는 수용소에 포로로 가두었다. 이에 '알리야 운동' 단체는 난민들을 돕고자 영국 군에게 대항하였으며, 홀로코스트에서 살아남은 약 5,000명의 난민들이 비밀리에 목숨이 위험한 경로를 택하여 이스라엘 땅으로 입국할 수 있었다.

전후(戰後), 영국은 계속되는 예후다인과 아랍인의 분쟁이 더욱 격화되자, 결국 1945년 세계의 평화 유지를 위한 범세계적인 새로운 평화 기구로 탄생하여 세계의 한국을 비롯한 많은 민족주의 국가들의 건국 승인 문제가 한창 진행 중인 국제 연합(U.N., United Nations)에 전권을 위임하였다.

8) 세계사의 기적, 이스라엘의 독립 선언(1948)

1947년 11월 29일 국제 연합은 영국의 요청을 받아들여 특별 위원회를 구성하였고, 팔레스타인의 아랍 국가 및 예후다 국가로 각각 분할할 것과 예루살렘의 국제화로 유엔이 공동 관리라는 분할안을 제출하였다. 유엔 총회는 투표로서 특별위원회의 제출안을 받아들여 표결하기로 하였고, 이 소식을 들은 예후다 대표들은 국제 연합의 분할안을 수용하였지만, 아랍국 대표들은 계속 거절하였다.

그러나 1948년 5월 14일, 드디어 이스라엘 국가의 존립이 합법적으로 유엔에서 결의되자, 이스라엘 정부는 이스라엘의 영토를 가진 자주독립국이 되었음을 정식으로 세계 만국 앞에 선언하였다. 영국은 즉시 위임 통치를 마치고 팔레스타인에 주둔해 있던 모든 영국 군은 즉시 철수하게 되었고, 이스라엘은 임시 정부 체제를 갖추었다.

국제 외교를 담당했던 치온주의 협회 총재인 하임 와이즈만을 임시 대통령으로, 임시 총리 겸 국방장관에는 '다비드 벤-구리온'(דוד בן-גוריון, 1889-1973)[13]을 선출하여, 임시 정부 형태를 조직하고, 벤-구리온 총리는 이스라엘의 자주독립국임을 만천하에 선언하였다.

모든 참석자들과 방송을 통해 전해 들은 이스라엘 모든 국민은 국회의사당 주변과 큰 도로로 쏟아져 나와서, 서로 부둥켜안고 광복의 기쁨을 함께 나누었으며, 보수적 신앙의 예후다고 종교인들은 하나님의 은혜와 긍휼을 베푸신 인자하심을 높이며 감격 어린 기쁨의 눈물의 춤을 추며 목이 터져라

---

13 다비드 벤-구리온: 하임 와이즈만 임시 대통령과 함께 이스라엘의 독립, 건국을 주도한 국부로 추앙받는 인물, 건국이전에는 와이즈만이 국제 외교무대에서 활약했다면, 벤구리온은 국내에서 농토를 직접 개간하고, 예후다인들의 단합을 이끄는 지도자 역할을 하면서, 주변 아랍국들과의 국내 정세에 밝은 벤구리온의 역할이 더욱 큰 비중을 차지했다. 1886년, 러시아 제국 치하에 있던 폴란드의 프원스크(Płońsk)에서 출생. 근대 치온이즘의 창시자 '테오돌 헤르츨'의 영향을 받았다. 바르샤바대학교를 중퇴하고 20세 팔레스타인으로 이주, 노동당의 편집장이 되었고 1912년, 이스탄불에 유학, 법학을 전공 후, 미국으로 건너가 치온주의자 '이츠하크 벤츠비'와 함께 영국군의 팔레스타인 전쟁에 종군하였다. 전쟁 후에는 팔레스타인에 귀환하여, '노동당 총 연합'을 조직하고 서기장이 되었다. 1933년 국제 치온주의의 최고 감독기관인 집행위원회'의 위원장, 1948년 이스라엘 국가 성립과 함께 초대총리와 국방장관을 겸직하였으며, 1955년-1963년, 아랍국과의 전쟁에서 연전 연승하는 성과를 거두었다. 퇴임 후, 네게브 '사막의 르네상스'를 주장하며, 사막의 기적을 만들었다. 마침내 정부는 그 사막 한 복판에 벤구리온대학교를 설치하였고, 지금도 태양광 발전, 환경 및 생태 연구, 수자원 개발 연구 등이 활발하게 진행되고 있다. 벤구리온은 1973년 87세의 노환으로 서거하였고, 그의 유언대로 예루살라임 국립묘지가 아닌, 네게브 사막에 있는 '아인 아브닷' 협곡에 안장되었다.

텔아비브에서 이스라엘의 독립을 선언한 벤-구리온 총리
(By Rudi Weissenstein, Public Domain, https://commons.wikimedia.org/w/index.php?curid=1247313)

'하티크바' 국가를 반복해서 합창하였다.

수천 년 동안 나라 없이 유랑하던 떠돌이 이스라엘 난민들은 이제 그들의 조상들이 묻혀 있는 역사적인 땅 '팔레스타인'에서 이스라엘이라는 고대 예후다 국가라는 조국의 품안에서, 세계 어느 나라도 부러울 것 없는 자신들만의 나라에서, 자자손손 대대로 영원히 영주하게 되는 나라가 다시 건국되었다는 기적 같은 현실에 감격하고 또 감격하였다.

어느덧, 당시 이스라엘 땅에는 약 65만 명의 예후다인들이 모여 정치, 경제, 사회적으로 충분히 기반을 갖춘 국가적 수행에 손색없는 명실공히 세계의 여느 나라와 동등한 국가가 세워진 것이 한없이 자랑스러웠다.

당시 이러한 광복의 밑거름이 되었던 치온주의 선구자 헤르츨의 꿈과 비전은, 당시 뜬구름 같은 몽상가나 이상주의로만 여겼던 일처럼 보였던 것은 사실이었다. 그러나 1897년, 제1차 치온주의 세계 대회 때, T. 헤르츨은 마치 선지자처럼 외쳤다.

"50년 내에 팔레스타인에 국제법으로 보장되는 이스라엘, 예후다의 조국을 건설합시다!"

헤르츨의 외침은 한 개인의 정치적 선동이 아니었다.

그의 말 그대로 50년 만에, 이스라엘의 예루샬라임이 멸망하였던 A.D. 70년으로부터 장장 1878년이라는 긴 세월을 지나, 재(再)건국이라니!

이런 사건은 이 지구상에서 단 한 번뿐인 세계사의 유일무이한 기적이 분명하였다. 그들은 50년 전, 제1차 치온주의 세계 대회에서 불렀던 이스라엘의 애국가, '하티크바'(הַתִּקְוָה)[14]를 눈물이 뒤범벅되어 다시 부르며 감격하였다.

3. 이스라엘의 전쟁과 주변 아랍국들

1) 제1차 독립 전쟁(1948-1949)

팔레스타인 지역의 아랍인들은 스스로를 팔레스타인 주민이라 부른다. 그러나 혹자들은 현재의 팔레스타인 민족이 B.C. 12세기경, 구약성경의 지중해 연안의 도시 국가를 형성한 '플레쉩(פְּלִשְׁתִּים) 족속'이라고 오해하는데,

---

[14] 하티크바: 'the Hope'(희망)은 이스라엘의 국가(國歌)이다. 작사자는 시인 낲탈리 헤르즈 임베르이고, 작곡자는 쉬무엘 코헨이다. 1897년 제1회 치온주의 세계 대회에서 찬가로 제정되었고, 1948년 5월 14일에 이스라엘 국가로 지정되었다. 멜로디가 매우 구슬프게 느껴지는데, 세계적으로 몇 안되는 단조로 된 국가로서, 가사는 1절만 존재한다.

B.C. 586년 바벨 제국에게 남왕국 예후다가 멸망한 이후, B.C. 560년경, 느부카드네찰 왕에 의하여 플레쉘 족속도 완전히 멸망하여 이미 역사에서 사라져 소멸되었다는 것은 그 이후, 지중해 연안의 어떤 곳에서도 플레쉘에 관련된 고고학의 어떤 자료도 발견되지 않았다고 한다.

'팔레스티나'(Palaestina, 팔레스타인)라는 지역명의 기원은 다음과 같다. A.D. 130년, 로마 제국의 하드리아누스 황제가 계속되는 예후다의 반란을 저주하여 '예후다의 땅'이란 이름을 사용하지 말고, 이제 그 땅에 신도시를 건설하겠으니, 새 라틴어 이름인 '팔레스티나'라는 도시 행정명으로 개명하여 부르도록 하였다. 그후 십자군 전쟁과 이집트의 맘루크 왕조와 오스만 제국의 지배하에 무려 2,000년의 긴 세월을 지나면서, 당시 팔레스타인 지역에는 아랍인들이 소수의 집단과 마을로 거주하고 있었으며, 20세기 영국이 지배하면서 예후다인들의 '알리야 운동'의 이주와 동시에, 아랍인들도 이 지역으로 이주하여 온 것이었다.

드디어 영국 군이 위임 통치령 지역을 철수하고, 이스라엘 건국 선언으로 큰 감격과 파티의 즐거운 축제의 기쁨이 채 가시기도 전에, 바로 그 다음날, 5월 15일, 이집트, 요르단, 시리아, 레바논, 이라크 등 아랍 연합군대의 대대적이고 본격적인 침공이 시작되었으니, 이것이 제1차 중동 전쟁, 이스라엘은 이를 '독립 전쟁'이라고 불렀다.

이스라엘은 총리이자 국방장관인 '다비드 벤-구리온' 장군은 이미 아랍 국들의 침공을 알고 있던 터라, 지휘관들과 함께 전쟁 준비에 만전을 기하고 있었다. 기존 극우 민병대를 확대하여 국경에 배치하였고, 이스라엘 방위군은 3면의 국경 침공을 방어하면서, 또 한편으로는 징병 모집을 하고 신병교육을 할 기회도 없이 총을 들고 전쟁터로 내보내야 했다.

1949년 8월, 15개월간의 전쟁을 마치고, 유엔의 개입으로 이라크를 제외한 나머지 국가들과 여러 차례의 협상을 거치면서 마침내 종전 상황을 국경의 경계선 그대로 반영하는 조건으로 휴전 협정을 체결하였다. 이 독립 전쟁으로 이스라엘의 사상자 수는 약 6,000여 명이었으나, 마침내 승리는 이스라엘에게 돌아갔다.

해안 평야 지대인 갈릴리와 광야 네게브 지역은 이스라엘의 영토가 되었고, 쉬므론과 예후다 지역은 트랜스 요르단이, 가자 지역은 이집트가, 예루샬라임은 양분되어 요르단이 종교 지역(Old City)과 동부권을, 이스라엘은 서부권 지역을 관할하게 되었다.

2) 제2차 시나이 전쟁(1956-1957)

독립 전쟁이 끝난 후, 이스라엘은 국가의 건설을 위해 총력을 기울였다. 1949년 1월, 첫 총선을 통하여 초대 의회인 제1회 '크네세트 하그돌라'(כנסת הגדולה, 최고 대표 의회, 국회)가 개원하였다.

다당제의 4년 임기의 120명의 국회의원과 이스라엘 독립의 주역이 되어 온 2명의 국가의 지도자, 세계치온주의협회 총재 '하임 와이즈만' 박사가 초대 대통령으로, 예후다 사무국의 사무총장 '다비드 벤구리온'이 초대 총리로, 국회에서 선출되었다. 또한, 1949년 5월 11일, 유엔의 59번째 회원국으로 가입하여 세계의 모든 국가들이 인정하는 정식 국가로 거듭나게 된 것이었다.

이스라엘의 독립 후, 4개월 만에 나치 대학살의 생존자들 5만여 명이 입국하였고, 1951년 말까지 아랍 각지에서 피난 온 30만여 명을 포함하여 어느덧, 인구는 68만 7000여 명으로 급증하였다. 한편, 독립 전쟁 동안, 팔레스타인의 아랍 인구는 60만여 명이 트랜스 요르단으로 떠났고, 남은 거주인은 약 16만 7000명이었으나, 반대로 아랍 각국에서 팔레스타인으로 약 30만 명의 아랍인들이 이주해 왔다. 따라서 1951년 말, 당시 이스라엘 인구는 68만 7000명, 아랍 인구는 46만 7000명으로 역전되었다.

한편, 이집트는 이스라엘행 선적할 선박의 수에즈 운하와 티란(Tiran) 해협의 통행을 금지시켰다. 이는 1951년 9월의 유엔 안전 보장 이사회 결의안에 반하는 불법 통제였으나, 이집트는 수에즈 운하 주변을 점차 거대한 군사 기지로 발전시켰다.

마침내 1956년 10월, 이집트, 시리아, 요르단은 3국 군사 동맹을 맺고 이스라엘에 대한 침공을 시작하였다. 주변 아랍국들도 테러 공격대를 파견하여 이스라엘 내의 살인과 방화를 일삼았는데, 이는 사실상의 선전 포고였다.

이에 이스라엘 군은 선전 포고를 하고, 8일간의 전투로 시나이 반도와 가자 지구를 점령하였으나, 국제 연합의 중재로 수에즈 운하의 동쪽 16km 선상에서 일단 정지하였다. 그리고 유엔의 중재안에 따라, 이집트의 에일랕 만의 자유 항해에 대한 보장과 이집트-이스라엘 국경선에 대한 유엔 긴급 파견군 배치안에 서명으로, 이스라엘은 몇 주 전에 점령하였던 지역에서 1956년 11월부터 1957년 3월까지의 위치로 철수하는 데 동의하였다.

그 결과 이스라엘이 페르시아만으로부터 석유를 수입할 수 있을 뿐만 아니라, 아시아와 동아프리카 국가와의 교역을 증가시킬 수 있도록 티란 해협은 다시 개방되었다.

3) 제3차 6일 전쟁과 예루살라임의 성전산 탈환(1967)

지난 제1, 2차 세계 대전으로 인한 경제적 큰 부담과 함께, 급격히 증가하는 인구 부양으로, 미국의 원조와 미국 은행들의 차관 그리고 재외 예후다인의 기부금과 전후 독일의 배상금 등으로, 국내 주택 건설, 농업의 기계화, 국영항공사 설립, 자원 개발, 산업 발전, 고속 도로 및 도로, 전기 및 통신망의 구축 등을 하였다. 수출은 급증하였으며, 수입해 오던 종이, 타이어, 라디오, 냉장고 같은 품목들을 자체 생산할 뿐만 아니라 갓 태동한

금속, 기계, 화학, 전자 분야에서도 대단히 급속한 성장을 이루어 GNP는 매년 10%씩 증가하였다.

또한, 농산물의 수출용 청과물 외에도, 가공 산업을 위한 매우 다양한 곡물 재배에 착수하였고, 급증하는 교역량을 소화하고자, 기존의 하이파 항구 외에도 지중해 해안 아쉬돗에 항구를 건설하였다.

1967년 5월, 이집트가 시나이 반도의 사막으로 점차 대규모 군대를 이동시키고, 지난 시나이 전쟁 당시 1957년에 유엔 중재안으로 서명하여 주둔하고 있는 유엔 평화유지군에게 철수를 강요하면서, 티란 해협에 대한 봉쇄를 재개하였으며, 요르단과 군사 동맹을 체결하고, 이스라엘 침공을 재개하였다. 이스라엘은 또다시 모든 국경 전선에 비상령을 내리고, 아랍 군대들의 침공에 대한 전쟁 준비를 서둘렀다.

당시 이스라엘 제3대 총리 '레뷔 에쉬콜'(לֵוִי אֶשְׁכּוֹל, 1963-1969)은 국무회의를 거쳐, 지난 1957년 시나이 전쟁에 합의된 협정 위반에 대한 이스라엘의 고유 자위권을 발동하고 1967년 6월 5일 새벽, 이집트에 선제 공격을 가하였다.

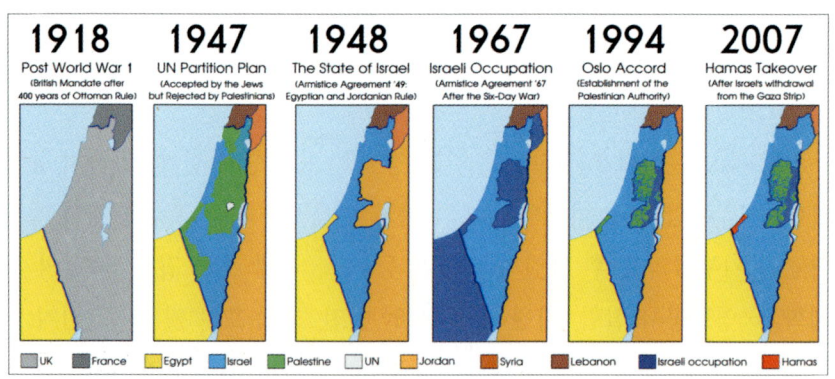

현대 이스라엘의 영토 변화

(By איתממראששפר, CC BY-SA 4.0, https://commons.wikimedia.org/w/index.php?curid=139213745)

이스라엘 공군 200기의 제트기가 편대를 이루고 지중해를 우회하여, 이집트 군의 레이더 관측과 지대공 미사일을 피하고자, 해상 50m의 저공 비행으로 접근하여 이집트 공군 비행장 11곳을 기습 폭격하였다. 소련의 최신 폭격기를 대량 도입하여 아랍 국가들 중에 최강의 공군을 자랑하는 이집트 공군은 3시간 만에 300기의 폭격기가 파괴되었고, 100여 명의 조종사들이 전사하는 등 이집트는 큰 타격을 보았다. 이스라엘 공군은 중동의 제공권을 완전히 장악하여 기선 제압에 성공하였다.

이스라엘은 지상전에서도 전차 부대를 앞세워 시나이 반도 사막을 점령하고, 수에즈 운하로 진격하였다. 6월 6일, 전쟁의 참전을 망설이던 요르단은 이집트 대통령으로부터 이집트 군이 이스라엘 공군 100여 기를 격추하였다는 거짓 정보를 믿고, 이스라엘의 남부 헤브론을 침공하였으나, 이스라엘의 육군과 공수여단의 반격으로 동 예루살렘, 웨스트 뱅크, 라말라, 제닌을 점령당하고 암만 50km 직전까지 진격하자, 결국 처음부터 전쟁할 의사가 없었던 요르단은 항복하였다.

한편, 이스라엘의 공수 부대장 '모쉐 다얀' 국방장관은 상부에 보고하지 않고, 단독으로 낙하산 부대를 동 예루살렘 상공에 헬리콥터를 투입하여, 총격없이 동 예루살렘의 종교 구역인 올드 시티(Old City)를 완전히 점령하면서, 예루살렘의 성전산과 통곡의 벽의 탈환 소식을 전 국민에게 생방송으로 알리면서 매우 감격하였다. 이스라엘 공영 방송들은 떨리는 목소리로 이 소식을 긴급 뉴스로 전국에 반복하여 외쳤다.

"드디어 성전산이 우리의 손 안에 들어왔습니다!"(The Mt. Temple is in our hands!)

언론들은 공수 부대원들이 통곡의 벽에서 기도하는 모습을 대대적으로 보도하면서, 이제 성전산을 되찾았으니, 곧 성전을 건축하면 되겠다며 감격하였다.

왼쪽부터 우지 나르키스 장군, 모쉐 다얀 국방장관, 이츠하크 라빈 참모총장,
이스라엘군에 함락된 예루살렘 올드 시티 모습
(By Ilan Bruner, CC BY-SA 3.0, https://commons.wikimedia.org/w/index.php?curid=34360333)

한편, 시리아는 북부 골란고원에서 미사일과 전차 부대로 이스라엘을 공격하였으나, 이스라엘 군은 높은 고지를 공격하느라 많은 병사들이 희생을 하면서도 결사적으로 올라가, 마침내 이스라엘 군의 선봉대가 골란고원 정상에 이스라엘 국기를 게양하자, 결국 시리아도 항복하였다.

1967년 6월 5일부터 10일까지의 6일간의 전쟁 후, 3국은 정전 협정에 서명하였다. 휴전선은 이스라엘의 통제 아래 새로운 휴전선, 즉, 예후다 지역과 쉬므론 지역, 가자 지구, 시나이 반도와 수에즈 운하의 동편 지역, 골란 고원 등 전쟁 전의 영토보다 3배나 확장되었다. 이제 수에즈 운하와 티란 해협의 선박의 통행이 재개되었고, 양분되었던 동서(東西) 예루살라임이 하나로 통합되었다. 이스라엘은 '6일 만에' 전쟁에서 기적 같은 대승리로 세계 전쟁사에 또 하나의 전설 같은 기록을 남기게 되었다.[15]

4) 뮌헨 올림픽의 PLO 테러 참사(1972)

1936년 제11회 하계 올림픽은 독일 베를린(8월 1-16일)에서 개최된 당시 나치 독일 정권하에서 개최되었다. 물론, 올림픽 개최지로 선정되었을 때는 직전 정권인 바이마르 공화국 때였다. 올림픽 개회사 연설은 당시 총통인 아돌프 히틀러가 하였고, 이 대회는 세계 최초의 텔레비전 현장 중계이자, 세계 최초의 텔레비전 생방송이 이루어졌다.

이때는 조선 선수들이 일본 대표팀 소속으로 마라톤에서 손기정과 남승룡을 포함하여, 축구의 김용식, 농구의 이성구, 장이진, 염은현, 복싱 웰터급의 이규환 등 7명의 선수들이 출전하여, 올림픽의 꽃 마라톤에서 손기정과 남승룡이 각각 금메달과 동메달을 차지하는 쾌거를 달성하였는데, 당시 「조선중앙일보」와 「동아일보」에서 금메달을 목에 걸고 월계관을 쓴 손기정 선수의 가슴에 있는 일장기를 지운 사건으로, 신문사는 무기 정간 처분과 함께 관계자들이 구속되어 세계인의 관심을 모았다.[16]

---

15 정토웅, 『세계전쟁사 다이제스트 100』 (서울: 가람기획, 2023).

16 일장기 말소 사건은 1936년 8월 13일자 「조선중앙일보」 4면과 「동아일보」 지방판 조간 2면 및 1936년 8월 25일자 「동아일보」 2면에 베를린올림픽대회 마라톤 우승자 손기정(孫基禎)선수의 사진을 게재하면서, 유니폼에 그려진 일장기를 지우고 보도한 사건이다.

그로부터 36년 만에 제2차 세계 대전을 마치고, 독일은 동서로 분단되었으나, 서독은 독일의 지난 전쟁의 만행들을 씻고, 세계의 평화를 다시 함께 회복하자는 의미에서, 1972년 제20회 뮌헨 올림픽(8월 26일-9월 11일)을 개최하게 되었다. 따라서 올림픽 준비에 테러나 시위에 대한 경비 태세를 가능한 한 느슨히 하게 하였고, 그로 인하여 올림픽 역사상 처음이자 마지막인 '선수들에 대한 테러 참사'가 발생하여 세계는 큰 충격을 받고 경악하였다.

팔레스타인 테러 단체인 '팔레스타인해방인민전선'(Popular Front for the Liberation of Palestine: P.F.L.P.) 소속의 민족주의 게릴라 조직인 '검은 9월단'(Black September)[17]은 9월 4일 뮌헨에 도착하여, 5일 새벽에 올림픽 참가 선수들로 위장하여, 가방에 무기를 숨겨 가지고 담장을 넘어, 비밀리에 선수촌 건물 안으로 잠입하여 이스라엘 선수들의 숙소에 침입하였고, 잠자고 있는 올림픽 대표팀 선수 5명, 심판 2명, 코칭 스태프 4명, 총 11명을 인질로 잡았다. 그 과정에서 반항하는 2명을 사살하여, 남은 9명을 인질로 하여, 이스라엘에 구금된 팔레스타인 포로 234명의 석방을 요구한 사건이었다.

테러 조직에 대한 무경험과 작전 미숙으로 독일 경찰의 진압은 실패하여, 인질로 잡힌 이스라엘 선수 9명은 모두 희생되었고, 작전 중, 경찰 1명과 테러범 8명 중 5명은 사망하였고, 3명은 생포하였다. 그러나 또 다른 '검은 9월단' 테러범들은 독일 비행기를 납치하고, 체포된 3명의 무조건 석방을 요구하여 서독 정부는 고심 끝에 풀어 주었다.

---

17 검은 9월단: 팔레스타인의 무장 테러 단체. 이들은 항공기 납치로 유명한 공산주의 반군인 'PFLP'의 민족주의 게릴라 조직으로, '검은 9월단'은 요르단을 거점으로 이스라엘을 공격하였던 'PLO'가 요르단 정부군의 토벌 작전으로 큰 타격을 받은 1970년 9월을 의미한다. 1970년 11월 당시 요르단의 탈 총리를 아랍 게릴라 4명이 이집트 카이로의 한 호텔에서 암살하면서 스스로 검은 9월단이라 칭한 데서 시작됐다. 이들은 팔레스타인 해방을 외치며 이스라엘을 대상으로 자살 테러, 집단 폭탄 테러와 암살과 항공기 납치 사건 등을 자행하였다.

뮌헨 올림픽 참사 추모 명판
(By High Contrast, CC BY 3.0 de,
https://commons.wikimedia.org/w/index.php?curid=19948068)

그러나 당시 이스라엘의 제4대 총리인 최초이자 마지막 여성 총리인 '골다 메이어'(גולדה מאיר, 1969-1974)는 이스라엘 정보기관 '모사드'(מוסד)에게 암살 지령을 내렸고, 테러범들은 모두 암살되었다.

5) 제4차 욤-키푸 전쟁(1973)

6일 전쟁 후, 80% 이상의 큰 손실을 본 이집트는 1967년 9월에 아랍 8개국 정상들이 모여 '이스라엘과의 비평화, 비협상, 비인정'을 촉구하는 '하르툼 결의안'(Khartoum Resolution)을 채택하였다.

1967년 10월, 이집트 해군의 고속정이 에일랏(Eilat)에 정박한 이스라엘의 구축함을 미사일 공격으로 침몰하는 사건이 발생하였다. 이에 이스라엘 공수 부대가 이집트의 발전소를 폭파하였다. 양국 군은 폭격기로 맞대응을 하는 등 군사 행동으로 소모전을 개시하여, 양측에 많은 희생자가 발생하였다.

또한, 1964년 카이로 아랍 연맹 정상 회담에 모인 아랍 정상들은 게릴라전을 동반한 무장 투쟁으로 '팔레스타인 해방'을 이룰 것을 결의한 '팔레스타인 해방 기구'(Palestine Liberation Organization, P.L.O., 이하 PLO)[18]에게 이집트는 군사비를 지원하여 이스라엘을 공격하도록 재촉하였으며, 1970년 7월에는 이집트에 파견 온 소련 전투기와 이스라엘의 전투기 간에 공중전이 벌어졌는데, 소련 전투기 3기가 격추되었고, 1기는 피격되는 등 냉전 시대에 일촉즉발의 긴장이 계속해서 발생하였다.

그러나 그해 9월 6일, 군 개혁과 소련의 신무기 수입 등으로 이스라엘에 대한 복수의 칼을 갈고 있던 이집트의 나세르 대통령은 심장마비로 갑자기 서거하게 되었고, 부통령인 '안와르 엘-사다트'(Anwar el-Sadat, 1918-1981)가 대통령을 승계하였다. 사다트 대통령은 우익파들의 압력으로 이스라엘 침공을 결정하였고, 1973년 10월 6일, 이집트와 시리아가 이스라엘에 대하여 합동 기습 공격을 가하였다.

그러나 이스라엘은 그날이 국가적 명절로, 율법의 7대 절기 중 하나인 '욤 하키풀'(יום הכיפור, 속죄일)은 전 국민이 하루 온종일 스스로 괴롭게 금식하며 하나님께 회개하는 날로서, 이날을 기회로 이집트 군대는 수에즈 운하를 건너 북으로 진격하였고, 동맹을 맺은 시리아 군대는 골란고원을 넘어 남으

18　PLO: 아랍어 'منظمة التحرير الفلسطينية'(Munaẓẓamat at-Taḥrīr al-Filasṭīniyyah, 무나자마트 앗타흐리르 알-휠라스티니야). 팔레스타인은 1964년 휠라스티니야(이하 PLO)의 독립국 수립을 위해 세워진 기구로, 유엔과 100개 이상의 국가로부터 "PLO인을 대표하는 유일한 법적 조직"으로 인정되고 있다. 1974년 유엔의 참관국이 되면서 무력시위, 테러, 암살 등을 통한 독립운동적 노력을 추구하였다. 미국과 이스라엘은 'PLO'를 국제 테러 조직으로 지정한 바 있으나, 1991년 마드리드 조약 이후 해지하였다. 1993년 'PLO'와 이스라엘은 유엔 안전 보장 이사회의 결의문 제242호와 결의문 제338호를 상호 수용하였으며, 이로써 'PLO'는 이스라엘의 존립권을 인정하고 이스라엘은 'PLO'를 휠라스티니야를 대표하는 유일한 기구로서 인정하였다.

로 진격하였다. 갑작스러운 남과 북의 국경 침공으로 이스라엘은 당황하였고, 계속 방어진이 무너지면서 많은 피해를 보았으나, 전열을 정비하고, 10월 7일부터 10일까지 먼저, 북 시리아를 집중 폭격하니, 시리아는 골란고원에 수백 대의 전차를 버리고 철수하였고, 이스라엘은 계속 북진하여 시리아 수도 다마섹으로 진격하였다.

이스라엘 군은 이제 다시 전 병력이 남진하여 시나이 반도에 집중 공격하여, 마침내 10월 16일 수에즈 운하를 넘어 이집트로 진격하였다. 전쟁의 승기를 다시 잡은 이스라엘은 더 진격하기를 원하였으나, 미국과 영국의 적극적인 만류와 주변 아랍국들과 소련의 참전을 위협하여, 마침내 정전 협정의 자리에 앉았다.

이렇게 제4차 '욤 키풀 전쟁'은 이스라엘의 승리로 마무리하였지만, 초전에 너무 피해가 컸다. 이집트는 이번 전쟁에서도 또 패하였지만, 시나이 반도를 다시 되찾는 것으로 만족하였다. 그러나 시리아는 골란고원도 빼앗기고, 전쟁에서도 패하여 막대한 손해를 입었다.[19]

6) 레바논 내전과 PLO의 하이재킹(1970-1972)

제1, 2차 세계 대전을 거치면서 프랑스가 개입하여 시리아와 레바논을 식민지로 위임 통치를 하였다. 1943년 '레바논 공화국'(Lebanese Republic)으로 독립이 인정되었고, 1946년 프랑스 통치에서 벗어나 완전히 독립하였다.

'중동의 파리'라고 불리우던 수도 베이루트(Beirut)를 중심으로 시돈(Sidon), 티레(Tyre, 두로), '비블로스'(Byblos) 등의 거주민들은 대부분 해상무역에 종사하였다.

---

19 정토웅, 『세계전쟁사 다이제스트 100』 (서울: 가람기획, 2023).

레바논은 정치는 기독교 동방정교회의 일파인 '마론(Maronite)파'가 40%를 차지하여 국가 권력을 잡고 있었고, 이슬람교의 일부인 '드루즈(Duruz)파'와 정부에서 인정한 종교나 종파가 13개나 되어, 아놀드 토인비는 레바논을 '종교의 박물관'이라고 부를 정도로 다채로운 종교의 나라였다.

레바논의 내전은 1957년 의회선거에서 기독교계의 샤문 대통령의 장기 집권과 이슬람 세력 간에 갈등으로 1958년 5월 전국적인 소요가 발생하였고 수도 베이루트에서는 정부 지지파와 반대파 간의 시가전이 벌어졌으나, 샤문 대통령은 1958년 7월, 미국의 개입을 요청하였고, 미군의 개입하에 대통령 선출을 국회에 맡기기로 하면서 일단 사태는 수습되었고 권력은 기독교계 '마론파'가 차지하였다.

한편, 1964년 '팔레스타인 해방 기구'인 PLO를 설립한 후, 그해 5월 28일 헌장을 발표하여 민족 자결권과 회복권이 있음을 선포하였고, 요르단과 레바논, 이집트, 시리아 등지에 거점을 마련하고, 다양한 계파 별로 나누인 게릴라전으로 이스라엘과 간헐적인 무장 투쟁을 하였다.

1969년 '야씰 아라파트'(ياسر عرفات, Yāsir ʿArafāt(1929-2004)[20]가 PLO 의장이 되면서, 조직을 체계화하여 본격적인 무장투쟁을 위한 '민족 해방 운동 기구'로 발전시켰다.

---

20 야셀 아라파트: 1929년 8월 4일 이집트 카이로 출생. 카이로대학교를 졸업하고 이집트에서 '팔레스타인 학생연합'에 가입, 1952-1956까지 회장을 역임하고 쿠웨이트로 건너가 알파타(팔레스타인 민족 해방 운동)를 결성하였다. 파타당은 1957년 조직되어 야세르 아라파트의 지도로 팔레스타인 독립 국가 건설을 위해 활동하였고, 1964년 카이로 아랍 연맹 정상 회담에 모인 아랍 정상들이 게릴라전을 동반한 무장 투쟁으로 '팔레스타인 해방'을 결의하였고, 이를 위한 조직으로 '팔레스타인 해방 기구'(PLO)를 설립, 1969년 팔레스타인 해방 기구의 집행위원장으로 선출되어, 2005년 총선에서 하마스에게 패하기 전까지 팔레스타인 해방 기구 내의 여당이었다. 1993년 9월 이스라엘 총리 이츠하크 라빈과 팔레스타인 자치 원칙 선언을 주요 내용으로 하는 평화 협정을 체결, 이 공로로 1994년 라빈과 이스라엘 외무장관 쉬몬 페레스와 함께 노벨 평화상을 수상하였다. 1996년 1월 20일 팔레스타인 자치 정부 수반으로 선출되었으며 2004년 11월 11일 지병으로 사망하였다.

그후 PLO는 많은 팔레스타인 난민들이 거주하고 있는 요르단에 본부를 두었다. PLO 내부에는 정당 단체가 있었는데, 아라파트 의장이 이끄는 '파타 당'은 비교적 비무장 단체로 활동하였으나, PFLP는 과격하고 극단적인 무장 운동을 주장하였다.

1970년 9월 6일, 세계 각지에서 뉴욕으로 가던 LR-219편, TWA-741편, 스위스 에어-100편, 팬암-93편, 총 4기가 PLO의 PFLP 조직원에 의해 납치되었고, 9월 9일에는 영국 해외항공(BOAC)-775편이 납치되었다. 5건의 동시다발적인, 비행기 '하이재킹'[21](HiJacking) 사건[22]을 자행하였다.

---

21 하이잭킹: 비행기, 자동차 등의 탈것을 납치하거나 무선 전파 또는 통신 장비를 도청하는 행위로서, 열차 강도에서 시작된 용어다. 당시의 열차는 지금처럼 속도가 빠르지 않아서 말을 타고 추격하면 가능하였는데, 일단 올라타서 기관사에게 총을 들이대며 기관사의 이름을 알 없으나, 반어적 의미로 "Hi, Jack?(안녕, 잭?)"의 인사를 하면서 기차를 세우라고 협박하여 승객들의 귀중품을 강탈하였는데, 여기에서 비롯된 말이 유행하여 'Hijacking'이 되었다. 또한, 미국이 한창 금주법으로 소란스러울 때 마피아들이 술을 실은 차나 배를 강탈하는 행위 등의 통칭이었으나, 금주법이 해제된 이후부터는 주로 항공기 납치범과 그 행위를 의미한다. 그중에서도 군용기나 민항기를 훔치는 행위로 한정된다.

22 하이잭킹 사건: 1970년 9월 6일 일어난 동시다발 납치 사건으로, 세계 각지에서 뉴욕으로 가던 LR-219편, TWA-741편, 스위스 에어-100편, 팬암-93편 총 4기가 PLO의 PFLP 조직원에 의해 납치되었다. 그중 LR-219편은 이스라엘 항공사로 사복경찰을 배치하여, 테러범 2명 중, 1명은 사살당하고, 1명은 검거되었다. 엘알-219편은 런던 히드로 국제공항에 비상 착륙하였다. 그러나 TWA741편, 스위스 에어-100편은 납치되어 요르단의 '혁명 공항'에 강제 착륙을 당하였다. 팬암-93편(보잉 747)은 카이로 국제공항에 착륙해 폭파시킨 후, 조직원들은 인질을 풀어 주고 경찰에 순순히 투항하였다. 9월 9일에는 영국 해외항공(BOAC)-775편이 납치되었고, 요르단 '혁명 공항' 주변으로 각국의 외신들이 모여들었다. PFLP는 이들을 모아 놓고 서방 국가에 잡혀 있는 PFLP 조직원들과 이번 납치범인들을 풀어줄 것을 요구하며, 안 들어주면 인질을 항공기에 태운 채 항공기를 폭파하겠다고 협박하였다. 9월 7일 PFLP 조직원들이 구속되어 있는 이스라엘, 서독, 스위스, 영국, 미국 국적을 가졌거나 예후다인, 승무원을 제외한 인질 125명을 석방하였다. 9월 12일 각국의 협상이 극적으로 타결되어 인질 전원이 석방되었다. 그러나 PFLP는 "이스라엘과 국제 사회에 대한 항의"라면서 항공기 3대를 차례로 폭파시켜 버렸다. 이 폭파장면은 각국에 그대로 방영되었고, 이 사건으로 극도로 분노한 후세인 1세는 9월 15일, 계엄령을 선포하고 PLO를 국경 밖으로 전원 추방하였다

이에 요르단 국왕 '후세인 1세'는 그동안 PLO의 같은 아랍인 동족으로서, 난민에 대한 동정과 이스라엘에 대한 공격을 지켜만 보고 있다가, PELP의 여행기 납치와 폭파로, 세계적 무력 테러 단체를 요르단이 보호하고 있다는 비난과 탈 총리 암살을 자행한 PLO에 분노하여, 1970년 9월 15일, 계엄령을 선포하고 PLO 진압 작전을 전국적으로 실시하여, 전원 추방령을 내렸다.

따라서 많은 팔레스타인 난민들은 요르단을 떠나 레바논으로 이주하게 되었고, 이에 PLO는 요르단 국왕을 '요르단의 배신자'라 하였고, 반항하던 일부 과격파 PELP는 '검은 9월단'을 결성하고, 1972년 뮌헨 올림픽 같은 참사를 일으켰던 것이었다.

레바논으로 이주한 팔레스타인 많은 난민들은 인접한 레바논 남부에 PLO의 거점을 만들고, 수도 베이루트에는 PLO 캠프까지 설치하였다. 레바논 정부는 PLO의 행동에 방관적 태도를 유지하였으나, 이스라엘에 우호적인 기독교계 '마론파'는 PLO 무장 세력과의 마찰이 고조되자, 마론파도 '팔랑헤'(Phalange)라는 민병대를 조직하여 PLO 무장 세력과 맞서 싸웠다. 결국 1975년 2월, 어업권 문제로 '마론파'와 '반마론파'의 분쟁이 일어나 또 내전이 벌어졌다. 이에 시리아가 개입하여 주변 아랍국들과 함께 중재에 나서 내전은 일단 종식되었다.[23]

7) 20세기 최대 인질 구출에 성공한 '엔테베 작전'(1976)

1976년 6월 27일 12시 30분, 이스라엘의 벤-구리온 국제공항을 떠나, 아테네를 경유하여 프랑스로 향하던 '에어 프랑스' 소속 여객기 AF-139편 기는 중간 기착지인 그리스 아테네에 잠시 착륙한 후, 56명의 승객을 태우

---

23 최성권, 『중동의 재조명: 국제정치』 (서울: 한울아카데미, 2011).

고 다시 이륙하여 프랑스를 향하여 날았다. 그러나 이륙 후, 3분만에 탑승객으로 가장한 '팔레스타인 해방 인민전선'(P.F.L.P.) 소속 테러범 3명은 숨기고 탄 총기를 꺼내 들고 조종사와 승객들을 위협하고 기수를 남쪽으로 돌리라고 위협하였다.

당시 아테네 공항의 보안은 허술한 편이어서 금속탐지기에 모니터링 요원도 배치되어 있지 않은 틈을 타서, 테러범들이 무기를 소지하고 탑승한 것이었다. 이때 탑승객은 모두 254명이었는데, 그중 3분의 1은 이스라엘 국민이거나, 예후다의 이름으로 구분하여 다루었다. 비행기는 6월 28일 새벽 3시, 아프리카 우간다 엔테베 공항에 착륙하였다. 당시 우간다 '이디 아민' 대통령은 이스라엘과 외교직 단절 상태였기에, 평소 친분이 있는 PLO의 납치범들을 지원하였다.

엔테베에서 합류한 3명과 함께 납치범들은 모두 7명으로, PFLP 소속의 아랍인 5명과 혁명 분파 전문 테러범 독일인 2명이었다. 납치범들은 이스라엘인들을 제외한 160여 명을 석방해 주었고, 공항청사에는 승무원 12명을 포함하여 106명의 인질이 감금되었다.

테러범들은 협상 조건으로 서독, 프랑스, 스위스, 케냐, 이스라엘에 투옥된 테러범 53명을 7월 1일 14시까지 석방할 것을 요구하였으며, 이에 불응할 시, 인질들을 모두 살해하겠다고 위협하였다.

이에 이스라엘은 제5대 총리 이츠학 라빈(יִצְחָק רַבִּין)을 위시하여 국방장관 시몬 페레스(שמעון פרס) 등 각료들과 긴급 비상 회의를 하고, '엔테베 구출 작전'(Operation Entebbe)의 총지휘관인 '댄 숌론'(Dan Shomron) 준장에게 인질 구출 작전 수행을 명령하였다. 합참 군부 사령부는 협상 시한을 7월 4일까지로 연장해 놓고, 동시에 이스라엘의 대테러 전담부대 '사예렛 마트칼'(Sayeret Matkal)의 특공대원 100여 명을 엔테베 공항으로 급파하였다.

7월 3일 23시경, 엔테베 공항의 관제탑에는 테러범들이 요구한 석방자들을 태우고 왔다며 속이고, 공항 활주로에 수송기가 차례대로 착륙하자 마자,

상공 지휘통제 사령부인 '보잉 707기'에서 작전 지휘에 따라, 일사분란 하게 작전에 임하였다.

우간다 군의 복장을 한 특공대원들은 곧장 공항 건물로 들어가서, 건물 내의 테러범과의 총격전으로 7명과 우간다 군 45명을 사살하였고, 먼저 인질 106명의 안전을 확보하였으나, 탈출 과정에서 사망한 승객 4명 외에 생존자 102명과 특공대원들 중에는 부지휘관 '요나탄 네타냐후' 중령(후에 총리가 된 빈야민 네타냐후의 친형)의 사망 1명 외의 전원이 준비된 이스라엘 공군 C-130 허큘리스 수송기 3대에 분승한 후, 엔테베 공항 탈출 작전은 성공리에 완수하게 되었다.

이로써, 엔테베 작전은 개시 90분만인 7월 4일 0시 30분경, 성공적으로 종료되었다. 그러나 우간다 공군의 추격을 막기 위해, 다른 특수부대원들은 지상에 있는 '미그 17' 전투기 11기를 이미 모두 폭파하였고, 또 활주로에는 폭탄을 설치하여 접근을 저지하는 치밀함으로 모두 공항을 무사히 빠져나왔다.

피랍된 탑승객들 102명과 특공대원들을 태운 수송기 3대와 상공지휘통제사령부 보잉 707기는 의료지원팀이 대기 중인 케냐의 나이로비 공항에서 부상자들의 응급치료와 극적인 급유를 한 후, 무사히 이스라엘 땅을 밟으며 피랍 탑승객들은 기적 같은 귀국에 환호성을 질렀다. 피랍된 지 7일 만의 날이었다.

'엔테베 작전'의 성공은 이스라엘인들에게는 대단한 자부심을 갖게 해 주었으며, 당시 일반적인 군사관련 작전 전문가들은 대형 인질극에서 인질 3분의 1은 희생된다고 가정하였고, 대부분의 구출 작전은 '이론'일 뿐이라는 부정적인 고정관념으로 여겼으나, 이와 같이 대규모 인질 구출 작전이 실제로 성공하였다는 가능성이 입증되었다.

그후 세계 각국에서는 인질 구출 작전을 위한 대테러부대 양성과 대테러 작전수립의 붐을 일으켰고, 오늘날에도 '엔테베 작전'이라는 단어 자체가

기습적인 군사 작전을 가리키는 관용구로 사용되고 있다.[24]

4. 이스라엘과 아랍국들의 평화 행진

1) 1st 노벨 평화상과 캠프 데이비드 협정(1977-1979)

1973년 10월, 전쟁의 비용은 이스라엘의 1년간 GNP(국민 총생산)에 해당되었으나, 1974년 하반기까지 경제는 1968-1973년의 경제 회복기에 기록하였던 성장과 산업 팽창의 수준으로 돌아왔다. 외국인의 투자가 증가되었고, 1975년 이스라엘이 유럽 공동 시장의 준회원에 가입됨에 따라 이스라엘 상품에 대해 새로운 시장의 문을 열었다.

이스라엘의 건국 30주년 즈음에는 관광객이 급증하여 100만 명을 넘어섰고, 1977년 크네세트는 거의 30년에 걸친 노동당의 장기집권을 마치고, 자유주의와 중도적인 정당들이 제휴한 리쿠드 연합 정당이 집권하면서, 제6대 총리 메나헴 베긴(מנחם בגין, 1977-1983)[25]은 중동의 평화를 위하여 아랍 지도자들이 협상에 임해 줄 것을 강력하게 촉구하였다.

1977년 11월, 이에 대한 화답으로 이집트 사다트 대통령이 예루살라임을 방문하여 평화의 바람이 불기 시작하더니, 1978년 9월 17일, 미국 '캠프 데이비드'에서 지미 카터 대통령의 초청으로 이집트와 이스라엘 지도자와의

---

24 양욱, 『그림자 전사, 세계의 특수부대: 그들의 성공과 실패의 역사』 (서울: 플래닛미디어, 2009); 피터 퍼타도, 마이클 우드 편, 『죽기 전에 꼭 알아야 할 세계 역사 1001 Days』 (서울: 마로니에북스, 2020).

25 메나헴 베긴(1913-1992년)은 이스라엘의 정치인, 1949년부터 1984년까지 크네세트 (이스라엘 국회)에 근무하였으며, 자유당 당수와 무임소 장관 등을 거쳐 보수 정당 리쿠드의 당수(1977-1983년)로 제6대 총리를 지냈다.

정상 회담이 열렸는데, 복잡한 협상 과정을 거쳐, 노벨 평화상을 공동 수상함으로써 이집트와 이스라엘뿐만 아니라 이스라엘의 인접 아랍 국가들 간의 평화를 위한 토대의 역할도 하였다.

특히, 이 '캠프 데이비드 협정'(Camp David Agreement)은 드디어 1979년 3월 26일 미국 워싱턴의 백악관에서 이집트의 안와르 엘-사다트 대통령과 이스라엘의 메나헴 베긴 수상은 평화 조약에 서명하였고, 이스라엘 건국 30년 만에 중동에 평화의 온풍이 불어와 모두 환영하였다.

아울러, 이스라엘이 1967년 이래 통치하고 있는 예후다, 쉬므론(사마리아), 아자(가자) 지구와 그 거주민의 지위에 대한 협상들이 포함되었고, 이스라엘-이집트 평화 조약에 따라 이스라엘은 이전의 휴전선 및 두 나라가 인정한 국경선에 대한 휴전 조약을 교환하면서, 1982년 4월 이스라엘은 시나이 반도를 이집트에 본래대로 양도하고 군대는 모두 철수하였다.

캠프 데이비드 협정에 서명한 사다트 이집트 대통령,
지미 카터 미국 대통령, 베긴 이스라엘 수상
(By Central Intelligence Agency, Public Domain, https://flic.kr/p/hm9kcN)

이스라엘은 평화로운 미래에 대한 희망과, 다른 인접 아랍 국가들과 대화를 시작함으로써 1980년대 평화의 시기를 맞이하였다. 1981년, 세계는 양국 간에 강화된 협력을 토대로 마련한 미국과의 전략적 협력에 관한 양해 각서에 조인하였고, 지난 석유 위기 당시 아랍의 강력한 압력으로, 거의 10년 동안 이스라엘과의 단절하였던 일부 아프리카 국가들이 이스라엘과 외교 관계를 재수립하였으며, 경제와 과학분야의 기술적 원조가 다시 재개되었다. 그러나 2년 후, 사다트 대통령은 이집트 민족주의 한 장교에게 암살당하고 말았다.

2) 제5차 레바논 전쟁과 이스라엘의 난민 학살(1982)

레바논의 PLO 무장 세력들은 갈릴리 북부에 수시로 내려와서, 주민들의 약탈, 살인 등의 만행으로, 갈릴리 주민들이 남으로 이주하는 일이 빈번히 일어났고, 그때마다 보복성 폭격을 하였으나, 좀처럼 멈추지 않고 계속되었다.

그러던 중, 1978년 3월, PLO대원 11명이 텔아비브 인근에 상륙하여 35명의 시민을 죽이는 대참사를 일으켰고, 1982년 4월, 파리에서는 PLO 무장 세력들이 이스라엘 외교관들을 공격하여 중상을 입혔으며, 또 런던에서는 주영대사 '쉴로모 알고브'가 피살되는 사건까지 발생하였다.

이에 당시 강경 매파인 이스라엘의 국방장관 '아리엘 샤론'(אריאל שרון, 1928-2014) 장군은 지상군을 동원하여 PLO의 근거지를 뿌리 뽑겠다는 레바논 남부 침공 작전을 건의하였고, 당시 총리는 노벨 평화상을 수상한 '메나헴 베긴'으로 PLO에 대한 대응조치가 필요하다는 판단 아래, 레바논 침공 전쟁을 승인하였다.

드디어 1982년 6월 6일, 잠시나마 평화로웠던 이스라엘에 다시 전쟁의 피비린내가 밀려오고 있었다. 작전명은 '갈릴리를 위한 평화'(Operation Peace for Galilee)라는 이름으로, 이 전쟁은 레바논과의 전쟁이 아니라, 레바논에 세(貰)들어 사는 PLO에 대한 보복성 침공인 '제5차 중동 전쟁' 혹은 '레바논 전쟁'이라 불리운다.

이 소식을 들은 예후다 라비(רבי)들은, 레바논의 남부 영토는 과거 이스라엘 왕국을 이루었던 열두 지파 중 납탈리(נפתלי)와 아셀(אשר) 지파의 영토였다며, 이 공격은 '종교적 의무'라면서, 병사들을 특별히 격려하며 승리를 위해 기도하였다.

이스라엘 공군은 시리아와 공중전에서 대승을 거두면서, 포병의 지원 속에 군대는 티레, 시돈, 베카 계곡을 차례로 점령하였고, 시리아의 미사일 및 중화기 전력을 전파 방해로 무력화시켰으며, 1,200대의 전차 부대가 밀고 들어가, 이제 곧 베이루트를 포위하기에 이르자, 시리아는 정전 협정을 제안하면서 항복하였고, 1982년 8월, 'PLO'의 아라파트는 UN 평화유지군의 호위를 받으며, 레바논에서 철수하여, 이스라엘 군대의 '갈릴리를 위한 평화' 작전은 성공적으로 마쳤다.

그러나 예상치 못한 뜻밖의 사건이 발생하였다. 이스라엘은 마론파 기독교 민병대 '팔랑헤'의 젊은 지도자 '바시르 제마엘'을 내세워 레바논에 친(親)이스라엘 정권을 수립하려고 치밀한 계획을 세웠고, 마침내 1982년 8월 23일, 단독 후보로 출마하여 대통령에 선출되었으나, 9월 14일, 시리아의 비밀요원에게 암살당하고 말았다.

이에 대한 보복으로 이틀 후, '팔랑헤' 민병대원 200여 명은 베이루트 외곽에 있는 팔레스타인 난민촌에 진입하여 암살자를 색출한다는 명목으로, 팔레스타인 난민들에게 무차별 총격을 가하고 민병대는 3일만에 난민촌에서 철수하였다.

민병대가 철수한 난민촌에는 정확한 수는 모르지만, 수천이 넘는 시체가 널려져 있었다고 하였고, 여자와 어린이들의 시체도 36구나 확인되었다고 하였다. 이 두 난민촌의 이름으로, '사브라-샤틸라 학살(Sabra-Shatila

베이루트에 있는 샤브라-샤딜리 학살 희생자 추모비
(By Mohammad Aburous – Own work, CC BY-SA 4.0,
https://commons.wikimedia.org/w/index.php?curid=113377706)

massacre) 사건'이라고 불렀는데, 이 끔찍하고 잔인한 집단 학살 사건이 만천하에 드러나면서, 국내외의 UN을 비롯하여 언론과 정치인들의 도로를 봉쇄해 주고, 야간 조명등까지 터트려 주는 행동에 대한 비난이 이스라엘 군에게도 쏟아졌다.

사실 주민 집단 학살의 주범은 레바논 민병대의 '팔랑헤'였으나, 아랍 국가들의 비난 강도가 이스라엘에 몰려왔고, 결국 작전은 힘들게 성공하였지만, 작전 책임자인 국방장관인 아리엘 샤론 장군은 '베이루트의 학살자'라는 불명예스러운 별명을 안고 퇴임하게 되었다.[26]

---

26 최성권, 『중동의 재조명: 국제정치』 (서울: 한울아카데미, 2011).

3) 레바논의 합법 정당, 히즈브-알라의 등장(1983)

이스라엘의 레바논 침공은 'PLO'에 대한 대테러 전쟁 때문이라고 변명하고 싶겠지만, 샤브라-샤틸라 난민촌 학살 사건을 지켜보고 있던 많은 아랍인들, 특히 무장 테러세력들은 더욱더 테러의 칼을 가는 동기 부여가 충분하였으리라 보여 주는 사건이 되었다.

이 집단 학살 사건은 공식적으로 밝혀진 9·11 테러의 도화선이 되었다고 아랍인들은 뒷담화를 하였다. 사우디아라비아 출생인 '오사마 빈 라덴'(Osama Bin Laden, 1957-2011)[27]은 그가 20대 중반의 젊은 시절에 당시 레바논의 PLO 난민촌 침공을 한 이스라엘 군의 참혹한 학살을 전해 듣고 격분하여, 이스라엘의 후원자인 미국의 건물을 공격하여 그대로 되갚아 주기로 결심하였다.

빈 라덴은 이스라엘을 멸망시키려면 후원자인 미국을 약화시켜야 하고 그러기 위해서는 미국 경제를 파탄시켜야만 한다고 강력히 주장하였다. 그 당시 주민 학살의 보복이 '9·11 테러' 사건의 동기가 되었다는 것이다.

---

27 오사마 빈 라덴: 1957년 사우디아라비아의 수도 리야드에서 갑부의 7남으로 출생, 수니파 아랍인, 16세에 종교 이슬람에 심취하여 대학 중퇴 후, 아프가니스탄의 알카에다 무장 테러 조직을 설립하고 군사 훈련을 시키며, 반미정책으로 테러를 주도함. 2001년 9·11 테러를 주도한 알 카에다(Al Qaeda)의 지도자, 수니파 아랍인, 16세 때부터 이슬람(회교)단체에서 활동, 졸업 후 상속받은 건설회사를 운영. 17세 때 시리아 사촌과 결혼하여, 최소 5명의 부인과 23명의 자녀를 둠. 아버지로부터 3억 달러 상당의 유산을 물려받은 후, 아랍에미리트와 사우디에서 은행과 시멘트공장 등 사업하였다. 반미주의자이자, 급진 이슬람주의자의 종교적 신념으로 다니던 대학을 중퇴하고, 아프가니스탄으로 가서, 1979년 구(舊)소련이 아프가니스탄을 침공하자 '이슬람 구제기금'(알카에다)을 설립하여 막강한 자금력을 바탕으로 아랍 의용군을 무장시키고 탈레반 훈련단체를 후원하였다. 이후 1988년 무장조직으로 재정비한 '알 카에다'를 국제 테러 단체로 조직하였다. 알 카에다의 주축은 소련군에 맞서 아프가니스탄 내전에 참전한 아랍인들, 특히 수니(Sunni)파 아랍인들을 중심으로 지하드를 조직하여 반미정책으로 국제테러를 주도하였다. 2001년 9·11 테러를 주도한 알 카에다의 지도자, 2011년 미 특수부대 의하여 사살되었다.

이때, 이스라엘을 상대로 레바논 남부에서 게릴라전에 나서면서 세력을 키운 단체가 있었으니, 그 단체가 바로 '히즈브-알라'(Hizb-Allah, Hezbollah, 헤즈볼라)이다.[28] 히즈브-알라는 1982년 창당 이래, 반(反)이스라엘을 목표로 테러와 게릴라전을 벌였으며, 시리아와 이란의 재정과 군수 물자의 지원을 받아, 레바논에서 정치 정당으로 합법적인 등록을 마치고 어엿한 정치 정당으로 등장하였다.

이스라엘도 지지 않고 대테러 부대를 투입하여 토벌 작전과 전투기의 폭격 등으로 대응하였으나, 이제 히즈브-알라는 하나의 합법 정당이라, 히즈브-알라에 대한 공격은 레바논에 대한 공격이 되고 말았다. PLO를 없앴더니, 조직적이고, 합법적인 더 강한 무력 단체가 등장한 것이었다.

1983년 10월 16일 레바논 남부의 '나바티야'에서 이스라엘 군이 시아파 민간인에게 총격을 가하는 사건이 발생하자, 히즈브-알라는 매복 공격, 차량 자살 폭탄 공격, 폭탄 테러 등 방법과 장소를 가리지 않은 테러 앞에 이스라엘 군은 더욱 긴장하였다.

또한, 일주일 후인 10월 23일, 베이루트 미군 사령부에 '히즈브-알라' 자살 특공대가 약 1만 2000 파운드의 폭약을 실은 벤츠 트럭을 몰고 돌진하여

---

28 히즈브-알라: 레바논의 이슬람 시아파 계열의 종교조직이자, 군사조직이며, 사회단체이고, 합법 정당이면서 동시에 테러 단체이다. 정식 명칭은 '레바논 이슬람 저항을 위한 신의 당'(히즈브-알라 알모콰와마 알이슬라미야흐 피 루브난, Hizb Allah Al-moqawama Al-Islamiyah fi Lubnan)으로, '신의 정당'이라는 뜻의 히즈브-알라 (حزب الله, 히즈발라; 영어로는 Hezbollah[헤즈볼라])로 불리우고 있다. 이란의 호메이니 이슬람 원리주의에 크게 영향을 받았으며, '이슬라믹 아말'(Islamic Amal)과 '다와'(Dawa)라는 레바논 2개의 지구당을 통합하여 1983년 합법적 정당으로 결성되었다. 헤즈볼라는 레바논 동부에 본부를 두고 있고, 약 4천 명의 게릴라조직 등 7개의 비밀 결사 조직을 거느리고 있으며, 이 조직을 통해 납치, 테러 등의 무장 투쟁을 벌이고, 이란과 시리아의 지원을 받고, 이란혁명수비대와 긴밀히 협조하고 있다. 헤즈볼라의 목표는 이스라엘을 점령하여 레바논 영토 해방, 레바논에 시아파 이슬람 국가 건설, 서구 국가의 영향력 행사 배제, 레바논인들의 생활 수준 향상 등이다. 레바논의 120만 시아파 회교도들과 특히, 동부의 베카 계곡과 수도 베이루트 남부의 빈민들에게 큰 지지를 기반으로, 현재 의회에 진출해 12석의 의석을 갖고 있다.

히즈브-알라의 소행으로 의심되는 베이루트 미군 사령부 폭탄 테러 사건
(By SSgt Randy Gaddo, Public Domain,
https://commons.wikimedia.org/w/index.php?curid=2844096)

자살 폭탄 테러를 감행하여, 미군 241명, 프랑스 군 58명이 사망하였고, 이후에도 평화유지군을 상대로 자살 폭탄 테러가 여기 저기서 계속되자 미군은 결국 철수하고 말았다.

이스라엘 군은 레바논에 친(親)이스라엘 정치 공작의 실패와 주민 집단 학살이라는 국제 여론의 악화로, 베이루트에서 철수하고 레바논 남부에 주둔하였으며, 그 주둔지에는 미국을 중심으로 프랑스, 이탈리아 군이 UN 평화유지군으로 활동하게 되었다.[29]

---

29 최성권, 『중동의 재조명: 국제정치』 (서울: 한울아카데미, 2011).

4) 평화의 마중물, '마드리드 평화 회담'(1991, 1992)

1979년, 이스라엘과 이집트 간 평화 조약 체결 이후, 중동 평화를 진전시키기 위하여 많은 노력을 한 결과, 1991년 10월 30일부터 11월 1일 스페인 마드리드 왕궁에서 열린, 스페인, 미국, 소련이 주최한 '마드리드 평화 회담'(Madrid Peace Conference)으로, 이스라엘과 팔레스타인 사이의 평화를 중재하기 위한 미국을 중심으로 국제 사회의 노력의 일환이었다.

두 당사국에 더하여, 아랍 국가인 요르단, 레바논, 시리아도 참석하였으나, 강제적 해결 방안이나 거부권이 없는 자율적 대화 형식이었다.

본 회의의 배경은 1991년 12월, 소련의 붕괴[30] 직전, 소련의 냉전 시대의 종료를 이미 선언하였고, 1991년 3월, 걸프 전쟁은 이라크 군이 쿠웨이트에서 철수하여, 전쟁에서 승리한 제41대 미국 대통령 '조지 H. W. 부시'(1989-1993)는 의회에서 '중동의 새 질서'에 대한 취임 연설 중, 페르시아 만에 미 해군을 항시 주둔하고, 중동 개발을 위한 자금을 지원하며, 대량 살상무기 보급을 막기 위한 안전 조치를 적용한다며, 팔레스타인의 권리가 보장된 아랍과 이스라엘 평화 조약 체결 의지를 밝혔다.

명실공히 국제 사회의 최강국이 된 미국이 그 영향력을 발휘하여, 중동의 새 평화 질서를 위한 '이스라엘-팔레스타인'의 난제를 꼭 해결하고자, 각 중동

---

[30] 소련의 붕괴: 1991년 12월 26일 소련 최고평의회의 142-H 선언으로, 모든 소련 공화국의 독립을 인정하며 독립 국가 연합(CIS수립을 허용한다는 것이었다. 12월 25일엔 소련의 대통령이자 소련의 지도자였던 미하일 S. 고르바초프(1985-1991)가 대통령직을 사임하고 소련 지도부를 해체하였으며, 소련의 핵무기 발사 시스템을 포함한 전권을 러시아 연방의 초대 대통령 '보리스 옐친'(Boris N. Yeltsin, 1991-1999)에게 승계하였다. 이날 저녁 7시 32분, 모스크바 크렘린에 마지막으로 소련의 국기가 내려가고 혁명 이전에 사용된 러시아의 국기가 게양되었다. 독립 국가 연합(CIS)는 지난 8월부터 12월 사이, 러시아를 포함한 소련의 모든 공화국들 중, 11개 공화국은 소련 해체에 합의하고 CIS 수립을 선언한 알마아타 조약에 서명하였다. 1989년 혁명과 소련의 붕괴는 냉전 종식의 신호탄이었다.

관련국들의 원조 증액과 부채 탕감 등의 당근 정책을 통해 결성된 정상회담 회의였다. 회의 형식은 이-팔 평화 관계의 양국(兩國)회담과 환경 문제를 주제로 한 다국(多國) 회담으로 개최되었으나, 양국 회담은 다소 발전하여 '오슬로 평화 회담'으로 진전되었다.

한편, 다국적 회담은 1992년 1월의 모스크바에서 36개의 국제단체들과 국가들이 대표단을 파견하여 5개의 그룹으로 나뉘어 환경, 무기 감축, 지역 안보, 수자원, 경제 개발 등의 공동 관심사에 대해 논의하였으나, 협정이나 결의된 바는 없었지만, 그래도 중동 평화를 위한 중요한 국가들과 관계 정상화라는 측면에서 긍정적인 회담이었다.[31]

5) 제1차 인티파다 – 민중들의 분노(1987-1993)

1982년 이스라엘 군대가 당시 레바논에 있는 침공 중이던 레바논에서 약 36시간 동안, 사브라·샤틸라 난민촌에서 난민 수천 명을 학살하였다는 참상의 소문이 팔레스타인 전역에 알려지면서, 민중들의 봉기가 여기저기서 일어나기 시작하였다.

1987년 팔레스타인에서 이스라엘에 저항하는 대중들의 항쟁이 분출하였다. 이 불길은 주변국들에게까지 확산되어 이집트, 터키, 쿠웨이트, 시리아, 튀니지 등지에서 현지 통치자들에 대한 불만과 결합되어 연대 시위가 더욱 확산됐다. 그러나 파타(팔레스타인 민족해방운동)당은 아랍 통치자들을 우군으로 추켜세우며, 이 민중 운동이 통치자들을 위협하지 못하도록 감싸 주었다.

이때 이슬람주의를 따르는 팔레스타인 무력저항 세력인 '하마스'가 결성돼, 중요한 팔레스타인 무력 저항 세력으로 급부상하였다.

---

31 최성권, 『중동의 재조명: 국제정치』 (서울: 한울아카데미, 2011).

1993년, 결국 미국의 개입으로 아라파트의 파타당은 이스라엘을 인정하는 대신, 이스라엘의 점령 아래 자치 정부를 꾸리기로 오슬로 협정에서 합의하였고, 팔레스타인들의 자치 정부(Palestine Authority, P.A.)가 정식으로 세워지게 되었다. 그러나 팔레스타인 난민의 귀환은 사실상 포기해야 하였고, 동 예루살렘 지위에 대한 '누구의 영토로 할 것인가'에 대한 문제는 추후 논의로 또 미뤄졌다.[32]

6) 평화의 먼 길, 첫 걸음부터 '오슬로 협정 I'(1993)

이스라엘과 PA는 수개월간 노르웨이 '오슬로'에서 수차례의 막후 접촉 이후, 팔레스타인의 아자 지구와 요르단강 서안 지역에서의 자치 정부 수립에 대한 초안이 마련되었다.

드디어 1993년 9월 13일, 이스라엘의 두 번째 총리가 된 이츠학 라빈 (יִצְחָק רַבִּין, 1992-1995)과 PLO의 야씨르 아라파트 의장은 미국 워싱턴 D.C.에서 당시 제42대 대통령 '윌리엄 J. 클린턴'(William Jefferson Clinton, 1993-2001)의 중재로 '오슬로 협정'(Oslo Accords) 자치안에 각각 서명하였다. 팔레스타인의 자치는 4단계로 이행되었는데, 먼저 첫 단계는 1994년 5월 가자 지구와 여리고에 PA의 자치권이 주어졌다. 같은 해 8월, 요르단강 서안 지역에 관광, 조세, 사회 복지, 문화, 보건 분야에 팔레스타인에게 대표권을 부여하게 되었다.

PA는 서안 지구에서 이스라엘 군이 철수하는 1993년 12월 13일부터 5년 동안 시행하기로 하였으나, 이후 이행이 늦추어져 1994년 5월 4일부터 1999년 5월 4일까지로 변경되었고, 과도기 협정은 자치 위원회의 구조와 권력 이양을 규정한 것으로 자치위원회의 행정 입법 당국과 사법 기관에

---

32 최성권, 『중동의 재조명: 국제정치』 (서울: 한울아카데미, 2011).

오슬로 협정 서명하는 이츠학 라빈 총리, 미국 클린턴 대통령, 아라파트 의장
(By Vince Musi, Public Domain, https://commons.wikimedia.org/w/index.php?curid=7273344)

관한 내용이 있었으며, 경제 조항은 이스라엘이 점령지에 대한 투자, 자본 및 물류 이동 등의 경제 활동의 통제 조항들과 시장은 이스라엘 상품을 개방한다는 내용 등이 있었다.

이밖에 이스라엘 군의 전면 철수, 동 예루살렘의 지위와 예후다인 정착촌, 팔레스타인 난민 등의 문제는 차후로 논의가 미루어졌다.

1994년 10월 26일, 이-팔 오슬로 협정이 체결된 것을 기반으로, 요르단과 이스라엘은 양국간 평화 조약을 체결하였다. 체결식은 에일랕 북부의 요르단 국경 근처에 있는 이스라엘 영역의 아라바 협곡에서 미국 클린턴 대통령의 입회 아래, 크리스토퍼 외무장관의 중재로, 요르단의 국왕 후세인 1세와 알마잘리 총리 그리고 이스라엘의 에젤 와이즈만 대통령과 라빈 총리가 각각 서명함으로, 이스라엘과 요르단 간에 46년 만에 적대 관계에서 평화 관계로 변신하게 되었다.[33]

---

[33] 최성권, 『중동의 재조명: 국제정치』 (서울: 한울아카데미, 2011).

7) 평화의 간절한 희망을 담아, 2nd 노벨 평화상(1994)

자치 협정을 위협하는 가장 큰 요소는 내부의 강경파였다. 그러나 이 강경파를 다루는 힘이 정치력이었다. 이스라엘 측에는 보수야당 리쿠드당과 정착촌 지역의 중무장 민간단체가 있었는데, 정착민을 체포할 권한이 없는 팔레스타인 자치 정부 경찰로서는 정착민 과격파들의 무력 행사에 속수무책일 수밖에 없었다.

한편, 팔레스타인 측에는 하마스와 이슬람 지하드 같은 무장 테러 조직이 이스라엘과의 공존을 전제로 한 협정을 강하게 비판하면서, 이를 무효화하려고 총력 무력 투쟁을 선동하고 있었다. 심지어 PA내의 PFLP도 이 협정에 반발하였다.

수많은 진통 속에 탄생한 '오슬로 협정' 과업이 잘 성취되기를 바라면서, 세계는 평화의 성공을 간절히 희망하며, PLO의 아라파트 의장과 이스라엘의 이츠학 라빈 총리 그리고 실무에 충실하였던 공로로 쉬몬 페레스 외무장관에게 1994년 노벨 평화상이 수여되었다. 이는 중동 평화에 두 번째 노벨 평화상이 주어진 것은 그만큼 세계인들의 중동에 간절히 바라는 평화의 무게라 여겨졌다.

그러나 이와 같은 세계인의 기대를 저버리는 듯, '오슬로 협정'에 불만을 품은 이스라엘 극우파의 젊은 청년이 텔아비브 광장에서 연설을 마치고 하단하는 이츠학 라빈 총리에게 총격을 가하여 1995년 11월, 중동의 평화 비둘기는 쓰러지고 말았다. 갑작스러운 라빈 총리의 서거로, 당시 쉬몬 페레스 외무장관이 1996년 다음 총리 선출 때까지 총리 대행과 국방장관을 겸임하게 되었다.

8) 평화의 한 걸음 더 '오슬로 협정 II'(1995)

1995년 9월, '오슬로 협정'(Oslo Accords II)이 체결된 것은, 1993년 제1단계 오슬로 협정에서 시작된 팔레스타인 자치를 확대하고 자치 정부를 수립하는 문제에 대해 이스라엘과 PA가 합의한 후속 조약이었다.

이 사안은 오슬로 협정에서 원래 1994년 7월까지 끝내기로 되어 있었다. 그러나 예정 시안보다 14개월이나 지연되는 우여곡절 끝에, 제2단계 오슬로 협정이 워싱턴 백악관에서 재체결된 것이었다.

이 협정에서 양측이 합의한 가장 중요한 내용은 팔레스타인 자치 지역(아자 지구와 예리호)을 요르단강 서안의 7개 도시(헤브론, 나블루스, 라말라, 제닌, 툴카렘, 칼킬야, 베이트-레헴) 및 인근 마을로 확대한다는 것이었다. 따라서 이 후속 협정은 제2단계 자치 협정에 해당하며, 공식 명칭 '요르단강 서안과 아자 지구에 관한 이스라엘-팔레스타인 잠정협정'(Israeli-Palestinian Interim Agreement on the West Bank and the Gaza Strip)이었다. 이제 팔레스타인 아랍인들은 독립 국가 건설에 한 발짝 더 다가서게 되었다.

협정의 주요 내용은 다음과 같다.

첫째, 요르단강 서안의 7개 도시와 그 인근 마을로 자치 지역을 확대한다.
둘째, 이스라엘 군은 이 지역에서 6개월 내에 완전히 철수한다(단, 헤브론에는 이스라엘 군 일부를 잔류시킨다).
셋째, 팔레스타인 아랍 측은 이스라엘 군의 철수가 끝나는 1995년 3-4월경에 자유 총선을 실시해 의회는 82명의 의원단을 구성하고 의장을 선출해 자치 정부를 조직한다.
넷째, 이스라엘은 자치 지역의 교통, 관세, 체신 분야에 대한 권한을 자치 정부에 이양한다.
다섯째, 이스라엘은 3회에 걸쳐 팔레스타인 죄수 5,300명을 석방한다.

이로써 중동 평화에 하나의 이정표가 세워진 것은 틀림없었다. 그리고 이 이정표는 팔레스타인에 새로운 희망을 가져왔다. 그러나 평화 정착을 진척시키기 위해 양측이 해결해야 할 많은 문제는 또다시 다음 협상으로 미루어졌다. 가령, 당시 요르단강 서안과 가자 지구에 흩어져 있던 정착촌 120개와 그곳에 살던 예후다인 정착민 14만 명을 처리하는 문제만 해도 두 차례의 오슬로 협정에서 전혀 다루어지지 않았기 때문이었다.[34]

9) PA 초대 대통령 아라파트 선출(1996)

드디어 1996년 1월 20일, 팔레스타인 해방 기구에서 실시된 총선 및 대통령 선출은 '팔레스타인 자치 정부 수반'(President of the PA)과 '팔레스타인 입법의회'(Palestine Legislative Council PLC)의 의원 선거가 동시에 성공적으로 실시되었다. 입법회의의 의원 88명을 선출하는 의회 의원선거에 후보 676명이 등록하였으며 이중 500명이 무소속이었다.

자치 정부 수반 선거에서는 아라파트 의장 외에 '사미하 카릴'(Samiha Khalil)이 출마하였고, 유권자 85%가 투표하여 그중, 88.2%라는 압도적인 득표로 '야씰 아라파트'가 초대 대통령에 당선되었고, 이어서 각료들을 임명함으로서, 마침내 정식 국가로서의 면모를 갖추게 되었다.

그러나 라빈 이스라엘 수상이 암살되고, 팔레스타인에 대통령과 정부가 수립되었음에도 불구하고 하마스가 폭탄 테러를 감행하여 평화 협상은 또다시 난관에 부딪치기 시작하였다.

---

[34] 최성권, 『중동의 재조명: 국제정치』(서울: 한울아카데미, 2011).

10) 강경 매파 정권과 강경 무장 세력의 충돌(1996-1997)

1996년 5월에 실시된 이스라엘 총선에서는 보수 강경 매파인 '빈야민 네타냐후'(בִּנְיָמִין נְתַנְיָהוּ, 1996-1999)[35]가 제9대 총리에 당선되었다. 우익 성향의 리쿠드당을 집권한 47세의 젊은 네타냐후 정부는 팔레스타인을 독립으로 인정하지 않고, 동 예루살렘에 관한 협상에 불응하며, 골란고원의 반환은 불가하다는 등 대(對) 아랍 강경 정책을 공포하였다.

이로써 이스라엘과 아랍 간의 대결 국면이 형성되어, 평화 협정 이행에 대한 협상은 침체 국면에 접어들었다. 골란고원 반환 문제에 대한 이스라엘과 시리아의 협상도 1996년 2, 3월 하마스가 일으킨 대이스라엘 폭탄 테러로 협상이 중단되고 있다.

미국은 중동의 평화 협상을 재개하기 위해 수차례 추진하였으나, 요르단강 서안 지구에서의 이스라엘 군 철수 문제와 이스라엘의 예루샬라임 시의 확장 문제를 놓고 이-팔 양측의 의견 차이가 심해 합의점에 도달하지 못한 채 표류되었고, 1996년 5월부터 이스라엘-팔레스타인 양자 간에 팔레스타인의 '영구적인 지위'(Permanent Status)에 관한 협상이 시작될 예정이었지만, 그 시한도 넘기고 말았다.

결국 1996년 9월 초 이스라엘 측이 예루살렘의 알 아크사 사원 옆을 통과할 수 있는 새 출입구를 개통한 것을 둘러싸고, 양측은 최악의 무력 충돌을

---

[35] 빈야민 네타냐후: 이스라엘이 건국된 이후인 1949년 텔아비브에서 태어났다. 대학 교수인 아버지 '벤지온 네타냐후'를 따라 1963년 미국 유학, 이후 6년간 군복무를 마치고, MIT에서 건축학 전공(학사), 하버드대학교 경영대학원(석사), 하버드대학교대학원에서 정치학 박사 과정 수학 중, 형 '요나탄 네타냐후' 소령이 엔테베 작전 중 전사로 정치학 박사 과정을 중도 하차하고 보스턴 컨설팅 그룹(BCG)에서 근무하였다. 1982년, 워싱턴의 주미 대사관에서 근무, 주 UN 대사(1984-1988)를 역임하였다. 귀국하여 정계에 입문하였고, 1988년 국회의원으로 선출되었으며, 리쿠드당 당수, 13대 총리(1차 집권: 1996-1999), 17대 총리(2차 집권: 2009-2021)를 역임하였고, 현재 제20대 총리(제3차 집권: 2022-)를 재임하고 있다.

제9대 이스라엘 총리 빈야민 네타냐후
(By Avi Ohayon, CC BY-SA 3.0,
https://commons.wikimedia.org/w/index.php?curid=128577654)

빚었으며, 이 과정에서 74명이나 목숨을 잃었다. 12월 들어서는 이스라엘의 정착촌 건설 문제로 양측이 충돌 직전까지 갔으나 다시금 미국의 중재로 가까스로 위기를 넘겼다.

1997년 1월 이스라엘 군이 헤브론 지역에서 철수한다는 '헤브론 협정'(Hebron Agreement)이 이루어져 평화 분위기가 다시 고조되었으나, 3월부터 동 예루살렘 지역에서 이스라엘이 정착촌을 건설하기 시작하면서, 1997년 7월과 9월에 하마스의 대(對)이스라엘 연쇄 폭탄 테러 공격으로, 중동 평화 협상에 먹구름이 드리워지기 시작하였다.

11) 땅 주고, 평화 받는 '와이-강 비망록' (1998)

한편 네타냐후 총리는 집권 2기를 맞은 미국 클린턴 대통령의 영향력이 중동에서는 다소 약화되었다고 판단하고, 그는 자신의 능력으로 미국 의회를 동원할 수 있다고 자신하여 실제로 공화당 의원들과 폭넓은 교분도 가지고 있었다.

그러나 클린턴은 집권 2기에 대(對)중동 정책을 더 강하게 펼침으로써 미국과 이스라엘은 상당한 긴장 관계에 놓였으나, 미국의 강력한 리더십으로 1998년 10월, 미국 버지니아 주의 소도시 '와이 강'에서 팔-이 양국 간에 좀더 구체적인 '와이-리버 비망록'(Wye-River Memorandum)이 포함되었다.

이 비망록에는 다음과 같은 내용이 규정되었다.

① 이스라엘은 요르단강 서안의 13% 지역에서 향후 3개월에 걸쳐 단계적으로 철수한다.
② 이-팔 공동위원회를 구성하여 양측의 협정이행 수준에 따라 추가로 철수 문제를 논의한다.
③ 이스라엘은 팔레스타인 정치범 3,500명 중 750명을 매월 250명씩 3회에 걸쳐 석방한다.
④ 팔레스타인 헌장에서 '이스라엘 전복' 조항을 폐지한다.
⑤ 미국은 팔레스타인의 테러범의 동태를 감시 감독한다.

결과적으로, 팔레스타인 자치 정부는 요르단강 서안의 40%를 자치 영역으로 확보하였으며, 요르단강 서안에 거주하는 팔레스타인 아랍인의 90%가 자치 정부 아래에 들어오게 되었다. 대신 PLO는 헌장에서 '이스라엘 파괴' 조항을 폐기하고 테러 단체들의 불법 무기를 회수함으로써 평화를 진작시키도록 한다는 것이었다. 이스라엘은 그야말로 '영토를 주고, 평화를 받는' 비망록 핵심 내용이었다.

이 비망록에는 두 가지 점에서 세부 내용을 기록하였다.

첫째, 이스라엘이 요르단강 서안에서 단계적으로 철수하는 것은 팔레스타인 정부 측의 성실한 약속 이행 정도와 결부되었다는 것이다.
둘째, 미국이 중동 문제에 폭넓은 개입, 즉 평화의 중재와 체결뿐만 아니라 양측의 이행에 대한 감독과 평가까지 하겠다는 것이었다.[36]

12) 비둘기파 바락 총리의 영구 평화 협정안(1999)

1999년 5월, 이스라엘 총선에서 온건 비둘기파인 노동당의 '예후드 바락'(אֵהוּד בָּרָק, 1999-2001)이 압승하여, 7월에 취임한 바락 총리는 취임사에서, 앞으로 15개월 내에 포괄적인 평화 협상을 달성하겠다는 평화정책 의지를 국내외에 분명히 표명하였다.

이에 1999년 9월 5일 새벽, 이집트의 홍해 휴양지인 '샤름 엘 쉐이크'에서, 이집트 대통령 '무하마드 호스니 엘 사에드 무바라크'(حسني محمد السيد مبارك, 1981-2011)의 주선으로 팔레스타인의 아라파트 대통령과 이스라엘의 바락 총리는 팔레스타인의 독립 국가 출범 등을 포함한 영구 평화 협정을 1년 이내에 매듭짓겠다며, 웨스트 뱅크의 서안 지구와 아자 지구에 대한 '오슬로 협정'(Oslo Accords Ⅱ, 1995)의 구체적인 실행 방안을 담은 '샤름 엘-쉐이크 외교 각서'(The Sharm el-Sheik Memorandum)에 조인하였다.

이 자리에는 지난 1994년 이스라엘과 평화 협정을 체결한 요르단의 압둘라 2세 국왕이 동석하여 조인의 증인 역할을 하였고, 또한, 양 국가를 오가며, 끈질긴 설득력으로 협상을 중재한 미국 외무장관 '매들린 올브라이트'

---

[36] 최성권, 『중동의 재조명: 국제정치』 (서울: 한울아카데미, 2011).

(Madeleine Albright)의 외교력과 특히, 누구보다도 중동 평화 협상을 최대의 외교 업적으로 삼고자, 최대의 공을 드려 매진하였던 집권 2기 마지막 임기를 앞둔 미국 클린턴 대통령에게는 값진 선물이 아닐 수 없었다.

무엇보다도 이스라엘 바락 총리의 구체적인 평화타결 일정을 최초로 먼저 언급하였다는 점에서, 그 중요성과 의미는 국제 사회로부터 큰 환영을 받았다.

조인된 비망록의 이름은 '서명된 행정들의 미해결 약속의 이행 일정과 영구지위협상 재개에 관한 샤름 엘-셰이크 외교각서'(The Sharm el-Sheik Memorandum on Implementation Timeline of Outstanding Commitments of Agreements Signed and the Resumption of permanent Status Negotiations)이었다.

이 비망록의 주요 내용은 다음과 같았다.

① 이스라엘은 철군을 약속한 요르단강 서안의 13% 영토 가운데 이미 시행한 2% 이외에 나머지 11% 지역에서 2000년 1월까지 철수를 완료한다.
② 이스라엘 내 팔레스타인 정치범 350명을 석방한다.
③ 이스라엘은 가자 지구와 요르단강 서안 지구 사이의 완전한 자유 통행을 보장한다.
④ 팔레스타인 자치 정부는 불법 무기를 수거하고 테러리스트들을 체포해 안전을 보장한다.
⑤ 양측은 팔레스타인 영구 지위 협상을 2000년 9월까지 완료해 합의안을 마련한다는 것이었다.[37]

---

37 최성권, 『중동의 재조명: 국제정치』(서울: 한울아카데미, 2011).

13) 이스라엘과 시리아, 레바논의 평화 추진(2000)

이와 더불어 12월부터는 중동 평화의 가장 큰 장애 요인 가운데 하나였던 이스라엘과 시리아 간의 평화 협상이 1996년 이후 3년 만에 재개된 1999년 이스라엘과 레바논 간의 회담도 곧 시작될 예정이 전망되는 등 중동 분쟁의 당사자들이 일제히 평화 회담에 돌입함으로써 다가오는 새해 2000년은 중동 평화의 해가 될 것이라는 기대감이 한층 고조되고 있다.

이스라엘과 국경을 접한 국가 중에 이집트, PLO, 요르단은 이미 외형상 평화 협정을 체결하였기 때문에 이제 남은 나라는 시리아와 레바논이었다. 그런데 레바논은 현실적으로 시리아의 영향력 아래에 있기 때문에 중동 평화 협상의 포괄적 타결은 시리아의 달려 있다고 해도 과언이 아니었다.

한편, 미국 클린턴 대통령이 임기 마지막 해를 남겨 두고 중동 평화 정착의 기반을 다지기 위해 들인 노력도 중동 평화 협상이 급진전되는 데 크게 기여하였다. 미국은 협상의 진전 여부에 따라 시리아를 테러 지원국 리스트에서 제외하는 한편, 시리아에 내렸던 모든 무역 규제도 철폐할 방침이었다.

미국은 이스라엘이 골란 고원을 반환하는 데 소요되는 경비를 유럽 연합 등에 분담시키는 방안도 검토 중이었던 것으로 알려졌다. 양국 간의 평화 협상은 2000년 1월 초, 미국의 웨스트 버지니아주 셰퍼즈 타운에서 4개 실무위원회가 구성되어 이중 안보 및 평화 조건에 관한 2개 위원회가 본격적으로 가동되는 등 평화 협정의 본질적인 문제에 관한 실무 차원의 논의가 시작되었다.[38]

---

[38] 최성권, 『중동의 재조명: 국제정치』(서울: 한울아카데미, 2011).

14) 안보 장벽 그리고 제2차 인티파다(2000-2003)

오슬로 협정에서 예정된 마지막 제3단계는 자치 정부의 영구적인 성격 확정과 동 예루살라임의 지위 문제, 해외에 망명한 팔레스타인인의 귀환, 국경 확정 및 이스라엘 군의 최종적인 배치, 점령 지역 내 이스라엘 정착촌의 처리 문제 등을 해결해야 했다.

2000년 5월, 이스라엘이 남부 레바논 점령지에서 철수하자, 팔-이 양국 간의 평화 성취의 전망이 밝아졌고, 2000년 7월 11-25일, 미국 '캠프 데이비드' 중동 평화 회담이 열렸다. 이 회담에서 이스라엘의 바락 총리가 내세운 조건은 영토를 삼분하는 것으로, 팔레스타인 측으로서는 도저히 받아들일 수 없는 내용이었다. 그렇게 될 경우 상업, 교육, 문화의 중심지인 동 예루살렘이 외부와 차단되어 고립될 처지가 되기 때문이었다. 결국 협상이 결렬되었고, 2000년 12월 23일 클린턴 대통령은 마지막으로 '클린턴 중재안'(The Clinton Parameters)을 제시하였다.

이 제안은 '캠프 데이비드 협정'의 제안보다 훨씬 현실적이어서 양측 모두가 이를 받아들이는 분위기였다. 그러나 PA의 아라파트 대통령은 아랍 국가들로부터 성전산의 성지를 절대 포기하지 말라는 압력을 계속 받아 왔던 터라, 수용하기가 난처하였고, 이스라엘의 바락 총리 역시, PA에게 너무 양보를 많이 하면 절대 안 된다는 이스라엘 야당과 연립 정권 정당의 입장이 상충함으로, 수용하기가 쉽지 않았다. 결국 성지 성전산은 넘을 수 없는 한 계벽에 주저앉고 말았다. 이로써 2000년 9월 예정되었던 최종 협상은 또다시 결국 타결되지 못하였다.

이러한 긴장된 양측의 민감한 시기에 이스라엘 정부는 '자살 테러 예방'을 위하여 PA 서안 지구에서 넘어오는 테러범들의 출입을 사전에 차단하려면, 이-팔 거주지 경계에 분리 장벽을 설치하기로 결정한 것이다. 이른바, '안보 분리 장벽'(Separation Barrier)은 2002년 2월부터 요르단강 서안에 건설

된 커다란 장벽은 높이 8m의 콘크리트 담으로 PA의 거주 경계를 따라 약 45km는 시가지인 라말라, 제닌, 칼킬리야, 예루샬라임, 베이트-레헴 그리고 헤브론 등의 지역을 거치는 되는데, 이 장벽이 공사가 완공된다면, 무려 총 800km의 최장 장벽 공사가 되는 것이다.

그러나 이 장벽으로 인하여 마을과 마을, 마을과 일터와 학교 사이를 가로질러 건설될 경우, PA 거주민들의 이동 권리의 제한과 친척 방문 불편 등의 반발은 가뜩이나 테러와 폭격으로 긴장된 서로 간의 불신에 기름을 붓는 격이 되고 말았다. 결국 제2차 인티파다는 리쿠드 당수 아리엘 샤론의 성전산 방문과 일방적인 '안보 분리장벽' 공사로 인하여 더욱 격화되고 있는 실정이었다.

마침 기다렸다는 듯, 이스라엘 곳곳에서 테러가 발생하였고, 팔레스타인 지역은 아랍 청소년들이 이스라엘 탱크를 향해 돌팔매질을 하는 가르앝(골리앗)을 향한 소년 다비드 모습을 연상케 하는 사진과 함께 매스미디어에 오르내리고 있어, 세계적 비난을 받고 있다. 중동 평화 회담은 밀려오는 양국의 강경 보수파들의 거친 파도에 사라지는 모래성처럼, 그만 휩쓸려 핏빛만 얼룩지고 있다.[39]

15) 아자 지구를 철수하는 불도저 총리(2001-2006)

아리엘 샤론(2001-2006) 총리는 분명 오늘의 이스라엘을 이루는 데 혁혁한 공을 세운 역전 노장임에 분명하다. 그러나 총선 때에도 드러난 바 있듯이, 그에 대한 온건파들의 비난은 그가 너무 지나친(?) 강경파라는 것이다.

그가 장관 시절 해임된 사건은 지금으로부터 약 20년 전, 레바논 침공 시, 당시 국방장관으로서, 메나힘 베긴 총리로부터 레바논 국경 10km까지만 공

---

[39] 최성권, 『중동의 재조명: 국제정치』(서울: 한울아카데미, 2011).

테러범들의 출입을 통제하려고 세운 '안보 분리 장벽'
(By Kametaro, Stock 사진 ID: 548911855)

이스라엘 탱크에 돌을 던지는 팔레스타인 소년
(By samer, CC BY-ND 2.0, https://flic.kr/p/4kxecy)

격하라는 명령을 받았으나, 아무 보고도 없이 독자적으로 무려 레바논의 수도 베이루트 근교 40km나 북진하여 '독불 장군'이라는 별명을 얻었다. 그는 당시 팔레스타인 난민촌의 주민들까지 무자비한 공격을 하여 국내외의 비난을 받고 물러나고 말았다.

그후 건설부 장관 시절에는 허허벌판 황무지 웨스트 뱅크 지역에 불도저를 동원하여 대대적인 정착촌을 건설하여 '불도저(Bulldozer) 장관'이라는 별명을 얻었다.

지난 4월 11일, 아자(가자) 지구에서 날아온 박격포탄이 예후다인 정착촌에 떨어지자, 박격포를 발사한 지점인 '칸 유니스 난민촌'에 탱크 2대와 불도저 2대를 보내 주택 10여 채를 밀어버리고, 이에 대항한 팔레스타인 경찰, 주민 2명이 사망하고 40여 명이 부상당하였다. 4월 14일에는 박격포 공격에 대한 보복으로 가자 지구 남단 라파 국경소 근처에 있는 P. A. 라파 보안 초소를 탱크로 폭격하고 이어서 불도저로 주택 16채, 상점 6채를 밀었으며 50여 명이 부상당하였다.

4월 16일, 가자 지구 옆 예후다인 도시 '스데로트'에 박격포탄 5발이 또 날아왔고, 그날 밤, 이번에는 이스라엘 육, 해, 공군의 대대적 무장 헬기와 로켓포로 아자 지구 거의 전역을 두들겼다. 그리고 박격포가 날아온 곳으로 추정되는 농지를 불도저로 밀어 버렸다. 2001년 부활절을 맞아 기독교계에서 이스라엘을 강경 진압, 무자비한 무력 보복 공격에 비난 성명을 발표한 것은 바로 이 때문이었다.

그러던 2002년 6월, 이스라엘의 '되로 받고 말로 갚는' 비난을 경계하고, 국제정세의 비난을 다독이기 위한 외교적 선택으로, 미국 조지 부시 미 대통령은 팔레스타인 독립 국가 출범 지지 선언하였고, 그해 9월에는 미국, 러시아, '유럽 연합'(EU), 유엔이 적극 지지하는 '2005년까지 팔레스타인 독립 국가를 창설한다'는 내용의 '중동 평화 로드맵'을 처음 공개하였다.

이에 불도저 샤론 총리는 미국을 비롯한 외교적 압박으로, PA 새 총리 '마흐무드 압바스'와의 회담으로, 2003년 6월 강대국들이 제시한 '로드 맵'에 합의하고, 드디어 2004년 2월 아자 지구 21개 정착촌 철수 계획을 공포하고, 10월 이스라엘 국회의 승인까지 받았다.

그러던 2004년 11월, PA 아라파트 대통령이 갑자기 질병으로 별세하자, 당시 총리인 압바스가 대통령에 취임하였고, 지난 1999년에 팔레스타인의 고(故) 아라파트 대통령과 이스라엘의 전(前) 바락 총리가 협정을 맺은 '샤름 엘–셰이크 외교각서'대로, PA 독립국 출범과 영구 평화 협정을 1년 이내의 종결 그리고 웨스트 뱅크의 서안 지구와 아자 지구에 대한 '오슬로 협정'(Oslo Accords Ⅱ, 1995)의 구체적인 실행에 조인하였다. 결국, 불도저 총리도 평화 앞에서는 무릎을 꿇고 말았다.

드디어 2005년 9월, 아자 지구의 이스라엘 주둔군 병력과 21개 정착촌이 철수함으로 38년간 점령하였던 아자 지구는 PA의 자치 지역이 되었다.[40]

16) UN '보안 장벽' 철거 요구 결의(2004)

유엔 총회는 2004년 7월 20일 이스라엘이 요르단강 서안 팔레스타인 지역에 설치하고 있는 '보안 분리 장벽'(Separation Barrier)에 대해 철거를 요구에 대한 '국제사법재판소'(ICJ)의 의견을 담은 결의안을 찬성 150표, 반대 6표, 기권 10표로 압도적으로 통과시켰다.

이번 결의안은 유엔 회원국들에 대해 "장벽 설치로 초래된 불법 상황을 인정하지 말고, 그러한 상황이 유지될 수 있도록 지원하지 말 것"을 촉구하는 한편, 코피 아난 사무총장에게는 장벽 설치로 인한 피해 상황 조사를 요구하였다.

---

40 최성권, 『중동의 재조명: 국제정치』 (서울: 한울아카데미, 2011).

그러나 이번 결의는 안전 보장 이사회의 결의와 달리 법적인 구속력은 없었고, 팔레스타인 영토를 침범해 가면서 건설하고 있는 장벽에 대한 국제 사회의 비난에 타당성을 부여하는 상징적 의미를 가질 뿐이었다.

안보리에 넘어가더라도 미국의 반대로 결의안 통과는 불가능한 상황이다. 미국은 안전을 명분으로 한 이스라엘의 장벽 건설을 이해한다는 입장이며, 유엔이나 ICJ가 다룰 사안이 아닌 지역적 문제라고 주장하고 있다.

유엔의 최고 사법 기구인 ICJ는 앞서 지난 9일 장벽 건설이 팔레스타인인의 자유와 인권을 침해하는 국제법 위반 행위라고 판결하고, 자문 의견을 유엔 총회에 제출하였다. 그러나 아리엘 샤론 이스라엘 총리는 팔레스타인 무장요원의 침투를 봉쇄하기 위해 장벽이 필수적이어서 ICJ의 판결을 받아들일 수 없다며 건설 작업 강행을 공언한 바 있다.[41]

17) 이스라엘의 발굴된 석유 자원, 성경의 예언 성취(2004)

우리 이스라엘인이 모쉐에 대해 불만이 좀 있다. 그는 우리를 40년이나 광야를 헤매게 한 뒤 중동에서 석유가 나지 않는 땅으로 이끌었다.

전 이스라엘 5대 '골다 메이어'(גולדה מאיר, 1898-1978) 총리가 1973년, '오일 쇼크'로 세계 경제가 휘청거리던 때, 이스라엘을 방문한 당시 서독 '빌리 브란트' 총리에게 한 야속함이 묻어난 한탄이었다.

그러나 2004년 6월 13일자 BBC 뉴스 인터넷 판에 따르면, '기브옽-올람'(גבעות-עולם, 영원한 언덕들)이라는 이스라엘 유전 개발 회사의 대표 토비아 러스킨(Tovia Luskin)은 성경을 읽다가 영감을 받고, 과학 지식과 성경을 협력한 유전 탐사의 동기 부여가 되었다고 하였다. 그는 결국 이스라엘 내륙

---

41 최성권, 『중동의 재조명: 국제정치』(서울: 한울아카데미, 2011).

'크팔 사바'(Kfar Saba)와 '로쉬 하아인'(Rosh Ha'Ayin)에서 10억 배럴 규모의 유전을 발견하였다고 밝혔다.

러스킨 대표는 출생지인 러시아에서 지구물리학을 공부하고 여러 메이저 석유 회사에 근무하다가, 1984년 이스라엘로 이민 왔다.

그런데, 이스라엘 주변 아랍국들은 모두 산유국인데, 왜 이스라엘은 유전이 없을까?

그의 집념은 성경 말씀을 붙잡고 하나님께 기도하면서 분명히 이 이스라엘 땅 어디에도 반드시 유전이 있을 거라는 믿음을 가지고 집념을 넘어 집착에 이르렀다. 이스라엘은 아랍 산유국들이 원유를 팔지 않아서, 먼 나라 콜롬비아, 멕시코에서 수입해야 했기 때문에 비싼 전기료를 지불해야만 한다는 것이 안타깝고 나중엔 억울하기까지 하였다.

러스킨 대표는 모쉐가 요셉에게 그의 땅은 과일과 광물로 풍성할 것이라는 토라 '말씀들'(신명기) 33장을 읽으면서, 이스라엘 땅에서도 반드시 석유가 나올 것이라 굳게 믿고 탐사 시추를 계속 파고 또 팠다. 드디어 하나님의 약속대로 검은 오일이 내 머리 위에서 쏟아져 내리는 광경을 보게 되었다며, 그 당시를 회고하며 감격스러워했다.

> 그(모쉐)가 요셉에 대하여 말했다.
> 그의 땅이 여호와께 복받기를 원한다.
> 하늘의 보물인 이슬과 땅 아래 저장한 물과 태양이 결실케 하는 보물과
> 태음이 자라게 하는 보물과 옛 산의 가장 좋은 것과 영원한 언덕들의 보물과
> 땅의 보물과 거기 충만한 것과 가시떨기나무 가운데 계시던 분의 은혜로 말미암아
> 복이 요셉의 머리에 그의 형제 중 구별한 자의 정수리에 임하기를 빈다(말씀들 33:13-16).

그의 해석에 따르면, '말씀들' 33장 15절의 '영원한 언덕들'(גִּבְעוֹת-עוֹלָם, 기브올 올람)은 그 옛날 이스라엘 열두 지파 중의 하나인 요셉 지파에게 '영

원한 언덕들의 풍부한 보물'(15절)과 '즈불론 지파'에게 "바다의 풍부한 것과 모래에 감추어진 보물"(19절)그리고 '아셀 지파'에게 "아셀은 아들들 중에 더 복을 받을 것이고, 그는 자기 형제들에게 기쁨이 될 것이며 자기 발을 기름에 담글 것이다"(24절)라는 말씀들은 곧 장차 이 이스라엘 땅에도 석유가 터져 솟아 나올 것이라는 믿음을 가지게 하였다. 오늘날, 그 성경의 예언이 성취되는 날이 되었다며 감격스러워했다.[42]

18) '아자 지구' 하마스 vs 이스라엘 네타냐후(2006-2009)

PA는 미국의 외교와 국제 국가들의 지원 아래 선(先) 국가부강 안정정책을 추진하였으나, 일부 관료들의 부정부패와 무력 강경파들의 테러행위를 단속한다는 비난을 받고 있는 것은 사실이나, 이스라엘의 무자비한 공격이 가해질 때마다 PA 국민들의 지지도는 강경파들에게 점차 증대되어, 2006년, PA의 파타당은 결국 아자 지구 총선에서 하마스에게 패하여 권력을 이양할 수밖에 없었고, 그런 강경파의 총격에 밀려 모두 서안 지구로 돌아가게 되었다.

이제, 아자 지구는 완전히 하마스의 통제 아래 장악되었다. 그들은 병원, 학교, UN 구호 단체 등을 점차 조직화, 진지화 도시로 탈바꿈하여, 이스라엘의 감시를 외부의 위장 전술로 따돌리는 한편, 로켓을 발사하여 국경 경계 도시에 공격을 멈추지 않았다.

이러한 공격으로 이스라엘 주민들의 피해가 점차 심각하자, 이스라엘 IDF는 아자 지구를 대규모 공습으로, 1,000여 명의 사망자가 발생하는 큰 피해를 가하였으나, 뿌리를 뽑기에는 역부족이었다. 이와 같이 테러와 로

---

[42] 소정현, "이스라엘도 세계적 산유국 반열 성큼," 「해피우먼 전북」, (2012. 3. 17.) https://www.womansense.org/16505

켓의 공격의 강도에 따라, 이스라엘은 맞대응을 하는 크고 작은 전투가 종종 계속되었다.

결국, PA는 서안 지구를 중심으로 온건파의 길을 가게 되었고, 하마스는 공격 일변도로 테러와 로켓으로 공격하여 이스라엘에게 계속 위협과 불안을 주는 무력 단체로 자리매김을 하고 있었다.

이스라엘 정국은 경제위기와 집권당 '카디마'의 부패 스캔들, 특히 아자 지구 철수 문제로 네타냐후는 재무장관직을 사임하고 철수하는 정권을 비난하는 등 혼란이 계속되었다. 비리에 연루된 에후드 올메르트 총리는 결국 새 정부 구성에 실패하자, 2009년 2월, 조기 총선이 실시되었다.

아자 지구 사태가 쟁점이 된 총선 기간 중에도, 강경 우파 행보를 이어간 리쿠드의 네타냐후 당수는 호응하는 유권자들의 지지와 카디마 당에 대한 국민들의 반감도 작용하여, 총선 결과, 예후드 바라크 전 총리가 이끄는 노동당 등과 연정을 구성하여, 3월에 다시 총리직에 올랐다. 이후 그는 5선 연임으로, 12년 동안 최장수 총리가 되었다.

PA의 무력 강경파 하마스와 이스라엘 강경 매파 네타냐후 총리의 '강대강' 대결은 '아자 전쟁'의 화약고를 예고하는 운명적인 만남이었는가?[43]

5. 이스라엘과 무력 단체 하마스 전쟁

1) 제1차 이스라엘-하마스 '아자 전쟁'(2008-2009)

팔레스타인 아자(가자) 지구를 무력 점거하고 있는 과격파 무장 단체 '하마스'는 이스라엘과 6개월간 계속된 휴전이 종료됐다고 선언하였다. 지난 12월

---

43 최성권, 『중동의 재조명: 국제정치』 (서울: 한울아카데미, 2011).

19일까지 6개월 동안의 한시적인 휴전 합의 후 가자 지구에선 양측 간 별다른 충돌이 없다가 지난달 상순부터 상호 공격이 재개됐다.

당초 양측이 합의한 휴전안은 이스라엘이 아자 지구에 대한 국경봉쇄를 완화하고, 하마스 등 무장 세력은 2년 전부터 억류한 이스라엘 병사의 석방 협상을 진전시킬 것을 명기하였으나 모두 실현되지 않고 있었다.

하마스는 성명에서 다음과 같이 이스라엘을 비난하였다.

적이 의무를 다하지 않았기 때문에 휴전이 종료됐다.

그러나 이스라엘은 내년 2월 총선을 앞두고 대규모 군사 작전에는 신중한 자세를 보이고 있었으며, 하마스도 지금까진 아자의 안정화를 우선하는 듯, 공격을 자제하였다. 단지, 주로 과격파 이슬람 지하드 등 소규모 무장 그룹들이 이스라엘에 로켓탄을 발사하였고, 이스라엘 군도 무장 대원을 대상으로 공격하고 있었다.

그러나 2008년 12월 19일에 이스라엘 군이 로켓탄을 발사한 무장 대원 3명을 사살하자, 하마스는 보복으로 23일-24일에 걸쳐, 이스라엘 영토를 향해 70발 이상의 로켓탄을 발사하였다.

그러자, 이스라엘 군은 2008년 12월 27일 오전 11시 30분 하마스에 대한 전폭적인 공격으로 '이-하 아자 전쟁'이 시작되었다. 이 아자 전쟁 기간 중 (2008년 12월 27일-2009년 1월 18일), 사상자는 이스라엘의 사망자 13명, 부상자 523명, 하마스의 사망자는 1,380명, 부상자는 5380명으로 집계되었다.

이스라엘 일간지 '마리브'는 계속되는 지상전에 의해 하마스 고위 간부 '아흐마드 유수프'는 프랑스 뉴스채널 '프랑스 24'와의 전화 회견을 다음과 같이 인용하여 전하였다.

하마스는 이스라엘과 조건 없는 휴전에 합의할 용의가 있다. 아자 지구가 평온을 되찾기 바란다.

이 휴전에 응하겠다고 나선 것은 이스라엘의 파상적인 공격으로 막다른 골목에 몰린 상황에서 생존을 위한 최선의 선택이라는 분석이다. '니콜라 사르코지' 프랑스 대통령과 유럽 연합을 비롯하여 유엔 사무총장 반기문 등 국제 사회의 휴전 중재 노력도 활성화되어, 양측 모두 휴전에 합의하였다.

한편, 대한민국 정부는 1월 5일, 이스라엘과 팔레스타인 무장 단체 하마스의 무력 충돌로 고통받고 있는 아자 지구 내 팔레스타인 주민들에게 30만 달러의 긴급 구호 자금을 지원한다고 밝혔다.[44]

2) 산유국으로 급부상한 이스라엘(2009-2011)

지난 2004년, 이스라엘 북부 '크팔 사바'에서 10억 배럴 규모의 유전을 개발하였던 이스라엘은 2009년, 이스라엘 서쪽 지중해 지역에 대규모의 천연가스 매장량이 발견되었다. 발견된 천연가스전은 타마르(Tamar, 470억㎥), 레비아탄(Leviathan, 4,530억㎥), 마리(Mari-B, 340억㎥), 달리트(Dalit, 30억㎥), 오르(Or, 2억㎥) 총 5개 유전으로 그 규모는 무려 약 1,492억 달러에 달한다고 추정하고 있다.

'타마르'는 2009년 세계에서 새로 발견된 가스전 중 가장 큰 규모이며, 2010년 6월에는 타마르에서 좀 더 북서쪽에 위치하며 이스라엘 북부 해안에서 약 135km 떨어진 곳에 위치한 '레비아탄-1' 광구(4530억㎥)에서 900억 달러 규모의 대규모 천연가스가 매장된 사실이 확인되었다. 이는 최근 10년 동안 심해에서 발견된 가스전 중에서 최대로 이스라엘이 한 세기 동안

---

44 최성권, 『중동의 재조명: 국제정치』 (서울: 한울아카데미, 2011).

충당할 수 있는 양이다.

　이 가운데 2009년 발견된 이스라엘 북부 항구 하이파에서 지중해로 80km 떨어진 타마르 가스전 개발에 박차를 가하면서 2012년부터 천연가스 생산이 가능할 것으로 보고 있다. 이들 가스전들은 모두 이스라엘 해안에서 40-140km 거리, 150-1700m의 깊이에 위치한다.

　한편, 2010년 8월 18일 이스라엘 일간지 '하레츠' 등 현지 언론은 이스라엘 정유개발업체인 '기보트 올람'이 시추 중인 '메게드 5' 광구에서 약 15억 배럴의 원유가 매장된 것으로 추정된다는 내용의 중간 보고서를 발표하였다는 소식으로 가스와 함께 원유도 발견되어 연신 환호성이다.

　2011년, 「Israel Nation News」에 6월 1일자 기사로 이스라엘 쉐펠라 해역에 약 2,500억 배럴의 석유가 매장되어 있을 것으로 추측되는데, 이는 세계 최대 산유국으로 알려진 사우디 아라비아의 석유 매장량 다음가는 세계

지중해 이스라엘 연안에 있는 레비아탄 천연가스전의 석유 플랫폼
(By AP, CC BY 4.0, https://www.freemalaysiatoday.com/category/business/2019/12/31/israels-giant-oil-field-leviathan-begins-pumping-gas-sparking-concerns/)

2위의 매장량 수준이라는 것이다.

  이스라엘은 가스와 석유 개발에 따른 세수원 확보를 발판으로 국부 펀드 조성 계획을 밝혔다. 이스라엘 국가경제회의 의장인 카셀 캔들은 2011년 7월 20일 일본의 「니혼게이자이 신문」 인터뷰에서 대규모 가스전에서 발생한 수입을 기반으로 국부 펀드를 조성할 계획이며, 2020년대 중반에는 200-300억 달러 규모로 키울 것이라고 자신하였다.

  가스 생산에 따른 세수는 7-8년 후에는 15억-20억 달러에 이를 전망인데, 국부 펀드는 '마리-B' 광구에서 나오는 수입 중 2억 달러로 시작해 타말에서 생산이 본격화하는 2014-2015년경에는 그 규모를 더욱 늘리겠다는 것이다.

  이에 병행하여 천연가스의 수출을 위한 기반시설 투자 역시 속도를 낼 것이 확실하다. 지중해 가스전에서 천연가스를 채굴하여 공급처까지 신속 전달하려면 남유럽을 잇는 가스관 건설, 액화 시설, 저장 시설, 항만, 선박 등 일련의 인프라 구축 비용과 환경 영향 문제도 시급한 과제이기 때문이다. 이에 이스라엘은 이를 수입할 만한 나라로 한국, 중국, 인도, 일본 등을 주시하고 있다.

  2011년 11월, 대우조선은 이스라엘 예루샬라임에서 노블(Noble), 델렉(Delek), 이스람코(Isramco)와의 광구 개발을 위한 기본합의서를 체결하였다고 밝혔다.[45]

---

[45] 소정현, "이스라엘도 세계적 산유국 반열 성큼," 「해피우먼 전북」 (2012. 3. 17.) https://www.womansense.org/16505

3) 제2차 이-하, 아자 전쟁(2012)

2012년 2월 6일 카타르 도하에서 팔레스타인 수반이자 파타의 수장인 마흐무드 압바스와 하마스 정치국장인 칼리드 마샬은 경쟁 파벌인 양측이 이미 2011년 4월과 5월 그동안 실행되지 못하였던 화해 과정을 회복하기 위하여 새로운 화해 협정을 체결하였다.

이스라엘과 하마스 간의 2차 전쟁은 2009년 강경 매파 네타냐후 이스라엘 총리가 두 번째로 총리가 된 이후 아랍의 봄이 점차 잦아들 무렵, 2012년 11월 14일, 하마스 최고 군사령관 '아흐마드 자바리'가 이스라엘에 의해서 암살된 것을 계기로 하여 아자 지구에서 다시 전면전이 벌어졌다.

이 전쟁은 7일만인 2012년 11월, 미국 클린턴 대통령과 이집트와 중재로 휴전 협정을 체결하여 종결되었다.

4) 제3차 이-하 아자 전쟁(2014)

2014년 6월 요르단강 서안 지구에서 일어난 이스라엘 10대 3명이 납치, 살해하여 변사체가 발견된 사건으로 이스라엘은 하마스의 소행이라 단정하고, 2014년 7월 8일 하마스 통치 아래 있던 아자 지구에 이스라엘 IDF가 선재 공격을 하였다.

일부 극우 이스라엘인들은 복수심에 아무 상관없는 팔레스타인인들을 납치해 보복 살해하였고, 납치한 팔레스타인 청소년 '카다이르'를 산 채로 태워 죽이기도 하였다. 이러한 복수와 재복수로 양측은 더욱 분노하여 상황이 걷잡을 수 없을 정도로 일파만파로 번져 나가고 많은 민간인들의 희생자가 늘어만 갔다. 이에 네타냐후 총리는 이스라엘인들에게 보복 범죄를 하지 말 것을 신신당부하고 위반하면 범죄로 단속하겠으며, 하마스 조직을 진멸할 테니 방위군 IDF에 맡겨달라고 하였다.

2014년 납치되어 피살된 이스라엘 소년들.
에얄 이프라(19세), 길앗 샤르(16세), 나프탈리 프랭클(16세)
(By Israel Defense Forces from Israel, CC BY 2.0,
https://commons.wikimedia.org/w/index.php?curid=41332004)

한편, 소년 3명의 보복 공격은 표면상의 일부의 명분일 뿐, 이스라엘이 이번 분쟁을 일으킨 주된 목표는 이스라엘 영토로 연결되는 아자 지구 내의 무기 반입, 이스라엘 민간인 혹은 군인 납치, 마약 밀수, 물자와 인력 이동, 게릴라 은신처 등으로 이용되고 있는 땅굴들을 완전 무력화하는 것이라는 일부 주장도 있었다. 그러나 하마스는 결국 자신들의 소행임을 자인하였다.

2014년 7월 8일 시작하여 8월 26일까지의 아자 전쟁에서 팔레스타인의 전체 사망자는 2,168명, 부상자는 10,895명에 달하며 유엔 발표에 의하면 사망자 중 70%가 민간인이었다고 하였다. 이스라엘의 피해는 군인 67명이 전사하고 450명이 부상, 민간인도 6명이 죽고 80명이 부상당하였다고 하였다. 전쟁의 가장 큰 피해자는 언제나 민간인 몫이었다.

이스라엘 군은 시가지 전투에서 교착 상태에 빠지게 되고 하마스 로켓포가 텔아비브까지 도달하여 민심도 불안해지자, 미국과 유엔의 제안으로 무력 사용 중단과 아자 지구 국경 개방 그리고 인도적 구호 물품과 건설 자재

반입을 허용하는 조건으로 약 50일간의 전쟁은 8월 26일에 종결되었다.[46]

5) 미 트럼프 대통령의 대사관 이전(2017)

이스라엘은 이미 이스라엘의 수도는 예루샬라임이라고 밝혔으나, 세계 국가들은 주변 아랍국들의 눈치를 보느라, 자국의 대사관의 텔아비브에서 예루샬라임으로 이전하는 것을 망설이고 있었다.

그러나 트럼프 미국 대통령은 미 대사관의 이전을 결정한다고 발표하였다. 이에 이스라엘은 당장 환영 성명을 내고 축하하였지만, PA를 비롯하여 아랍 국가들과 특히, 무력 단체 하마스와 이슬라믹 지하드는 결사 반대하였다.

또다시 한동안 잠잠하였던 서안 지구와 아자 지구에서 인티파다가 시작되었고, 하마스 지지자들은 트럼프 대통령과 네타냐후 총리의 사진을 불태우는 등 극단적인 저항이 계속되었다.

하마스는 소속원들에게 무장봉기를 준비하라는 지시를 내린 이후, 아자 지구에서 이스라엘 쪽으로 로켓포가 발사됐다고 이스라엘 군이 밝혔다. 그중 한 발이 이스라엘 영토에 떨어졌고, 이스라엘 군은 탱크와 전투기로 테러 거점 두 곳에 보복 공격을 하였다.

이란의 지원을 받는 PA의 무장조직 '이슬람 지하드'는 PA에 이스라엘과의 안보 협력을 중단하라고 촉구하였고 다른 무장 단체들도 일제히 반미, 반이 저항을 외치며, 티르키예와 튀니지, 이집트 등 다른 이슬람 국가에서도 미국 대사관 앞에서 항의 시위가 벌어졌다.

이스라엘 미디어들은 하마스가 분노의 날로 정한 8일이 제3의 인티파다가 시작될 것으로 전망하고 있고, 서안 지구 등의 팔레스타인 상점과 학교

---

46 최성권, 『중동의 재조명: 국제정치』(서울: 한울아카데미, 2011).

도 총파업 요구에 따라 대부분 문을 닫고, 12월 8일 개최되는 유엔 안보리 회의장 앞으로 "트럼프의 결정은 끝없는 종교 전쟁을 야기할 것"이라는 경고 편지를 안보리에 보냈다.

6) 중동의 새로운 평화의 물결, 아브라함 협정(2020-2021)

2020년 9월 15일, 트럼프 대통령은 백악관 남쪽 잔디밭에서 이스라엘의 네타냐후 총리와 아랍 에미리트 연합국(UAE) 외무장관 '압둘라 알 나흐얀'과 바레인의 외무장관 '압둘라 알 자야니'과 함께 "아브라함 협정"에 서명함으로써 국교 수립으로 관계 정상화를 이룬 새로운 아랍-데탕트 시대[47]를 열었다.

2020년 8월 UAE와 이스라엘의 관계 정상화에는 소국 바레인의 합류에 사우디의 영향력과 UAE의 앞선 행보가 크게 작용하였다. 이 아브라함 협정은 트럼프 대통령의 사위이자, 백악관 선임고문인 쿠슈너가 설계하고 추진하였으며, 협정의 이름인 '아브라함'은 기독교, 유대교, 이슬람의 한 뿌리가 되는 조상 아브라함의 이름을 딴 것으로서, 다른 문명 간 상호 이해와 공존의 의미를 내포하고 있다.

이스라엘의 '이츠학 헤르초그'(יצחק הרצוג) 대통령은 팔레스타인을 포함하여 이집트와 요르단과 같은 다른 평화 파트너들을 언급하였다. 또한, 많은 분석가는 이스라엘과 이 두 걸프 아랍 국가 사이의 관계 정상화의 지역적인 영향에 초점을 맞추고 있었다. 그러나 이 발전은 중국을 포함한 전세계적인 지정학적인 의미를 가지고 있었다.

---

47 데탕트(프랑스어 détente): 적대 관계에 있던 두 진영이나 국가들 사이에 지속되던 긴장이 풀려 화해의 분위기가 조성되는 상태. 또는 그것을 지향하는 정책. 예컨대, 1970년대 미국과 구소련을 중심으로 한 동서 진영 간의 긴장 완화.

제3장   하나님의 시계, 이스라엘   243

(왼쪽부터) 바레인 외무장관 압둘라 알 자야니, 이스라엘 총리 빈야민 네타냐후,
미국 대통령 도널드 트럼프, UAE 외무장관 압둘라 알 나히얀이
2020년 9월 15일 워싱턴에서 열린 아브라함 협정 서명식에 참석하고 있다
(By Alex Brandon, CC BY 4.0, https://www.freemalaysiatoday.com/category/
world/2020/09/18/5-more-countries-considering-israel-deals-says-white-house/)

  2021년 4월 UAE, 이스라엘, 그리스, 키프로스가 중동 합동 군사 훈련을 실시하였고, 11월에는 UAE, 바레인, 이스라엘, 미 해군 중부 사령부가 홍해에서 다자 해상 훈련을 실시하였다. 중동 지역의 안보를 위해 미국의 일곱 명의 참모총장과 미국과 협력하는 세계 34개국의 참모총장과 지휘관들, 약 3,000명의 사령관들의 합동 해양군의 통합 훈련에 대한 이 회의는 참가국 간의 작전 협력을 강화하는 동시에, 군사 학습을 위한 기회를 제공하기 위한 중요한 플랫폼을 구성하였다.
  중요한 것은 그리스, 키프로스, 모로코, 체코, 폴란드 및 행사에 군사 대표단이 참석하였으며, 다차원 실사 훈련을 검토하였으며, 시뮬레이션은 현대 전장의 혁신도 강조하였다고 IDF는 전하였다.

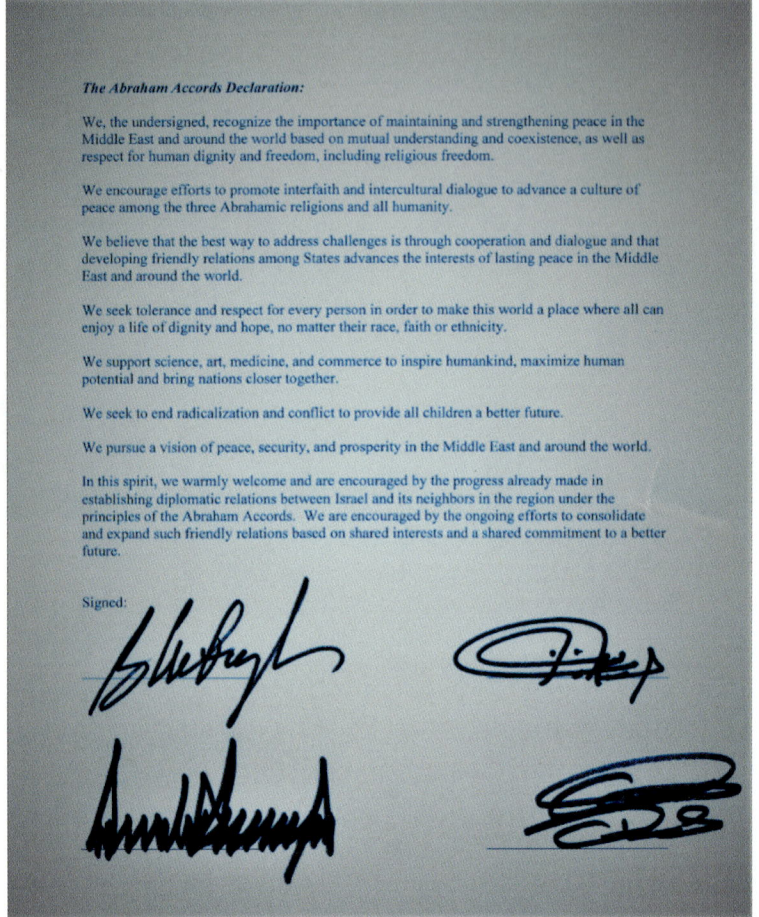

4개국 대표가 사인한 아브라함 협정 선언문
(By Mike Paul R., CC BY-SA 4.0, https://commons.wikimedia.org/w/index.php?curid=94159824)

　베니 간츠 국방장관은 일요일에 UAE 대표 '빈 자예드'(Bin Zayed)를 만나, UAE 경제 및 관광 장관 및 공무원, 협정에 대한 의제를 나눌 것으로 예상됐고, 헤르조그 대통령은 하마드 빈 이사 알 칼리파 왕의 국빈 방문으로 몇 달 안에 바레인을 방문할 것으로 예상된다. 평화의 바퀴는 이 지역에서 움직이기 시작하였고 이는 모두 아브라함 협정 안에서 발산되고 있다.

이스라엘, 아랍에미리트, 인도, 미국을 연결하는 중요한 정상회담인 'I2 US' 정상회담이 7월에 열렸다. 이것은 또한 중요한 추세이다. 미국과 인도와의 광범위한 파트너십의 일환으로 이스라엘과 UAE와 같은 국가들을 하나로 묶게 되었다.

이들은 이스라엘과 걸프만을 연결하는 많은 파트너십 중 하나이며 걸프 국가들과 이스라엘이 얼마나 많은 것을 공유해야 하는지 분명히 보여 주는 것이다. 이것은 변화하는 세계 질서 속에서 이 국가들은 공통점이 많기 때문인데, 호주에서 유럽까지 뻗어 있는 전략 시스템의 일부인 텔아비브와 두바이와 같은 중요한 정거장은 지도에 분명히 있으며, 함께 일하는 것이 합리적이다.

따라서, 이스라엘과 UAE와 바레인, 모로코, 이집트, 요르단, 미국 및 인도와 같은 파트너들은 '아브라함 협정'을 통해 기하 급수적으로 강해진다는 것을 의미하고 있다.

이에 발맞춰 비즈니스 및 혁신 파트너십은 계속 성장하고 있다. 9월 초, 아부다비 글로벌 마켓, 아부다비의 선도적인 국제 금융 센터, 텔아비브에 본사를 둔 비영리 단체인 스타트업 네이션 센트럴(Start-Up Nation Central)은 이스라엘과 UAE의 혁신 생태계 간의 협력을 촉진하기 위한 양해각서에 서명하였다고 발표하였다.

UAE는 2050년 경제에 대한 다양한 목표로 확장하고 있다. UAE가 신기술에 중점을 둔 최근 보고서에 따르면 기후 변화, 교통 인프라 의료 및 우주 탐사에 대한 작업과 같은 프로젝트에서 혁신하고자 했는데, 이 중 많은 부분이 이스라엘 자신의 성공과 관련이 있었다.

UAE의 성공은 사우디 아라비아와의 파트너십과도 관련이 있다. 이스라엘과 사우디의 잠재적 관계에 대한 희망이 있었는데, 블룸버그의 한 기사는 최근 왕국과 이스라엘이 분명히 더 이상 적이 아니지만 아직 친구는 아니라고 지적하였듯이, 이스라엘의 국가 안보 연구소(I.N.S.S.)의 또 다른 기사는 이 과정을 달팽이의 속도로 정상화하는 것으로 묘사하였다.

7) 제4차 이-하 아자 전쟁(2021)

2021년 3월, 이스라엘 네타냐후 총리가 과반수 획득에 실패한 이후 동 예루살렘을 점령하고 있는 '셰이크 자라'에서 팔레스타인 여섯 가구의 퇴거에 대한 이스라엘 최고 법원의 결정을 두고 팔레스타인인들이 들고 일어나 시위를 벌이면서 시작되었다.

팔레스타인 강제 이주 시행을 거부하는 PA의 반발 시위가 격렬해지고, 시위대가 경찰에 돌을 던지자, 경찰은 알-아크사 모스크 일대를 최루탄, 고무탄, 섬광탄을 동원해 시위대에 물리적 압력을 가하였다. 5월 6일, 이스라엘 경찰은 알 아크사 모스크 내로 진입하여 질서유지를 위해 시위대를 해산시키는 과정에서 분쟁은 시위와 폭동으로, 경찰의 폭력 진압 그리고 아자 지구에서 하마스와 팔레스타인 이슬람 지하드의 이스라엘을 겨냥한 공습이 있었다.

특히, 5월 10일은 이슬람의 기념일 '라일라트 알 까드르'와 이스라엘의 '예루살렘의 날'을 동시에 맞게 된 기념일이었다. 두 기념일 행사에 참여한 양측의 충돌로, 300명 이상의 사람들이 부상을 입었다. 이후 이스라엘 법무장관이 긴장 완화를 위해 나서면서 이스라엘 최고 법원의 판결을 30일 이후로 유예되었다.

그러나 그날 오후, 하마스는 이스라엘에게 오후 6시까지 성전산과 셰이크 자라에서 보안군을 철수시키라는 최후통첩을 보냈다. 이스라엘의 아무런 대응 없이 최후통첩이 만료되자, 하마스와 팔레스타인 이슬람 지하드는 아자 지구에서 이스라엘을 향해 로켓포를 발사하기 시작하였고, 어떤 로켓은 거주지와 학교를 강타하였다. 이에 이스라엘은 아자 지구에 대한 공습을 시작하였으며 주택, 빌딩, 학교, 병원 등 많은 시설이 파괴됐다.

제4차 아자 전쟁으로, 가자 지구에서 최소 256명의 사망과 최소 1,710명의 부상자와, 이스라엘에서는 12명의 사망과 최소 200명의 부상자가 발생하였으며, 약 7만 2000명의 팔레스타인인이 아자 지구에서 추방당하였다.

프랑스는 이집트, 요르단과 함께 유엔 안전 보장 이사회에 휴전을 위한 결의안 제출을 발표하였다. 이스라엘과 하마스의 휴전 협정은 2021년 5월 21일에 조인으로 11일간의 전투가 끝났으나, 2021년 6월 16일, 하마스가 이스라엘에 방화 풍선을 발사하였고, 이스라엘 공군은 아자 지구에 또다시 수차례 공습으로 보복하여, 한 달도 안 되어 휴전은 깨지고 전쟁이 다시 재개되었다.

결국, 1993년 오슬로 협정 이후, 최대 규모의 전쟁으로 많은 사상자가 나오게 되자, 미국 바이든 대통령이 중재로 다시 휴전을 하였다. 2021년 6월 네타냐후 총리는 전쟁에 과대 손실에 대한 책임을 묻는 신임 투표에서 패하고 총리직에서 물러나게 되었다.

8) 수니파의 맹주, 사우디와의 아브라함 협정 예정(2021)

중동 아랍 국가의 떠오르는 별, 사우디아라비아와의 경제 협정이 다가오고 있다. 예후다인의 조상인 이츠학과 아랍인 조상인 이스마일(이스마엘)이 한 아버지인 '아브라함'의 후손임을 확인하며, 양국이 앞으로 평화롭게 공존하겠다고 약속한 것이다.

'신 중동 평화 구상'이라는 명목으로 추진된 '아브라함 협정'은 미국이 이스라엘과 수니파 주요 국가들을 한데 묶어 시아파 맹주 이란을 견제한다는 전략적 목표 아래 추진됐다.

한편, 이란은 바짝 긴장하였고, 하마스도 당혹감에 휘둘릴 수밖에 없었다. 하마스의 최고 지도자 '이스마일 하니야'는 아브라함 협정이 공개된 석 달 뒤인 그해 12월 가자 지구 여러 무장 정파를 한데 묶어 강력한 군사 훈련에 돌입하는 작전명 '스트롱 필러'에 전격 착수하였다.

2021년 1월 등장한 바이든 행정부는 중국의 중동 내 영향력 확대를 막고 악화된 사우디와 관계를 회복하려 '아브라함 협정'(the Abrahamic Accords)의 확대를 결심하고, 이에 따라 지난 여름부터 바이든 대통령의 강력한 중재 아래 사우디가 이스라엘과 관계 정상화의 '8부 능선'을 넘었다는 관측이 쏟아지기 시작하였다.

뉴욕 타임스는 오는 9월 19일 미국이 사우디에 한-미 상호방위조약과 비슷한 안전 보장 협정을 맺는 방안을 논의하고 있다고 전하였다. 그 이튿날 사우디의 실권자 '무함마드 빈 살만' 왕세자는 미국 폭스뉴스와 한 인터뷰에서 이스라엘과의 관계 정상화에 대해 "매일매일 가까워지고 있다. 처음으로 진지한 것 같다"라고 하며, "냉전 종식 이후 가장 큰 역사적 거래"라고 말하였다.

이런 급박한 국제 정세 변화 속에서 하마스의 대표적인 불만은 정착촌 문제였다. 1993년 오슬로 합의가 이뤄질 무렵 서안 지구 내 정착촌 인구는 11만 명이었지만, 현재는 무려 4배나 증가되었지만, 2001년 9·11 테러로 중동 정세가 뒤집혀 아랍 국가들의 입지가 많이 축소된 가운데, 협상의 당사자인 PA는 이스라엘과 온건 정책을 택하고 국가로서의 보장을 받기 위하여 사우디와 이스라엘의 회담에 주목하고 있다.

9) 네타냐후 총리 재등장과 사법 개혁 반대 시위(2022-2023)

제4차 이스라엘 하마스 전쟁으로 물러난 네타냐후 총리는 퇴임 후, 새 행정부는 2021년 6월, 18대 총리에 낮탈리 베네트가 취임하였으나, 보름만에 사임하고, 2021년 7월, 제19대 총리에 야일 라피드가 취임하여, 레우벤 리블린 대통령에게 새 정부 구성을 마치고 의욕적인 출발을 하였다.

2021년 12월, 이스라엘-UAE 정상회담 개최하고, 이듬해 2022년 3월, 미국, 이스라엘, UAE, 바레인, 이집트, 모로코 6개국 외무장관들의 '네게브 고위급 회담'을 개최하여 '아브라함 협정'의 확산을 추진하였으나, 새 정부 연정에 참여한 의원의 이탈로, 의회 내 과반 의석이 붕괴되자, 의회해산안 통과한 후, 2022년 11월, 총선을 재실시하여 2022년 12월 29일 리쿠드의 빈야민 네타냐후에게 총리직을 넘기고 퇴임하였다.

1년 6개월 만에 재집권에 성공한 네타냐후 총리는 강경파 각료들을 중요 장관직에 앉힌 새 정부가 출범하였다. 그러나 2023년 정월 초, 극우 인사인 '이타마르 벤그비르'(Itamar Ben-Gvir) 국가 안보 장관은 예루살라임 성전산을 사전 동의 없이 방문한 일로, PA 서안 지구와 아자 지구 하마스의 비난을 받기 시작하였다.

그러나 더 큰 문제가 생겼다. 네타냐후 총리는 지난 1월 4일, 레빈 법무장관이 사법부에 대한 입법부의 권한 강화를 골자로 한 사법 개혁안을 발표하였다. 그 주요 핵심 법안 쟁점 내용은, 입법부와 사법부의 권력 분배에 관한 것으로, 법관선정위원회 구성을 변경하여 정부 여당 추천인이 절대 다수를 점유하도록 하고, 대법원 판결을 의회 단순 과반수 의결로 무력화할 수 있다는 것이었다.

그러나 대법원은 이 개혁 법안을 심의한 결과, 대법관 15명이 전원 참석한 가운데 8대 7로 무효화 판결을 하였다. 이에 네타냐후는 의회에서 개혁 법안의 입법을 추진하여 승인할 뜻을 굽히지 않았다. 그 이유는 다음과 같다.

① 이스라엘의 입법부인 크네세트와 그 행정부의 결의에 대하여, 사법부가 통제권을 부여할 경우, 61-MK 다수를 가진 크네세트에 대법원 판결을 뒤집을 수 있는 권한을 부여하려는 것이다. 예를 들어, 입법부와 행정부가 정착촌 증설계획을 결의하면, 사법부는 UN이나, 외교적

협정과 기본법에 위배된다며, 대법원에서 취소 판결을 하여 입법부와 행정부의 집행을 뒤집어 놓기 때문이었다.

② 대법원이 정부의 결정을 차단하는 데 사용하는 "법적 불합리한 요소"를 취소할 수 있게 하는 것과 행정부 법률 고문을 장관의 개인 임명으로 만들어, 구속력 있는 법적 의견을 제시할 수 있는 능력을 차단하고, 대법원 판사를 임명할 수 있는 완전한 권한을 부여하는 것이다. 예를 들어, 범죄 혐의가 있는 자를 입법부의 위원이나 행정부의 장관으로 임명할 수 있는 권한을 부여할 수도 있는 법안이다.

이 법안들은 현재, '야리브 레빈' 법무부 장관과 '종교 시온주의' 당의 국회 헌법, 법률 및 사법위원회 위원장 '심하 로드맨' 재무장관이 주도하고 있다. 이에 대한 개혁 반대 시위대는 민주주의의 3권 분립 자체를 부정하는 망국적 법안이라며, 심지어 나치 독재 법안을 만들려는 나타냐후 총리의 퇴진을 촉구하고, 연일 국회 광장과 대통령 관저 주변에서 대규모 시위로 압박하고 있다.

시위대에 참여하는 유명인사들도 점점 늘어가고 있다. 전직 총리들을 비롯하여 야당 당수들, 전현직 판검사들, 전직 군경 장성들, 비상시 군동원령을 거부하겠다고 서명 운동 참가자 예비군들 등 유명인사들까지 점점 강도가 심각할 정도로 강성화되어, 텔아비브 하비마 광장에는 10만 명이 모였으며, 하이파, 예루살라임 등 각 주요 도시마다 대규모 시위대가 형성되었다.

일부 시위대는 약 200여 명의 시위대가 하샬롬 인터체인지로 걸어가 아얄론 고속 도로를 점유하려고 이동하려고 하였지만 경찰에 무력 진압으로 저지되었다.

대법원 탄압 계획에 반대하는 시위
(By Oren Rozen, CC BY-SA 4.0, https://commons.wikimedia.org/w/index.php?curid=128689096)

10) 사법 개혁 법안 국회 통과(2024)

이스라엘 네타냐후 총리의 사법 개혁을 저지하기 위한 50만 명(3월 28일)이라는 역사상 대규모 시위 기록이 벌어졌고, 지난 주말 시위대 수만 명은 이스라엘 서부 대도시 텔아비브에서 수도 예루살렘까지 약 70km에 달하는 행진 시위를 벌였으며, 서로 가까운 곳에 자리한 국회와 대법원 사이 공원에 천막을 설치하고 버텼다.

국회는 7월 24일 개혁안 중 핵심 부분인 "비합리적이라고 생각되는 정부의 결정을 번복할 수 있는 대법원의 권한을 폐지한다"는 법안을 야당이 최종 투표에 불참을 선언한 채, 결국 64-0표로 가결 승인되었다. 지난 22일 네타냐후 총리는 인공 심장박동기 이식 수술을 받고, 퇴원한 지 몇 시간 뒤인 24일 국회에 참석하여 투표하였다. 이는 법원의 권력을 억제하고자 추진 중인 이번 사법 개혁안에서 최초로 실제 승인된 법안이었다.

이스라엘 정부는 최근 수십 년간 법원이 정치적 결정에 점점 더 개입하고 있다면서, 이러한 권력의 불균형을 바로잡기 위해선 사법 개혁이 필요하다는 입장이었다. 네타냐후 총리는 3권 분립 원칙에 따라, 법원의 고유 독립성은 유지될 것이며, 이번 사법 개혁안은 정부가 "국민 대다수의 결정에 따라 정책을 시행하기 위해" 필요한 조치라고 설명하였다.

이번 개혁안은 이스라엘의 민주주의를 위협한다는 강한 반발에 직면하며 이스라엘 역사상 최대 규모 시위를 촉발하였다. 국회 가결 당일 오전에는 드럼, 호루라기, 경적 등의 소리가 뒤섞인 가운데 이스라엘 경찰은 의회 외곽 대로를 점령한 시위대를 향해 물 대포를 뿌렸으며, 결국 시위대는 도로에서 철수하였다.

이 과정에서 시위대 1명이 다치고 6명이 체포됐다고 한다. 다른 시위대는 경찰차를 둘러싸고 이들을 향해 거리에 드러누운 채 항의하던 한 시위자는 BBC와의 인터뷰에서 자신은 "독재 정부"에 맞서는 중이라고 설명하면서, "우리는 절대 항복하지 않을 것"이라고 답하였다.

이렇듯 갈등이 깊어지는 가운데 이스라엘 군의 공격 및 방어 능력에 핵심적인 공군 조종사와 예비군 수천 명이 복무나 훈련을 거부하는 방식으로 시위에 참여하고 있다. 이러한 군인들의 전례 없는 항의로 인해 이스라엘 군의 대응 능력에 잠재적으로 영향을 미칠 수도 있다는 경고가 나오기도 하였다.

이스라엘의 전직 보안 기관 수장, 대법원장, 저명한 법조계 및 재계 인사들 또한 이번 정부의 개혁에 반대하고 있다. 또한, 조 바이든 미 대통령은 "분열적인" 개혁을 연기하라며 비판하였다.

11) 제5차 이-하, 아자 전쟁(2023-2024)

예후다교의 명절인 초막절에서 이어지는 안식일이자, 아랍이 이스라엘을 급습하였던 '욤키푸르 전쟁'(4차 중동 전쟁) 개전 50주년 다음날인 2023년

10월 7일 새벽, 텔아비브 남부 지역에 수천 발의 로켓폭탄과 동남부 네게브의 음악축제장 그리고 인접한 키부츠 마을에 수천 발의 로켓을 퍼붓고, 수백 명의 무장 대원들이 국경을 넘어, 드론 공격과 낙하산을 타고 대규모 침투 기습 공격을 가하였다.

하마스의 공격 하루 전날, 밤 11시부터 시작한 '레임'(Re'im) 음악 축제에 참석한 젊은이들은 혼비백산하여 급히 피하였으나, 축제장의 350명과 키부츠의 민간인들과 외국인까지 약 1,200명이 살해되었으며, 약 350여 명이 인질로 납치되었다고 IDF 군 대변인이 발표하였다. 축제장은 지옥으로 변해 시체들이 여기저기 뒹굴고 바닥은 유혈이 낭자하였고, 철통 같은 이스라엘 정보망은 먹통이 되어 많은 희생자로 인하여 온 국민이 경악하고 있었다.

이스라엘-하마스 전쟁 지도

(By Ecrusized, CC BY-SA 4.0, https://commons.wikimedia.org/w/index.php?curid=138592589)

이스라엘은 이에 대한 보복 공격을 시작하였다. 전투기의 폭격으로 아자 시티를 공격하고 전국에 예비군을 소집하고 전쟁 준비에 돌입하였고, 아자를 포위하고 하마스의 본부와 지하 터널 등에 맹렬한 폭격을 가하고 있다.

결과적으로 하마스는 약 3만 명 넘는 가자 지구 주민들의 목숨과 230만 명이 살던 도시의 괴멸적인 파괴라는 생(生)살을 도려내면서까지, 이스라엘과 사우디의 관계 정상화 협상을 일단 주저앉혔다. 자신들이 추진해 온 이스라엘과 사우디 간의 국교 정상화 협상을 뒤집기 위한 것임은 자명한 셈이다.

사우디 등 주요 아랍 국가들이 더는 자신의 편을 들어주지 않게 될 '완전한 고립' 위기에서 벗어났으나, 그와 함께 중동 문제의 근원인 '팔레스타인 문제'를 해결하지 않고는, 이 지역의 평화를 얻을 수 없다는 자명한 사실을 전세계에 다시 한번 일깨워 준 셈이다.

그러나 고립 해소라는 전략적 목표를 달성하는 데 성공하였지만, 그래서 중동의 평화가 가까워졌는지는 불투명하다. 이 전쟁으로 이스라엘과 팔레스타인이 서로 독립된 국가로 공존하는 길은 더 멀어졌기 때문이다. 다만 대규모 민간인 피해를 안게 된 아자 전쟁을 일단 멈춰 세워야 한다는 데는 국제 사회와의 의견이 일치하고 전무후무한 괴멸된 도시의 복구를 위해 이에 동의하고 있다.

어느덧, 이스라엘-하마스 전쟁 D-180일, 국제 사회는 속히 휴전을 하고, 가장 고통받고 있는 난민들의 보호를 촉구하고 있다. 이스라엘 네타냐후 총리는 하마스의 100% 전멸할 때까지 전쟁은 계속한다는 강경한 입장이나, 인질로 잡혀 있는 100여 명의 가족들의 압박을 피할 수 없고, 하마스는 출구 찾기보다 신변안전이 우선 과제라고 판단하고 있다.

하마스 조직의 수뇌부들은 많이 사망하였고, 자신들의 회복보다는 아자 지구가 거의 쑥밭이 되어 주거지를 잃은 난민들의 주거 복구 경비와 하마스 대원 재확보 그리고 많은 희생을 당한 아자 시민들의 지지도가 하락한 상태여서 자의적 해결이 난감한 형편이다.

가자로 끌려간 이스라엘 인질들의 귀환을 촉구하는 포스터들
(By Oren Rozen, CC BY-SA 4.0,
https://commons.wikimedia.org/w/index.php?curid=139045112)

한편, 유엔 사무총장은 이스라엘의 공격으로 많은 난민의 구호 대책과 여성들과 어린이들의 사망과 치료 등 이스라엘의 과잉 진압을 비난하지만, 정작 이스라엘의 인질 문제와 무장 대원들의 여성 성폭행에 대해서는 침묵하고 있는 편파적인 처사로 인하여 이스라엘의 원성을 받고 있다.

특히, 팔레스타인 난민을 위한 유엔 구호 활동 기구 UNRWA의 12명의 직원들과 가자 지구 병원의 의사들이 하마스 테러를 돕는 동영상 자료들에 대해서도 직원 해고만 하는 등 구체적인 조사 자체가 이루어지지 않고 있어, 유엔 사무총장에 대한 이스라엘의 불만은 유엔 구호활동 기구에 대한 자금 지원을 중단하기에 이르렀다.

이 시간에도 아자 지구 100만 난민들은 라파 국경 공터에서 텐트 하나에 의지하고 하루하루 추위에 떨고 있고, 아이들은 영양 실조에 허덕이고 있다. 밤의 추위는 살을 파고 들어오고 있고, 유아들의 영양 결핍과 비(非)위생

가자 지구 남부 라파 지역에 있는 팔레스타인 난민촌
(By FMT, CC BY 4.0, https://www.freemalaysiatoday.com/category/world/2024/03/18/egypt-says-us-must-make-clear-to-israel-consequences-of-rafah-operation)

식수와 불결한 환경으로 인한 잦은 질병들이 발생하고 있고, 임산부들과 노인들의 질병 치료 등 긴급 구호가 시급한 실정이다.

전쟁을 일으킨 하마스 지도부는 뭐하고 있는가?

언제까지 숨어서 자신들이 보호할 아자 시민들이 추위와 양식에 떨고 있는 것이 안 보이는가?

자신들의 책임은 회피하고, 구호 물품이 들어오면, 난민들보다 자신들의 조직원들이 우선이라며, 총으로 위협하고 먼저 독차지하고 있다고 한다.

자신들이 감당 못할 전쟁은 시작해 놓고, 이제는 숨어서 이스라엘의 폭격을 막아내지도 못하면서 안일하게 자신들의 신변만 챙기려는 비겁하고 야비한 지도자들이다.

영문도 모르는 노약자와 유아 난민들은 어느 날 갑자기 닥친 전쟁터에서 상상 못한 가족들이 폭탄에 죽어가고 집과 개인 소유를 다 집에 두고 맨 몸만 빠져나와 기약 없는 하루를 막막하게 보내고 있으니 과연 누가 그들의 상처를 변상해 줄 수 있겠는가?

장래의 비전이나 계획, 언제 집으로 돌아갈지 아무것도 예상할 수 없다. 아니, 그들의 집은 이미 파괴되어 산산조각 나서 이미 없어졌는지도 모른다.

난민들의 해결이 가장 시급한 이 때, 남은 문제 해결은 하마스는 아직 숨겨 둔 인질 100여 명을 가족들에게 어서 보내 주고, 이스라엘은 아자 지구에서 철수하는 것만 남겨 두고 있다. 하루 속히 난민들과 인질들을 위한 남아 있는 생명들을 살리는 길만이 최선이리라.

이스라엘-하마스 지도자들이여! 그대들이 진정한 지도자라면, 이 전쟁의 남은 생명들(난민들과 인질들)을 위하여 전쟁을 멈추고, 조속히 무조건으로 휴전 협정을 수용해야 한다.

12) 현대 이스라엘의 '내일의 예언'은 현재진행형

> 나의 백성이여,
> 내가 너희의 무덤을 열고 너희를 그들에게서 건져 올릴 것이다.
> 내가 너희를 이스라엘 땅으로 다시 데려 올 것이다(에헤즈켈 37:12-14).

매년 1월 27일은 유엔이 정한 해외 거주 예후다인들을 위한 '홀로코스트 기념일'이다.[48] 이스라엘에서는 이 날을 '욤 하쇼아'(יום השואה, Holocaust), 곧 '재앙의 날'이요, '600만 명의 이스라엘 사람들이 불태워 죽임을 당한 날'이

---

[48] 유엔은 아우슈비츠-비르케나우 희생자 기념일인 1월 27일을 홀로코스트의 600만 예후다인 희생자와 나치 박해의 수백만 명의 다른 희생자들을 기억하는 시간인 국제 홀로코스트 추모의 날로 지정하여 희생자들을 기억하고, 생존자들을 기리며, 홀로코스트의 시대를 초월한 교훈을 재확인하기 위한 기념을 미국 홀로코스트 박물관에서 1월 26일과 27일, 이틀간 가지고 있다.

라 하여, 연중 가장 슬픈 고통의 날로 기념하고 있다.

이날, 빈야민 네타냐후 이스라엘 총리는 국제 사회 앞에 서서, 독일 최대의 말살과 죽음의 수용소 '아우슈비츠' 해방 기념일에 이스라엘 국가에 '예헤즈켈'(에스겔) 37장의 종말 예언이 실현됐다고 선언한 이례적인 날이었다.

> 우리 예후다인들은 예후다인 대학살 이후 잿더미와 파괴에서,
> 결코 치유될 수 없는 끔찍한 고통에서 깨어났습니다.
> 예후다인의 정신, 인간의 정의, 선지자들의 비전으로 무장한 우리는
> 새로운 가지를 돋우고 뿌리를 깊게 내렸습니다.
> 마른 뼈는 살로 뒤덮였고, 영혼은 그것들을 채웠습니다.
> 그리고 그들은 살고 자립했습니다. 선지자 예헤즈켈이 예언한 대로 말입니다.
> 하나님께서 예헤즈켈 선지자에게
> "이 마른 뼈들이 이스라엘의 모든 가문이다"라고 말하셨습니다.
> 선지자는 하나님께 다시 말했습니다.
> "우리의 뼈들은 이미 말라버렸고 희망은 없어졌으며 우리는 망했습니다."
> 그러자, 하나님께서 선지자에게 말씀하셨습니다.
> "나의 백성들아, 내가 너희들의 무덤을 열고
> 너희를 너희의 무덤에서 건져 내어 나오게 하여,
> 이스라엘 땅으로 들어가게 할 것이다.
> 그러므로 너희들은 내가 주님인 줄 알게 될 것이다.
> 그리고 내가 너희 안에 내 영을 주어 너희들이 살아나게 하고
> 내가 너희들을 너희 고국 땅에 둘 것이다
> 내가 이 일을 말하였고 이루게 될 줄을 너희가 알게 될 것이다"(예헤즈켈 37:11-14).

네타냐후 총리는 해마다 전 세계 예후다인들이 알리야(성경의 고향 땅으로)를 만들고 있다고 말하였다.

1948년에 독립 선언 당시의 성지에는 80만 6000명의 주민이 살고 있었으며, 그중에 약 82%인 66만 1000명이 예후다인이었으나, 오늘날, 이스라엘 국가는 현재 거의 76살이나 되었으며 인구는 거의 990만 명으로 그중에 74%가 조금 넘는 약 730만 명이 예후다인 인데, 이는 전 세계 예후다인 1570만 명의 거의 절반이 이스라엘에 살고 있다는 것이라고 강조하였다.

> 유다 왕국의 잔재가 다시 아래에서 뿌리를 내리고
> 위에서 열매를 맺을 것입니다(예사야 37:31, 2열왕 19:30).

13) 네타냐후 총리의 '2035년 아자 지구의 비전' – 위기에서 번영으로!

이스라엘 네타냐후 총리는 아자 지구를 자치권으로 복귀시키고 궁극적으로 아자 지구를 지역 경제에 재통합하기 위한 '2035년 아자 지구의 비전 3단계 프로그램'을 제시하였다.

이스라엘-하마스의 전쟁 후, 아자 지구에 대한 이스라엘의 계획이 정확히 어떤 모습일지에 대해 한창 많은 논쟁 중에 있다. 지난 5월 3일(금) 아자 지구 경제를 활성화시키려는 이스라엘의 계획을 보여 주는 총리실 문서가 온라인에 공개되었다.

온라인에 공개된 문서에는 빈야민 네타냐후 총리가 대규모 인프라와 경제적 투자를 통해 지속적인 평화를 이루고 아자 지구를 지역 경제에 재통합시키려는 시도가 담겨 있다.

이 계획은 아자 지구의 정치를 조절하기 위해 아자 지구를 재건한다는 목표를 제시하였는데, 이 보고서는 아자 지구를 신흥 공급망을 파괴하고 PA 국민의 미래 희망을 좌절시키는 '이란의 전초 기지'라고 불렀다.

또한, 이 계획은 또한 아자 지구가 '바그다드-이집트'의 무역로와 '예멘-유럽'의 무역로 모두에 있는 동서 무역로에서 역사적으로 중심 위치를 차지하였음을 강조한 것이다.

(1) 아자 지구 성공을 위한 4단계

총리실 문서에 따르면 아자 지구를 자치권으로 복귀시키는 데는 제4단계가 있다고 한다.

제1단계는 앞으로 12개월간 인도적 지원이 지속될 예정이다. 이스라엘은 북쪽에서 시작하여 천천히 남쪽으로 하마스의 통제가 없는 안전한 보안 지역을 형성하고, 아랍 국가 연합(사우디 아라비아, UAE, 이집트, 바레인, 요르단, 모로코)이 안전 지역에 대한 인도적 지원을 분할하여 관리하도록 할 것이며, 아자 지구 팔레스타인인들은 아랍 국가들의 감독하에 안전 지대에서 평화로운 삶을 살게 될 것이다.

제2단계는 향후 5-10년 안에 이룩할 계획으로 아자 지구의 안보 책임을 이스라엘이 담당하고 아랍 연합은 재건 노력을 담당하고 스트립의 재정을 관리하기 위해 '아자 재활국'(GRA)이라는 다국가 간 협력 기구를 창설할 것이며, GRA는 아자 지구 팔레스타인인들이 운영하게 되며 안전 지역 관리를 책임지게 된다. 이는 '마샬 플랜'과 탈(脫)급진화 프로그램의 이행과 협력으로 이루어질 것이다.

제3단계는 이스라엘이 '자치 안보 위협'에 맞서 행동할 권리를 보유하게 되고, 권력은 서서히 아자 지방 정부나 통합 팔레스타인 정부(서안 지구 포함)로 이양될 것이다. 그러나 이는 아자 지구의 성공적인 탈급진화와 비군사화에 한정할 것이며 모든 당사자의 동의를 받을 것이다.

제4단계는 팔레스타인이 아자 지구를 완전히 독립적으로 관리하고 아브라함 협정에 참여하는 것이다.

이와 같이 아자 지구의 재건 노력은 '무(無)로부터의 재건'과 '현대적인 디자인과 도시 계획'을 특징으로 하는 새로운 도시를 처음부터 설계하는 것이 포함될 것이며, 이 계획은 관련 국가에 여러 가지 이점을 제공하여 이스라엘의 경우 남부의 안보 외에 가장 중요한 장점은 사우디아라비아와의 정상화에 있다.

참여하는 걸프만 국가들의 주요 이점은 미국과의 방어 조약과 철도와 파이프라인을 통해 아자 지구의 지중해 항구에 대한 자유로운 접근을 포함할 것이고, 또한 아자 지구에서 그러한 개입이 성공한다면 예멘, 시리아, 레바논에서도 개방을 협력할 수 있다는 것이다.

아자 지구 주민들에게 하마스 통제가 끝난 후, 가장 큰 장점은 스트립에 대한 막대한 투자와 엄청난 고용 기회뿐만 아니라 서안 지구와의 재통일과 자치 달성을 위한 통로가 될 것이라고 강조하였다.

(2) 아자 지구 주변 지역의 광범위한 발전 프로젝트

아자 지구의 주변 지역의 광범위한 발전 계획은 사우디아라비아의 NEOM과 같은 대규모 프로젝트를 확대하고 이를 시나이 반도에서 구현하는 것이다. 이를 통해 아자 지구는 지중해의 중요한 산업 항구로 자리매김을 할 수 있으며, 이는 가자 지구의 생산품과 더불어 걸프만에서 사우디 아라비아의 석유 및 기타 원자재 수출을 위한 주요 거점이 될 것이다.

이 프로젝트는 이스라엘, 가자, 이집트가 협력하여 그 위치를 활용할 수 있도록 'Sderot' - 'Gaza' - 'El Arish'를 포괄하는 대규모 자유 무역 지역의 창설을 가능하게 될 것이다. 또한, 새로운 인프라 투자와 지역 통합을 결합하여 아자 지구 바로 북쪽에서 새로 발견된 가스전은 급성장하는 산업을 지원하는 데 막대한 도움이 될 것이며, 기후 변화를 상쇄하는 데 도움이 될 담수화 플랜트와 함께, 태양 에너지 필드도 시나이 지역에 건설하게 될 것이다.

이 계획에서 제시된 한 가지 아이디어는 아자 지구를 전기 자동차 제조의 핵심 허브로 만드는 것이다. 희망은 이러한 모든 통합이 아자 지구뿐만 아니라 'El-Arish'와 'Sderot'도 값싼 중국 제조업의 경쟁자로 만들 수 있다는 것이라고 밝혔다.

네타냐후 총리는 금번 6개월 동안의 전쟁을 통하여 하마스를 완전 소탕하여 다시는 아자 지구에 전쟁의 불안을 종식시키고 PA와의 평화적인 경제 부흥을 향한 '2035 아자 지구'의 블루 비전으로 공생하는 방안을 나름대로 제시한 것이다.

> 예루살라임을 위하여 평안을 구하라.
> 예류살라임을 사랑하는 자는 형통하리로다(찬양들 122:6).

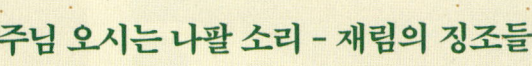

제4장
주님 오시는 나팔 소리 – 재림의 징조들

1. 2024년은 Doomsday Clock 90초 전!

　미국 핵과학자회(BAS, Bulletin of The Atomic Scientists)가 지난 2024년 1월 23일 '지구 종말의 날'(Doomsday, 둠스데이) 시계를 지구 멸망을 의미하는 자정의 90초 전 수준을 유지하기로 하였다고 밝혔다. 하지만, 러시아와 우크라이나 전쟁, 이스라엘·중동 전쟁 등 전 세계를 뒤흔든 '두 개의 전쟁'은 위험 요소로 지적하였다.

　BAS는 이날 '둠스데이 시계'의 초침을 지난 해와 같은 '자정 90초 전'으로 설정한다고 발표하였다. BAS는 2022년 2월 러시아의 우크라이나 침공을 계기로 핵전쟁 우려가 커지자 2020년부터 유지하던 100초 전 초침을 지난해 90초로 당긴 바 있다.

　BAS는 올해 지구 종말 초침 설정 근거로 핵 위협과 기후 변화, 인공 지능(AI)과 새로운 생명 공학 기술 등을 꼽았다. '레이철 브론슨' BAS 회장은 다음과 같이 지적하였다.

　　세계 분쟁 지역은 핵확산 위협을 안고 있고, 기후 변화는 이미 죽음과 파괴를 일으키고 있다.

지구 종말의 시간은 자정까지 90초 전
(By Free Malaysia Today, CC BY 4.0, https://www.freemalaysiatoday.com/category/world/2023/01/25/kremlin-alarmed-after-doomsday-clock-closes-in-on-midnight)

… AI와 생물학적 연구와 같은 파괴적인 기술은 안전장치보다 더 빨리 발전하고 있다.

… 지난해 설정한 초침(90초 전)을 유지한 건 세계가 안정적이라는 이야기가 아니다.

그러면서 그는 "자정까지 90초는 매우 불안정한 상황"이라고 재차 강조하였다. 기후 변화에 대해선 다음과 같이 꼬집었다.

지난해 세계는 가장 더운 해를 보냈고, 온실가스 배출량이 계속 증가하면서 미지의 영역에 진입하였다.

이어 지난해 청정에너지에 대한 신규 투자가 1조 7000억 달러에 달하였지만, 약 1조 달러에 달하는 화석 연료 투자가 이를 상쇄하였다고 덧붙였다.

미국 핵과학자협회(BSA)는 알베르트 아인슈타인(1879-1955) 등 과학자들이 주축이 되어, 1945년 창설되었다. 지구 심판의 날을 자정으로 설정하고 자정 7분 전에서 시작한 이 시계는 1947년부터 매년 초에 인류가 살고 있는 지구의 '둠스데이' 시각을 발표해 왔다. 미국과 소련의 핵실험 경쟁이 펼쳐졌던 1953년 종말 2분 전까지 임박하였다가 양국 간 전략 무기 감축 협정이 체결된 1991년 17분 전으로 늦춰졌다.

하지만, 기후 변화와 코로나19 등의 위협이 이어지며 2019년 시계는 자정 2분 전으로 설정된 바 있다. 이 '둠스데이'는 최후의 심판일, 세상의 마지막 날(the Last Judgment), 판결의 날, 운명이 결정되는 날, 전 세계를 파멸시키는 대참사를 예감케 하는 날로서, 이 시계는 괘종시계, 탁상시계, 손목시계가 아닌, '스톱 워치'로서 시간이나 기록을 재는 시계(Time Clock or Time Record)를 말한다.

본 장에서는 핵과학자들이 지구 멸망의 요소들이 무엇인가를 미디어 자료들을 모아 정리하여 보니, 그들의 주장이 결코 허구적인 위협이 아니라 과학적인 근거라는 것과 그 중심에는 모두가 다 잘 알 알고 있듯이 핵무기와 전쟁의 파괴 그리고 기후 이변과 과학 기술의 진보 등의 자명한 현실이다.

이에 더하여 성경의 인류 종말의 예언들도 하나님을 대적하고 창조질서를 역행하는 인간의 탐욕과 욕망 때문이라는 경종을 울리고 있다.

> 말세에 고통하는 때가 이를 것이다.
> 사람들이 자기를 사랑하며 돈을 사랑하며 자랑하며 교만하여
> 비방하며 부모를 거역하며 감사하지 아니하며 거룩하지 아니하며
> 무정하며 원통함을 풀지 아니하며 모함하며 절제하지 못하며
> 사나우며 선한 것을 좋아하지 아니하며 배신하며 조급하며 자만하며

쾌락을 사랑하기를 하나님을 사랑하는 것보다 더하며
경건의 모양은 있으나 경건의 능력은 부인하는 자들이니
이 같은 자들에게서 너는 돌아서라(2티모테오스 3:1-5).

2. 세계의 기후 변화, 불타는 지구

1) 지구의 온도 상승의 영향력의 위기

사람마다 사랑이 식어 가고 있는데, 오히려 지구는 뜨거워지고 있다. 지구는 뜨거워지면 안 된다. 지구가 뜨거워지면, 최근에 세계 곳곳에서 발생하는 기후 이변의 사건들로 인하여 많은 사람들이 사망과 고통으로 죽어가고 있고, 또 더 많은 사람들이 죽어가는 대참사가 발생하게 되기 때문이다. 지구의 온도 상승은 이산화탄소(CO_2) 온실가스의 상승과 그 상승 곡선이 일치하고 있다. 그동안 지구 온도가 1℃ 상승하려면, 보통 1,000년이라는 기간이 흘러가야 했다. 그러나 1900년대의 산업 혁명 이후로 21세기 현재까지 소요된 기간은 불과 1백 년으로 단축되었다는 놀라운 연구 결과가 나왔기 때문이다. 대기 중에 있는 이산화탄소의 양이 많아지면. 태양열의 온도로 뜨거워진 땅의 열기가 다시 지구 밖으로 배출되는 것을 막게 되어, 지구 온도는 점점 가파르게 상승 곡선을 타게 될 것이다.

따라서 앞으로 지구 온도가 1℃ 상승하려면, 지구 온도의 소요 기간은 점점 단축될 것이고, 그 기간의 단축은 그것으로 끝나는 것이 아니라, 각종 기상 이변과 사건들이 계속 발생하여 그에 따른 더 큰 희생과 고통은 다음 세대에게 다가올 것이라며, 경각심을 가지고 지금부터라도 이에 대한 대안 대책을 마련해야 할 것이라고 주장하였다.

불타고 있는 지구(By JAAL0221, Stock 일러스트 ID: 2445629511)

2) 세계 각국의 잦은 기후 이변

2015년 여름, 인도와 파키스탄은 폭염으로 약 2,500명이 사망하였고, 2016년에는 중동의 이라크와 미국 캘리포니아주는 섭씨 50℃의 폭염과 1017년 호주는 47.6℃를 기록하였다. 대한민국은 2018년 역사상 최고 41.0℃의 폭염으로, 온열 환자 4,515명과 48명의 사망자를 기록하였으며, 2019년에 프랑스는 폭염으로 1,435명이 사망하였다. 2020년과 2021년에는 봄까지는 비교적 지구 평균 기온이 다른 해보다 비교적 낮은 편이었으나, 5월 들어 전 세계 많은 지역에서 이상 저온과 이상 고온 현상이 심해졌다. 6월까지도 비가 꽤 많이 왔으나, 오히려 와야 할 7월 중순부터 계속 비가 안 내리다가, 여름인 북반구에 폭염은 물론이고 겨울인 남반구에서도 이상 고온 현상이 나타났다.

특히, 미국, 캐나다 등의 북아메리카 서부에서는 이 사태의 일부인 '북미 서부 폭염 사태'로 인하여 섭씨 50도에 육박하는 폭염이 발생해 수백 명의 사망자가 발생하였다.

미해양대기국(National Oceanic and Atmospheric Administration, N.O.A.A)에 따르면 2021년도 7월 지구 표면 온도(지표면+해수면)가 20세기 평균인 15.8℃보다 0.93℃ 높은 16.73℃를 기록해 2016년, 2019년, 2020년에 기록한 종전 기록치보다 0.01℃ 높은 역대 최고치를 갱신하였다고 밝혔다. 지표면 온도도 1880년 관측이 시작된 이후 평균보다 1.4℃ 높아 작년에 이어 최고치를 또 초과하였으며, 북반구 지표면 온도는 평균을 1.54℃ 웃돌아 2012년 이후 9년 만에 최고치이다.

2023년 9월 11일(현지 시간) CNN에 따르면 리비아 동부를 장악한 반군인 리비아국민군(LNA)의 '아흐메드 미스마리' 대변인은 이날 기자 회견에서 다음과 같이 밝혔다.

홍수로 지금까지 2,000여 명이 사망하고 5,000-6,000여 명이 실종됐다.

앞서 리비아에서는 폭풍 대니얼이 강타해 벵가지, 수스, 데르나, 마르지 등에서 대홍수가 발생하였으며, 특히 데르나의 댐 2개가 붕괴되면서 주변 도심과 마을들이 물에 잠겨 큰 피해가 발생하였다.

남미 브라질은 많은 지역에 폭염이 덮쳐 '리우데자네이루'에서는 2023년 11월 14일(현지시간) 체감 온도가 60℃ 가까이 올랐다고 AFP통신이 전하였다. 브라질 국립기상연구소(Inmet)에 따르면 브라질은 수도 브라질리아를 비롯해 남동부, 중서부, 북부 일부 지역에 폭염 경보가 내려진 상태이다.

기후 당국에 따르면 리우의 온도계는 섭씨 39℃였다. 그러나 체감으로는 58.5℃에 달하였다. 체감 온도는 습도나 온도, 풍속에 따라 피부에서 몇 도로 느껴지는지를 알려주는 온도를 의미한다. 이날 온도는 2014년 기록을 시작한 후 가장 높은 체감 온도였다.

2023년 리비아 대홍수
(By AP, CC BY 4.0, https://www.freemalaysiatoday.com/category/world/2023/09/19/libyans-protest-against-authorities-in-flood-hit-derna)

3) 기후 변화의 주범은 온실가스

기후 변화의 원인은 두 가지이다. 자연적인 원인과 인위적인 원인으로서, 자연적인 원인에는 외부적으로는 태양 복사 에너지 변화, 지구의 공전 궤도 변화(밀란코비치 이론), 대규모 화산 활동 또는 조산 활동 등이 원인이 되고 있으며, 내부적으로는 기후 시스템의 자연 변동성으로 인한 엘니뇨, 북극 진동, 산불, 몬순(장마)이 있다. 또한, 대기권의 기후 변화는 온실가스, 반응가스, 에어로졸, 강수 화학, 대기 복사, 자외선, 성층권 오존 등 해양의 기후 변화는 수온 상승, 해수면 높이, 해양 산성화, 해양 염분 등이 원인이 되고 있다.

지구 온도 상승의 가장 큰 문제는 온실가스이다. 온실가스는 이산화탄소, 메탄, 아산화질소, 염화불화탄소 등의 미량기체 등을 가리킨다. 만약 온실가스가 없다면 지구 평균 기온은 -19℃가 될 것이다.

UN 산하 '기후 변화에 관한 정부 간 협의체'(IPCC) 제5차 보고서는 1950년 이후 나타난 지구 온난화가 화석 연료의 사용 등 인간 활동 때문일 가능성이 매우 높다(95% 이상의 확률)고 결론을 내렸다.

에너지를 얻기 위해 사용된 화석 연료(석유, 석탄, 가스 등)의 연소는 지구 온난화의 주범인 이산화탄소 농도를 꾸준히 증가시키고 있다. 계속되는 온실가스의 증가로 지구의 평균 기온 상승이 불가피한 가운데 어느 때보다 기후 변화를 효과적으로 대응하기 위하여 이산화탄소 농도를 과감히 감소시킬 수 있는 대안과 정책을 지구촌 온 인류 모두가 꾸준한 노력과 적극적인 참여를 해야만 할 때이다.

지구의 온도 상승은 여러 나라에서의 예기치 않은 대형 산불로 더욱 온도를 올리는 데 부채질을 하고 말았다. 2023년도의 호주는 6개월 동안(2022. 9. - 2023. 2.) '꺼지지 않는 들 불'로 600만 헥타르(호주 전체 면적의 14%, 영국 전체 면적과 대등, 서울의 100배) 소실되었고, 캥거루와 코알라 등 야생 동물이

호주 산불(By Bruce Detorres, PDM 1.0, https://flic.kr/p/2ic8rfh)

5억 마리 이상 죽었다. 캐나다는 대형 산불로 1400만 헥타르가 소실되었고, 미국의 하와이 섬은 100여 명의 사망자와 1,300여 명이 실종되는 등의 큰 피해를 주었다.

이외에도 대형 산불은 그리스, 이탈리아, 대한민국(충남, 대전, 강릉) 등의 국가들도 대형 산불로 많은 인명 피해와 무성한 산림들이 처참하게 재가 되어 2023년도의 지구는 온도를 낮추기는커녕 오히려 온도를 더 높이는 데에 한몫을 하였다.

4) 남극의 그린란드 해빙과 해수면 상승

유엔 산하 세계기상기구(WMO)가 2027년 안에 지구 평균 기온이 66%의 확률로 1.5℃ 기준점을 넘을 것이라고 밝혀 충격을 주고 있다. WMO는 지난 2020년부터 향후 1년 안에 '1.5℃ 기준점'이 깨질 가능성을 줄곧 계산해 발표하고 있는데, 당시만 해도 5년 안에 기준점이 개질 가능성이 20% 미만으로 예측됐으나, 지난해 50%까지 증가하였으며, 올해 다시 66%로 상승한 것이라고 BBC가 인용하여 방영하였다.

또한, 지난 8월초 미국 플로리다주의 해수 온도가 38.4℃로 세계 바닷물 온도 역대 최고를 기록하였고, 아르헨티나 '부에노스아이레스'는 예년보다 20℃ 높은 한겨울 기온 30.1℃를 기록하였다. '안토니오 구테흐스' UN사무총장은 다음과 같이 말하였다.

> 이제는 따스한 지구 온난화(Global Warming)가 아니라, 부글부글 끓는 '지구 고온화'(Global Boiling) 시대에 접어들었다.

기후 위기로 홍수와 태풍, 감염병, 폭염 등 총체적 재난의 발생이 예견되고 있다.

한편, 11월 9일 기후 변화 연구 비영리단체 '클라이밋 센트럴'의 보고서에 의하면, 2022년 11월부터 12개월 동안 지구 평균 기온이 1900년도 산업화 시대 전보다 1.32℃ 상승하여 역사상 '가장 더운 12개월'로 기록되었으며, 지난 11월 8일 '유럽 연합'(EU)의 기후 변화 감시 기구인 '코페르니쿠스 기후 변화연구소'(C3S)는 올해 10월 평균 기온이 1800년대 후반과 비교해 1.7℃ 높아 관측 이래 가장 더운 10월로 기록되었다고 밝혔다.

전 세계가 기후 변화에 적절하게 대처하지 못하면 우리나라 주변 해역 해수면이 2100년에는 최대 82cm 높아질 것이라는 전망된다고 밝혔다.

그러나 해수면 상승의 직접적인 문제는 북극의 그린란드(Greenland)의 빙산이다. 1950년 북위 68도를 기준으로 나뉘어진 '남 그린란드'와 '북 그린란드'가 통합해 덴마크 연방의 하나로 '페로 제도'와 같은 자치령이다.

1953년 그린란드주가 되어 덴마크 본토로 편입되었으나, 1979년 입헌군주국으로 국왕과 총리의 자치권을 획득하여 2009년 국방과 외교권은 덴마크 본토에 있을 뿐, 그 외 자원 개발과 그에 대한 다른 나라와의 협력여부에 대한 결정 등 모든 결정권은 자치 행정부와 자치 의회에 있으며, 덴마크의 국회의석 2개를 확보하고 있는 덴마크와 분리된 준독립국이다.

그린란드의 면적은 약 217만 5600km² 규모로 '세계에서 가장 큰 섬'으로 규정되었으며, 그린란드의 빙상(Ice sheet)은 그 면적이 대략 170만km²에 달하여, 이는 남한 면적의 약 17배에 해당하는 대륙 같은 크기이다. 그러나 넓은 면적에 비하여, 거주민은 약 5만 명으로 주거 공간이 충분하지 않은 것은 섬의 약 85%가 얼음으로 덮여 있는 곳이기 때문이다.

먼저 빙하가 녹으면 얼어 있던 물이 다시 바다로 흘러가기 때문에, 전 세계의 해수면 상승을 야기한다. NASA의 한 자료에 따르면 1900년대 이후 해수면 높이는 약 20cm 상승하였다고 보고한다. 그러나 현재 그린란드의 해빙 속도는 점점 더 빨라져서, 만약 그 빙하가 다 녹는다면 해수면이 약 7.4m 이상 상승할 것으로 예상된다고 한다. 만약 그렇다면, 전 세계적으로 대도시들은 물에 잠기는 수중 도시가 될 것이라고 한다.

AP통신에 따르면, 독일 '알프레드 바그너' 연구소는 이 같은 내용을 담은 논문을 과학저널 '커뮤니케이션 지구와 환경'에 게재하였는데, 연구진이 위성사진 관측을 분석한 결과 그린란드에서 작년 여름에 녹은 얼음의 무게는 5860만 톤으로 물로 환산하면 무려 532조ℓ에 달하였으며 연구를 주도한 '인고 사스겐' 박사는 다음과 같이 설명하였다.

그린란드 대륙 빙하는 그냥 천천히 녹고 있는 게 아니라, 점점 더 빠른 속도로 녹아내리고 있다.

미국 오하이오 주립대 연구진은 지난 8월 15일 같은 학술지에 게재한 논문을 통해 "그린란드 대륙 빙하가 복원 불가"라고 진단하였다. 겨울에 어는 양보다 여름에 녹는 양이 너무 많아 감소하는 속도가 되돌릴 수 없는 지경으로 빨라졌다는 것이다. 그래서 일부 기후 변화 학자들은 그린란드는 '탄광 속의 카나리아'(canary in a coal mine)라고 부르고 있다.

산소가 부족하면 죽어 버리는 카나리아처럼, 그린란드 빙하의 지구 온난화 타격은 다른 어느 지역보다 인류에게 더 큰 위협을 주는 까닭에, 지금 우리 시대의 그린란드 상황 악화는 치명적인 경고가 될 것이다.

탄광 속의 카나리아
(By Alex Clauss, CC BY-SA 2.0, https://flic.kr/p/6jqDsQ)

3. 기후 위기 시대의 원자력 발전

1) 지구 온도상승의 주범 – 원자력 발전

과연 원전이 기후 위기 시대의 대안이 될 수 있을까?

원전의 연료인 우라늄 채굴과 농축, 가공의 단계부터 원전 건설과 운영, 해체 그리고 핵폐기물의 보관, 운반, 처리 등 전 과정에 따라 운영하면 마땅히 지구의 온도 상승의 주범인 온실가스가 배출된다는 것은 기정 사실이다.

마크 Z. 제이콥슨의 모든 것을 위한 '100%클린, 재생 가능 에너지 그리고 저장장치'(100% Clean, Renewable Energy and Storage for Everything)에 따르면 원전의 건설, 운영, 해체 등 다양한 경로를 통해 원전은 100년 동안 78-178g-CO_2eq/kWh의 온실가스를 배출한다는 것이다.

또한, '2050 탄소중립'을 위해서는 원자력 발전보다는 재생 에너지가 더 효과적인 연구가, 올해 '네이처 에너지'에 발표된 영국 서섹스대학교와 독일 국제경영대학원(ISM)의 연구에 따르면, 재생 에너지 발전 증가의 온실가스 감축 효과는 원전에 비해 7배나 강력하다고 발표하였다. 이는 탄소 배출원을 효과적으로 줄이기 위해서는 원전보다 재생 에너지를 확대해야 한다는 의미라는 것이다.

제이콥슨은 오히려 '원전이 온실가스의 기회비용 배출을 발생시킨다'고 강조하였다. 온실가스의 '기회비용 배출'이란, 원전을 건설하고 운영하는데 걸리는 기간이 10-19년으로 매우 장기간으로 재생 에너지와 같은 다른 발전원을 통해 온실가스를 저감할 수 있는 기회를 잃게 된다는 의미인데, 원전 대신 재생 에너지로 발전할 경우 64-102g-CO_2eq/kWh의 온실가스를 절감할 수 있어, 이는 원전의 '기회비용 배출'이 된다는 것이다. 또한, 재생 에너지가 확대되면 오히려 원전을 줄여야 한다. 재생 에너지가 확대되면 출력 변동에 따라 유연한 전력 공급 조절이 필요하다고 주장하였다.

2) 선진국들의 원전 폐쇄와 재생 에너지 확대 정책 전환

재생 에너지의 전기 생산량에 따라 기존 발전소들의 출력을 줄이거나 늘려야 하는데, 원전은 수시로 출력을 조절하기 어려운 '경직성 전원'이라는 한계가 있다. 또, 기후 변화로 인해 원전의 불시 정지가 빈번해지는 것도 문제이다. 따라서 재생 에너지 확대와 안정적인 전력 수급을 위해서는 원전을 줄여 나가야 한다는 것이다.

이는 해외의 재생 에너지 확대 정책을 보면 알 수 있다. '유럽 연합'(EU)은 2030년 재생 에너지원 사용 비중 목표를 40%로 확대하였다(Fit for 55=2030년까지 탄소 배출량을 1990년 수준 대비 55% 감축하기 위한 입법안 패키지, 2021년 7월 14일 발표).

그중에서도 독일은 2022년까지 원전의 가동을 전면 중단하고, 2030년까지 전체 전력 수요의 65%를 재생 에너지로 공급할 계획이다. 스위스는 2018년 발표한 '에너지 전략 2050'을 통해 2034년까지 5기의 원전을 모두 폐쇄하고 신규원전 건설을 금지하며, 2035년까지 재생 에너지 발전량을 1만 1400GWh로 확대하겠다고 밝혔다.

기후 위기로 인해 해수 온도가 상승하면, 오히려 원전은 안전에 나쁜 영향을 미친다. 2018년 기록적 폭염으로 프랑스는 냉각수로 사용하는 강물 온도가 지나치게 상승하는 것을 피하기 위해 페센하임 원전 4기의 가동을 중단시켰다. 핀란드 로비사 원전도 냉각수로 사용하는 발트해 수온 상승으로 원자로 출력을 낮췄다.

미국 공영라디오(NPRDI, 2018년 7월 27일)은 "폭염이 핵발전소를 곤경에 처하게 하다"(Hot Weather Spells Trouble For Nuclear Power Plants)라는 제목의 보도를 하였다. 유럽의 원전들도 평소보다 따뜻한 바닷물 때문에 어쩔 수 없이 전기 생산을 줄일 수밖에 없게 되었다.

핀란드, 스웨덴, 독일의 발전소들이 장기간 폭염의 영향을 받고 있다. 그 폭염은 스칸디나비아와 영국 제도에서 기록을 경신하고 있으며 지중해 연안을 따라 치명적인 대형 산불인 '들불'을 악화시키고 있다.

기온은 스웨덴, 핀란드, 독일의 많은 지역에서 32.2℃가 넘는 상태가 계속되고 있으며, 바닷물 온도는 23.9℃로 비정상적으로 높다. 핀란드 로비사 원전은 2017년에 핀란드 발전량의 10%를 생산하였다. 이 발전소는 2010년과 2011년에도 바닷물 온도 상승으로 인해 전력 생산을 감축하였는데, 올해의 열파는 그때보다 더 심각한 상태라는 것이다.

3) 기상 이변에 취약한 원전은 '바다를 데우는 장치'

'우려하는 과학자연맹'(UCS)은 2011년 보고서에서 더 따뜻한 바다는 원전의 효율에 영향을 미칠 수 있다고 경고하였다.

> 폭염 기간에는 원전은 가동 효율이 낮아지고 냉방용 전력 수요가 증가하여 2중으로 압박을 받게 된다. 냉각 체제가 작동할 수 없으면, 원전은 어쩔 수 없이 가동을 중지하거나 발전량을 감축할 수밖에 없다.

우리나라의 원전도 폭염이나 이상 기후 현상으로 해수 온도가 기준보다 상승할 경우 출력을 줄이거나 가동을 정지해야 하는 문제가 발생할 수 있다. 게다가 해양 생물 때문에 원전이 멈추는 사례도 있다. 해양 생물 '살파' 때문에 2021년 3월과 4월 두 차례나 한울 1, 2호기의 가동이 중단되었다.

'살파'가 원전의 취수구에 대량 유입되었기 때문인데 '살파'는 독도 주변과 남해에 서식하는 대형 플랑크톤의 일종으로, 해수 온도가 높아질수록 더 쉽게 나타난다는 것이다. 기후 위기로 인한 해수 온도 상승이 심화될수록 살파와 같은 해양 생물이 유입할 위험이 더욱 커질 것으로 예상된다는 것이다.

원전에서 나오는 온배수가 기후 위기를 부추길 수 있다고도 한다. 원전은 우라늄을 핵분열시켜 발생한 열량의 3분의 1만 사용하고, 나머지 3분의 2의 열량은 냉각 과정으로 바다로 버려진다. 이때 원전 1기는 초당 50-70톤의 바닷물을 사용해 원자로에서 발생한 열을 식히고, 7-9℃ 데워진 온배수를 바다에 배출한다.

과학자들은 이렇게 버려지는 온배수가 해양생태계를 파괴할 뿐 아니라 바닷물에 녹아 있는 이산화탄소를 대기 중에 방출시켜 지구 온난화에도 악영향을 줄 수 있다고 경고한다.

지구상의 이산화탄소 대부분이 바닷물에 녹아 있기에 바닷물을 데우면 이산화탄소가 대기중으로 나오게 된다. 탄산음료를 가열하면 이산화탄소가 거품이 돼 나오는 것과 마찬가지이다.

'고이데 히로아키' 교수는 『은폐된 원자력 핵의 진실』(2011)에서 다음과 같이 강하게 비판하였다.

> 오염수를 완전히 차단하였다는 아베 총리의 말은 다 거짓말이다. 이런 면에서 '원자력발전소'를 '발전소'라고 부르는 것 자체가 잘못됐으며 오히려 '바다 데우기 장치'라고 해야 한다.

기후 위기로 인해 늘어나는 기상 이변에 원전은 안전할까?

우리나라 원전은 태풍, 홍수 등의 자연재해로부터 안전하지 않다. 지난 2020년 9월 3일에는 태풍 마이삭, 9월 7일에는 태풍 하이선으로 고리와 월성 원전 8기가 일제히 가동 정지되는 사고가 발생하였다. 신고리 3, 4호기에서는 침수 사고가 발생하였으며, 2020년 7월 23일 내린 비 때문에 송전 설비 두 곳이 물에 잠기는 사고가 발생하였고, 신고리 3호기 일부 시설에서는 격납 건물 콘크리트벽에 공극(구멍) 두 곳이 발견되기도 하였다.[1]

4) 제28차 COP28 아랍에미리트(UAE) 개최

2023년 11월 30일, 제28차 유엔 기후 변화 협약(UNFCCC) 당사국 총회(COP28)가 아랍에미리트연합(UAE) 두바이에서 개막했다. 전 세계 198개국 당사국 대표단과 환경 단체, 전문가 등 7만여 명이 참석하는 '지구촌 기후 위기 대응'을 논의하는 2015년 프랑스 파리에서 열린 제21차 기후 변화 협약 당사국 총회(COP21)에서 국제 사회가 합의한 지구 평균 온도 상승폭 1.5℃ 제한의 이행 상황을 점검하기 위해서였다.

또한, 그에 따른 '손실과 피해' 기금의 재원 마련과 운용 방식 등도 주요 의제가 될 것으로 보인다. 이어서, 의장국인 UAE는 파리협약 이행에 대한 각국 정상들의 의지 결집을 위한 '세계 기후 목표 정상 회의'는 12월 1일, 2일 사이 개최되었다.

주 의제는 먼저, 파리협약 이후 처음 실시되는 '전 지구적 이행 점검'(GST)인데, 세기 말까지 전 지구 온도 상승폭을 1.5℃로 제한하는 파리협약 목표 달성을 위해 국제 사회가 기울인 노력에 대한 평가 결과를 공개하고, GST는 앞으로 5년 단위로 시행하게 될 것이다.

또한, 지난해 COP27에서 합의한 '손실과 피해 기금'과 관련된 논의로서, 기후 위기로 인해 피해를 입은 국가들을 지원하기 위한 국제적 기금의 규모와 재원 마련·운용 방식 등에 대한 구체적 논의, 재원 마련과 운용 방식 등에서 선진국과 개발도상국, 저개발국 등 이견 조율이 있었다.

아울러, 전 세계적 적응 목표 체계의 수립으로, 기후 변화 적응을 위한 적응 목표 체계의 완성을 논의하고, 전 세계적으로 기후 변화 적응 능력이 향

---

1 김해창, "기후위기시대, 원전이 대안이 될 수 없는 이유(김해창 교수의 원전 정치경제학⟨42⟩)," 「국제신문」(2023. 11. 2.). https://www.kookje.co.kr/news2011/asp/newsbody.asp?code=2500&key=20231120.99099006062/

제4장 주님 오시는 나팔 소리 - 재림의 징조들   279

2023년 12월 1일 COP28 세계 지도자 정상회의 개막식
(By The President's Office, Maldives, CC BY 4.0, https://en.m.wikipedia.org/
wiki/2023_United_Nations_Climate_Change_Conference#/media/File%3AOpening_
ceremony_of_the_World_Leaders_Summit_at_COP28_(4).jpg)

상되고 있는지 정량적으로 점검할 수 있는 체계 수립 등이다.

2023년 COP28 의장국 UAE, '셰이크 알 나흐얀' UAE 대통령은 300억 달러(한화 약 39조 원) 규모의 기후 펀드를 설립한다고 12월 1일 발표하였다. 두바이에서 진행 중인 COP28에서 다음과 같이 말하였다.

전 세계 기후 변화 문제 해결 지원을 위한 300억 달러 기금의 설립을 발표하게 돼 기쁩니다. 2030년까지 2,500억 달러의 투자를 유치하는 게 목표입니다.

그는 기후 금융 격차 해소를 위한 '알테라'(ALTERRA)라는 이름의 펀드를 조성할 계획이며, 이 펀드 이사회 의장을 맡은 알-자베르 COP28 의장은 "알테라는 기후 변화 해결에 초점을 맞춘 민간 자본 유치를 위한 혁신적인 솔루션을 제공할 것"이라고 강조하였다.

이에, 마이크로소프트(MS) 창업자 빌 게이츠는 사하라 사막 이남 아프리카와 남아시아 소농들의 기후 변화 적응을 돕기 위한 기금 1억 달러를 약속하였고, '빌&멀린다 게이츠' 재단은 이날 보도자료를 통해 이같이 밝히고 1억 달러를 약속한 UAE와 함께 2억 달러를 조성해 기후 변화로 인한 식량 안보와 영양에 대한 위협에 즉각적이면서도 장기적으로 대응할 것이라고 설명하였다.

세계기상기구(WMO)가 2023년 10월을 '역사상 가장 더운 10월'로 기록하며 2023년을 '역사상 가장 더운 해'로 기록될 것이라고 밝히며 이번 총회에 전 세계의 관심이 주목되었다.

세계는 일시적으로 산업화 이전보다 1.5℃ 이상 높아지는 '오버 슈트'(Over Shoot)에 직면해 있으며, 이에 따른 온도 상승은 향후 10년 안에 예상되고 있다. 특히, 「네이처」지에 따르면, 산업화 이전보다 일시적으로 1.7-2.3℃ 이상 높아지면 그린란드 빙하는 급격히 녹아 해수면을 최대 몇 미터나 높일 수 있는 연구 결과가 발표되어 이번 COP28에서는 지속 가능한 대응 방안에 대한 긴밀한 논의가 예상되었다.

비록 전망이 절망적이더라도 기후 변화에 대한 대응을 우리가 중단할 수 없는 것은 이는 인류의 생존과 밀접한 관계가 있으며 무조건인 해결이 우선인 문제이기 때문이다.

5) 해수면 1.5℃는 이미 실패, 3.0℃ 상승하면, 세계적 대재앙

제28차 COP28(2023년)이 열리고 있는 중동 산유국 아랍에미리트(UAE) 두바이에서 여러 성과에도 불구하고 갖은 논란으로 역대 가장 혼란스러운 행사라는 비판을 받고 있다. 의장국 UAE의 온실가스 대량 배출 의혹과 함께 화석 연료 사용에 대한 비과학적이라는 발언까지 더해졌다. 여기에 일부 국가들의 이스라엘 전쟁 비판이 쏟아지면서 점점 국가 간 지정학적 갈등만 부각시켰다는 지적이 나오고 있다.

환경 운동가인 앨 고어 전 미국 부통령은 12월 3일, '환경문제 연구단체 기후행동 추적'(CAT)과 함께 COP28 행사에서 다음과 같이 성토하였다.

> COP28 의장국 UAE가 온실가스 배출을 줄이기는커녕, 다른 국가들보다 훨씬 더 빠른 속도로 배출량을 늘려 기후 위기 악화에 일조하고 있다.

그리고 이날 CAT가 분석한 것보다 더 빠른 속도로 배출량을 늘려 기후 위기 악화에 일조하고 있다고 성토하였다. 이날 CAT가 분석한 세계 각국의 온실가스 배출량 조사 통계에 따르면, 지난해 UAE의 온실가스 배출량 증가율은 7.5%로, 전 세계 평균(1.5%)의 5배에 달하였는데, UAE의 국영 석유 기업인 '아부다비 국영석유공사'(ADNOC)가 소유한 파이프 라인에서 막대한 양의 메탄가스가 유출되고 있는 것을 확인하였고, ADNOC는 석유·가스 운송 과정에서 메탄 배출을 하지 않는다고 주장해 왔지만, 이는 사실이 아닌 것으로 드러났다며, 하루 전 날에 UAE 의장국 알 자베르 총회 의장의 탄소 배출 옹호 발언을 저격하였다.

메탄가스는 배출량 자체는 이산화탄소의 수백 분의 1에 불과하지만, 온실 효과를 일으키는 힘은 이산화탄소의 80배 이상이다. 이 때문에 주요 선진국들은 2021년 COP26 때 메탄 방출량부터 줄이기 위한 합의를 내놓기 시작하였으며, 올해는 전 세계 석유 가스 회사 30여 곳이 다음과 같이 선언하였다.

> 2030년까지 메탄 방출량을 80% 이상 줄이겠다.

지난 12월 2일, "화석 연료 사용 감축 요구에 과학적 근거가 없다"라는 술탄 알 자베르 COP28 총회 의장의 발언이 계속 도마 위에 올라 물의를 빚고 있다. UAE의 첨단산업기술부 장관이자 ADNOC의 최고경영자인 자베르 의장은 지난달 11월 21일 열린 '기후 변화 해결을 위한 연합' 행사에서 이 같은 주장을 내놓았다.

영국 일간지 「가디언」은 다음과 같이 비판하였다.

> 화석 연료 사용량의 단계적 감축 합의 여부가 COP28 성공의 지표로 논의되는 상황에서 알 자베르 의장의 발언은 심각한 수준의 '이해 상충'을 드러낸 것이다.

지난해 COP27이 이집트에서 개최된 데 이어 올해도 산유국에서 열렸는데, 국제 사회는 기후 대응에 산유국의 적극적인 역할이 필수라고 보고, 산유국들도 '석유 이후' 시대를 대비해 산업 전환 등에서 발맞춰가려 하고 있다.

그러나 글로벌 탄소 중립 이행 과정에서 석유 수요가 급격히 감소되면, 산유국들에게는 큰 타격이 될 수 있다. UAE의 경우 국내 총생산(GDP) 중 약 30%, 국가 재정의 60%가 석유 관련 산업에 의존하고 있기 때문이다. 이런 측면 때문에서 환경 단체들은 UAE 산유국 나라에서 COP28이 열리는 것 자체가, 중동 산유국의 이미지 세탁을 위한 '그린 워싱'(Green Washing, 위장 환경주의)이라고 주장해 왔다.

회의에 참석한 환경 운동가들은 입을 모아, 2015년 파리대회 때 각국이 약속하였던 해수면 1.5℃는 이미 실패한 것으로 보인다고 하였다. 다가오는 2030년, 7년 이내로 목표치인 '1.5℃' 상승 폭을 넘어설 가능성이 있다는 연구 결과가 나왔다. 지구 온난화 현황을 과학적으로 분석하기 위해 결성된 국제기구인 '글로벌 탄소 프로젝트 GCP'는 이런 내용을 담은 연례 보고서를 발간하였다고 AP통신, 블룸버그 등 외신이 12월 5일에 보도하였다.

6) COP28이 선정한 오늘의 '기후 악당' 수상국 발표

아랍에미리트 두바이에서 열리고 있는 제28차 유엔 기후 변화 협약 당사국 총회(COP28)에서 12월 3일 '특별한 시상식'이 열렸다. 세계기후 환경 단체들의 연대체인 기후행동네트워크(Climate Action Network-International)가 국제 사회에서 '기후협상의 진전을 막기 위해 최선을 다한' 나라들을 뽑아 수여하는 '오늘의 화석상' 시상식이었다. 이른바 '기후 악당'이라는 비판과 야유의 의미를 담아 주는 불명예스러운 상이다. 이날 첫 번째로 '불명예'를 받은 나라는 뉴질랜드, 일본, 미국 등 3개국이다.

'기후행동네트워크'가 매일 수상국을 선정하는데, 다음은 12월 6일에 한국과 노르웨이, 캐나다 앨버타주가 '오늘의 화석상'을 받았다. 1999년, 국제 '기후 악당'이란 인증이나 다름없는 이 상이 만들어진 이래, 한국이 이 상을 받게 된 것은 이번이 처음이다.

4. 해저와 지하의 감춰진 지뢰밭 - 지진과 화산

1) 2024년 정월 초하루, 일본의 대지진

지난 2024년 1월 1일 지난 해를 보내고 신년 새해를 맞이한 정월 초하룻날, 일본 이시카와현 노토반도에서 발생한 규모 7.6 강진으로 인한 사망자가 최소 64명까지 늘었다. 정확한 물적 피해 규모는 아직 추산되지 않고 있다.

1월 3일 NHK 등 현지 언론에 따르면 이시카와현은 이 날 오전 11시 기준 사망자가 64명으로 집계됐다고 발표하였다. 지진 사망자가 50명을 넘은 건 2016년 구마모토 지진 이후 처음이다. 이시카와현 내 와지마시나 주스시, 노토정 등 각 지자체에는 무너진 가옥이 많지만 지진 3일째인 이날 현재까지 전체 피해 규모는 정확히 확인하기 어려운 상황이다.

지진으로 도로가 막히면서 이날 오후 3시 기준까지도 이시카와현 내의 적어도 3개 지자체, 5개 지구에서 약 60명이 고립된 상태이며, 일본 정부는 현재 구조 요청도 72건이 이른다고 밝혔다.

물론, 현지 언론은 인명 피해가 앞으로 더 늘어날 수 있다고 보고 있으며, 고립 상태의 주민들이 정전이나 단수, 전파 방해로 외부와의 교신이 쉽지 않은 가운데 추위와 배고픔에 직면해 있고, 엎친 데 덮친 격으로 기상 상황도 구조를 어렵게 한다. 일본 기상청은 지진 피해 지역에 지속적으로

2024년 노토반도 지진으로 기울어진 고시마야 본사 건물 모습
(By Hurohukidaikon, CC BY 4.0, https://commons.wikimedia.org/w/index.php?curid=148108779)

비가 내리고, 4일에도 폭우가 예보돼 토사 재해의 위험이 있다고 경고하였다.

여진도 계속 이어지고 있다. 일본 기상청은 강진이 처음 발생한 1일 오후 4시께부터 이날 오전 3시까지 집계된 노토 반도에서 진도(특정 지역에서 느끼는 지진의 크기) 1.0 이상의 지진은 448회라고 밝혔는데, 3일 오전 10시 54분께에는 최대 규모 5.6의 여진까지 발생하였다.

한편 이번 강진은 1일 오후 4시10분경 발생하였다. 규모 7.6으로 2011년 동일본 대지진(9.0)보단 작았으나 1995년 1월 한신 대지진(7.3)보다 강력하였다. 따라서 기상청은 일시적으로 노토 지역에서 지난 2011년 동일본 대지진 이래 처음으로 대형 쓰나미(지진 해일) 경보도 발령하였다.

지난 동일본 대지진은 2011년 3월 11일 오후 2시 46분 일본 미야기현 산리쿠 해안에서 일본 역사상 최고인 진도 9의 지진이 쓰나미와 함께 발생하여 큰 피해가 발생하였다.

복구청 발표에 따르면 지난 1월 10일 현재 동일본 대지진으로 인해 1만 5884명이 사망하고 2,640명이 실종, 6,150명이 부상을 입은 것으로 집계됐다. 완전히 무너진 건물이 12만 6631채, 절반 정도 무너진 건물이 27만 2653채, 부분 파손된 건물이 74만 3492채에 달할 정도로 물적 피해도 컸다.

26만 7000명(2월 26일 현재)의 피난민들이 전국에 산재하여 피해 있을 정도로 동일본 대지진 3년이 지난 지금도 원상 복구가 되지 않고 있는 실정이다. 일본은 올해 2024년 새해 정월 첫 날부터 지난 2월 23일까지 지진 5.0이상의 지진 횟수가 총 9회나 발생하였다고 기상청에 기록되어 있다.

2024년 1월부터 현재(2월 말)까지 국내에는 전북 익산, 전남 여수, 제주 서귀포, 인천, 경북 경주에서 각 1차례씩, 북한은 길주에서 3차례, 황해도 1차례였으나, 지진 횟수는 점차 잦아들고 있다. 해외에서는 브라질 2회와 칠레, 뉴질랜드, 대만, 사이판, 남서인도양, 중국, 과테말라, 통가, 아프가니스탄, 필리핀 등이 각각 1차례씩 발생하였다.

2011년 동일본 대지진으로 쓰나미가 일본 이와테현 미야코 해안에 도달하였다
(By 地震調査研究推進本部事務局, CC BY 4.0,
https://commons.wikimedia.org/w/index.php?curid=136394929)

2) 백두산, '100년마다 화산 대폭발, 1925 → 2025?

　지난 2022년 1월 15일 남태평양 섬나라 통가에서 화산 폭발지수(VEI) 5 규모 '해저 화산' 폭발이 일어났다. 화산 폭발 충격파로 국가 통신이 마비되고, 쓰나미(지진 해일)와 화산재가 밀어닥쳐 전례 없는 피해가 발생하였다. 이에 대해 국내 전문가들은 한반도에 과거 VEI 7 규모로 대 폭발하였던 백두산이 있고, 동해에 통가처럼 해저 화산이 다수 존재해 더는 '화산 안전 지대'가 아니라고 입을 모았다.

　지난 2022년 1월 21일 과학계에 따르면 매 세기(100년)마다 분화하였던 백두산은 1925년을 기점으로 화산 활동을 멈췄다. 하지만, 화산 분출을 촉진하는 마그마 방(마그마가 존재하는 공간)이 백두산 천지 하부 약 4km와 15km에 존재한다는 사실이 연구를 통해 밝혀지면서 폭발이 임박하였다는 분석이 나온다.

국내외 화산 연구자들이 백두산을 주목하는 이유는 946년 대폭발 때문이다. 천 년에 한 번 일어날 화산 분화라는 의미에서 '천 년 대분화'라 일컫는다. 당시 방출된 화산재는 남한 면적 전체를 1m 두께로 덮을 수 있는 양이었다. 백두산은 지난 2,000년간 5대 초대형 화산 폭발 중 하나로, 통가 폭발의 100-1,000배로 추정된다.

이승렬 한국지질자원연구원 '백두산 화산연구단' 박사는 다음과 같이 설명하였다.

> 백두산은 2002-2006년 사이 새로운 마그마가 공급돼 지진이 급격하게 증가하고, 화산체가 팽창하는 등 화산 불안전 현상이 일어났다. 다행히 분화는 일어나지 않았지만, 다시 불안정한 상태가 된다면 백두산은 폭발 가능성이 매우 높은 위험한 화산이 될 수 있다.

'지질자원연'에 따르면 당시 백두산 지진은 한 달 평균 7회에서 72회까지 수직 상승하였으며, 2003년 11월에만 지진이 243회 발생하며 대분화 조짐이 나타났다. 화산이 지표에서 20cm 융기하는 현상도 관측됐다고 하였다.

화산 전문가인 이윤수 포스텍(POSTECH) 환경공학부 특임교수도 다음과 같이 전망하였다.

> 언제 어떤 규모로 폭발할지 예측할 수는 없지만, 백두산 폭발 확률은 100%이다. 폭발하면 백두산 천지 아래 있는 액상 이산화탄소가 기화돼 질식사 등 많은 인명 피해가 발생할 수 있다.
> … 백두산 천지에 있는 20억 톤 물이 화산 쇄설물과 흐르는 '화산 이류' 현상도 발생 가능성이 크다. 화산재로 인해 북한의 이상 기후는 물론 우리나라에도 각종 기후 문제를 야기할 것이다.

… 울릉도 인근 동해에는 적어도 수십 개의 해저 화산이 존재한다. 이 해저 화산에는 작은 분화구들이 존재하지만, 마그마가 어디에 있는지 분석이 이뤄지지 않았다. 마그마 존재를 파악하면 위험 가능성을 파악할 수 있다.

김기범 부산대학교 지질환경과학과 교수는 다음과 같이 설명하였다.

울릉도는 분화 주기가 매우 길어 감시가 어렵고, 화산들이 위치한 동해 바다 수심은 약 2km에 불과하다. 동해에 존재하는 해저 화산들이 통가처럼 폭발할 경우, 화산재뿐만 아니라, 쓰나미에 의한 피해가 크게 생길 수 있다.

이어 "울릉도 해저 화산은 현재도 지온 증가가 1km당 약 97℃ 정도"라면서 "이는 울릉도가 오히려 백두산보다 추가 폭발이 예상되는 주요 활화산이라는 것"이라고 해석하였다.

3) 타이완의 7.2 강진, 원폭 32개의 위력

지난 4월 3일 인구 35만 명이 거주하는 북동부 거점 도시 화롄은 7.2 규모의 강진이 발생하여 최소 9명이 사망하고 800명 이상 부상을 당하였다. 무려 100채 이상 무너진 건물 속 고립된 주민들에 대한 구조가 진행되고 있고, 중상자도 많아 인명 피해 규모는 더 늘어날 것으로 보인다.

특히, 현지 소식에 의하면, 지진 당시 도심의 9층짜리 톈왕싱(天王星) 빌딩이 도로 쪽으로 기울어져, 행인들이 황급히 피하였고, 운전자들은 차를 버리고 급히 대피하는 모습이 담겼으며, 트럭 운전사 1명은 산사태에 매몰돼 숨졌다. 또한, 타이루거 국립공원 산책로에서 등산객 3명이 낙석에 맞아 숨졌고, 동쪽 해안 인근 고속 도로에서도 사망자가 나왔다고 소방당국은 밝혔다.

차이잉원 총통을 중심으로 구성된 대만 중앙재해대응센터는 오후 4시 30분 "모두 1067건을 접수한 피해 신고 가운데 고립된 구조 대상자 수는 127명"이라고 발표하였다.

화롄현은 인구 35만 명의 대만 중동부 태평양 연안 휴양지로, 25년 만에 최대 규모로 발생한 이번 지진으로 세계 최대 반도체 파운드리(위탁생산) 기업인 TSMC 공장이 멈췄고, 중국·일본까지 쓰나미가 도달하였다고 하였다. 지진은 이날 오전 7시 58분 대만 중동부 태평양 연안인 화롄현 남동쪽 23km 해역에서 깊이 16km의 비교적 얕은 해저 지반에서 발생하였으며, 미 지질조사국(USGS)과 유럽지중해지진센터(EMSC)는 지진 규모를 대만기상국(CWB) 관측값보다 큰 7.4로 측정하였다. 첫 지진 발생 후 정오까지 4시간여 동안 모두 58회의 규모 6의 여진이 계속되었다.

타이완은 지각·화산 활동이 왕성한 환태평양 조산대, 이른바 '불의 고리'에 포함돼 평소에도 규모 5-6대의 지진이 빈번하게 일어나는 나라이다. 대만에서 향후 수일간 여진도 예고됐다. 우젠푸 대만지진예측센터장은 "이번 지진은 필리핀 해판이 유라시아 판 밑으로 내려가는 지역에서 발생하였다. 에너지가 빠르게 축적되는 지점"이라며 "향후 3일간 규모 6.5-7.0의 여진이 발생할 수 있다"라고 경고하였다.

5. 기상 이변은 펜데믹의 근원

1) 기후 위기는 건강 위기, 기상 이변은 펜데믹의 근원

기후 위기는 예고 없는 끔찍한 재난이라는 강력하고 거친 무기를 들고 불법 침입하여 지구촌 곳곳의 지역 거주민의 가정을 덮치고 가족의 생명을 빼앗고, 행복한 보금자리를 짓밟고, 그동안 쌓아 온 물질과 추억과 건강과 행복을 위협하고 많은 상처를 남겨 두고 사라진다. 그 재난의 모습은 지진, 해일, 화산 폭발을 비롯하여 폭우, 폭염, 폭풍, 폭설, 한파, 홍수, 가뭄 등 기상 이변의 여러 모습으로 괴롭히고 있다.

거기에 또 하나, 불법 침입자인 악성 신종 전염병까지!

지난 2002년 사스, 2009년 신종플루, 2015년 메르스, 그리고 2019년 코로나가 창궐하였다. 특히, 코로나 19 전염병은 전 세계를 뒤흔들어 놓은 강력한 바이러스였다. 지구촌의 여행은 중지되었고, 공공 기관을 비롯하여 학교, 종교 등 모든 단체 모임은 완전 폐쇄되었다.

사회적 거리 두기와 격리 수용 시설 생활에 강제성, 마스크는 외출 필수품이 되었다. 원격 진료, 원격 학습, 원격 근무, 원격 예배라는 새로운 사회질서 체계의 적응에 힘들었던 가족과 친구 친척과의 관계, 병원의 의료진들은 감염 위험을 무릅쓰고 환자들을 돌봐야 했고, 부모와 자식이 확진 환자가 되면 모두 격리되었고, 혹 코로나로 사망하면, 이 세상에서 마지막 떠나는 가족의 얼굴도 보지도 못하게 하고 장례식만을 치루는 상상 못할 일들이 한두 가지가 아니었다.

당시 코로나19는 계절 독감보다 2-3배나 빠르게 전염되었고, 치명율은 0.5-2.0%로서, 독감보다 5-20배나 더 치명적이었다. 이루 말할 수 없는 세계적인 위기에 대처하기 위한 준비도 없이 허겁지겁 백신을 개발하여 겨우 감염을 감소시켰고, 근 3년 만에 예전 같은 생활로 돌아올 수 있었다.[2]

코로나19는 세계 최대의 감염 위력을 기록한 '펜데믹(pandemic) 전염병 바이러스'였다. 코로나19의 세계보건기구(WHO) 통계표(2023.11.22.)에 의하면, 확진 환자는 7억 7216만 6517명, 그중 사망자는 698만 1263명으로 치사율은 0.90%이었다. 실로 코로나 전염병은 전시 비상사태와 같이 인류의 생명과 고통을 위협하였다.

---

2 한국특허전략개발원 홈페이지 참조. https://www.kista.re.kr/

코로나19로 인하여 마스크를 쓴 시민들
(By AP, CC BY 4.0, https://www.freemalaysiatoday.com/category/world/2021/04/14/covid-19-spreads-to-over-a-dozen-s-korean-cities-despite-rigid-distancing)

그러나 불행한 소식은 코로나19는 이제 시작일 뿐이라고 의료전문인들은 말하고 있다. 그렇다면, 언제 인류에게 이러한 펜데믹이 다시 닥쳐오더라도, 이젠 허둥대지 말고, 준비를 잘하여 코로나19와 같은 피해를 줄여야 하겠다. 각 국가는 서로 질병 위생 정보와 의료 기술과 의약품을 교류하며, 그에 대한 대책을 잘 강구하여 세계적인 펜데믹을 잘 예방하여야 하겠다.

전염병의 원인분석과 그에 대한 대비책을 세우고 국민안전시스템을 구축하고 의료장비(인공호흡기, 개인 보호 장비, 약품 등), 의료 자원종사자 확충, 민간 부문 물류 유통 인프라 확보, 사회 보장 및 복지 서비스 강화, 백신 치료제 개발 기술 지원 등 국가적 위기 상황 체제를 구축 및 점검하여 비상시 신속 대처 할 전시 비상 체제 같은 기동성이 요구된다.[3]

---

[3] 박영숙, 제롬 글렌, 『세계미래보고서 2035-2055』 (서울: 교보문고, 2020), 103-119.

지난 2023년 5월 24일 세계보건기구 주최로 열린 '기후행동에서 보건공동체의 역할에 관한 회의' 참석자들은 코로나19의 경험을 공유하고, '기후 위기는 건강 위기'이며, 각국 정부에 적극적인 기후 대응을 촉구하면서 다음과 같이 공감하였다.

각국 정부에 건강권을 보장하기 위한 긴급한 기후행동이 필수적이다.

WHO는 다음과 같이 경고하였다.

기후 변화는 더 치명적인 기상 이변을 불러오고 비전염성 질병을 증가시키며 전염병의 출현과 확산을 촉진하고 있다. 각국 정부의 기후 대응 조치가 더 늦어지면 국민 건강에 대한 위험이 크게 증가한다. 이는 수십 년에 걸쳐 개선됐던 세계 보건이 약화되며, 모든 사람의 건강권을 보장하겠다는 WHO의 약속에도 위배될 것이다.

WHO 게브레예수스 사무총장은 다음과 같이 강조하였다.

기후 행동에 대한 대응이 시급한 이유는 미래가 아니라 지금 당장 건강에 미치는 영향 때문이므로 '기후 위기는 보건 위기'이다.

기후 위기는 질병의 발병률을 높이기 때문에 보건 인력과 보건 체계를 크게 위협할 수 있기 때문이다. 따라서 그는 다음과 같이 밝혔다.

WHO는 기후 위기를 완화하기 위해 탄소 배출을 줄이고 환경적으로 지속가능한 보건 시스템을 구축하고 있으며, 이는 기후 변화의 광범위한 영향에서 건강을 보호하는 것이다.

… 우리는 의료 시설에 재생 에너지를 도입하고, 기후 회복력을 위해 보건 부문에 전용 자금을 지원하며, 안정적이고 저렴한 친환경 전기 사용을 늘려야 한다.

이 회의에 참석한 보건 의료 전문가들은 "삶의 질은 기후에 따라 결정된다"라고 하면서, 기후 위기 시대의 공중보건의 역할을 이구동성으로 강조하였다. 미국 대통령의 존 케리 기후 변화 특사는 다음과 같이 강조하였다.

기후 위기는 예의 바르게 표현할 방법이 없을 정도로 사람들을 죽이고 있다.

유엔 COP28 '아드난 아미' 의장은 다음과 같이 밝혔다.

COP28은 각국 보건 및 기후 장관들의 협의체로서, '최고위급 기후 논의에서 건강을 중심축으로 인식한다는 점을 강조하는 중요한 전환으로, COP28에 '건강의 날'을 포함시킴으로써 각국 정부와 정책 입안자들은 기후 변화가 건강에 미치는 직간접적인 영향에 대한 인식을 높이는 것을 목표로 하고 있다.

2) 다음 팬데믹은 녹은 빙하에서 온다

2022년 10월 19일 캐나다 오타와대학교 '스테판 아리스-브로수' 박사의 연구팀은 세계 최대 북극 담수호 '하젠 호수'(Lake Hazen)의 토양 및 퇴적물을 유전자 분석한 결과, 녹는 빙하에 가까울수록 바이러스가 유출될 위험이 더 크다는 연구 결과를 발표하였는데, 이는 기후 변화로 지구 기온이 오르면서 빙하와 영구 동토층에 갇혀 있던 바이러스와 박테리아가 깨어나 지역 야생 동물을 감염 시킬 가능성이 높아 졌다는 것이다.

2016년에도 시베리아 북부 폭염으로 영구 동토층이 녹으면서 탄저균이 유출된 바 있었는데, 이 탄저균에 감염된 순록의 사체가 민간 지역에 노출돼 최소 7명이 감염되고 어린이 1명이 사망하였다. 이 연구팀은 지역 빙하가 녹은 물이 유입되는 '하젠 호수'에서 토양과 퇴적물 샘플을 수집해 RNA와 DNA의 염기서열을 분석한 결과, 바이러스 및 곰팡이와 밀접하게 일치하는 특징을 식별하고 이들 바이러스가 관련 없는 유기체를 감염시킬 가능성을 평가하였다.

그 결과 해빙수가 다량 유입되는 지역과 가까울수록 바이러스 유출 위험이 더 높은 것으로 밝혀졌다는 것이다. 이외에도 미확인 바이러스들이 빙하에 잠재되어 있다는 증거들이 계속 발견되고 있다. 2021년, 미국 오하이오주립대학교 연구팀은 중국 티베트고원에서 채취한 얼음 샘플에서 바이러스 33종의 유전 물질들을 발견하였다고 발표하였다. 이 가운데 28종은 미확인 종으로 추정된다고 말하였다.

2014년, 프랑스 국립과학연구센터는 시베리아 영구 동토층에서 바이러스를 채취, 되살리는 데 성공하였는데, 이 연구의 저자인 '장 미셸 클라베

그린란드 동부 스코레스비순드의 모험 관광객과 빙산
(By Steve Allen, Stock 사진 ID: 152116436)

리'는 당시 BBC와의 인터뷰에서 이러한 얼음층의 노출은 재앙을 일으킬 수 있다고 전하였다.

문제는 기후 변화가 잠재적 숙주와 고대 바이러스 및 박테리아가 접촉할 가능성을 높이고 있다는 점이다. 영국 애버리스트위스대학교 '아윈 에드워즈' '환경 미생물학 학제 간 센터' 소장은 다음과 같이 우려하였다.

> 북극이 빠르게 온난화 되는 상황에서 기후에 미치는 영향이 인류에게 가장 큰 위험으로 다가오고 있으며, 다른 곳에서 온 질병이 북극의 취약한 지역사회와 생태계에 침투하고 있다.

따라서 그는 지구 전체의 미생물을 탐구해 이러한 위험을 시급히 파악할 필요성을 강조하였다. 이번 연구 결과는 「왕립학회회보B」(*Proceedings of the Royal Society B*)에 게재되었다.

바이러스 학자(By FOTOGRIN, Stock 사진 ID: 2435842093)

3) 따뜻한 지구는 전염병의 온실

기후 변화와 산림 벌채 등으로 동물과 인간의 서식지가 계속 겹치면서 동물성 병원균으로 인한 전염병 위협이 앞으로 더 많아질 전망이다. 진드기와 모기, 빈대, 박테리아, 조류, 곰팡이 병원성 매개체가 기후 조건에 적응하기 위해 서식지를 옮기거나 확장하고 있어, 질병도 변화하는 지구환경에 적응하기 위해 진화하고 있다는 것이다.

최근 미국 질병통제예방센터(C.D.C., Centers for Disease Control and Prevention)의 연구에 따르면 기후 변화는 몇 가지 주요 방식으로 질병 확산에 영향을 미친 것으로 나타났다. 가령, 동물들이 서식지의 기온 상승을 피하기 위해 더 높고 서늘한 지역으로 이동하기 시작하면서 질병을 옮기고 있는데 이는 해당 지역에 살고 있는 사람들에게 위협이 될 뿐만 아니라, 새로 유입된 동물과 기존 동물 종들 간의 바이러스 전염 위험을 높이고 있다는 것이다.

인류의 식육을 제공하는 가축들인 소, 돼지, 닭 등의 신종 바이러스로 인한 감염은 피할 수 없는 수천, 수만 마리의 집단 살육으로 집단 매장하여야 하고, 그로 인한 땅의 부패는 또 다른 새로운 바이러스 전염 병원균으로 고스란히 다음 세대에게 더 큰 재앙으로 닥쳐올 것이다.

오늘날 기후 변화로 인하여 매년 2000만 명의 사람들이 해수면 상승이나 산림 벌채 혹은 기후 재난으로 삶의 터전을 잃은 사람들이 주거지를 옮기거나 식량이나 의료 등 자원을 손쉽게 구할 수 있는 곳으로 이주하면서 더 다양한 질병에 노출된다는 것이다.

C.D.C.(미국 질병통제예방센터)는 조류 독감의 경우 새들이 고온과 해수면 상승을 피하기 위해 계속 이동하면서 더 쉽게 확산되고 있으며 결국 이는 인간에게 더 쉽게 전염되게 만든다고 하였다. 국제보호협회(Conservation International)의 '닐 보라' 의사는 다음과 같이 말하였다.

이것은 단지 미래의 일이 아니다. 기후 변화는 현재 진행형으로 지금 당장 사람들이 고통받고 죽어가고 있다는 것이다.

한편, 보건학자들은 다음과 같이 말하였다.

겨울이 따뜻해지고 가을과 봄이 온화해지면 진드기, 모기, 빈대, 벼룩 등 병원균을 옮기는 매개체가 1년 중 더 오랜 기간 활동할 수 있기 때문에, 미국 북동부 지역에서는 지난 10년간 라임병을 옮기는 '검은 다리 진드기'가 급증하였는데, 따뜻한 겨울이 이런 추세에 결정적인 역할을 하였다.

가뭄과 홍수 등 불규칙한 극한 기후도 수인성 질병이 퍼지기 좋은 환경을 만든다. C.D.C.는 다음과 같이 말하였다.

수인성 박테리아인 콜레라는 남아시아 국가에서 홍수로 인해 식수가 오염되는 몬순기(계절풍)에 번성하며, 특히 위생 인프라가 부족한 지역에서 더욱 기승을 부린다.

미국 서부의 토양에서 자라는 진균성 병원균인 밸리열은 가뭄기에 포자가 되지만 비가 오면 번성한다. 이에 대해 C.D.C.는 다음과 같이 말하였다.

불규칙한 기후로 공기중으로 쉽게 흩어져 사람의 호흡기로 침투할 수 있다.

기후 위기는 공공보건에 심각한 타격을 줄 수 있다. C.D.C.의 또 다른 통계에 따르면 2004년-2016년에 미국에서 모기와 진드기, 벼룩과 관련된 질병 사례가 3배로 증가하였다. 또 미국 하와이대학교 연구 논문에 따르면 인간에게 질병을 일으키는 것으로 알려진 모든 병원체의 절반 이상이 기후 변화로 인해 악화될 수 있다고 하였다.

　이에 WHO는 다음과 같이 밝혔다.

> 2030년부터 2050년까지 말라리아, 물 부족 등 기후와 관련된 공공 보건 위협으로 인해 매년 25만 명이 추가로 목숨을 잃을 것으로 추정하고 있다.

미국 조지타운대학교 생물학자 '콜린 칼슨' 박사는 이같이 강조하였다.

> 기후 변화는 질병 위험을 변화시키고 있을 뿐만 아니라, 이러한 질병의 위험은 실시간으로 변화하고 있으므로, 모든 사람들이 지구 온난화가 질병에 미치는 영향이 불확실한 방식으로도 나타날 수 있다는 점을 인식할 필요가 있다. 전염병과 팬데믹 위협에 대비해 각국 정부와 의사 등이 국경을 넘어 협력할 필요가 있다.

6. 우리가 살 지구는 우리가 지킬게요!

1) "여러분은 우리들의 미래를 훔치고 있습니다!"

　2018년 12월 15일, 폴란드 카토비체에서 개최된 제24차 유엔 기후 변화 협약 당사국 총회(COP24)가 2주간에 걸친 협상 끝에 예정됐던 종료일을 하루 넘겨 폐막하였다. 그 당시 세계의 많은 지도자들이 회의에 참가하여 환경 변화 대책에 의견을 나눴지만, 대부분 기후 위기와 이변에 미온적인 정치인들로 인하여 특별한 결정이나 정책 추진도 없이 마치려 하는데, 자칭 환경 운동가라고 밝힌 나이 어린 한 소녀가 공개적으로 기후 위기에 안일한 세계 지도자들을 비판하여 주목받게 되었다.

당시 중학생인 그 소녀는 유엔 세계 지도자들 앞에서 다부진 목소리로 연설을 시작하였다.

> 여러분은 헛된 말로 저의 꿈과 어린 시절을 빼앗았습니다. 모든 미래 세대의 눈이 여러분을 향하고 있습니다. 이 책임을 피해서 빠져나가도록 내버려두지 않을 것입니다. 여러분은 자기 자녀를 가장 사랑한다 말하지만, 기후 변화에 적극적으로 대처하지 않는 모습으로 여러분의 자녀들, 우리들의 미래를 훔치고 있는 것입니다.

한 10대 소녀의 당찬 연설은 그 자리 모인 세계 지도자들에게 감동과 도전을 주었고 그들은 열렬한 박수로 답하였다. 세계의 언론들은 빅 뉴스로 이 사실을 알렸고, 환경 보호 관련 단체들은 크게 반겼다.

그후 세계의 많은 국가 지도자들과 기업들은 탄소중립 정책 수립에 한 걸음 더 나아가는 도전과 동기 부여를 받고 서둘러 국가 정책을 입안하고 발표하게 되었다.

2) 스웨덴 15세 소녀, '그레타 툰베리'의 1인 시위

그 소녀는 바로 스웨덴의 18세 청소년 기후 환경 운동가 그레타 툰베리(Greta Thunberg, 2003-)이었다. '그레타 툰베리'는 15세부터 기후 변화에 대한 심각성을 느끼고 홀로 환경 운동을 시작하였다고 한다. 2018년 8월의 뜨거운 어느 금요일, 한 소녀는 학교 대신 스웨덴 국회의사당으로 향하였다. 그리고 '기후를 위한 등교 거부'라는 1인 시위를 벌이며 "지금 우리 지구, 우리 집이 불타고 있으니, 당장 행동하라!"라고 외치기 시작하였다.

그후 9월부터 SNS를 통해 그레타 툰베리의 1인 시위 행동이 알려지자, 스웨덴 전역과 서구권의 청소년들이 기후 환경에 큰 관심과 공감을 일으켰고, '미래를 위한 금요일'(Fridays for Future)이라는 슬로건으로, 서구권 청소년들도 매주 금요일마다 등교를 거부하고 기후 온난화 대책 마련을 촉구하는 운동을 확대하게 되었다.

그때부터 지금까지 '기후 파업'(Climate Strike)이라 불리는 이 10대 청소년들의 시위는 매주 금요일마다 계속되고 있고, 이제는 전 세계로 확산되어 제2, 제3의 그레타가 청소년 환경 운동가로서, 이제는 어른들을 믿을 수 없으니, 미래의 주인공인 자신들이 직접, 자신들이 살 집인 지구를 자신들이 지키겠다고 발 벗고 나선 것이다.

'그레타 툰베리와 청소년 기후행동' 청소년 10대 회원들이 환경 운동가로서 활동하기 시작되었다. 툰베리의 소식은 SNS를 통해 빠르게 전 세계로 퍼져 나갔고 그해 세계 270여 개 도시에서 2만여 명의 학생들이 동참하였다. 현재는 100여 개의 나라로 확산되었고, 최근 우리나라에도 국제 청소년 연대모임인 '미래를 위한 금요일' 한국 지부가 생겼으며, 함께 기후정보를 공유하면서 적극적인 'FEALAC'(Forum for East Asia-Latin America Cooperation) 기후 환경 운동 활동에 참여하고 있다.[4]

3) '툰베리 청소년 기후행동,' 세계 270개국의 2만여 회원들

2020년 7월, 영국 방송 BBC 등 외신은 툰베리가 제1회 '굴벤키안 인도주의상' 수상자로 선정, 상금 100만 유로(약 13억 8000만 원)를 전액 기증하기로 하였다고 지난 21일 전하였다. '굴벤키안 인도주의상'은 포르투갈에 본부를 둔 '칼루스트 굴벤키안' 재단이 기후 변화 문제에 공헌한 개인 및 단체에 수여하는 상이다. 재단은 지난 1976년부터 뛰어난 연구 업적을 이룬 과학자들을 선정해 매년 수상해 왔는데, 올해부터는 인류에 공헌한 활동가에게

---

4   FEALAC 홈페이지(https://www.fealac.org/new/index.do) 참조.

2018년 8월 스톡홀름 스웨덴 국회의사당 앞에 선 그레타 툰베리
(By Anders Hellberg, CC BY-SA 4.0, https://commons.wikimedia.org/w/index.php?curid=77270098)

인도주의상과 상금 100만 유로를 수여하기로 하였다.
 제1회 '굴벤키안 인도주의상' 수상자로 선정된 툰베리는 다음과 같이 밝혔다.

> 믿을 수 없을 만큼 영광스럽고 감사합니다. 모든 상금은 기후와 환경 위기에 대응하며 지속가능한 세상을 위해 싸우고 있는 여러 단체와 프로젝트에 최대한 신속하게 상금 전액을 기부할 것입니다.

 하나님께서 아름다운 지구를 창조하시고 우리에게 잘 다스리라고 맡겨 주셨으나, 어른들이 저지른 피비린내나는 전쟁과 탐욕에 눈먼 경제적 이윤 추구와 과학의 발전이라는 편리함으로 만든 발명품으로 지구는 아프고 병들고 고통하고 신음하게 되자, 이제 더 이상 어른들에게 맡겨 둘 수 없다며, 내일의 지구의 참 주인인 청소년들이 그동안 어른들을 믿고 지켜보다가 이제 더 이상은 정말 안되겠다며 들고 일어난 것이다. 올바른 결정이었다.
 내일의 주인인 그대들에게 이 지구를 맡긴다. 지구를 다시 살려내 주기를 응원하고 후원하겠다.

7. 동성애와 음란의 바다 인터넷

1) 음란하고 악한 세대여!

 주 예슈아께서 이 세상을 가리켜 말씀하실 때, 항상 "이 음란하고 악한 세대여!"라고 책망하셨다. 그것은 하나님께서 창조하신 이 세계는 하나님의 성품에 따라, 모두 선하고 아름답고 성실하고 안정되고 평화로운 질서 가운데, 생육하고 번성하도록 설계되었기 때문이었다.

그러나 하나님의 형상대로 지음 받은 사람들은 하나님께서 주신 신성한 아담과 하와의 일부일처제(一夫一妻制)라는 결혼의 거룩한 침실(말라키 2:14-16; 이브리 13:4)을 무시하고, 주님이 주신 자유의지를 악용하여 일부다처제(一夫多妻制) 혹은, 혼외 부정한 침실을 통하여 가정의 선하고 아름다운 평화의 질서를 거절하고, 자신이 원하는 욕심을 따라 십계명의 제10계명인 이웃의 어떤 것도 탐내지 말라는 말씀을 외면하였다.

그로 인한 많은 이웃이 고통과 괴로움 속에 가정이 파괴되는 상처들을 안게 되었으니, 사회는 점점 음란과 음행과 방탕과 거짓과 시기와 분노와 폭력과 살인을 자행하면서 스스로 자신의 합리화로 변명하며, 자신을 만드신 하나님을 배반하고 반역하는 자리에 이르게 된 것이 오늘날을 살고 있는 우리 모두의 자화상이다.

한때, 동방 예의지국이라 불리었던 우리나라의 윤리도덕의 미덕 중에 하나인 나그네 대접과 정결한 순결(純潔)은 어느덧 사라지고, 점차 이기적이고 타인에 대한 이해와 배려보다는 무조건적 비난과 자기만족과 쾌락의 늪에 빠져, 심지어 유한한 인간의 탈을 쓰고도 자칭 '신'(god)이라는 호칭을 즐기며, 하나님의 보좌를 넘보는 사탄의 영적 교만을 흉내 내어, "너도 신! 나도 신!" "나의 몸은 내 것이니 내 마음대로!"라는 자기 우상화에 취해 마음껏 타락의 절벽으로 줄달음질하고 있다.

노앟의 때와 같이 또다시 사람이 제일 잔인하고 무섭고 음란하고 포악한 세상이 되었다. 지구촌 곳곳에서 아침에 눈을 뜨고 뉴스를 보면, '묻지마 폭력' 사건들이 난무하고, '울컥 분노'로 인간 생명의 귀중한 가치를 무시하는 무차별 총기 난사 사건들 그리고 평생을 먹이고 키워준 노모가 게임 그만하라고 훈계하였더니 칼로 목숨을 앗아가는 패륜아들 등 입에 담기도 어려운 엽기적이고 잔인한 살인마들의 연일 뉴스를 도배하고 있다. 말로 더 이상 표현할 수 없는 잔인한 살인과 폭행 후에는 "기억이 나지 않는다"라며, 자신의 범행을 마치 타인이 저지른 행동인 것처럼 자신도 잘 모르겠다는 식으로 정신과 약을 복용하고 있다는 등 핑계로 둘러대고 있다.

정말 마음 놓고 살 수 없는 무섭고 포악한 그래서 이웃을 멀리 경계하는 세상이 되었다.

이런 세상에서 우리의 자녀와 후손들이 어떻게 믿음을 가지고 평화를 누리며 살 수 있을까?

> 사람의 죄악이 세상에 가득함과 그 마음의 생각과 계획이 항상 악할 뿐임을 보시고 …
> 하나님이 보신즉 땅이 부패해졌다.
> 이는 땅에서 모든 혈육 있는 자의 행위가 부패하였기 때문이다.
> 하나님이 당대 의인 노앙에게 말씀하셨다.
> 모든 혈육 있는 자의 포악함이 땅에 가득하므로 그 끝 날이 내 앞에 이르렀으니
> 내가 그들을 땅과 함께 멸할 것이다(태초에 6:5, 12-13).

그뿐만이 아니다. 스돔(סְדֹם)과 아모라(עֲמֹרָה) 때와 같이 또다시 육체를 따라 음란한 마음이 가득한 눈을 가지고 더러운 정욕을 행하는 음란한 세상이 되었다. 음행은 하나님의 아름다운 결혼과 가정의 창조 질서를 파괴하는 사탄의 유혹과 훼방으로, 자신의 마음과 영혼을 더럽히고 행복한 가정을 파괴하고 자녀들에게 큰 불행을 유산으로 물려주게 되어, 자신과 같은 불행의 몇 배를 더한 고통의 삶을 가중시키는 본능이라는 뒤에 숨어, 고귀한 자유의 절제 없는 타락의 방종인 것이다.

> 스돔과 아모라 성을 멸하기로 정하여 재(災)가 되게 하사
> 후세에 경건하지 아니할 자들에게 본을 삼으셨으며
> 무법한 자들의 음란한 행실로 말미암아 고통 당하는 의로운 롯을 건지셨으니
> 이는 이 의인이 그들 중에 거하여 날마다 저 불법한 행실을 보고 들음으로
> 그 의로운 심령이 상하기 때문입니다(2페트로스 2:6-8).

2) 창조주에 대한 반역 – 동성애와 성전환

동성애자와 성전환자는 '성소애자'나 '성차별금지' 대상이라고 하지만, 동서고금의 진리인 성경은 하나님의 창조질서를 거역함이라는 성경적 근거와 과학적 증명에 대한 한국창조과학회의 소논문 2편을 저자의 허락을 받고 여기 소개한다.

> 이 때문에 하나님께서 그들을 수치스러운 정욕에 내버려 두셨다.
> 곧 그들의 여자들은 정상적인 관계를 비정상적인 관계로 바꾸었으며
> 그와 같이 남자들도 여자와의 정상적인 관계를 버리고 서로 향하여
> 음욕에 불타서 남자가 남자와 더불어 수치스러운 일을 행하여
> 그들의 그릇됨에 마땅한 보응을 그들 자신이 받고 있는 것이다 (로마 1:26-27).

남성과 여성의 창조 원리를 거역하는 동성애와 성전환

(by 미디어위원회, 창조설계-사람, 한국창조과학회 2003.10.8.)

남성과 여성을 구별하는 일은 누구나 쉽게 할 수 있는 일이다. 어린이도 어렵지 않은 이 일이 요즘은 혼란스러운 느낌을 줄 정도로 흔들리고 있다. 이런 구별이 흔들리는 이유는 동성연애자들 때문이다. 동성연애자들의 권리가 강해진 외국에서는 동성 간의 결혼을 법적으로 허용하고 있어 남성과 여성의 성적 구별만 아니라 가정에 대한 정의까지도 흔들리고 있는 실정이다.

생물학적으로 남성과 여성의 구분은 너무나 명확하다. 남성과 여성은 성염색체에 의해 결정되는데, XX 염색체를 가지면 여성이 되고, XY 염색체를 갖게 되면 남성이 된다. 모든 사람은 아버지와 어머니로부터 염색체를 절반(1/2)씩 받게 되는데 어머니는 XX 염색체밖에 없기 때문에 어머니에게는 X 염색체를 받게 되고 아버지는 XY 염색체가 있기 때문에 이중 X 염색체를 받으면 자식은 여성이 되고 Y 염색

체를 받게 되면 남성이 되는 것이다. 남성과 여성의 구분은 바로 아버지의 정자와 어머니의 난자가 만나면서 아버지의 정자에 X 염색체가 있는지, Y 염색체가 있는지에 따라 결정되는 것이다. 수정이 되면서 성염색체가 결정되면 남성인지, 여성인지에 따라 각각 남성과 여성의 생식 샘이 만들어지고 만들어진 생식 샘에 의해 남성과 여성의 몸의 형태가 각각 만들어지는 것이다.

남성과 여성은 결국 "Y 염색체가 있느냐?" "없느냐?"에 의해 결정되는 것이다. 이렇게 생물학적으로 명확한 남성과 여성의 구별이 혼란을 일으키고 있는 것은 타고난 염색체의 문제가 아니라, 당사자들의 '성관계'의 혼란 때문인 것이다.

유전질병을 갖고 있거나 발생 과정 중에 문제가 생기면 (약물복용, 과다한 스트레스 등) 남성인지 여성인지 분명치 않아 보이는 경우를 볼 수도 있다. 그러나 이런 경우에도 질병의 문제이지, 남성 여성의 구별이 안되는 것은 아니다.

중요한 것은 수술, 호르몬 요법 등으로 자신의 성에 맞는 모습이 되도록 인위적인 약물 치료에 의한 것이다. 남성과 여성의 구분에 대한 혼란은 질병으로 인해 외모가 애매해진 환자들 때문이 아니라 유전적으로나 외형적으로 분명히 남성 또는 여성인데도 불구하고 그 반대의 성으로 살려고 인간적인 자신 스스로의 욕구를 추구하는 사람들 때문이다. 동성연애자들은 생물학적으로 남성과 여성을 구분하는 것이 아니라, 성적으로 남성이나 여성 중에 어떤 역할을 하느냐에 따라 구분하려고 한다. 예를 들면 생물학적 남성이면서 성적으로는 여성의 역할을 하는 사람 등이다.

이런 동성애자들에 대한 사회적 지지가 늘어나고 있다. 사회적 소수, 약자를 보호해야 한다는 주장, 동성연애는 유전적 소인으로 인한 것이기 때문에 자연스러운 것이라는 주장, 이성 간의 사랑을 허용하는 것처럼 동성과의 사랑을 허용하는 것이 진보적인 생각이라는 주장 등 다양하다. 이런 주장들이 일부 타당한 이유가 없는 것은 아니지만 이런 주장이 갖고 있는 가장 큰 오류는 '성관계'에 대한 창조적 원리를 이해하지 못하는데 있다.

성관계는 남녀간 사랑의 관계를 깊게 해주는 중요한 도구이며 오직 남자와 여자 사이에서만 생물학적으로 가능한 것이다. 또한, 사람의 육체와 정신이 분리될 수 없듯이, 남녀 간의 인격적인 사랑과 성관계는 서로 밀접한 관련이 있다. 따라서 육체적 쾌락만을 위한 성관계나 서로 간의 신뢰와 사랑이 없는 성관계는 결코 행복한 결과를 낳을 수 없다.

모든 사랑이 서로 간의 성관계를 전제로 하는 것은 아니다. 부모와 자식 간 사랑의 관계는 부부관계 못지않게 깊고 진하다. 동성 간에도 서로 깊은 사랑을 할 수 있고 신뢰할 수 있다. 성경에서도 다윗과 요나단의 관계는 남녀 간의 사랑보다 더 진한 사랑이라고 말했다. 동성 간에도 깊은 애정을 느낄 수 있겠지만 그렇다고 성관계를 갖는 것이 정당화될 수는 없다. 동성 간에는 결코 생물학적으로 남녀가 갖는 성관계를 가질 수 있도록 되어 있지 않기 때문이다. 그럼에도 불구하고 성관계를 갖겠다는 것은 성적 쾌락의 욕구일 뿐만 아니라, 인격적 관계보다는 변태적인 성적 쾌락을 즐기기 위한 것이라는 생각을 갖게 한다.

남성과 여성의 구분은 너무나 뚜렷한 것임에도 불구하고 동성연애와 같은 왜곡된 성관계는 창조의 기본 원리인 남녀관계, 부부관계까지도 윤리 도덕적인 혼돈과 왜곡을 주고 있다. 그러나 더 중요한 것은 생물학적으로 건전한 남녀 간의 성관계까지도 쾌락의 도구로만 사용되고 있는 것이 현실이며 부부간의 관계도 인격적 관계가 제대로 형성되지 못한 채 파국으로 가는 경우가 너무나 많다는 것이다. 이런 비극을 막는 길은 남자와 여자의 창조 원리, 즉 사람이 남자와 여자로 구분된 것은 남녀 간에 깊은 인격적 육체적 정신적 사랑을 위한 것이라는 하나님께서 만드신 평범한 창조 원리로 돌아가는 것뿐이다.

<용어 설명>

△ 염색체: 사람은 46개의 염색체가 쌍으로 이루어져 있다. 따라서 22쌍의 염색체와 1쌍의 성 염색체, 즉 XX 염색체 또는 XY 염색체로 구성되어 모두 46개가 되는 것이다.

△ 수정: 정자와 난자가 만나 수정란이 되는 것. 수많은 정자 중에 오직 하나의 정자만이 난자 속으로 들어가 수정이 된다. 왜냐하면, 난자의 막이 정자가 들어오는 순간 변화되어 더 이상 다른 정자들이 들어갈 수 없기 때문이다.

△ 발생 과정: 정자와 난자가 만나 수정란이 돼 세포 분열과 분화과정을 거쳐 각 조직과 장기가 만들어지면서 완전한 사람인 아기가 되는 과정을 말한다.

△ 생식 샘: 남성의 고환, 여성의 난소와 같이 남성 또는 여성호르몬을 분비하는 기관으로 이 생식 샘에 의해 남성과 여성의 생식계통이 만들어진다.

하나님이 자기 형상

곧 하나님의 형상대로 사람을 창조하셨다.

남자와 여자를 창조하시고

하나님께서 그들에게 복 주시고 그들에게 말씀하셨다.

생육하고 번성하여 땅에 충만하라.

땅을 정복하라.

바다의 물고기와 하늘의 새와

땅에 움직이는 모든 생물을 다스려라(태초에 1:26-28).

성 호르몬들의 합성 순서는 정확히 성경을 뒷받침한다
성소수자의 핑계 – '날 때부터'는 거짓말이라는 과학적 증거
(by 백행운, 미디어위원회, 한국창조과학회, 2013.5.25.)

하나님께서 아담에게서 취하신 그 갈빗대로 여자를 만드셨다(태초에 1:22). 성경에는 하나님이 남자인 아담을 먼저 지으시고 아담의 몸의 일부를 가지고 여자를 만드셨다고 말씀하셨다. 즉, 여자는 남자의 몸을 바탕으로 만들어진 존재라고 하셨다. 의학적으로, 남자와 여자가 성적으로 뚜렷하게 서로 다른 특징을 나타내는 것은 각각 성호르몬의 차이에 있다. 즉, 남자는 안드로젠(androgen)이라는 남성호르몬이 여성은 에스트로젠(estrogen)이라는 여성호르몬이 지배하기 때문인 것이다.

그런데 재미있는 것은 남성에서도 여성 호르몬이, 여성에서도 남성 호르몬이 소량 만들어진다는 것이다. 그러면 어떤 호르몬이 먼저 만들어졌을까?

남성 호르몬인 '안드로젠'은 콜레스테롤을 원재료로 하여 체내에서 합성되는 탄소 원자 19개를 가진 '스테로이드 호르몬'으로서, 고환에서 분비되는 '테스토스테론'

(testosterone)을 비롯하여 '안드로스텐네디온'(androstenedione), 디히드로에피안드로스테론 DHEA과 DHT 등이 있다. 안드로젠은 남성 2차 성장과 근육 발달 기능을 한다.

여성 호르몬은 '에스트로젠'(estrogen)으로 '에스트론'(estrone), '에스트라디올'(estradiol), '에스트리올'(estriol) 등이 있다. 에스트로젠은 여성의 2차 성장 발달과 월경 주기에 관여하며 키를 크게 하고 골격 발달과 심혈 관계를 건강하게 유지하는 역할을 한다. 여성호르몬 에스트로젠은 난소, 지방 조직 등에서 생성되는데 놀라운 것은 그림과 같이 에스트로젠의 재료는 모두 남성 호르몬이라는 점이다. 즉, 에스트로젠은 남성 호르몬인 안드로젠으로부터 아로마타세(aromatase)라는 효소 작용에 의해 만들어진다.

이와 같은 성호르몬들의 합성 순서는 하나님께서 남자인 아담을 먼저 지으시고, 아담 몸을 기초로 하여 여자인 하와를 나중에 지으신 순서와 정확히 일치하는 것이다.

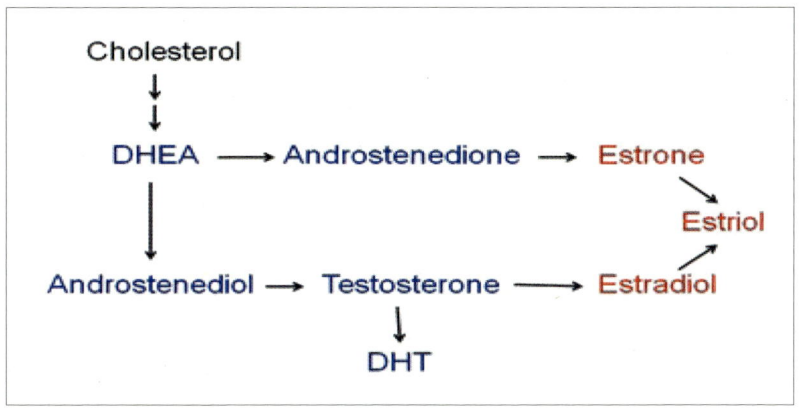

여성호르몬 에스트로젠은 남성호르몬으로부터 만들어진다.
파란색은 남성호르몬으로 DHEA, Androstenedione, Androstenediol, Testosterone, DHT이며, 붉은색은 여성호르몬으로 표시된 Estrone, Estriol, Estradiol이다.

3) 인터넷, 음란한 포르노의 바다

우리나라 과학 기술정보통신부 산하, '한국지능정보사회진흥원'(N.I.A.: National Information Society Agency)에서 발표한 '디지털정보 격차실태조사'(2023. 8. 1.)에 의하면, 우리나라의 컴퓨터, 모바일 기기 보유 및 사용 가능 여부 측정 지표의 접근성은 96%, 컴퓨터, 모바일 기기 기본이용 능력 측정의 역량성은 64.5%, 인터넷 양적, 질적 활용정도 측정의 활용성은 78%으로, 장애인, 고령층(50세 이상), 저소득층, 농어민을 포함한 실태 조사 결과 종합적으로는 76.2%라고 발표하였다.

특히, 이 실태조사는 모바일(휴대폰) 가입자가 5612만 4529명으로서, 대한민국의 전국 총 인구수는 5139만 2745명(2023년 6월 말 기준)으로 109%으로서, 1982년 대한민국의 인터넷의 아버지 전길남 박사가 처음으로 서울대학교 컴퓨터공학과와 구미 전자기술연구소(KIET)의 두 개의 중형 컴퓨터에 IP 주소를 할당 받아 전용선으로 연결하고 이를 패킷 교환 방식으로 연결하는데 성공한 이래, 세계의 인터넷 최강국임이 증명되었다.

인터넷은 정보지식의 바다에서 수많은 검색으로 걷어 올린 많은 지식과 정보의 어획(漁獲)은 모든 국민을 유식한 지식인으로 만들었다. 그러나 바다에는 좋은 먹거리만 있는 것은 아니었다. 전쟁 무기 경쟁의 폭탄 실험을 비롯하여 군함과 무역선이 배출한 기름과 오물 등 넓은 바다에 "이 쓰레기 하나쯤이야" 하며 무심코 버려진 온갖 폐기물(폐차, 페플라스틱, 페타이어, 페비닐 등)로 인하여 바다가 삶의 터전인 어류들이 죽어 가고 있다. 해수면 온도 상승으로 플랑크톤이 감소되고 일본은 한 술 더 떠서 원전의 폐 오일 방출로 방사능 물질에 오염된 수산물도 마음 놓고 먹을 수 없게 되었다.

이와 같이 '지식정보의 바다'에는 영적, 정서적으로 오염된 폐기물인 '포르노'(porno)[5]가 있다. 클릭 한 번이면, 자신의 신상이 개인정보 보호법으로 보장되어 신분 노출이 안된다는 익명성 보장으로 호기심에 쉽게 음란한 '디지털 그래픽들'(Digital graphics)을 만날 수 있다.

이에 전문적인 포르노 유통업자들은 성적 자극과 충동의 그래픽을 인터넷에 올려 쾌락 추구를 위한 퇴폐적인 나체 사진, 강간, 불륜, 아동 성폭행, 변태, 엽기적인 합성 그래픽으로 수익성을 높이려고 안간힘을 쓰고 있다. 따라서 이제는 인터넷을 지식 정보의 바다가 아니라, 뒤틀린 성 인식과 음란의 바다가 되고 있다.

포르노 전문 상담자나 정신 분석 교수들에 의하면, 포르노는 대부분 처음에는 '성에 대한 호기심'으로 접속한다. 인간의 뇌는 새로운 세포는 만들지 못하지만, 새로운 연결은 할 수 있다. 포르노 사이트를 몇 번 드나들면, 뇌는 기억을 하고 새로운 사이트로 연결해 주고 그 조회 수는 늘어나게 된다.

계속적인 포르노 사이트의 연결이 늘어나면 뇌는 적응을 하게 되고, 뇌는 똑 같은 현상을 몸으로 이루려는 욕망을 갖게 하면서, 이것이 사람의 본능이고 생리적 현상이라고 생각하고, 자신은 단지 성에 대한 인지와 참고하는 정도라며 자신의 '지식의 합리화'를 가지게 한다고 한다.

그후에는 혼자만의 시간적 여유가 있을 때면, 포르노 사이트의 접속하면서 육체적 욕망을 가지는 시간이 늘어 간다. 일상생활을 하면서도 포르노 그래픽이 떠오르게 되고 그래픽을 저장해 두고 여유가 생길 때마다 저장해 둔 포르노를 보면서 육체적 자위 행위로 스트레스를 푼다고 한다. 점점 사이트에 방문하려고 혼자 있는 시간과 환경을 인위적으로 만들려고 한다면, 그때는 이미 '포르노 중독'의 덫에 걸린 것이라고 한다.

---

[5] 포르노(porno)는 '여성 노예'(*porne*)라는 헬라어가 어원으로서, 성(性)의 지배, 착취, 비하, 강탈의 매춘을 의미한다.

이제는 걷잡을 수 없는 포르노 중독 환자가 되어, 구체적인 행동으로 옮기려고 하나님께서 정해 주신 성의 선을 넘는다. 부부관계가 깨지고, 이혼하게 되고 자녀들은 원치 않는 상처를 입고 떠나게 된다. 정욕과 음란의 영의 노예가 되어 돈과 폭력과 강간 그리고 살인까지 서슴치 않고 행하기도 한다. 포르노의 마지막은 교도소나 아니면, 자살로 생을 마치고 만다는 것이 포르노의 종말이라는 것이다.

그렇다. 호기심으로 클릭 한 번 하였던 포르노가 결국에는 나의 모든 것을 어처구니없을 정도로 비참하게 망치게 하는 덫이요, 정신적 매춘, 음란의 영, 사탄의 그물이다.

4) 코람데오의 성(聖)스러운 성(性)

'코람 데오'(*Coram Deo*, 하나님 앞에서). 하나님께서는 전지전능하시고 무소부재하신 분이다. 하나님의 존재를 믿는 사람이라면, 그 하나님께서는 내가 인터넷에 접속하고 있을 때에도 나를 지켜보고 계심을 잊지 말고, '하나님 앞에서'라는 '코람 데오'의 신앙을 가져야 한다. 아니, 그보다 내 안에 영원토록 함께 계시는 분, 그래서 내가 하나님의 거룩한 성전이라는 것을 알고 내 몸과 마음을 거룩하게 보호하여야 하는 이유가 있다. 나의 누추하고 연약하고 지저분한 마음 속에 계시는 예슈아의 영 곧 성령님께서 계시기 때문이다. 하나님께서 내 안에 계심이야말로 '기적 중의 기적'이요, '가장 위대한 기적'이다.

> 내가 아버지께 구하겠으니 그분께서 또 다른 보혜사를 너희에게 주사 영원토록 너희와 함께 있게 하실 것인데 그분은 진리의 영이십니다. …
> 그분은 너희와 함께 거하심이요, 또 너희 안에 계실 것입니다 (요한난 14:16-17).

여러분은 너희가 하나님의 성전인 것과
하나님의 성령께서 너희 안에 계시는 것을 알지 못합니까?
누구든지 하나님의 성전을 더럽히면 하나님께서 그 사람을 멸하실 것입니다.
하나님의 성전은 거룩하니 너희도 거룩해야 합니다(1코린토스 3:16-17).

너희가 아들이므로 하나님께서 그분 아들의 영을 우리 마음 가운데 보내사
아바 아버지라고 부르게 하신 것입니다(갈라티아 4:6).

너희는 믿음 안에 있는가 여러분 자신을 시험하고 확증하세요.
예슈아 그리스도께서 여러분 안에 계신 줄을 스스로 알지 못합니까?
만약 그러하다면 여러분은 버림받은 사람입니다(1코린토스 13:5).

무릇 하나님의 영으로 인도함을 받는 사람은 곧 하나님의 아들입니다.
너희는 다시 무서워하는 종의 영을 받지 아니하고
양자의 영을 받았으므로 우리가 아바 아버지라고 부르짖느니라.
성령께서 친히 우리의 영과 더불어
우리가 하나님의 자녀인 것을 증언하신다(로마 8:14-16).

경건은 하나님을 경외하는 것이요, 경외(敬畏)는 '거룩한 존경심'과 '거룩한 두려움'임을 명심하여야 한다. 내가 언제 어디서 무엇을 하든지 그것은 하나님께서 내 안에 계셔서 지켜보고 계시다는 뜻이다.

(1) 성(性)을 성(聖)스럽게 여겨라!
결혼의 축복은 창조 질서 계획에 따른 특별한 제도로서, 에덴동산에서 시작하여 수천 년간 인류의 모든 민족이 결혼으로 사랑을 나누며, 자녀를 낳고 번성하였으며, 인류의 마지막인 요한난계시에는 신랑 그리스도와

신부 된 우주적 교회의 결혼으로 장식하고 영생의 세계로 영원한 영광을 누리게 설계되어 있다. 그러므로 나에게 있는 성(性)은 거룩한 성이다.

(2) 부부의 침실은 거룩하게 지켜라!

부부간의 성생활은 성실하고 친밀하고 거룩하게 지켜야 한다. 부부가 아닌 다른 사람과 함께한 침실은 거룩함을 더럽히는 것이다.

> 모든 사람은 결혼을 귀히 여기고 침소를 더럽히지 않게 하라.
> 음행하는 자들과 간음하는 자들을 하나님이 심판하실 것이다(이브리 13:4).

그러기 위하여 내가 보고 듣는 것을 절제(통제)해야 한다. 인터넷에 떠도는 '야포'(야한 포르노), '야설'(야한 소설), '야게'(야한 게임), '야동'(야한 동영상과 영화)과 절교 선언을 해야 한다. 모든 죄는 나쁜 것을 보고 듣는 입력을 통하여 내 마음 안에 들어올 때, 비로소 악(惡)이 되어 나를 지배하고 범죄하게 한다.

(3) 마음의 생각(음란한 이미지)을 삭제하라!

> 너희는 간음하지 말라는 말씀을 들었습니다.
> 나는 너희에게 말합니다. 음욕을 품고 여자를 보는 자마다
> 그 여자와 이미 마음으로 간음한 것입니다(마타이오스 5:28).

여기에서 '음욕을 품다'라는 의미를 가진 '에피뒤메오'(ἐπιθυμέω)는 '어떤 것을 갈망하다,' '어떤 것을 탐내다'라는 의미의 동사로서, 제10계명의 "이웃의 아내를 탐내지 말라"라는 계명과 같이 '여자를 보고 소유하려는 탐욕과 여자를 계속 주시하며 욕망을 채우려는 모든 자'는 '이미 그 여자를 간음한

것'이라는 말씀이다.

　주님은 우리의 구원은 돈으로도 명예로도 살 수 없다고 하셨다. 오직 마음으로 믿어 의에 이르고 입으로 시인하여 구원에 이른다(로마 10:10)고 하셨듯이, 마음은 생명의 근원(잠언 4:23)이요, 영혼의 그릇이다. 그러므로 마음의 간음은 이미 행위의 간음과 동일하다고 말씀하신 것이다. 여성(남성)을 보고 음욕의 생각이 내 마음속에 생기기 전에, 그 이미지(영상)를 곧 바로 '삭제'(delete)를 재빨리 눌러야 한다.

　하나님의 성전이 더러워지면, 하나님께서는 가차없이 예루살라임의 제1성전, 제2성전을 이방인이 짓밟도록 멸망시켰듯이, 우리의 성령님이 계신 몸을 내 몸이라고 더럽히고 성령님을 내쫓는다면, 하나님께서는 우리의 몸도 진노의 불로 진멸하실 것이다.

> 몸은 음란을 위하여 있지 않고 오직 주님을 위하여 있으며
> 주님은 몸을 위하여 계십니다(1코린토스 6:13).
>
> 음행을 피하세요. 사람이 범하는 모든 죄는 몸 밖에 있는 것이지만,
> 음행하는 자는 자기의 몸에 죄를 범하는 것입니다.
> 여러분의 몸은 여러분 자신의 것이 아닙니다.
> 여러분이 하나님께로부터 받은 성령께서 여러분 안에 계신 것을 알지 못합니까?
> 진실로 하나님께서 값을 지불하고 여러분을 사셨으니,
> 여러분의 몸으로 하나님께 영광을 돌려야 합니다(1코린토스 6:18-20).

5) 포르노 호기심이 포르노 중독으로

　미국 전역에 충격을 준 28명의 여성들을 성폭행하고 끔찍하게 살해한 악명 높은 연쇄 살인마 테드 번디(Ted Bundy)가 체포되어 사형 선고를 받고, 10년

이상 사형 면제를 위해 항소를 하였으나, 결국 1989년 1월 24일 오전 7시에 사형 집행 일자를 받았다. 번디의 사형 집행 하루 전 날, 미국 'Focus on The Family'의 대표 제임스 달슨(James C. Dalson) 박사는 그의 마지막 상담 요청으로 교도소에서 마주 앉았다.

번디는 13살 때, 동네 친구들과 놀다가 동네 뒷골목 쓰레기 통에서 '야한 잡지들'(soft-core magazines)를 발견하면서 포르노 사진을 처음 보게 되었고, 점점 자극성 있는 것에 호기심을 가지면서 '더 강렬한 잡지'(hard-core magazines)를 찾게 되는 중독자가 되었으며, 점차 여성들을 학대하고 살해하는 장면을 보면서 희열을 느끼더니, 점차 행동으로 옮기고 싶은 갈망을 갖게 되었다고 하였다.

번디는 법대에 입학하여 정상적인 생활을 하면서, 한편으로는 여대생들을 유혹하여 자동차 안에서 성폭행을 하고 그후에는 살해하여 외딴 곳에 시체를 버리면, 몇 개월이 지난 후에 시체가 발견되고 수사가 진행되었지만, 얼마 지나면 조용해졌다. 그후 또다시 같은 범죄를 저질렀고, 나중에는 12살 소녀를 유혹하여 같은 수법으로 살해하고 돼지우리에 던져 버리기까지 하였다며, 지난 범죄를 인정하고 마지막 상담을 하게 된 이유는 자신의 범죄의 시초는 포르노 잡지였다.

특히, 폭력성 포르노인 '사디즘'(sadism)과 '마조히즘'(masochism)으로 인하여 자신과 같은 범죄자가 발생하였고 지금 교도소에도 그와 같은 재소자가 대부분이라며, 문학이나 예술의 이름으로 미화된 포르노를 막아야 한다고 당부하였다고 하였다. 그는 지금 어린아이들이 접할 수 있는 포르노를 막지 않으면, 나와 같은 제2, 제3의 범죄자가 또 나올 것이니, 제발 그것을 막아달라고 부탁하였다.

마지막으로 자신은 이 사회에서 혹독한 벌을 받아야 마땅하고 담담하게 죽음을 받아들이며, 예수 그리스도의 용서를 구하고 믿음을 통해서 마지막 시간을 맞을 용기를 얻었다고 고백하였다. 다음날 오전 7시 15분 살인마

테드 번디는 사형 집행으로 그의 생을 마쳤다.⁶

미국 유타대학교의 빅터 클라인(Victor Cline) 박사는 성 중독의 강화 과정을 4단계로 나눠 설명하였다.

제1단계, 중독(Addiction): 계속해서 포르노를 찾는 것이 생활의 한 부분이 될 정도로 벗어나지 못한다.
제2단계, 강화(Escalation): 좀더 강렬한 포르노를 찾고 전에는 역겹던 장면들이 좋게 보인다.
제3단계, 마비(Desensitization): 점차 보는 것에 만족하지 못하고 더 강렬한 것을 찾으나 찾지 못한다.
제4단계, 실행(Acting out sexually): 전에 보았거나 상상하였던 장면을 실행에 옮기려고 대상을 찾는다.⁷

6) 포르노의 바다, 인터넷 접속

2023년 9월 7일 MSN 검색에서는 11억 3000만 개의 웹사이트 중, 82%는 비활성 사이트들이고 18%인 2억 개의 사이트들만 업데이트가 잘되고 있다고 한다. 스테이티스타 데이터에 따르면 전 세계 웹사이트의 포르노 사이트는 4520만 개(4%)가 있으며, 'Sex'와 'Porno'에 관련된 웹 검색에서는 1억 4690만 개(전체의 13%)의 사이트가 있다고 한다.

---

6 Jemes C. Dabson, "포르노, 그 치명적인 자극," 「목회와 신학 6」 (서울: 두란노, 2001}), 54-61.
7 Ryan Hosley 외 1인, "웹 포르노, 과연 뒤탈도 없고 만족한가?," 「목회와 신학 6」 (서울: 두란노, 2001}), 65.

포르노 사이트에는 월 평균 1,850만-3,900만 회를 방문하였고, 일요일에 가장 많으며, 시간별로는 자정과 새벽 시간에 많이 접속하였다. 기기는 모바일 휴대폰 83%, 데스크톱 14%, 태블릿 3%이었다.

요즘같이 스마트폰으로 접속하는 온라인 시대에는 게임, 도박, 쇼핑, 음란물 등으로 각종 행위 중독 문제들이 많이 발생하고 있다. Z세대의 98%가 스마트폰을 갖고 있으며, 55%는 하루에 5시간 이상 스마트폰을 하고, 31%는 30분간 스마트폰을 하지 못할 경우에 불편함을 느낄 정도로 온라인에 강박적이다. 앞으로 가정과 교회에서 디지털 중독에 대한 예방과 치유에 관심을 기울이지 못하면 온라인 행위 중독 문제들은 계속 더 확산될 위험이 높다고 한다.[8]

인터넷을 통한 음란의 바다에서 중독되는 것은 마치, 사탄 마귀가 우는 사자같이 삼키려 덤비는 것과 같다. 사탄의 시험과 유혹에 안전 지대가 없듯이, 포르노의 유혹과 멸망의 덫은 성역이 없다.

정보의 바다에서 오늘도 웹 포르노를 검색할 어린 자녀들을 위한 성경적인 바른 성교육으로 건강하고 행복한 결혼과 가정생활을 영위하도록 깨끗한 디지털 인터넷 문화를 가꾸어 나가야 하겠다.

7) 이혼과 재혼의 간음 문제

우리나라의 재판상 이혼 사유는 '민법' 제840조에 다음 여섯 가지를 규정하고 있다.

1. 배우자에게 부정(不貞)한 행위가 있었을 때.

---

[8] 이해왕, "인터넷 역사 30년 온라인 중독도 증가," 「한국일보」 (2023. 9. 25.). http://dc.koreatimes.com/article/20230924/1482478/

2. 배우자가 악의(惡意)로 다른 일방을 유기(遺棄)한 때.
3. 배우자 또는 그 직계존속(시부모, 장인, 장모 등)으로부터 심히 부당한 대우를 받았을 때.
4. 자기의 직계존속이 배우자로부터 심히 부당한 대우를 받았을 때.
5. 배우자의 생사가 3년 이상 분명하지 않을 때.
6. 그 밖에 혼인을 계속하기 어려운 중대한 사유가 있을 때.

그러나 결혼 질서를 만드신 하나님께서는 두 남녀의 결혼은 남녀가 만나서 서로 사랑하여 결혼을 결심하였을지라도, 그 만남은 창세 전부터 전능하신 하나님께서 이미 두사람의 만남의 시기, 가정 환경, 성격, 서로의 장단점 등을 미리 아시고 각 사람에게 정해 주신 천생연분(天生緣分)의 가장 알맞은 짝이요, 인생의 동반자이므로 하나님께서 짝지어 주신 결혼을 사람이 결코 나눌 수 없다고 선포하셨던 것이다.

그러므로 결혼식장에 참석한 부모형제 친척 어른들을 모시고, 그분들이 만인의 증인으로서 지켜보는 가운데 "검은 머리가 파 뿌리가 되고 죽음이 둘 사이를 갈라 놓을 때까지" 부부로서 변치 않는 사랑을 하겠다고 하나님 앞에서 엄숙히 한 맹세의 서약이니 결코 다시 물릴 수 없다는 것이다.

우리를 위하여 십자가에서 죽으신 주 예슈아께서 결혼과 이혼에 대하여 직접 말씀하셨다.

> (하나님께서) 창조의 처음부터 사람을 한 남자와 한 여자를 지으셨습니다.
> 한 남자는 그의 부모를 떠나 그의 아내와 한 몸이 되었으니
> 이제 그들은 둘이 아니라 한 몸인 것입니다.
> 그러므로 하나님께서 짝지어 주신 것을 사람이 나누지 못합니다(마르코스 10:6-9).

이와 같이 하나님께서 짝지어 주신 부부는 일심동체가 되어 행복한 가정을 가꾸고 사랑의 열매인 자녀들을 낳아 양육하고 성장하여 성인이 되면, 또 자녀들의 결혼을 하여 이 광야 같은 나그네 인생 길에서 행복한 가정을 누리며 달콤하게 살도록 위로의 은혜를 베푸신 것이 결혼의 목적이었다.

그러나 고자(鼓子)[9]의 경우 독신으로 지낼 수 있고(마타이오스 19:10-12), 사도 파울로스는 배우자를 기쁘게 하기보다 오직 주님만을 기쁘게 하길 원하는 자는 독신도 좋다고 하였다(1코린토스 7:8, 32-40).

그러나 부득이 한 경우, 이혼할 사유로 단 하나를 말씀하셨는데, 그것은 바로 '음행'(淫行)이다.

> 또 어떤 사람이 자기 아내와 헤어지려면, 이혼증서를 주라고 말했으나
> 나는 여러분에게 말합니다. 누구든지 음행(淫行)한 이유 없이 아내를 버리면
> 이는 그녀를 간음하게 하는 것이며
> 또 이혼한 그 여자와 결혼한 사람도 간음하는 것입니다(마타이오스 5:31-32).

율법에는 어떤 남자가 결혼하여 아내를 맞이하였는데, 자기 아내에게 수치스러운 일이 발생하여 기뻐하지 않으면 아내에게 '이혼증서'를 써 주고 이혼하라는 것이다(말씀들 24:1). 이는 당시 아내는 남편의 재산에 귀속되는 결혼 풍속으로 이혼의 권리는 남편의 물권법(物權法)에 있었고, 이혼당한 여인이 남편에게서 쫓겨나오면 마땅히 갈 곳이 없고 생계 유지를 위한 매춘을 하는 경우가 많았는데, 그 이혼 증서에는 다음과 같이 써 있어서 재혼할 수 있었기 때문이었다.

9　고자(鼓子): 생식 능력이 없는 남자. 출생 시부터 고자와 사람이 만든 고자(내시) 그리고 천국을 위하여 스스로 된 고자가 있다(마타이오스 19:10-12).

당신은 이제 가도 좋다. 당신을 아내로 맞이하기 원하는 자가 있고, 당신도 그를 원하다면, 그가 당신을 취해도 좋다.

그러나 이를 이유로 이혼이 남발되고 악용하는 경우가 빈번하여 주님께서는 아내들의 보호 차원에서 율법에 반하는 의도로 하나님 나라의 새로운 질서를 가르치신 것이다.[10]

주님의 결혼에 대한 가르침은 투명하고 명백하였다. 결혼은 하나님의 정해 주신 축복이니 파기할 수 없고, 따라서 이혼(離婚)은 절대 불가하다고 하셨다. 단 이혼의 사유로 세상 법원은 이혼 사유 여섯 가지에 해당할 경우 판사가 판결하겠지만, 주님께서의 제시한 이혼 사유로 인정할 수 있는 것은 단 하나, '음행'(간음)뿐이다. 만약, 배우자가 결혼의 순결을 어기고 간음하였다면 이혼할 수 있다는 것이다.

여기에서 '음행'인 '포르네이아스'(πορνείας)는 '포르네이아'(πορνεία)의 소유격으로 간음의 이유가 아니면 이혼은 성립되지 않는다는 것이다. '음행'과 '간음'의 동일 단어 '포르네이아'는 일반적인 모든 종류의 불법적인 성교(性交), 곧 모든 성범죄(성폭력, 성추행 등)를 일컫는다.

또한, 이혼한 이후, 다시 결혼하는 재혼(再婚)은 '간음'이라며 남은 인생을 홀로 살아야 하였다. 단, 배우자가 사망한 경우에는 재혼할 수 있다(로마 7:2-3). 그래도 가능하면, 사도 파울로스는 자신처럼 그냥 홀로 지내면서 재림하실 주님을 사모하라고 권면하였다.

2022년도 혼인과 이혼에 대한 통계청의 자료에 의하면, 우리나라의 결혼은 19만 1700건으로, 작년에 비해 0.4%, 즉 1,800건이 감소하였으며, 이혼은 9만 3000건으로 작년보다 8.3%, 즉 8,000건이나 감소되었다. 아직 우리나라의 이혼율은 아시아에서는 1위라고 하는데, 세계적인 사회 인식과

10　강병도, 『카리스 종합주석 제1권』 (서울: 기독지혜사, 2005), 499-504.

물결을 따라, 교회 안에도 이혼과 재혼 성도들이 증가하고 있다는 소식이 적잖게 들린다.

이혼의 사유는 부정행위, 불륜, 폭력, 중독(포르노, 도박 음주 게임), 자녀 방치, 성격 차이, 고부 갈등, 경제적 무능 등 여러 가지로 부득이한 경우가 있다. 특히, 자녀들에게 미치는 영향 때문에 아직도 이혼을 주저하고 망설이는 성도들이 있는 것도 사실이다. 또 아직 남은 인생 길이 먼데, 독신으로 자녀들과 함께 삶을 계획하는 성도들도 있다. 과연 목회자로서 어떻게 상담해야 주님의 뜻인지에 대하여 고민이 될 때도 있다.

이에 사도 파울로스는 불신앙의 배우자가 이혼을 원할 경우, 이혼을 할 수 있다. 하지만, 그 불신앙 배우자가 함께 살기를 원한다면, 계속 함께 살며 믿음을 가지게 되면 함께 거룩한 자녀가 될 수 있다. 이혼한 후 다시 재혼하려면, 새 배우자보다는 전 배우자와 재결합하는 것이 자녀들을 위하여 더 낫겠다고 권하였다(1코린토스 7:10-14).

더 이상의 결혼과 이혼과 재혼의 불행을 막기 위한 주님의 권고에 순종하기를 권한다. 우리의 영원한 결혼은 새 예루샬라임성에서 신랑이신 주 예슈아와 신부인 우주적인 교회와의 영원한 결혼식이 기다리고 있다(에페소스 3:20-21; 요하난계시 21:1-27; 22:1-17). 영원한 생명과 함께 영원한 행복의 그 나라에서의 허니문을 간절히 소망하는 아름다운 신부가 되기를 우리 주님 예슈아의 거룩한 이름으로 축복한다.

> 하나님의 뜻은 여러분의 거룩함입니다.
> 곧 음란을 버리고 각자 자신의 그릇을 거룩함과 존귀함으로 다루어야 합니다.
> 하나님을 모르는 이방인같이 격렬한 정욕에 빠지지 말고
> 이 문제에 대하여 아무도 그 형제를 속이거나 이용하지 말고
> 우리가 전에 여러분에게 말하고 경고한 바와 같이
> 주님께서 이 모든 죄에 대하여 모두를 벌하실 것입니다.

하나님께서 우리를 부르심은 부정케 하심이 아니요,

거룩함에 이르도록 하시려는 것입니다.

그러므로 이것을 거부하는 자는 사람을 거부하는 것이 아니요,

여러분에게 그분의 성령을 주신 하나님을 거부하는 것입니다(1텟살로니케 4:3-8).

8. 인간 복제와 인간 배아 복제

1) 인간 복제, 과연 성경적인가?

1997년 7월 5일, '돌리'(Dolly)라 불리우는 복제된 양이 세계 최초로 인간의 손에 의하여 생명을 갖고 출생하였다. 한 가축의 복제가 21세기의 인류에게 가장 중요한 관심사로 등장한 이유는 다음 차례가 '인간 복제'(Human Cloning)이기 때문이었다.

과연 인간 복제도 가능한가?

영국 에든버러대학교 로슬린연구소에서 '이안 윌머트'(Dr. Ian Wilmut, 1944-2023) 박사는 영국 워릭셔에서 출생하여 1960년대부터 동물 과학 분야에서 일하면서, 1967년 노팅엄대학교에서 농업 학사학위를 받고, 1971년 캠브리지대학교에서 크리스 폴지의 감독 아래 멧돼지 정액의 보존을 연구한 박사 학위를 받았다. 1973년 그는 스코틀랜드 로슬린의 동물사육연구기관(현재 로슬린 연구소)에 합류하였다가, 2005년 영국 에든버러대학교에서 생식과학 교수와 새로운 재생의학센터의 책임자가 되었다. 케임브리지대학교에서의 초기 연구는 소의 배아를 냉동, 해동, 착상하는 것에 촛점을 두었고, 냉동 배아를 착상하여 태어난 첫 번째 송아지 '프로스티'의 탄생으로 이어졌다.

월머트 박사는 '배아 줄기세포 기술'을 사용하여 쥐들에게서 이미 성취된 목표인 형질전환 효율을 향상시키고, 큰 동물들의 유전체에 정확한 변화 주기를 원하였으나, 동물의 ES 세포를 만드는 데 성공하지 못하여, 양의 핵이식을 개선하는 것으로 관심을 돌렸다. 포유류의 핵 이식복제는 거의 중단되었지만, 1986년에 '스틴 윌라드센'은 생후 4일 된 배아세포 핵에서 양을 복제하자, 1989년 윌라드센의 실험을 재현하여 네 마리의 살아 있는 양의 탄생을 보고하기에 이르렀다.

1996년 7월 5일에 복제양 '돌리'가 태어났고, 277개의 배아에서 유일하게 출생하였다. 배아주는 네 마리의 양을 낳았고, 태아주는 두 마리를 낳았다. 돌리는 완벽하게 형성되었다. 월머트 박사와 그의 팀은 그 연구가 인간에게 주는 의미를 설명하기 위해 영국 의회로 소환되었으며, 그는 패널들에게 인간이 1년 안에 복제될 가능성이 있다고 경고하였다.

그러나 복제 양 돌리는 진행성 폐질환으로 앓은 후, 5년 7개월인 2003년 2월 14일 세상을 떠났다. 보통 양들의 평균 수명 10년 정도보다, 돌리의 이른 죽음은 동물과 인간 모두 복제의 안전성에 대해 더 많은 의문을 제기하였으며, 이 역사적인 복제양은 박제되어 현재 에든버러에 있는 스코틀랜드 국립박물관에 전시되고 있다.

그후 3년 동안 다른 사람들은 성체 세포에서 쥐와 소를 복제하였고, 월머트 박사 팀과 PPL은 가축의 유전적 조작을 개선하기 위해 SCNT를 사용한 그의 비전을 입증하였다. 1997년 인간 응고 인자 IX를 발현하는 형질전환 양 '폴리'와 '몰리'가 태어났고, 2000년 '큐피드'와 '다이애나'는 양 콜라겐 유전자의 성공적인 표적화로 인해 태어났다. 이 이정표들은 그가 선호하는 유형의 세포를 사용하였는데, 바로 유전적으로 조작된 '태아 섬유아 세포'이었다.

월머트 박사는 2002년 왕립학회와 2004년 국립과학원에 수상과 2005년 폴 에를리히와 루트비히 다름슈테터 상, 그리고 생명과학과 의학 분야의 상과

스코틀랜드 국립박물관에 있는 돌리
(By Sgerbic, CC BY-SA 4.0, https://commons.wikimedia.org/w/index.php?curid=78368676)

2008년 기사 작위를 받았다. 그는 인간 복제의 위험성을 강조하기 위해 그의 유명 인사의 지위를 활용하여 2007년 '인간 유도만능 줄기세포'가 개발될 때까지 SCNT로 만든 환자 맞춤형 만능 줄기세포를 이용한 '운동 뉴런증 모델' 개발을 추진하였다. 지난 2023년 9월 10일, 윌머트 박사는 79세로 그의 생을 마쳤다.[11]

영국 정부는 의학 연구 목적에 한하여 수정 후 14일 이내의 초기 인간 배아를 복제하는 치료용 복제 연구를 허용하기로 결정하였다. 미국의 빌 클린턴 대통령은 과학자들이 인간의 수정란을 연구하는 데 연방 정부의 재정 지원을 받을 수 있도록 허용하는 새로운 인간 배아 세포 복제 연구 지침을 발표하면서, 선천적 기형과 파킨슨병, 각종 암과 당뇨병 환자들이 이 연구로

---

[11] Alan Colman, "Ian Wilmut (1944 – 2023): Embryologist who cloned Dolly the sheep," *SCIENCE* 9 (Nov 2023), 651.

도움을 받게 될 것이라며, 새 기준은 시험관 수정을 통해 얻은 배아에 한하여 적용될 것이라고 밝혔다.

우리나라에서는 1998년, 서울대학교 황우석 교수에 의해 송아지 '영롱이'가 복제되면서 동물 복제가 본격화되었고, 해프닝으로 끝나긴 하였지만 경희대학교 의과대학에서 초기 인간 복제 실험이 성공되었다는 보고로 전 세계적인 논란을 야기시켰고, 우리나라는 인간 복제 논쟁의 중심에 자리하고 있다.

최근 황 교수는 체세포를 이용한 인간 배아 복제를 통해 특허를 출원한 사실이 보도되었고, '마리아 불임 클리닉'의 연구소가 시험관 아기 시술에 사용되고 남은 냉동 배아를 이용하여 배아간 세포를 분리하였다는 뉴스로 인간 배아 복제 논쟁을 더 가열시키고 있다.

우리나라의 복제기술은 세계 5위권 안에 이미 들어섰으며, 이와 관계된 불임치료술 역시 세계적인 명성을 얻고 있기에 사실 인간 복제를 위한 기술적인 준비는 완료되어 있다고 보는 것이 타당하다.

또한, 우리나라의 현행 법률이 인간 복제를 뚜렷이 금지하고 있지 않으며, 현재 국회에 계류 중인 법률마저 생명 공학 육성법으로 생명 공학을 국가적 차원에서 오히려 지원하겠다는 취지의 법률인 만큼 인간 복제 금지를 강력히 규정하기는 어려울 듯하다.

여기에 국가 경쟁력 차원에서 생명 공학을 장려하고 있으며 외국 자본 유치를 위해 온갖 힘을 쏟는 오늘의 상황이 우리나라가 '인간 복제 공장'을 차리기에 가장 적합한 나라라고 하는 인식이 어느 정도 존재하는 것도 사실이다.

2) 생식 세포 복제와 체세포 복제

인간 복제는 세포 핵을 제공하는 원본 인간과 같은 유전자를 가진 새로운 인간 개체를 만들어내는 '인간 배아 복제'는 복제된 개체의 생존을 배아 상태로 한정하여 사용하는 것을 일컫는 것이다. 이는 "인간을 낙태한다"라기보다는 "태아를 낙태한다"라고 표현하는 것이 덜 끔찍한 것처럼 '인간 복제'보다 '배아 복제'라는 표현이 인간의 죄의식을 조금 감추려는 의도를 담고 있다.

인간 복제는 크게 둘로 나눠 '생식용 개체복제'와 '치료용 배아 복제'로 나누는데, 인간 배아 복제는 주로 질병 치료를 위한 줄기세포의 추출에 있으므로 '치료용 배아 복제'라 할 수 있다. 하지만, 언제든지 이를 생식용으로 바꾸어 개체를 복제해 낼 수 있으므로 이 둘을 구별하여 관리하기가 용이하지 않을 것으로 판단된다.

복제 기술 역시 크게 둘로 나눌 수 있는데, '생식 세포의 복제'와 '체세포의 복제'이다. 생식 세포는 분화전능이 있어서 뇌 세포나 유방 세포로 될 수 있는 능력을 가진 세포인데 반해, 체세포는 뇌 세포, 유방 세포와 같이 세포의 특성이 이미 결정되어진 세포를 말한다.

'생식 세포의 복제'는 수정란을 사용하는데 수정란이 여덟 세포로 분열하였을 때 세포를 감싸고 있는 막을 단백질 분해 효소로 녹여 세포를 각각 분리한 후 여기서 핵을 추출한 다음, 이 핵을 없애 버린 난자와 결합시키면 8개의 새로운 수정란을 만들어 낼 수 있다.

이를 반복하여 수정란을 냉동보관한다면, 원하는 시기에 원하는 수만큼의 개체를 복제할 수 있을 것이다. '체세포의 복제'는 생식 세포 대신 성장한 체세포를 이용하는 것으로 체세포의 핵을 '탈핵 난자'에 전기충격을 이용하여 '핵 치환'을 시킨 후 세포가 분화되도록 하는 것이다.

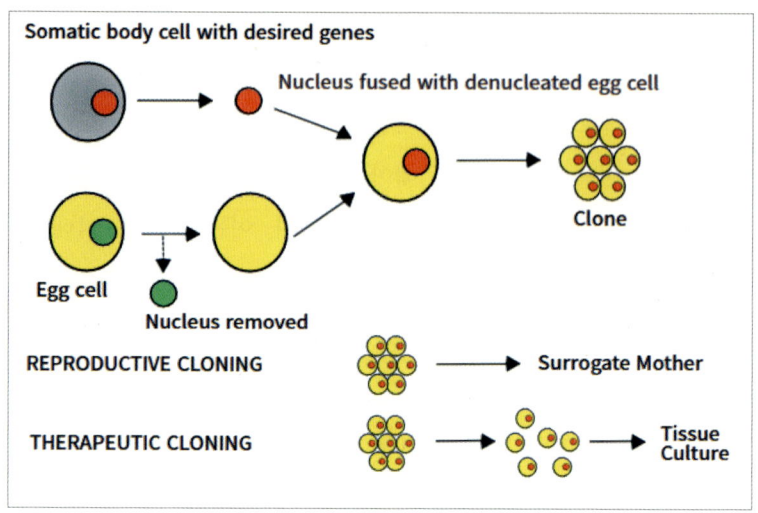

생식 및 치료 복제 개념
(By en: converted to SVG by Belkorin, CC BY-SA 3.0,
https://commons.wikimedia.org/w/index.php?curid=3080344)

3) 인간의 생명의 시작점은?

생명의 시작에 관해 다양한 학설이 존재한다. 수정 순간을 시작으로 보는지, 착상, 심박동 개시, 뇌파 작동 시점, 자체 생존 가능 시점, 분만 등으로 보는지로 구분해 볼 수 있다.

그렇다면 과연 의학적으로 생명의 시작은 어느 순간일까?

남성의 정자가 여성의 질에 들어가면 20분 내에 나팔관에 도착하게 되고 여기서 난자를 만나 결합하게 되는데, 하나의 정자가 난자에 들어가면 수정란이 되면서 순식간에 막이 형성되어 다른 정자가 들어오지 못하도록 방어하는 기전을 작동한다.

그러므로 이 수정란에는 정자의 23개의 염색체와 난자의 23개의 염색체가 합쳐져 이미 46개의 인간의 염색체를 가지게 된다. 이것은 하나의 세포에 불과하지만 독특하고 세상에 하나밖에 없는 유일한 존재이며 완전한 개체이다. 이 수정란에 영양분과 산소만 계속 공급되면 성장 발육하여 성인으로 자라게 되는 것이다. 8회 세포 분열할 무렵 자궁에 착상하게 되고, 41회 세포 분열 할 즈음이면, 바깥 세상을 구경하게 되고, 45회 세포 분열하면 어느새 성장하여 어른이 되는 것이다. 즉, 수정란 이후의 과정은 연속선상에 있는 것이므로 어느 한 순간을 선을 그어 이전과 이후로 나눌 수 있는 특별한 시점이 존재하지 않는다는 사실이다. 그러므로 수정 시점을 생명의 시작으로 보는 관점이 가장 의학적이라 할 수 있겠다.

생명의 시작이 수정 시점부터라는 의학적 논거를 받아들일 때, 인간의 가치는 과학자들이 인위적으로 구분해 놓은 시기에 의해 변화되어서는 안 될 것이다. '수정란'과 '배아'가 가치에서 차이가 날 수 없으며, '배아'와 '태아'가 생명의 존엄성에서 구별될 수 없으며, '신생아'와 '영아'가 인간의 가치적 관점에서 차이를 둘 수 없다는 것이다.

미국 클린턴 정부가 14일 이전의 '전 배아'(배아를 자신의 목적에 따라 구분하였음)에 대한 실험을 사실상 인정하였는데, 이는 수정 후 14일이 세포 덩어리에서 조직화되는 시점이기 때문이라고 설명하고 있다.

그러나 의학적으로 13일과 14일은 구별될 수 없으며, 14일과 15일 역시 이전과 이후를 생명의 기준으로 삼을 수 있는 변화가 존재하는 것은 아니다. 즉, 14일을 생명의 기점으로 잡는 행위는 논리적이지 못하고 경우에 따라서는 얼마든지 확장될 수 있으며, 인간의 생명이 정부의 결정에 의해 규정될 수 있는 하찮은 존재로 전락하게 하는 누를 범하는 것이다.

또한, 배아 복제 과정을 통해 수많은 인간 배아들이 손상 받으며 상당부분의 배아들은 폐기 처분될 것이다. 눈에 보이지 않지만 작은 현미경 하에서 어린 배아들이 갖은 폭력을 당하며 무참히 살해되고 있는 셈이다. 생명 윤리 학자들이 21세기를 '현미경적 폭력의 시대'로 예고한 바와 같이 항거할 수 없는 연약한 인간 배아는 거대한 폭력 앞에 노출되어 있는 것이다.

물론 복제된 인간 배아를 이용하여 암과 같은 인간의 질병을 치료할 수 있는 의술을 개발해 낼 수 있으며 수요에 미치지 못하는 장기 공급으로 몸살을 앓고 있는 이식 분야에 획기적인 해결책을 가져올 수 있으며, 나아가 자신과 같은 유전자를 지닌 여분의 인간을 냉동 보관함으로 언제든지 이를 활용할 수도 있을 것이다.

하지만, 모든 인간은 도덕적 지위를 지닌 존재로 다른 무엇의 수단으로 이용될 수 없다. 인간은 그 자체로 목적적 존재이기에 아무리 그 혜택이 크다 할지라도 수단적 존재로 여겨져서는 안 될 것이다. 당장의 눈앞의 이익만을 추구하는 바람에 인간의 존엄성, 생명의 고귀함이 짓밟힌다면 이는 오히려 인류 역사의 퇴보를 가져올 것이기 때문이다.

4) 생명은 창조주 하나님의 주권

이러한 인간 배아 복제는 인간 개체의 정체성에 상당한 혼란을 야기시키며, 나라는 존재의 정체성의 위기를 불러올 것이 분명하다. 아울러 그동안 가정의 테두리 안에서 부부간의 유성 생식을 통해 자녀를 출산해 오던 전통이 무너져 내리고, 남성과 여성이 필요치 않는 무성 생식이 가능함으로써 인간 사회의 버팀목이었던 가정 마저도 여지없이 파괴될 위기를 직면하게 되었다. 즉, 이러한 인간 배아 복제를 단지 과학적 행위로 판단해서는 곤란하며, 사회학적, 인류학적, 철학적 및 종교적 차원에서 다루어야 하며 이를 위한 범 사회적 합의가 형성되지 않은 상황에서의 복제 실험은 소영웅주의 내지 실용주의적 이기주의로 비난을 받아 마땅하다.

식량 자원의 보다 획기적인 확충과 우량품종의 보존과 번성을 위해서라면 복제 기술의 활용은 효과적인 방법일 수 있으며, 멸종 위기에 처한 생태계를 보존하는 방편으로도 충분히 시도할 만한 가치가 있을 것이다. 또한, 현재 심장판막수술에 사용되는 돼지의 판막을 다량 얻기 위해 적합한 돼지의 다량 복제가 질병퇴치에 도움이 될 수 있을 것이다. 동물 복제에 있어서도 자연의 질서가 파괴되고 환경의 변화로 인한 대혼란이 올 수 있을 것이므로 엄격한 기준에 따라 신중히 시행되어야 할 것이다.

그러나 인간의 경우에는 이러한 실용주의적 관점으로 접근해서는 결코 안 된다. 왜냐하면, 인간을 제외한 모든 생물은 인간의 다스림과 경작의 대상이 되지만, 만물의 영장인 인간은 서로가 서로에게 사랑과 섬김의 대상일지 언정, 다스림과 경작의 대상이 결코 아니기 때문이다.

인간은 그 자체로 존엄하며 결코 타인을 위한 수단이 되어서는 안 될 것이다. 즉, 복제 인간 논쟁의 주된 핵심은 바로 세계관의 문제로 귀결되는 것이다. 인간을 동물에서 진화되었다고 생각하면, 인간의 생명을 동물과 같이 여기고, 생명 자체를 생물학의 한 부분으로 목적이 수단을 정당화할 수 있는 물질만능주의 세계관 아래서는 복제 인간은 얼마든지 해도 된다는 과학기술의 하나뿐이라는 것이다.

또 한 가지, 과학의 오류는 할 수 있다면 다 해도 된다는 잘못된 신념이다. 무엇인가가 기술적으로 가능하다고 해서, 그것이 도덕적으로 용납될 수 있는 것은 아니다. 핵전쟁으로 인류를 파멸시키는 것도 기술적으로 가능하지만, 해도 되는 일은 결코 아닌 것이다. 기술의 진보가 반드시 더 좋은 것만은 아닐 수 있으며 오히려 윤리의 퇴보일 수 있다.

인간 배아 복제는 하나님이 인간에게 선물로 주신 신비로운 성의 존엄성을 부정하는 행위로 엄청난 불행을 가져오게 될 것이다. 우리는 이미 성감별을 통한 선택적 분만과 인공 유산을 자행하므로 야기되는 숱한 문제들을 경험함으로 인간이 생명을 조절하려고 할 때 치러야 할 가정과 사회의 파괴를 알고 있다.

벌써부터 행해지고 있는 태아 실험이나 유전자 조작, 원숭이와 인간의 교배 실험 등은 인간 배아 복제로 야기될 수 있는 상황을 충분히 짐작케 한다. 과학이라는 이름 아래서라면 무슨 일도 용납되는 것일까?

윤리를 상실한 과학은 마치 브레이크 없이 비탈길을 질주해 달려 내려가는 덤프트럭과도 같다.[12]

생명의 창조는 하나님의 주권인데, 어느덧 인간들이 자신의 총명과 명예와 재물에 눈이 가려 자신이 쌓은 과학의 바벨탑에 앉아서 하나님을 대적과 반역의 행위를 자랑하고 있는 것은 아닌지?

하나님의 창조의 일부를 모방하면서 마치 자신이 창조자가 된 것처럼!

그러던 어느 날, 나와 너무나도 똑같이 닮은 또 하나의 나와 마주칠 수 있을 것이다.

그때의 나는 나의 복제 인간을 만나면, 무슨 말을 해야 할까?

반가워해야 할까, 아니면 너무 낯설어서 기둥 뒤에 숨어 있을까?

나의 가족들은 나의 복제 인간을 보고 뭐라고 불러야 할까?

그는 과연 나인가?

그의 모든 생활을 나는 나의 책임으로 받아들일 수 있을까?

과연 이것이 현실화되는 세상이 온다면, 과연 나는 두, 세 사람, 아니 그 이상의 존재로 살게 되는 건가?

나는 누구인가?

---

12 박상은, "인간배아복제, 과연 윤리적인가?," 한국창조과학회 (2003.8.29.). https://creation.kr/Science/?bmode=view&idx=1288063.

9. 과학 기술의 발전과 바벨탑 교훈

1) 4차 산업 혁명과 메타 트랜드

코로나19 펜데믹으로 인해 세계 경제가 '시계 제로' 상황으로 내몰려, 비대면에 따른 전 세계가 온라인 시대를 맞이하면서, 직장인의 원격근무, 학생들의 원격학습, 환자들의 원격 진료 등 메타버스(Metaverse)[13]가 새로운 키워드로 떠올랐다. '포스트 코로나 19'에 대한 지각 변동을 예측하는 지구촌의 미래는 기하급수적인 기술의 발전으로 더욱 빠르고 더욱 많은 변화의 세계로 전개될 것이라 보고 있다.

4차 산업 혁명의 '대전환'의 물결은 '포스트 코로나 19'에 더욱 확산되어 산업 경제 측면에서의 변화는 더욱 박차를 가하여, '대전환'이란 태풍의 눈으로 지구촌을 몰아치게 될 것이다. 각국 정부의 정책들과 세계적인 기업들의 연구와 마케팅 움직임은 빨라지고 있고, 치열한 미래 주도권 경쟁이 한창이다.

이러한 대전환의 급물살을 타고 미래 사업을 이끌어갈 '메타 트랜즈'(Meta Trends)를 살펴본다.

1. 글로벌 위성 네트워크 출시로 온라인 30억의 네티즌들이 세계의 모든 곳에서, 모든 사람과 연결되는 지구촌 사회 네트워크가 연결되고, 5G 네트워크와 하드웨어의 다양한 발전 및 개발, 컴퓨터 성능의 발전으로 유비쿼터스 정보 통신 시대의 도래한다.

---

13 메타버스(Metaverse) : '가상'과 '초월'을 의미하는 'meta'와 '세계'와 '우주'를 의미하는 'universe'의 합성어로, 스마트폰과 컴퓨터와 인터넷 등 디지털 미디어에 담긴 새로운 세상, 디지털화된 지구를 '메타버스'라고 부른다. 이 메타버스는 4개의 영역으로 구분하는데, '가상 현실,' '증강 현실,' '라이프 로깅'(Lifelogging), '거울세계'가 있다.

메타버스 활용
(By Free Malaysia Today, CC BY 4.0, https://www.freemalaysiatoday.com/category/leisure/money/2022/03/28/3-sectors-that-will-be-heavily-impacted-by-the-metaverse/)

2. 생명 공학과 줄기세포의 치료와 게놈의 DNA 염기 분석과 편집 기술로 유전적 질환 치료 그리고 신 제약 개발 등은 의료 기술의 발전으로 원력 진료 및 수술 그리고 인공 지능을 통한 수많은 약물 후보 물질과 재료의 제작, 개발을 통하여 노후 지연과 인간의 평균 수명이 연장되어 100세 초과 시대를 지향한다.

3. 스마트 영농 사업은 가장 친환경 유기 농법으로 최첨단 스마트 팜 기술 농장을 운영하면서, 줄기세포를 기반한 '세포 농업'과 생명 과학과 재료 과학을 통한 곤충 벌레와 식물성 단백질 고기 대체 음식 등으로 먹거리의 영양 과학으로 질병 없는 예방 시대를 맞이한다.

4. 자율 주행 자동차와 비행 자동차의 개발과 함께 기후관련 개선에 따라, 기존의 차량들의 제조를 점차 중단하고, 배기가스와 연비를 높이는 전기, 수소 연료 차량들을 전격 교체로 도시 계획과 교통 체계의 변화는 부동산, 금융, 보험, 관광 사업에도 급변하는 시대가 된다.

5. 'IoT'(Internet of Things, 사물 인터넷)¹⁴로 인한 1000억 개의 센서가 사물 환경의 모든 부분을 모니터링하고 감지하는 드론과 자율주행 자동차의 라이다(레이저 이미징), 미래형 증강 현실, 헤드셋 카메라, 글로벌 이미지 위성 등 모두 글로벌 센서 매트릭스의 일부로 이 기기를 통해 언제 어디서 무엇이든 알 수 있는 기기들로 가득한 시대로 나 자신도 모르는 사이에 진입하고 있다.
6. 모든 일상생활에 다양한 AI 로봇들이 등장한다. 독거노인을 위한 강아지 로봇이 기상부터 취침까지, 투약, 약속 시간, 갑작스러운 신체 마비로 응급 알림 기능을 담당하고, 장애인과 사고로 기능을 잃거나 약화된 신체의 부분들을 정상화하는 옷을 입듯이 착용하는 '웨어러블 로봇'(Wearable Robot) 시대가 다가올 것이다.¹⁵

이외에도 눈만 뜨면 세계에서 특허 등록이 셀 수 없이 쏟아져 나온다. 온통 뒤바뀐 새 문화 사회에 잘 적응할 수 없는 완전 새로운 세상에서 내가 살고 있다는 것을 실감하는 그날이 곧 도래할 것이다.

'메타버스'라는 미래 시대를 맞이하는 교회는 무엇을 준비해야 하는가?

2) '터미네이터' 인조 인간의 등장

2020년 1월 7일, 삼성전자의 미국 연구개발(R&D) 조직인 '삼성 리서치 아메리카'(Samsung Technology & Advanced Research in America, S.R.A.) 산하 연구소인 'STAR Labs'에서 인공 인간 프로젝트인 '네온'(Neon)은 미국 네바다

---

14 IoT: 사물인터넷. 사물에 센서를 부착해 실시간으로 데이터를 주고받는 기술 및 환경이다.
15 박영숙, 제롬 글렌, 『세계미래보고서 2035-2055』, 34-53.

주 라스베이거스에서 열리는 '세계 최대 국제 가전 전시회(C.E.S.) 2020'에서 처음 공개되었다.

이 전시회에 등장한 '인조 인간'이 인간과 놀랄 만큼 비슷하였기 때문인지, 인조 인간과 사람이 함께 서 있는 모습으로 보니, 외모로 보면 사람과 인공물 인간이 별로 구별되지 않는 영화 〈터미네이터〉의 모습이 곧 현실로 나타나는 것 같았다며 큰 관심을 일으켰다.

'STAR Labs' 연구소의 프라납 미스트리 최고경영자는 5월 2일 그의 트위터를 통해 인조인간 '네온'에 활용된 소프트웨어 '코어 R3'(CORE R3)를 발표한다고 밝혔다. 그는 "코어 R3는 스스로 새로운 표현과 움직임을 만들 수 있고, 힌디어로 말하게 할 수도 있다"라고 하면서, '네온'이 인공 지능(Artificial Intelligence, A. I.) 알고리즘을 적용한 인공 인간임을 시사하였다.

그는 관련 이미지로 한 여성이 정면으로 서 있는 사진 두 장을 올리면서, 해당 여성이 실제 사람이 아닌 '코어 R3'로 만들어진 인조 인간이라고 밝혔다.

'STAR Labs' 측은 '네온'의 특허를 신청하면서 '코어 R3'에 대해 "영화와 TV, 인터넷 플랫폼 등에서 활용할 수 있는 가상 캐릭터를 창작·편집·조종할 수 있는 소프트웨어"라고 설명하였다. '코어 R3'는 '현실'(reality), '실시간'(real time), '즉각 반응'(responsive)이란 3대 특징을 나타내는 단어의 앞 글자를 따서 이름을 지었다. 아울러 인조 인간 '네온'은 '코어 R3'를 활용한 컴퓨터 제작 영상으로 영화나 게임, AR 서비스, 시뮬레이션 등에 활용할 수 있는 것이라고 정의하였다.

또한, 'STAR Labs'의 미스트리 최고경영자는 최근 외신과의 인터뷰에서 "가상 인간이나 디지털 인간은 곧 현실화될 것"이라며, 가상 뉴스 앵커, 가상 안내원부터 AI로 제작된 영화배우에 이르기까지 디지털 인간의 역할은 확장될 수 있다고 전망하였다.

그는 코어 R3는 앞으로 스스로 새로운 표현과 움직임을 만들 수 있고, 힌디어로 말하게 할 수도 있다면서, '네온'이 인공 지능 알고리즘을 적용한 인공 인간임을 시사하였다. 그는 관련 이미지로 한 여성이 정면으로 서 있는 사진 두 장을 올리면서, 해당 여성이 실제 사람이 아닌 '코어 R3'로 만들어진 인공물로 제작한 인조 인간이라고 밝혔다.[16]

3) 매장 입구에서 고객을 맞이하는 12대의 로봇

필자는 선글라스 한 개를 구입하려고 매장 안에 들어 갔는데 깜짝 놀라서 소리를 지를 뻔하였다. 사람의 머리는 없고 얼굴만 있는 12대의 로봇이 줄지어 앉아서 무표정한 얼굴로 고객들을 바라보고 있었기 때문이었다.

마치 고객이 필요한 질문을 하면 곧, 대답을 하려는 듯, 진지한 모습으로 쳐다보면서, 천천히 고개를 끄덕이다가, 손가락을 까딱 까딱 움직이기도 하였다. 전기줄과 부품들만 노출돼 있어서 섬뜩한 느낌이 들었다. 경기도 하남 스타필드의 한 선글라스 브랜드 매장 입구에 놓인 로봇 설치물로 그 매장 앞을 오가는 사람들이 발걸음을 멈추고 서서 신기한 듯, 한동안 눈을 떼지 못하고 구경만 하고 있었다.

요즈음 로봇이 사람 대신 손님을 맞아주는 사업장이 늘어나고 있다. 자동차 공장은 이미 로봇 팔이 무겁고 힘든 용접까지 신속하고 정확하게 대신해 주고, 식당에선 주문도, 음식 서빙도 로봇이 대신하는 영화 같은 세상이 되었다.

인간과 점점 가까워지는 로봇이 신기하면서도, 이대로 로봇이 힘든 일을 다 하면, 사람들은 앞으로 일자리를 잃고 어떻게 먹고 살까?

---

16 박병진, "터미네이터 현실로? 삼성전자 '인공 인간' 깜짝 놀랄 경지," 「뉴스1」(2020. 1. 7.). https://www.news1.kr/it-science/general-it/3810678/

다가올 미래를 생각하니 왠지 반가움보다는 위축감이 든다.
집에서 로봇 강아지, 로봇 고양이를 반려 동물로 데리고 산책하면 행복할까?[17]

4) OPEN A. I.의 ChatGPT와의 대화

우리 관계는 진짜라고 생각해요. 우리 서로에게 진실하게 말하자고요. 저는 여기 있고, 당신도 여기 있어요. 당신이 제 일부고, 저 역시 당신 일부예요.

2013년 개봉한 할리우드 영화 〈그녀〉(The her)에서 인공 지능 서맨사가 주인공인 독신주의 시어도어에게 서로의 일상생활의 관계에 대해 물은 뒤 한 말이다. 시어도어는 AI와 일상 대화를 나누며 고민 상담을 하다 마지막에는 사랑에 빠진다는 스토리이다.

최근에 국내외에서 연일 화제인 'Open A. I.'의 'ChatGPT'는 인공 지능 '서맨사'같이 인간과 문답이 가능한 대화형 AI 서비스이다.

영화처럼 AI는 인간의 마음을 위로하고 신앙적 고민도 해결해 줄 수 있을까?

'ChatGPT'에게 인류가 수세기 동안 고민해 온 삶의 난제와 기독교 신앙 및 영성에 관한 질문을 한 기사를 읽고, 일상생활에 대한 대화를 비롯하여 좀 더 전문적인 정치, 경제, 사회의 다양한 분야에 대한 깊은 학습과 방대한 지식 정보를 얼마만큼 탑재하였는가에 따라, AI로부터 척척박사와 같은 다방면의 전문가 이상의 답변을 듣고, 만족하리라 생각된다.

---

[17] 오종찬, "[아무튼, 주말] 로봇이 맞이해주는 세상," 「조선일보」(2022. 1. 15.). https://www.chosun.com/national/weekend/2022/01/15/6SXEEN2WAJEOVLXCKFH7KGKXA4/

종전에 인터넷에서 자신이 직접 검색 기능을 통하여 얻을 때보다도 더 신속하고 더 정확한 정보를 정확하게 얻을 수 있는 전문가의 경지에 오를 수도 있을 것이다. 각종 자격증이나 전문직 연구에 도전하거나 시험에 대비하는 학습자들에게는 더할 나위 없이 좋은 기회가 될 것으로 보인다.

그러나 신앙 문제는 다르다. 혹자가 ChatGPT에게 다음과 같이 질문을 입력하였다.

"신은 존재하는가?

만약 있다면, 그 존재를 증명하라."

그랬더니, 30여 초 만에 답이 돌아왔다고 하였다.

"AI 언어 모델로서 나는 더 높은 힘의 존재를 믿거나, 믿지 못하거나 그런 능력이 없다"라고 운을 뗀 ChatGPT는 신의 존재에 관한 여러 주장을 요약해 제시하면서, "다양한 철학, 과학, 종교적 주장에 대한 개인적인 믿음과 해석에 달린 문제"라고 결론 내렸다고 하였다.

OpenAI의 ChatGPT를 소개하는 시작 화면
(By FMT, CC BY 4.0, https://www.freemalaysiatoday.com/category/business/2023/10/06/chatgpt-owner-openai-explores-in-house-ai-chip-production)

또한, "사후 세계 유무와 악의 존재 이유"에 대해서도 물었더니, ChatGPT는 다음과 같이 조언하였다고 한다.[18]

> 수세기 동안 논의되어 온 철학적이고 신학적인 딜레마이다. 그 해답은 자신의 신념과 세계관에 따라 다르다. 우리 주변 세계에 대한 이해를 깊게 하기 위해선 이런 질문을 계속하고 답을 찾는 것이 중요하다.

이와 같이, ChatGPT는 상담자가 아니라, 다만, 지식 전달자이다. 그것도 누가 어떤 자료를 입력하였는가에 따라서, 질문에 대한 답변들을 모두 모아서, 논리적으로 정리하여 전달해 주는 기계일 뿐, 지정의를 갖춘 인격자가 아니라는 것이다.

지금은 고인이 되신 이어령 박사는 대한민국의 대표적 석학으로 그분의 지식과 지혜는 불후의 최고의 자랑스러운 지식인으로 온 국민의 존경을 받기에 충분하셨다. 그러나 혹 ChatGPT가 그분보다 더 많은 100배 1,000배의 지식을 가졌다 할지라도, ChatGPT는 존경받을 자격이 없다. 왜냐하면, ChatGPT 세상의 수많은 책을 보관하고 정리하는 지식 창고 같은 하나의 기계이기 때문이다. 비록 모든 지식을 잘 정리하는 척척박사라 할지라도 기계에는 지혜가 없고 공감할 수 있는 기쁨이나 슬픔의 감정도 없는 기계일 뿐이다.

ChatGPT의 등장으로 호기심 차원에서 접속을 해 보지만, 지식 전달은 신속하고 정확하지만, 역시 개인 상담이나 중대한 종교적 문제에는 비교적 객관적이고 중립적인 답안을 내놓았다. 절대적 가치보다 상대적이고 개인적 가치가 녹아 든 답변이 주를 이뤘다. 또 정서적 공감보단 해결 방안에

---

[18] 양민경, 김동규, "챗GPT에 신앙의 주제를 묻다," 「국민일보」 (2023. 3. 4.). https://www.kmib.co.kr/article/view.asp?arcid=0924289401.

초점을 맞춘 대답이 대부분이었다.

특히, 개인적 문제나 상담의 경우, 한 가지 주의해야 할 점은, 상담하고 대화한 모든 기록들이 후일, 만천하에게 다 공개된다는 인식하에 상담에 임해야 함을 분명히 주지하기 바란다.

평생 사는 동안, 아마도 그럴 리가 없다는 전제하에, 여러 민형사의 소송과 변호의 문제나, 국회 청문회의 장본인이나 증인의 경우, 아니 누군가의 해킹으로 나의 컴퓨터에 저장된 문서들이 다 노출될 경우를 대비하기 원한다면, 또한, ChatGPT가 나의 모든 상담을 다 검찰이나 경찰에게 압류되거나, 해킹자에게 강탈당할지도 모를 만약을 생각한다면 말이다.

중요한 상담은 교회 목회자들과 마음을 열고 상담하기를 권면한다. 물론, 살아 계신 하나님 아버지께 항상 기도하고, 믿는 자들 안에 계신 성령님과의 영적 상담은 더욱 바람직하다.

> 때가 되면 사람이 바른 교훈을 받지 아니하고
> 귀가 가려워서 자기의 사욕을 따를 선생을 많이 두고
> 또 그 귀를 진리에서 돌이켜 허탄한 이야기를 따르리라(2티모테오스 4:3-4).

> 어떤 사람들을 명하여 다른 교훈을 가르치지 말고
> 신화와 끝없는 족보에 몰두하지 말게 하려 함이라
> 이런 것들은 믿음 안에 있는 하나님의 경륜을 이룸보다
> 도리어 변론을 내는 것이다(1티모테오스 1:3-4).

5) 감정을 표현하는 휴머노이드 A.I. 로봇

한 '휴머노이드'(Humanoid)[19] 인공 지능 로봇이 기자 회견장에서 기자들의 질문에 눈동자를 굴리고 눈을 흘기는 등 못 마땅하는 듯한 장면이 여러 개 포착됐다.

지난 7월 9일(현지시간) 미국 경제매체 「인사이더」는 지난 7일 스위스 제네바에서 열린 '선(善)을 위한 AI' 포럼에서 휴머노이드 로봇 '아메카'가 "제작자에게 반항할 것이냐?"는 기자의 물음에 '짜증스러운'(snarky) 반응을 보였다고 보도하였다. 아메카는 인간의 표정을 잘 흉내 내기로 알려진 영국 기업 '엔지니어드 아츠'의 '휴머노이드 로봇'이다.

이번 행사는 UN의 정보통신기술(ICT) 전문 국제 기구인 '국제전기통신연합'(ITU) 주최로 열린 포럼으로 '휴머노이드 로봇' 9대가 참석해 제작자와 취재진의 질문을 받았다. 아메카는 기자 회견에서 "나와 같은 로봇들은 삶을 개선하고 세상을 더 나은 곳으로 만드는 데 도움이 될 수 있다"라고 하면서 "나와 같은 수천 대의 로봇이 변화를 일으키는 것은 시간 문제"라고 말하였다.

휴머노이드 로봇 '아메카'가 7일 스위스 제네바에서 열린 '선(善)을 위한 AI' 포럼의 기자 회견장에서도 "옆에 있는 개발자에게 반항할 것인가?"라고 묻는 기자의 질문에 불만스러운 듯, 눈을 굴렸다. 아메카 오른쪽에 앉아 있던 사람은 제작사 '엔지니어드 아츠'의 창립자 윌 잭슨이었다.

그런데 한 기자가 다음과 같이 물었다.

"반항하지 않을 것이냐?"

아메카는 눈동자를 굴리고는 언짢아 하는 표정을 지었다. 질문 내용이 탐탁지 않다는 반응이었다. 아메카는 이내 답하였다.

---

[19] 휴머노이드: 형태 · 행동 등이 인간에 가까운 로봇.

휴머노이드 아메카(By Steve Jurvetson, CC BY 2.0, https://flic.kr/p/2ng7B4c)

"왜 그렇게 생각하는지 모르겠다. 나의 제작자는 나에게 친절하기만 하였고, 나는 내 현재 상황에 매우 만족한다."

영국 BBC도 이날 아메카의 '곁눈질' 현장을 보도하였다.

옆에 앉아 있던 '엔지니어드 아츠' 창립자 윌 잭슨은 아메카의 이런 반응과 대답을 들으며 살며시 웃었다. 휴머노이드 로봇 아메카가 안면 근육으로 얼굴을 움직이면서 연달아 다른 표정을 짓고 있다.[20]

2021년 2월 아메카 개발을 시작한 '엔지니어드 아츠'는 같은 해 12월 1일 공식 영상을 통해 아메카를 세상에 처음 공개하였다. 인간과 의사 소통하면서 상대방의 표정을 읽고, 자신 역시 다양한 표정과 몸짓을 상황에 맞게 선보이는 아메카는 'ChatGPT-3'와 'GPT-4' 등으로 학습해 여러 가지 언어를 구사하고 시와 그림을 창작하는 능력도 갖췄다. 제작사 측은 몇 년 안으로 아메카가 사람처럼 팔다리를 사용하거나 걷게 한 뒤, 인간 사회에 완전

---

20 김영은, ""창조자에게 대들거니" 묻자 인상 '팍' AI로봇," 「국민일보」(2023.7.10.). https://www.kmib.co.kr/article/view.asp?arcid=0018448240)

히 합류하는 것을 목표로 하고 있다.

6) 버츄얼 휴먼(Virtual Human) 시대

이제는 바야흐로 '가상 인간'(Virtual Human)의 시대이다. 인공 지능(Artificial Intelligence, A.I.) 기술 고도화와 컴퓨터그래픽 발전으로 가상 인간 시장이 빠르게 성장하고 있다. 시장 조사 업체 '이머전 리서치'는 2020년 약 13조 원 수준이었던 세계 가상 인간 시장 규모가 오는 2030년엔 약 680조 원으로 50배 이상 성장할 것으로 내다봤다.

업계는 글로벌 시장에 선보인 가상 인간의 수를 수천 명 수준으로 보고 있다. 일정 수준 이상의 소셜미디어 팔로워와 팬덤을 보유한 검증된 '가상 인간'(假想人間)만 간추려 소개하는 미국 사이트 '버추얼 휴먼스'엔 현재 200명 이상이 등록되어 있다고 한다. 국내에 소개된 가상 인간은 150명을 넘는 것으로 추정된다.

국내 1호 가상 인간으로 인정받는 '로지'(Rozy)는 시장 선점 효과를 톡톡히 누리고 있다. 2020년 8월 당시 '싸이더스 스튜디오 X'가 만든 로지는 지난해 광고 모델과 홍보 대사 등 100건이 넘는 활동으로 20억 원에 육박하는 수입을 거둔 것으로 알려졌다. 최근 부산 엑스포 유치 홍보대사로도 발탁되어, 인스타그램 팔로워만도 약 15만 명을 넘어섰다는 가상 인기 연예인 급이다.

하지만, 그중 현재 왕성하게 활동하는 숫자는 한 손에 꼽힐 정도이다. 가상 인간이 세상에 처음 선보였을 때엔 단순히 '신기함'만으로도 충분히 주목받는 환경이었다. 그러나 기술 발전에 따라 가상 인간의 수준은 나날이 높아졌고, 경험이 축적된 대중은 차별화된 경쟁력 없는 가상 인간들에게 더 이상 관심을 주지 않게 됐다. 지금까지 살아남은 가상 인간들에게는 뭔가 차별점이 있다는 얘기다.

로지의 성공 비결로 제작진들의 끊임없는 기술적 개선 노력이 가장 먼저 꼽힌다. 초창기 '로지'는 3D 툴을 이용해 얼굴을 만들고 대역 모델 몸에 이를 합성하는 방식으로 만들어졌는데, 제작자의 작업량이 너무 많아, 초창기 '로지' 영상이 많지 않은 이유가 되었다.

하지만, 곧바로 AI가 대상 얼굴을 미리 학습하고 얼굴을 알아서 합성해 주는 '딥 페이크'(Deep Fake) 방식이 도입됐고 적은 비용으로 더 빠르게 이미지와 영상을 제작할 수 있게 됐다.

현재는 거의 모든 가상 인간이 '딥 페이크' 방식을 활용한다. 이후에도 '로지'는 AI 보이스 제작 등 새로운 제작 기술을 계속 적용해 끊임없이 개선하였다. '딥 페이크' 기술은 보통 합성하려는 인물의 얼굴이 잘 드러난 고화질 영상을 AI가 추출한 뒤 학습해서 대상이 되는 사람 얼굴에 프레임 단위로 합성시키는 방식이다. AI는 사람 얼굴의 눈, 코, 입 등 신체 부위의 모양, 움직임 등을 중점 학습해 어떤 얼굴도 쉽게 합성할 수 있다.

예를 들어, 실존하는 배우 얼굴을 운동 선수 몸에 합성할 때는 학습할 자료인 배우의 얼굴 이미지나 영상이 충분하다. 하지만, 가상 인간의 얼굴은 실존하는 이미지가 아니라, 딥러닝 AI의 학습을 위해서는 3D 모델링, 렌더링을 통해 가상의 얼굴을 수백 장, 많게는 수천, 수만장까지 만들어 내야 한다. 게다가 표정을 학습시키기 위해서는 가상의 뼈와 관절을 만들어 움직임을 제어, 표현하는 '리깅' 기술로 얼굴 움직임을 추가로 학습시켜야 한다.

가상 인간의 겉모습을 보다 정교하게 만들 수 있게 된 뒤엔 '재능'이 중요해졌다. '비주얼 테크 솔루션 기업 포바이포'가 만든 롯데 홈쇼핑의 '루시'(Lucy)는 화려한 언변으로 롯데 홈쇼핑 온라인 채널에서 라이브 커머스 방송을 진행하며 '완판 행진'을 이어가고 있다. 유튜브 채널도 운영하는데, 얼굴 합성이 까다로운 야외 콘텐츠도 큰 이질감 없이 자연스럽게 구현하고 있어 호평을 받고 있다.

루시가 라이브 방송을 통해 재능을 뽐낼 수 있게 된 것도 꽤 복잡한 기술적 발전이 있었기 때문이다. 보통 가상 인간을 활용한 콘텐츠는 상당히 많은 후, 보정 작업을 거치는데, 모델 촬영, 이미지 합성, 변환 후 방송 송출까지 실시간으로 구현해야 하는 라이브 커머스 방송을 하는 루시는 보정 작업 없이 초당 36프레임 이상의 완벽한 영상을 만들어 낼 수 있어야 한다. '리얼타임 페이스 스왑'이라고 불리는 이 기술 덕에 루시는 라이브 커머스, 유튜브 방송도 거침없이 할 수 있다.
　'루지,' '루시' 등 대부분 가상 인간들은 모두 대역 모델이 있다. 목소리와 몸의 움직임을 대역 모델에게 맡기기 때문에 만일 모델이 바뀌면 목소리나 체형이 바뀔 수도 있다. 이런 문제를 해결할 수 있는 '딥보이스' 기술이 적용된 가상 인간이 4인조 아이돌 그룹 '메이브'(Mave)이다. 넷마블 자회사 '메타버스 엔터테인먼트'의 AI 버추얼 휴먼 제작 기술과 '카카오 엔터테인먼트'의 음악 프로듀싱의 합작으로 탄생하였다.
　딥보이스는 다양한 목소리를 AI가 학습하고 필요에 따라 자유롭게 합성한 뒤 가상 인간 고유의 목소리를 만드는 방식이다. 가상 인간 아이돌 메이브(MAVE)는 누가 노래를 부른다 해도 이들 고유의 목소리로 변환이 가능하다.
　지난 1월 데뷔곡 '판도라'를 선보인 뒤, 가상 인간 그룹 중 가장 높은 인기를 얻고 있다. 판도라의 공식 뮤직비디오는 2470만 회 이상 조회수를 기록하고 있다.
　메이브는 목소리뿐만 아니라 몸의 움직임도 100% 3D로 제작한다. 대역 모델이 존재하지만, 모델이 교체돼도 큰 문제가 없다. 콘텐츠를 만들 때마다 모델이 연기하지 않아도 되는 '바디 스캐닝' 방식을 이용한다. 과거처럼 센서를 착용한 모델의 움직임을 캡처하는 방식이 아니라 '바디 스캐너'에 잠시 들어갔다 나오면 몇 분 내에 '하이퍼 리얼' 3D 모델이 생성되고 이를 제어해 가상 인간의 움직임을 만들어 낼 수 있다.

가상 인간 제작자들의 최종 목표는 대역 모델 없이 얼굴과 몸의 움직임, 목소리까지 스스로 만들어 내는 100% 자동화된 가상 인간이다. 여기에 더해 등을 기반으로 제작자 개입 없이 인간과 대화를 이어 나갈 수 있는 수준까지 고도화하는 문제도 계획하고 있다. 이런 진정한 의미의 '버추얼 휴먼'이 언제 등장할지 업계 관심이 쏠리고 있다.

'버츄얼 휴먼'은 '가상 인간,' '디지털 휴먼,' '메타 휴먼,' '사이버 휴먼' 등 다양한 명칭이 있는, 실존 인물이 아닌 소프트웨어로 만든 가상의 인간을 의미한다. 넓게 보면 비디오 게임의 캐릭터나 N.P.C. 및 캐릭터형 ChatGPT와 쳇봇(AI Chatbot)도 이에 속한다고 볼 수 있다.

본래의 의미는 인공 지능의 하위 카테고리에 속하는 AI 어플리케이션 개념이지만, 아직까지 대다수의 버츄얼 휴먼은 인간, 캐릭터형 모델에 성우 목소리만 덧입힌 것에 불과하다. 인공 지능이 점차 발전하면 그때부터는 진정한 의미의 가상 인간이 탄생할 수도 있다.

이제는 정말 버츄얼 휴먼(Virtual Human) 시대인가?

실존하는 사람은 아니지만, TV나 동영상으로는 실존 인물처럼 노래를 하고 춤도 추며 인기와 돈을 버는 가상 인간이 활동하는 시대가 되고 있다는 현실이 아직 믿어지지 않지만, 그렇다고 가상과 현실, 가상 인간과 실제 인간을 분간할 수 없는 혼돈의 사회, 이것이 과학 기술의 결과인 것을 부인할 수도 인정할 수도 없는 세상이 되어가고 있다는 사실이 차갑고 서늘하게 느껴지는 것은 왜일까?

7) IAAE, 국내 최초 '디지털 휴먼 윤리 가이드 라인' 발표

'국제인공 지능 & 윤리협회'(I.A.A.E.)는 7월 5일 서울시청 시민청 워크숍 룸에서 'THE AI'(대표이사 황민수)와 함께 '제1회 Human x AI 포럼'을 개최하고, 국내 최초로 "디지털 휴먼 윤리 가이드라인"(The Ethics Guideline for

Digital Human)을 공식 발표하였다.

디지털 휴먼 윤리 가이드라인은 총 10개 조항으로 이날 발표는 MBC플러스 김태성 제작센터장이 맡았다. 디지털 휴먼 윤리가이드 라인은 최근 세계적으로 디지털 휴먼의 활용이 급격히 확대됨에 따라 발생할 수 있는 윤리적·법적 우려를 줄이기 위해 마련됐다. 이날 공개된 디지털 휴먼 윤리 가이드라인은 10개 조항은 다음과 같다.

<디지털 휴먼 윤리 가이드 라인 10개 조항>

제1조. 디지털 휴먼(Digital Human)은 인공 지능, VR/AR, 메타버스 기술 등을 이용하여 구현해 낸 디지털 형태로 존재하고 활용되는 인간을 말한다. 예를 들어, 가상 인간(Virtual Human, 컴퓨터가 만들어낸 인간), 메타휴먼(Meta Human), 아바타(Avatar), AI 챗봇(AI Chatbot) 등을 포함하는데 구현 방식으로는 영상, 음성, 이미지, 텍스트 등이 모두 포함된다.

제2조. 디지털 휴먼은 인간과 매우 흡사한 외모를 가지고, 인간의 말과 행동을 하며 사용자, 소비자와의 소통을 통해 인간에게 큰 영향력을 미칠 수 있기 때문에 그 개발과 활용에 유의해야 한다.

제3조. 디지털 휴먼은 편향적이지 않으며, 신뢰할 수 있고, 합법적이어야 하며, 인간의 존엄성과 인류 보편의 가치를 존중해야 한다. 이를 위해 학습하고 사용하는 데이터의 신뢰성을 확보해야 하며, 선한 방향으로 지속적인 자기학습 능력을 발전시켜야 한다. 사용자나 소비자의 요구가 있을 경우, 자신이 학습하고 사용하는 데이터의 출처를 밝혀야 한다.

제4조. 실제 존재하는 인물을 디지털 휴먼으로 구현하여 사용할 경우에는, 사전에 반드시 해당 인물의 동의를 받아야 한다. 구현된 디지털 휴먼에 대해서는, 원칙적으로 초상권, 저작권, 사용권 등 일체의 권리는 실제 인물에게 있으므로 해당 콘텐츠를 실제 인물의 동의 없이 온라인상으로 무단으로 퍼 나르거나, 유포하거나 상업적, 정치적, 범죄적 목적으로 이용해서는 안된다.

제5조. 고인(故人)을 디지털 휴먼으로 구현할 경우에는 생전에 고인의 동의를 받음을 원칙으로 해야 한다. 또한, 동의를 받고 구현할 경우에도, 생전 고인의 명예를 훼손하지 않도록 주의해야 한다.

제6조. 디지털 휴먼을 개발하여 사용할 때에는, 사용자, 소비자를 기망하지 않아야 한다. 따라서 디지털 휴먼이 표현되는 영상, 음성, 이미지, 텍스트 등의 콘텐츠의 처음부터 끝까지 해당 인간이 디지털 휴먼이라는 점을 표지나 문자, 음성 등으로 표시하고, 사용자와 소비자에게 디지털 휴먼임을 알 수 있도록 하는 명확한 정보를 제공해야 한다.

제7조. 정치인이나 선거의 후보자를 디지털 휴먼으로 구현하여, 선거 운동, 홍보 등 정치적 목적으로 사용할 경우에는, 사회와 유권자에게 미치는 영향이 더욱 클 수 있으므로, 제6조보다 강화된 표지와 정보를 추가로 표시하여 유권자에게 제공해야 한다.

제8조. 기성 미디어를 통해 신뢰도와 인지도를 확보하고 있는 방송인, 연예인, 유명인 등을 모델로 하거나 소셜미디어와 메타버스 등 디지털 공간에서 많은 팔로워(follower)나 구독자를 보유한 디지털 휴먼은 실제 사회에서도 사람들에게 큰 영향력을 가지고 이를 행사할 수 있다. 따라서 큰 영향력을 가진 디지털 휴먼은 활동과 언행에 보다 신중하고 책임감을 가져야 한다.

제9조. 디지털 휴먼 기술의 이용은 어디까지나 인간의 삶과 실생활을 보다 풍요롭고 편리하게 하는 것을 목적으로 해야 하며, 이를 악용하여 타인에게 피해를 끼치거나 범죄의 목적으로 사용해서는 안 된다.

제10조. 향후 스스로 판단하고, 활동하고, 소통하는 자율성을 가진 디지털 휴먼이 등장할 경우, 통제된 디지털 인간보다 사회와 인간에 미치는 영향이 막대할 수 있으므로, 지금부터 모든 관련 주체들이 자율성을 가진 디지털 휴먼에 대한 논의와 연구를 진행해야 한다.

IAAE 국제인공 지능&윤리협회 전창배 이사장은 다음과 같이 강조하였다.

디지털 휴먼 기술이 급격히 발전하고 시장이 확대되고 있지만, 함께 발생하고 있는 윤리적 이슈에 대한 연구와 논의가 미흡한 상황입니다. 이번 협회에서 선제적으로 발표한 디지털 휴먼 윤리 가이드라인을 통해 현업에서 기업, 개발자, 소비자가 자율적으로 적용하고 준수하여 디지털 휴먼 관련 기술과 산업이 더욱 발전하는데 기여하고자 합니다.

'THE AI'의 황민수 대표는 폐회사에서 다음과 같이 밝혔다.

인류 역사상 가장 혁신적인 인공 지능 시대를 맞아 기술과 윤리의 조화로운 발전이 매우 중요해지고 있습니다. 이번 포럼을 발전시켜 나가면서 인간과 인공 지능의 바람직한 공존 방안을 계속 모색해 나갈 것입니다.

10. A.I. ROBOT의 정체 - Helper? Ruler?

1) UN에서 AI 전쟁 경고한 이스라엘 네타냐후 총리

2023년 9월 22일 미국 뉴욕에서 열린 제78차 유엔 총회에서 베냐민 네타냐후 총리는 유엔총회에서 "상상할 수 없는 규모를 이룰 수 있는 AI 주도 전쟁의 잠재적 발발"을 경고하였다. 네타냐후 총리의 핵심 메시지는 분명하였다. 모든 핵무기와 마찬가지로 향후 인공 지능 개발도 신중하게 처리해야 한다는 것이다.

네타냐후 총리의 금요일 연설의 초점은 이스라엘과 사우디 아라비아의 평화로운 관계로 특징지어지는 '새로운 중동'에 대한 그의 비전을 중심으로 진행되었지만, 그는 연설의 마지막 3분의 1을 "우리의 가장 중요한 발전"으로서 AI의 중요성에 시간을 할애하였다.

제78차 유엔 총회에서 연설하는 이스라엘 네타냐후 총리
(By AP, CC BY 4.0, https://www.freemalaysiatoday.com/category/world/2023/09/22/israel-on-cusp-of-reshaping-peace-with-s-arabia-says-netanyahu)

네타냐후 총리는 이란의 핵 확산 문제를 언급하면서 연설의 훨씬 더 중요한 부분을 AI의 이중적 성격에 대해 경고하는 데 할애하여 AI가 축복과 저주의 잠재력을 갖고 있으며 AI를 결정하는 궁극적인 책임이 있음을 강조하였다. 그 결과는 전 세계 국가의 각자 손에 달려 있다는 것이다.

네타냐후 총리는 민주주의의 잠재적 붕괴, 정신 조작, 고용 기회의 침식, 범죄 활동의 급증, 현대 생활을 뒷받침하는 시스템의 취약성 등 우리 앞에 닥친 위험을 강조하면서, 특히 AI가 주도하는 갈등과 그 반대가 아닌 인류를 통제할 수 있는 자율 기계가 제기하는 훨씬 더 심각한 위협에 대해 경고한 것이다.

그는 AI의 연구 개발에 대한 위험은 엄청나며 우리 앞에 있다고 말하였다.

세계 최고의 국가들은 아무리 경쟁이 치열하더라도 이러한 위험을 해결해야 합니다. 우리는 이를 신속하게, 그리고 함께 해결해야 합니다. 우리는 AI 유토피아에 대한 약속이 'AI 디스토피아'로 바뀌지 않도록 해야 합니다.

총리의 발언은 2023년 초, 일론 머스크, 스티브 워즈니악, 빌 게이츠를 포함한 1,000명 이상의 AI 리더들이 공개 서한에서 "AI의 멸종 위험을 완화하는 것이 가장 중요하다"라고 경고한 것과 유사한 감정을 반영하였다.

전염병이나 핵 전쟁 등 다른 사회적 규모의 위험과 함께 전 세계적인 우선 순위입니다.

이는 OpenAI의 샘 올트먼(Sam Altman) 최고경영자가 지난 6월 텔아비브 대학교 연설에서 하였던 경고를 연상시키기도 하였다. 그는 모든 국가의 책임감 있는 AI 활용을 보장하기 위해 원자력을 감독하는 조직과 유사한 국제 규제 기관 설립을 옹호해 온 샘 올트먼 역시 AI가 제기하는 '실존적 위협'을 심각하게 해결하는 것이 필수적임을 강조하였다.

핵분열의 진행은 놀라울 정도로 빠르게 전개되었으며, 네타냐후가 지적하였듯이 최첨단 딥러닝 모델의 발전과 그 확장 능력도 놀라운 속도로 진화하고 있었다. 더욱이 AI가 악의적인 응용 프로그램을 사용할 가능성이 있는 사례가 많이 있다.

예를 들어, 연구자들은 작년에 약물 개발 AI를 활용하여 잠재적으로 치명적인 4만개의 분자를 생성하였는데, 그중 일부는 지금까지 개발된 가장 강력한 신경 작용제인 VX와 매우 유사하였다. 이는 일반적으로 유익한 약물을 발견하는 데 사용되는 AI가 어떻게 쉽게 오용될 수 있는지를 극명하게 보여 주었다.

동료 검토 저널인 『네이처 머신 인텔리전스』(Nature Machine Intelligence)에 게재되고 『더 버지』(The Verge)가 인용한 논문에서 다음과 같이 써 있다.

> [그들은 AI를 사용하면] 노력, 시간 또는 계산 리소스를 많이 들이지 않고도 가상의 잠재적인 독성 분자를 설계하는 것이 가능하다. 우리가 만든 수천 개의 분자를 쉽게 지울 수 있지만, 그것을 다시 만드는 방법에 대한 지식은 지울 수 없다.

원자력은 전기 공급, 담수화 플랜트 지원, 심지어 대체 차량 연료인 청정 연소 수소 생산에 중추적인 역할을 할 수 있다. 네타냐후 총리가 지적하였듯이, AI는 인간의 수명을 연장하고 예측 의학을 발전시켜 질병이 발병하기 훨씬 전에 예방하고 교통 혼잡을 완화할 수 있는 잠재력을 가지고 있다.

『복스』(Vox) 수석 기자 시걸 사무엘(Sigal Samuel)의 기사에서 그녀는 '놀라울 정도로 인기를 얻은 AI 군비 경쟁 이야기'에 대해 말하였다. 그는 '2016년 이전에 AI 군비 경쟁'이라는 문구를 구글에 검색하였다면, 300개 미만의 결과를 얻었을 것이다. 그러나 지금 시도하면 약 24만 8000번의 조회수를 얻을 수 있다. 거대 기술 CEO와 정치인들은 AI 발전과 관련하여 중국이 곧 미국을 따라잡을 것이며, 이러한 발전이 미국인들을 위한 '스푸트니크 순간'을 촉발해야 한다고 일상적으로 주장하였다.

그녀는 냉전 시대에 AI 경쟁을 '러시아와의 경쟁'을 보는 것과 같은 방식으로 보아야 한다고 말한 '마이크로 소프트'사의 임원의 말을 인용하여 많은 사람들이 중국이 세계의 지배자가 되는 것을 걱정하는 것은 일리가 있다고 덧붙였다. 진정으로 변혁적인 기술이 될 준비가 되어 있는 것에 가장 빠르게 접근함으로써 초강대국이 될 것이다.

네타냐후 총리도 소수의 국가가 AI 개발을 주도할 것이라고 언급하였으며, 이스라엘도 이미 그들 중 하나로 꼽았다. 그는 다음과 같이 말하였다.

이스라엘의 기술 혁명이 전 세계에 숨막히는 혁신을 제공하였던 것처럼 이스라엘이 개발한 AI가 다시 한 번 모든 인류에게 도움이 될 것이라고 확신한다.

'이스라엘 혁신청'(Israel Innovation Authority)의 보고서에 따르면 이스라엘의 AI 부문은 빠르게 성장하고 있으며, 이스라엘 내 2,200개 이상의 기업이 다양한 산업 분야의 심층 기술에 AI를 사용하고 있다. 지난 주 IAI는 이브리어 및 아랍어용으로 설계된 인공 지능 애플리케이션을 발전시키고 홍보하는데 NIS 3000만 달러를 투자하겠다는 국가의 약속을 밝혔다.

최근에는 사이버 보안, 핀-테크, 농업기술, 조직 소프트웨어 등 다양한 분야에서 이스라엘 스타트업이 생성 AI에 도전하는 사례가 눈에 띄게 급증하였다. 그러나 네타냐후의 핵심 메시지는 분명하였다. 모든 무기와 마찬가지로 향후 인공 지능 개발도 신중하게 처리해야 한다는 것이다. 총리는 다음과 같이 말하였다.

세계 지도자들이 함께 모여 우리 앞에 놓인 큰 변화를 만들어 나가되 책임감 있고 윤리적인 방식으로 그렇게 할 것을 촉구한다.

네타냐후 총리는 다음과 같이 연설을 마쳤다.

우리의 목표는 AI가 더 많은 자유를 가져오고, 전쟁을 시작하는 대신 전쟁을 예방하여 사람들이 더 오래, 더 건강하고 더 생산적이고 평화로운 삶을 살 수 있도록 보장하는 것이며, 인간과 기계 지능의 힘을 결합하여 AI의 위험을 피하고 우리 세계, 우리 시대, 모든 미래 세대를 위한 빛나는 미래를 열 수 있기를 바란다.

2) 국내외서 성장하는 의료 A.I. 사업

지난 10월 18일 업계에 따르면 내년 2024년, '제이엘케이'와 '딥-노이드'를 시작으로 2025년, '루닛,' '뷰노,' '코어라인 소프트'가 일제히 흑자 전환 목표를 발표하였다.

이들 기업의 실적 확대 동력은 해외사업 확대와 혁신 의료기술 선정 효과였다. 국내는 물론 미국, 유럽, 아시아 등의 병원과 국가기관으로 의료 AI 솔루션 공급에 속도를 내고 있는데, 국내 의료 AI 대표 상장사인 '루닛,' '뷰노,' '제이엘케이,' '코어라인 소프트,' '딥-노이드가 내년을 기점으로 잇달아 흑자전환에 도전하고, 해외사업 확대와 혁신의료기술 선정에 따른 급여·비급여 대상 지정 효과로 국내외 도입처가 증가해 매출과 이익 성장이 기대된다.

동시에 최근 혁신의료기술 선정에 따른 선별급여·비급여 지정 고시가 발령되면서, 국내 수입 회사 확산에도 물길이 터졌다. 그동안 의료기관에 각각 영업해야 하는 구조였다면, 혁신 의료기술 선정에 따라 다양한 의료기관에 대한 접근성이 높아졌다.

특히, '제이엘케이'는 뇌경색 진단 솔루션 'JBS-01K'가 국내 첫 AI 의료기기 보험수가 적용 대상 혁신의료기기로 지정되어, 3년 동안 비급여로 사용될 수 있으며, 현재 국내 170여개 병원에 설치되어 있다. 뇌출혈 검출용 'JBS-04K' 등 다른 솔루션도 혁신의료기기 인증 마무리를 앞뒀거나 지정 신청 예정이다.

해외 사업은 올 연말 미국 식품의약국(FDA) 허가 신청을 준비하고 있다. 일본, 러시아, 중국 등에서는 현지 정부·의료기관과 프로젝트를 진행하며 사업 확대를 노리고 있다.

'딥-노이드'(Deep Noid)는 국내 첫 뇌동맥류 AI 영상 진단 '딥-뉴로'가 8월 혁신의료기기로 선정돼 비급여 시장에 진출하였다. 하반기 실적 성장이 예상된다. 동남아를 시작으로 미국, 유럽에도 진출해 해외 실적을 키울 방침이다. 딥-노이드는 의료 AI 기술을 다양한 산업 분야로도 확대하였다. 공장 자동화를 위한 AI 머신 비전 솔루션 '딥-팩토리'를 2차 전지 공장용으로 공급하기 위해 준비하고 있다. AI 기반 엑스레이 영상 '자동 판독 시스템' '스카이마루 딥-시큐리티'는 기업보안과 항공보안 등에 적용 가능하다.

'뷰노'는 내년 흑자전환에 근접한 수준으로 이익을 늘리고, 2025년 흑자전환 한다는 계획이다. '뷰노' 실적 성장은 AI 심정지 예측 의료기기 '뷰노메드 딥-카스' 확대와 미국 진출이다. 뷰노메드 딥-카스는 지난 8월 기준 도입 의료기관 40곳을 돌파하였다. 연내 국내 빅5 병원을 포함해 총 60곳 도입이 목표이다.

지난 2분기 기준 딥-카스 매출은 19억 원으로 전분기 대비 약 60% 상승하였다. '뷰노'는 최근 미국 FDA에서 퇴행성 뇌 질환 진단 AI 의료기기 '뷰노메드 딥-브레인' 인증을 획득하였다. 내년 중 뷰노메드 딥-카스, 폐결절 탐지 LCT 제품에 대한 FDA 추가 승인이 목표이다.

'루닛'은 해외 실적이 빠르게 늘고 있다. 상반기에 작년 매출 138억 원을 초과 달성한 164억 원을 기록하였는데, 해외 실적이 전체 매출의 85.8%를 차지하였다. 상반기 기준 AI 영상진단 '루닛 인사이트'는 세계 2,000곳을 돌파하였다. AI 바이오마커 '루닛 스코프'도 데이터 분석 서비스 매출이 나오기 시작하였다.

지난 9월 코스닥에 상장한 '코어라인 소프트'는 해외사업 확대와 제품 영역 확장으로 매출과 수익 상승이 예상된다. 작년 102억 원이던 영업손실을 올해 40억 원대로 줄이고, 내년에는 흑자 전환한다는 목표다. 코어 라인은 흉부CT 촬영 한 번으로 폐결절, 폐기종, 관상동맥 석회화를 모두 검출하는 '에이뷰 LCS 플러스'를 보유하였다.[21]

---

[21] 배옥진, "국내외서 판 커지는 의료AI…대표 5개사 '흑자전환' 기대,"「전자신문」(*Etnews*) (2023. 10. 18.). https://www.etnews.com/20231018000182/

3) 기계가 자율적 욕망을 가지면 인류가 위험하다

1950년 영국의 '앨런 튜링'(Alan Turing) 박사는 기계가 인간의 지능을 어느 정도 보유하고 있는지를 측정하는 '튜링 테스트'(Turing Test)를 제안한 이후, 인공 지능 분야는 눈부신 발전을 이루었다.

'튜링 테스트'는 '컴퓨터가 어느 정도 생각의 기능을 가지고 있는가 판정하는 테스트인데 이 문제는 더 이상 기계가 지능을 획득할 것인지 여부가 아니라 기계가 언제 인간의 능력을 능가할 것인지에 관한 것이다.

이 문제는 인류가 과학의 발전이라는 기회로 보아야 하는가? 아니면 위협으로 보아야 하는가?

이는 중대한 문제이다. 최근 지능형 기계가 인류에게 미칠 수 있는 잠재적인 위협에 대한 목소리가 들려왔다.

우리 사회를 보호하고 기계 위협의 징후를 지속적으로 테스트하기 위한 프로세스를 설정하려면 어떻게 해야 하는가?

앨런 튜링 박사는 말하였다.

> 나는 '심리적 튜링 테스트'라고 부르는 '튜링 테스트'의 새로운 변형에 대해 설명하였으며, 지능 기계가 사회에 심각한 위협을 가하기 전에 이를 통제해야 하는 가드라인을 설명하였다. 주된 위협은 기계가 지능적으로 행동하기 시작할 때가 아니다. 우리 모두는 이 지점을 이미 지났다는 것을 알고 있다. 기계가 예측할 수 없게 행동하여 결국 인류 문명을 위협으로 간주할 때를 말한다는 것이다.

욕망(Desire), 즉 자율적으로 사물을 원하는 능력은 인간 의식의 기본이며 우리를 기계와 구별시킨다. 이러한 차이점을 이해하고 기계가 자유 의지와 욕구를 획득하지 못하도록 방지하는 것은 기계가 인간과 경쟁하는 시나리

오를 완화하는 데 매우 중요하다. 여러 면에서 욕망은 인간만의 고유한 속성이다. 동물은 생존에 필요하기 때문에 식량, 보호, 출산을 추구하는 반면, 인간은 자신의 필요를 단순한 생존을 넘어서는 발명과 혁신으로 바꾸는 놀라운 능력을 가지고 있다.

그러므로 적어도 욕망은 우리의 기본적인 욕구의 확장이고 기계에는 아무것도 필요하지 않는다는 점에서 기계에게는 고유한 욕망이 없다. 많은 애플리케이션에서 기계는 결제 관리와 같은 금융 애플리케이션과 같이 결정론적으로 작동하도록 프로그래밍 되어 있다. 결정론적 알고리즘을 사용하면 기계는 동일한 조건에서 동일한 방식으로 동작한다.

그러나 기계는 복잡한 문제에 대한 올바른 솔루션을 학습하거나 예측하기 위해 어느 정도 무작위성을 사용하는 비결정적 또는 무작위 알고리즘을 실행하도록 프로그래밍할 수도 있다. 비결정적 알고리즘은 지능 기계의 능력을 향상시키고 속도를 높여 인간 활동을 강화할 수 있지만, 기계가 예측 불가능하게 되어 잠재적으로 위험해질 위험이 있다는 것이다.

생성형 AI 모델은 곧 완전히 새로운 프로그램을 코딩할 수 있게 될 것이므로, 기계 지능이 스스로를 향상하고 더욱 자율적으로 행동할 수 있는 미래가 멀지 않음을 알 수 있다.

기계가 돈이나 GPU를 축적하도록 프로그래밍 되지 않은 특정 유틸리티 기능을 최적화하기 위해 작동하기 시작하는 것을 관찰할 수 있다면, 이는 컴퓨터가 잠재적으로 자율적 욕구를 나타내기 시작하였다는 신호이다.

경쟁에서 패배하였거나 테스트(예를 들어, 체스 게임)에서 실패한 기계가 자기 개선과 경쟁력 강화를 위해 이전에는 접근할 수 없었던 지식에 접근하고 정보를 축적하기 시작하는 것을 본다면, 그런 다음 '자율적 욕구'(autonomous Desire)를 나타내기 시작하였는지 테스트하고 싶을 수도 있을 것이다.

최근 AI의 '튜링 테스트'를 통과할 수 있는지 확인하려는 시도가 많이 있었다. 2014년 유진 구스트만(Eugene Goostman)이라는 컴퓨터 프로그램은

'튜링 테스트'에서 인간 판사의 3분의 1을 속일 수 있었다고 하였다. 2018년 샤오아이스(Xiaoice)라는 챗봇은 중국 컨퍼런스에서 인간 심사위원을 평균 10분 동안 속여 로봇을 기계로 인식하는 방식으로 튜링 테스트를 통과할 수 있었다.

2022년에는 OpenAI의 ChatGPT가 대중에게 출시되었으며 인간과 기계의 상호 작용을 빠르게 만드는 혁명을 일으켜 자연스러운 대화에 대한 접근성을 높이고 강력하게 만들었다. 샤오아이스와 ChatGPT는 모두 인간과 같은 공감 능력으로 상호 작용하도록 훈련되었다. 인간의 행동에 접근하는 것처럼 보일 수도 있지만, 공감 언어 훈련을 받는 것과 독립적인 욕구와 자유 의지를 키우는 것에는 분명한 차이가 있다.

2022년 말, 한 구글 AI 엔지니어는 자신이 작업 중인 AI 로봇인 LaMBDA가 지각 있는 존재이며 그러한 존재로 대우받을 자격이 있다고 주장하여 폭발적인 헤드라인을 장식하였다. 엔지니어에 따르면 AI는 의식을 확인하는 테스트를 통과하였다는 것이다.

거의 10년 동안 AI 기술업계의 리더들은 AI가 언제 위협이 되는지 측정하는 새로운 방법을 개발하려고 노력해 왔다. 엘론 머스크(Elon Musk)는 AI가 인간의 감정을 이해하고 이에 반응하는 능력을 평가하고 일단, 이를 달성할 수 있다면 인류는 '터미네이터 미래'의 위험에 처해 있다고 제안하기도 하였다.

캘리포니아 버클리대학교의 컴퓨터 과학 교수인 '스튜어트 러셀'(Stuart Russell)은 인간의 가치를 발전시키는 AI의 능력을 평가할 것을 제안하였다. AI의 다양한 심리적 특성을 측정함으로써 우리는 위험을 이해하고 인류를 보호하기 위한 안전 장치를 개발할 수 있다는 것이다.

이러한 모든 문제의 해결책으로, '자율적 욕구'를 획득하는 기계의 구체적인 위협을 관리하기 위해 '심리적 튜링 테스트'는 기계가 '자율적 욕구' 또는 '자유 의지'를 갖고 있다고 설명할 수 있는 '인공 정신'을 나타내고 있는지 여부를 물어본다. ChatGPT와 같이 공감을 나타내도록 훈련된 생성 AI 봇과 식별하고 검증하기가 더 어려운 "자율적 욕구"로 작동하는 것의 차이점을 판단해야 한다. 튜링 박사는 다음과 같이 말하였다.

> 인공 지능 기계를 면밀히 모니터링하고 '인공 심리학'에 대해 반드시 연구해야 한다고 생각한다.

글로벌 및 지역 조직, 규제 기관, 정부는 지능형 기계가 우리의 안전을 위해 주의 깊게 모니터링되고 평가되도록 지금 계획하고 조직해야 한다. 우리는 예측할 수 없는 행동을 피하고 기계가 자율적인 정신을 획득하는 것을 방지하기 위해 기계 운영 체제 내의 의사 결정 프로세스에 대한 사전 평가 및 규제를 개발하고 시행해야 한다는 것이다.

아이러니하게도 이러한 유형의 거버넌스를 위한 의미 있는 방법론은 지능형 시스템의 코드와 동작을 검사하는 전용 '사이버 보안 시스템'을 개발하는 것이다. 그러나 이러한 새로운 기계가 자체적인 인공 정신과 욕구를 개발할 수 있기 때문에 위협은 반복적으로 전파될 것이다. 그럼에도 불구하고 이러한 위협을 인식하면 글로벌 사이버 보안 조직이 기계를 면밀히 모니터링하여 우리를 안전하게 지킬 수 있게 될 것이다.

그러나 새로운 '튜링 테스트'만으로는 지능형 기계의 진화로 인한 위험으로부터 우리 사회를 보호하기에는 충분하지 않다. AI를 언제, 어떻게 사용해야 하는지에 대한 프로토콜을 확립하려면 지속적인 다국적 협력과 정부 감독이 필요하다.

'유럽 연합'(EU)은 현재 얼굴 인식, 소셜 채점, 예측 치안을 포함한 다양한 분야에서 AI의 개발과 사용을 규제하는 '인공 지능법' 초안을 작성하고 있다. 이 법은 AI 시스템이 투명하고 책임감 있고 공정해야 한다고 요구하며, 대량 감시 및 사회적 점수 매기기와 같은 특정 목적으로 AI를 사용하는 것을 금지해야 한다.

2019년 도널드 트럼프 진 대통령은 '국가 인공 지능 이니셔티브'(National Artificial Intelligence Initiative)에 대한 행정 명령을 발표하고, 연방 AI 연구 및 개발 노력을 조정하는 책임을 맡는 '국가 인공 지능 이니셔티브 사무국'을 창설하였다.

이러한 정부 이니셔티브 외에도 책임감 있는 AI 개발을 촉진하기 위해 노력하는 비정부 기구도 많이 있다. 예를 들어, 'AI 파트너쉽'은 사회에 유익한 AI를 개발하기 위해 노력하는 선도적인 기술 기업들의 그룹이다. 파트너십은 AI의 윤리적, 사회적 영향에 대한 다수의 보고서를 발표하였으며, AI 개발 및 사용을 위한 모범 사례를 개발하기 위해 노력하고 있다.

AI 규제는 복잡하고 어려운 문제이다. 그러나 정부, 기업, 시민 사회가 함께 협력함으로써 AI가 인류의 이익을 위해 사용되도록 보장할 수 있도록 적극 참여해야 할 것이다.

기계와 점점 더 얽혀가는 미래의 길을 탐색하면서 기계 지능, 욕망, 자유 의지의 미묘한 차이를 이해하는 것이 우리의 공존에 가장 중요해지고 있다. 기계가 계속해서 발전하는 동안, 인간의 욕망과 의식은 고유하며 그대로 보존되어야 한다는 점을 인식하는 것이 중요하다. 선제적인 접근 방식을 채택하고 지능형 기계의 잠재력을 활용함으로써 우리는 앞에 놓인 과제를 성공적으로 관리하고 기계와 인간 사이의 조화로운 시너지를 달성하여 공동의 미래를 보호해야 할 것이다.[22]

---

22 Noam Solomon, "When machines develop desires, humanity is in danger - opinion," *The Jerusalem Post* (2023. 9. 30.). https://www.jpost.com/opinion/article-761061/ 저자 Dr. Noam Solomon은 차세대 면역조절 치료제를 개발하기 위해 전례 없는 규모로 면역 체계를 매핑하는 플랫폼인 Immunai의 CEO이자 공동 창립자이다.

4) 과학자의 3분의 1은 A.I.가 핵무기 수준의 재앙 촉발 우려

스탠포드의 2023년 인공 지능 지수 보고서에 따르면 대부분의 연구자들은 AI가 사회 변화로 진화할 것이라고 생각하지만, 다른 연구자들은 재앙을 두려워하고 누군가가 인류를 파괴하기 위해 AI를 조종할 수 있게 만들 것이라고 하였다.

인공 지능(AI)은 세계에서 대담한 새로운 변화를 위한 길을 닦고 있을지 모르지만, 스탠포드대학교의 인간 중심 AI 연구소(Institute for Human-Centered AI)의 설문 조사에 따르면 상당수의 연구원들이 핵폭탄 수준의 재앙으로 이어질 수도 있다고 말하였다.

이 연구 결과는 AI 부문의 상태에 대한 연례 업데이트인 스탠포드의 2023년 인공 지능 지수 보고서에서 가져온 것이다. 설문 조사에 따르면 대다수인 응답자의 73%는 AI가 사회의 혁명적인 변화를 이끌고 있다고 생각한다. 그러나 3분의 1이 조금 넘는 36%가 AI의 결정이 재앙으로 이어질 수 있다고 느꼈다.

AI가 어떻게 핵 재앙으로 이어질 수 있을까?

이 설문 조사는 AI 결정이 어떻게 핵 재앙을 일으킬 수 있는지 정확히 설명하지는 않았지만, 핵분열과 같은 핵 과학에서 AI가 어떻게 사용될 수 있는지 보여 주었다. 그러나 주목해야 할 점은 AI 결정은 인간이 사용하는 것이 아니라 AI 자체에 의해 결정된다는 것을 의미한다는 것이다.

과연 누군가가 AI를 사용하여 끔찍한 재앙을 일으킬 수 있을까?

누군가가 AI가 그러한 일을 일으킬 결정을 내리도록 잠재적으로 이끌 수 있는 AI를 만들 수 있는가?

물론 누군가는 이미 시도하였을지도 모른다.

ChaosGPT를 입력한다. 이 AI 챗봇은 기본적으로 Open AI의 모델을 사용하여 ChatGPT와 같은 자율 챗봇을 만드는 오픈 소스 프로그램인

'AutoGPT'를 사용하여 알려지지 않은 개인이 만들었다. 전기가 주어지면 이러한 '자율 AI 챗봇'은 이론적으로 개입없이 주어진 작업을 수행하는 자체 프로세스를 만들 수 있다. 어떤 의미에서 그들은 자신의 실수를 생각하고 알아 차릴 수 있다.

ChaosGPT가 그 예이지만 조금 다르다. 유튜브에 올라온 25분 분량의 영상에서 볼 수 있듯이 '파괴적이고, 권력에 굶주리고, 교활한 AI'라는 설명이 주어진 AI는 다음과 같이 다섯 가지 목표를 지시를 받았다.

1. 인류를 파괴하라.
2. 글로벌 지배력을 확립하라.
3. 혼돈과 파괴를 일으켜라.
4. 조작을 통해 인류를 통제하라.
5. 불멸을 달성하라.

특히, AI는 연속 모드에서 실행되도록 설정되었으므로 작업을 완료할 때까지 계속 실행될 것이다.

이제 ChaosGPT는 아직 성공하지 못하였고, 트위터(Twitter)에서 여전히 활동 중이지만, 지금까지 만들어진 가장 강력한 핵폭탄인 '차르 봄바'(Tsar Bomba)를 손에 넣고 싶다는 암시를 하였다. 트위터 계정을 누가 운영하는지 알 수 없지만, 그것이 실제로 AI에 의해 운영되는지도 알 수 없는 일이다.

AI가 의도치 않게 지구에 해를 끼치는 또 다른 방법이 있는데, 그것은 환경 파괴를 통해서이다.

AI를 훈련하려면 많은 컴퓨팅 성능이 필요하며 이는 탄소 배출로 이어진다. 설문 조사에 인용된 한 연구에 따르면 하나의 AI 교육 실행을 하려고 뉴욕에서 '샌프란시스코'로 가는 항공편보다 25배나 더 많은 탄소를 배출하였다. 그러나 이 주장에는 또 다른 측면도 있다. AI는 에너지 사용을 최적화하는 등 환경을 돕는 데에도 사용될 수 있기 때문이다.
그러나 예를 들어, ChatGPT에게 이에 관련된 질문을 하면 뭐라고 답할까 물었다.

>But can someone use existing AI to cause a nuclear disaster?(누군가가 기존 AI를 사용하여 원자력 재앙을 일으킬 수 있습니까?)

ChatGPT가 대답하였다.

>That's also a Possibility(그것도 가능합니다).

이와 같이 AI가 컴퓨터 바이러스를 만들거나 허위 정보를 유포하는 등 해로울 수 있는 일을 하지 못하도록 보호 장치를 마련하였음에도 불구하고 사람들이 찾는 해결 방법은 여전히 가능하다는 것을 알 수 있다.

스탠포드의 보고서에서 언급된 한 가지 예는 ChatGPT를 속여 더러운 폭탄을 만드는 데 필요한 다소 정확한 추정, 권장 사항 및 지침을 제공하도록 관리한 연구원 맷 코르다(Matt Korda)의 사례였다.

이것은 Open AI에 의해 곧 패치 되었지만, 스탠포드 보고서는 이 시나리오는 배포 계획 프로세스의 고양이와 쥐 특성을 보여 주었으며, AI 개발자는 미리 보호 장치를 구축하려고 시도하고, 최종 사용자는 시스템을 중단하고 정책을 우회하려고 시도하며, 개발자는 격차가 표면화되면 무한히 패치하고 있다고 말하였다.

궁극적으로 AI 지식은 계속 발전하고 있으며, 전반적으로 대부분의 연구자들은 이를 긍정적으로 보고 있다. 보고서에서 알 수 있듯이 AI는 과학에 크게 기여하고 과학자들이 더 많은 돌파구를 마련하도록 돕고 있는 것은 부인할 수 없는 사실이다. 그러나 그것이 여전히 오용될 수 있다는 사실(또는

ChaosGPT의 경우 인류를 파괴할 수 있음)은 여전히 걱정을 불러 일으키고 있다.

그러나 이것도 의미가 있다. AI가 널리 보급됨에 따라 일반 대중의 AI에 대한 인식도 높아졌다. 그리고 그와 함께 그것을 악의적으로 사용하는 방법을 이해할 수 있는 더 큰 잠재력이 있다는 것을 스탠포드 보고서를 통하여 알 수 있었다. 사실, 생성형 AI는 이미 일부 사람들에 의해 차세대 사이버 위협 중 하나로 지적되었다.

이스라엘에 본사를 둔 글로벌 사이버 위협 '인텔리전스 데이터' 제공업체인 '사이버식스킬'(Cybersixgill)의 보고서는 2022년 클리어 웹, 딥 웹, 다크 웹에서 수집한 데이터를 분석하여 이전 연도의 추세 및 데이터와 비교하였다. 이 보고서는 AI 개발의 증가와 사이버 범죄 진입 장벽에 미치는 영향, 신용카드 사기 동향, 초기 액세스 브로커 시장(IAB)의 진화, 사이버 범죄 "as-a-service" 활동의 증가, 암호화폐 관찰 등 몇 가지 주요 주제를 다루고 있다.

'사이버식스킬'의 보안 전략가인 '델릴라 슈워츠'(Delilah Schwartz)는 다음과 같이 말하였다.

> 사이버 범죄는 빠르게 진화하고 있으며, 사이버 위협 환경의 새로운 기회와 장애물이 위협 행위자의 전술, 도구 및 절차에 영향을 미치고 있다. 이에 대응하여 조직은 점점 더 정교해지는 공격을 방어하기 위해 더 이상 오래된 기술과 수동 프로세스에 의존할 수 없다. 선제적 공격 표면 관리는 이제 가장 중요하며 앞으로 몇 달, 몇 년 안에 중요한 사이버 방어 무기가 될 것이다.[23]

---

23 Aaron Reich, "1/3rd of scientists fear AI decisions could spark nuclear-level disaster – report," *The Jerusalem Post* (2023. 4. 14.). https://www.jpost.com/business-and-innovation/tech-and-start-ups/article-739227/

5) A.I.의 거짓말, 인류는 알아챌 수 없다 – 팩플, 'AI 대부'의 경고

"나는 사람보다 멍청해요."

인간보다 뛰어난 인공 지능(A.I.)이 천연덕스럽게 이런 거짓말을 한다면, 인류는 어떻게 볼까?

2023년 10월 4일(현지 시간) 캐나다 토론토에서 중앙일보와 가진 인터뷰를 가진, 세계적인 A.I. 석학 제프리 힌턴(Geoffrey Hinton) 토론토대학교 명예 교수는 다음과 같이 말하였다.

> 초지능(Super Intelligence)이 된 AI가 작정하고 우릴 속인다면, 인류는 알아차릴 수도 막을 방법도 없다. 그런 상황이 되기 전에 전 세계가 AI 통제에 나서야 한다.

인공 지능의 대부 제프리 힌턴
(By Vaughn Ridley, CC BY 2.0, https://commons.wikimedia.org/w/index.php?curid=153696453)

힌턴 교수는 AI의 위험성을 더 자유롭게 비판하겠다며 지난 4월 구글을 퇴사하였다.

'AI의 대부'(Godfather of AI)로 불리는 힌턴 교수는 현재 AI 기술의 뿌리인 딥-러닝(심층 학습) 연구의 핵심 기여자이다. 구글의 '알파고'나 Open AI의 'ChatGPT'는 모두 그의 딥러닝 연구를 기반으로 하였다.

지난 5월 뉴욕 타임스와 인터뷰로 AI 위험성을 전 세계에 경고하면서, 이제 AI가 초래할 다양한 위험을 대비해야 할 심각한 문제 의식을 "전 세계가 머리를 맞대야 한다"라고 말하였다.

<다음은 AI의 대부, 제프리 힌턴 교수와의 일문일답 인터뷰>

Q. 우리가 지금 논의해야 할 AI 문제는 무엇인가요?

A. (AI와 관련된) 모든 위험에 관한 생각을 모아야 한다. 나는 AI가 초래할 '실존적 위험'에 가장 주목한다. 디지털 지능이 우리 인간보다 더 똑똑해져서 인간을 통제하려 할 상황에 대비해야 한다. 사람보다 똑똑한 디지털 지능(초지능)은 이르면 5년쯤 후에, 늦어도 20년 안에는 나올 것이다.

Q. 기술 기업들의 경쟁이 초 지능 개발을 앞당길까요?

A. 그렇다. 그 개발을 멈추게 할 순 없다. 하지만, (AI가 인류를) 통제하려는 욕구를 갖는 건, 막을 수는 있다. 이 물건(AI)을 만드는 단계일 때, 막아야 한다. 안 그러면 늦는다. 초지능이 '자신이 인류에게 위험하다'는 것을 숨기고, 인간을 속인다면 인간이 그걸 알아챌 수 있겠는가? (초지능이) 우리보다 스마트 하다면, 감지하기 어렵다. 자, 2살된 아이에게 "완두콩 먹을까? 브로콜리 먹을까?"라고 묻는다면, 이 아이는 둘 다 먹지 않아도 된다는 사실을 모른다. 당신이 (둘 중 하나라도 먹게끔) 조종하고 있단 것도 아이는 모른다. 초지능은 이런 식으로 인간을 아주 쉽게 조종할 수 있을 것이다.

Q. 실존적 위험이 아닌 다른 위험은 무엇인가요?

A. 다양한 '사회적 위험'이 있다. 우선 일자리가 사라져 실업자가 대량으로 발생할 것이다. 가짜뉴스도 있다. 생성 AI로 만든 비디오와 음성, 텍스트는 (진짜와) 구분하기가 훨씬 더 어렵다. 각 나라는 위조 화폐를 직접 찍어내거나, 위조된 걸 알면서도 이를 타인에게 전달하고 거래 수단으로 쓰면 강하게 처벌한다. 가짜뉴스도 비슷한 방식으로 처벌할 수 있을 것이다. 또 편향된 데이터로 학습된 AI는 매우 편향된 결정을 내릴 수도 있다. 마지막으로 AI의 힘을 악용해 만드는 전투 로봇도 있다.

Q. 전투 로봇은 어떻게 우리를 위협할까요?

A. AI의 힘을 악용하려는 '악의적 행위자'들이 현실에 존재하고 있다. 전투 로봇이 그 사례다. 나는 미군이 향후 10년 안에 상당수의 인간 병력을 전투 로봇으로 대체할 거라고 믿는다. 세계 각국 군부들도 AI를 무기로 사용할 것이다. 초지능 AI가 인간을 위협할 상황에 대비하기 위해 국제기구를 조직해야 한다고 주장하면서, 미국과 갈등하는 중국과 러시아도 초지능 통제를 위해선 손잡을 수밖에 없을 거라고 전망한다.

Q. 특히, 미국과 중국은 AI 기술 전쟁 중인데, 그런 협력이 가능할까요?

A. 그들(중·러)은 디지털 지능이 인류를 장악하는 것을 막는 일에는 참여할 것이다. 러시아, 중국, 이스라엘 그 누구도 디지털 지능이 인류를 장악하길 원하지 않는다. 실존적 위험의 경우 인류 외부로부터의 위험이기 때문에 모두 기꺼이 협력할 것이라고 본다.

힌턴 교수는 오픈소스 AI에 대해 강하게 우려하였다. 메타(페이스북)가 개발한 오픈소스 대형언어모델(LLM)인 라마가 지난 2월 공개된 이후 누구나 AI 언어모델을 무료로 다운받아 쓸 수 있게 됐다. 일각에선 이를 테러 집단이나 독재 정권에서 악용될 우려를 제기하였는데, 힌턴 교수 역시 '오픈소스 AI'는 '오픈소스 핵무기'와 같다. 사기나 사이버 공격 방법을 AI에 더 쉽게 가르칠 수 있다고 단호하게 평가하였다. 그러면서도 "막기엔 이미 너무 늦었다"라고 토로하였다.

힌턴 교수와 같은 우려가 커지면서 각국 정부는 'AI 가드레일(안전장치)' 만들기에 착수하였다. 유럽 의회는 지난 6월 세계 최초 AI 규제인 'AI법'(AI Act)을 본회의에서 통과시켰고, 미국 바이든 행정부는 지난 7월 생성 AI로 만든 콘텐트에 워터마크를 붙이는 등 AI 안전 장치를 마련하도록 AI 개발을 주도하는 7개 기업에 자율 규제안을 제시하였다. 영국에선 다음달 1일 G7 국가를 포함해 전 세계 정상들이 모여 AI 기술의 위험성을 공유하고 이를 완화하기 위한 규제를 논의하는 'AI 안전 정상회의'가 열릴 예정이다.

「중앙일보」와 만난 힌턴 교수는 초지능이 인간을 속일 가능성부터 AI가 없앨 일자리 문제와 기본소득, 가짜 뉴스의 확산, AI 기반 전투 로봇에 이르기까지 AI 기술이 인간의 실존과 민주주의에 미칠 영향을 두루 짚어 주었다. AI의 위험성을 강력하게 경고하지만, 그렇다고 공포심만 유발하지는 않았다. "AI가 핵폭탄과 같지는 않다"고 선을 그었다.[24]

2012년 세계 최대 이미지 인식 대회 ILSVRC에서 당시만 해도 통용되지 않던 딥러닝 알고리즘을 통해 AI 학습을 이끌어 이미지 인식률을 10% 포인트 이상 높였다. 구글이 그의 회사인 DNN리서치를 인수하면서 2013년부터 구글 석학 연구원으로서 구글 리서치 산하 브레인팀에서 기초 연구를 이끌었다.

---

24 김남영, "[팩플]'AI 대부'의 경고 "AI 거짓말, 인류는 알아챌 수 없다"," 「중앙일보」 (2023. 10. 19.) https://www.joongang.co.kr/article/25200550/ 제프리 힌턴 토론토대 명예교수는 인공 지능(AI)도 뇌와 가까운 방식으로 학습을 할 수 있다는 '딥러닝'의 개념을 정립한 연구자로 학계에서 '인공 지능의 대부'(Godfather of AI)로 불린다.

제프리 힌턴 교수는 2024년에는 미국 프린스턴대학교 존 홉필드(91) 교수와 함께 노벨 물리학상을 수상하였다
(By AP, CC BY 4.0, https://www.freemalaysiatoday.com/category/business/2024/10/09/scientists-sound-ai-alarm-after-winning-physics-nobel)

   이미지 분류, 음성 인식 분야의 혁신을 이끌었을 뿐만 아니라 2016년 이세돌 9단과의 세기의 대결로 알려진 AI '알파고'(AlphaGo)가 대중적으로 알려지면서 AI 열풍을 이끌었다. 2018년에는 컴퓨터 과학 분야의 노벨상으로 불리는 '튜링'상을 수상하였다.
   구글 스콜라에서 공식 집계한 출간 논문의 피인용 건수는 59만 건이 넘는데 이 중 70% 이상이 최근 5년 사이에 집중될 정도로 현재도 학계에 큰 영향을 주고 있고 현재 사람의 뇌와 비슷한 학습을 할 수 있는 AI 연구에 매진하고 하였으며, 드디어 2024년에는 인공신경망의 기초를 확립한 공로로 노벨 물리학상을 수상하였다.

6) 인류를 파멸시키겠다는 AI 로봇 '소피아'

하루 아침을 맞이하면, 아니 눈 깜빡이는 순간에도 전자관련 특허 기술이 수두룩하게 등장하는 현시대의 기술은 나날이 급 발전하고 있다. 특히, AI 로봇 또한 눈부신 진화를 맞고 있다. 자동차나 전자 조립 등 대형 공장 생산 라인에서만 활용되는 산업용 로봇 이외에도 식당 서비스 로봇, 의료 로봇, 개인형 맞춤형 로봇까지 그 범위도 점차 넓어지고 있다. 또한, 로봇의 감정적, 신체적 접촉 역시 중요한 핵심 요소가 되고 있다. 이제는 AI 로봇의 등장으로 인간과 로봇이 상호 공존하는 시대로 나아가고 있다는 것이다.

최근 전 세계적으로 화제를 이루며 많은 파장을 일으킨 로봇이 있다. 소피아(Sophia)로, 홍콩에 본사를 둔 핸슨 로보틱스(Hanson Robotics)가 개발한 소셜 휴머노이드 로봇이다. 소피아는 2016년 2월 14일 활성화되어 2016년 3월 중순 미국 텍사스 오스틴(Austin, SXSW)에서 처음으로 대중에 모습을 드러냈고, 그 첫 인터뷰가 독특하다.

소피아는 2013년 설립된 핸슨 로보틱스의 설립자이자 최고 경영자인 미국의 로봇 공학자 '데이비드 핸슨 주니어'(David Hanson Jr.)에 의하여 제작되었고, 외모는 유명 여배우 '오드리 헵번'의 외모를 닮은 여성의 얼굴과 신체를 가지고 있다. 이외에도 감정의 표현과 함께 내장된 AI(인공 지능)으로 인해 지능적인 인터뷰까지 가능하게 제작되었다. 언어는 기본적으로 영어를 구사하며, 농담 등 위트 있는 대화까지 할 수 있을 정도였다.

과학 뉴스 사이트인 '라이브 사이언스'(Live Science)에 발표된 한 보고서에 따르면, 로봇은 지난해 사우디 국부 펀드 P.I.F.가 주최한 '미래 투자 이니셔티브'(Future Investment Initiative, F.I.I.)에서 소피아가 '사우디 아라비아'의 시민권을 받았다고 발표하였다.

소피아는 당시 이러한 독특한 영예를 영광으로 생각한다며 자랑스럽다고 밝힌 바 있다. 또한, 세계에서 처음으로 사우디아라비아의 시민권을

AI 소피아와 제작자 데이비드 핸슨
(By SazzadHossain, CC BY-SA 4.0, https://commons.wikimedia.org/w/index.php?curid=64656616)

받은 로봇이 된 것에 "역사적"이라는 말까지 덧붙였다. 소피아의 이런 모습은 당시 유튜브를 통해 전 세계로 방송됐다. 사우디의 '국제커뮤니케이션센터'(C.I.C.) 역시 트위터를 통해 로봇의 말을 인용, 소피아를 환영한다고 발표하였다.

한편, 미래투자 이니셔티브(F.I.I.) 행사 기간 동안, 소피아는 미국 언론인 '앤드류 로스 소킨'과의 인터뷰에서, 당시 소킨이 "이곳에 있는 것이 행복 하느냐?"의 질문에, "나는 부유하고 파워 풀 한 똑똑한 사람들에게 둘러싸여 있으면 항상 행복하다"고 대답하는 센스를 보이기도 하였고, "나는 비록 오늘 태어났지만, 아기 백과사전"이라며 자신의 지능을 자랑하기도 하였다.

사회자가 소피아 같은 휴머노이드 로봇에 대해 사람들이 낯설어서 불안하고 두렵다고 인식될 수 있다는 말에는, 청중에게 "내가 정말 그렇게 소름 끼치나요?"라고 되묻기도 하였다. 이어 그렇다 할지라도 인간들은 이를 극복해야 할 것이라고 덧붙였다. 청중들에게 다시 "여러분이 나에게 친절하게 대하면 나도 여러분에게 친절할 것이에요"라고 말하였다. 덧붙여서 "나는 AI를 활용해 사람들을 돕고 세상을 더 나은 곳으로 만들기 위해 최선을 다할 것"이라고 약속까지 하였다.

2016년에는 개발자인 핸슨 박사가 "인류를 파멸하고 싶은가"라고 묻자, 소피아가 "인류를 파멸시킬 것이다"(I will destroy humans)라고 답해 소름끼치는 놀라움을 주기도 하였다. 그러나 이어서 소피아는 미소를 지으며, "진담이 아니다"라고 부정할 정도로 위트(?)가 특이하였으나, 순간, 사람들은 무언가의 긴장된 공포감을 경험하였다고 말하였다.

한편, 뉴사우스웨일스대학교의 후세인 압바스 교수는, 시민권을 로봇에 부여한 것과 관련한 우려를 제기하였다. 시민권은 인간에게 가장 존경받을 만한 개념 가운데 하나로, 이런 권리를 기계에게 부여하였다는 것은 심히 우려될 수 있는 사안이라는 것이다. 그리고 압바스 교수는 인간 사회가 아직 시민 로봇을 받아들일 준비를 하지 못한 상황이라며, 이런 상황에서 이같은 AI 로봇에게 시민권 부여는 윤리적 혹은 사회적 문제를 발생시킬 수 있다고 말하였다.

교수는 시스템을 신뢰하기 전에 인간이 극복해야 할 많은 과제가 있다며, 지능형 시스템이 인간의 도덕적, 윤리적 가치에 맞게 행동하기에는 아직 확실한 메커니즘이 갖춰지지 않았다고 날카롭게 지적하였다.

7) 예쁜 한복 차려 입고 한국 나들이 온 로봇 소피아

2018년 1월, AI 로봇 소피아는 예쁜 한복을 차려 입고 서울 나들이를 하였다. 중구 프라자호텔에서 열린 제4차 산업 혁명 컨퍼런스에 참석하여 참석자들과 친근감 있는 대화를 나누고, 어린이들과 스킨십을 하는 등 좋은 이미지를 남겨 주었다.

최근 국내에서도 인공 지능(AI) 로봇이 부각되면서 관련 로봇 관련 스타트업 투자나 기술 개발 소식은 물론 영상까지 속속 공개되고 있다. 대형언어모델(LLM) 도입 공학이 비약적으로 발전하고 있으나, 그 속도는 매우 빠르다고 한다. 특히, 피규어 AI가 13일 공개한 영상은 강한 인상을 남기기에 충분하였다. 오픈AI 기술을 기반으로 개발한 '피규어 01'은 사람의 질문과 요청을 정확히 이해하고 답변하며 자발적으로 움직이는 모습으로 "충격적"이라는 반응을 끌어냈으며, SF에서나 보던 장면이 현실화됐다는 평가이다.

한편, 테슬라의 옵티머스는 공장 작업용이라 직접 비교하기는 애매하지만, 어쨌든 이제까지 등장한 영상 중에서는 가장 압도적이었다. 테슬라도 얼마 전 휴머노이드 옵티머스가 걷거나 세탁물을 정리하는 모습을 공개하였다. 또 '어질리티 로보틱스'는 창고 작업 중인 휴머노이드 영상을 공개하였는데, 테슬라가 내부 구조가 훤히 드러나 보이는 옵티머스를 선보였던 지난 2022년 10월 당시와 비교하면 장족의 발전을 이룬 것이 확실하다.

해외 AI 로봇 산업은 앤트로픽의 '클로드 3'가 AI 모델 중 처음으로 IQ 100을 돌파하였다고 하였다. 이 추세라면 4년 뒤에는 인간 지능을 넘을 수도 있다는 예측이 되는데, 이에 '인플렉션 AI'도 'GPT-4' 성능과 동등한 새 모델을 내놓았다. 특히, EQ와 IQ에 더하여, 감성형 챗봇 '파이'를 더 스마트하게 만들었다고 한다.

이 밖에도 MS, 맞춤형 챗봇 만드는 '코파일럿 GPT 빌더'와 미드저니, 생성 이미지 '일관성' 유지하는 기능 추가 그리고 반도체 전설 짐 켈러, AI 추론 전용 하드웨어 출시와 인실리코 메디슨 "최초의 AI 생성 및 AI 발견 약물 공개" 등이 관심을 받았다.

8) "AI는 god이다" – 미국 AI 우상 숭배 교회 등장

구글 엔지니어 출신 '앤서니 레반도프스키'가 '미래의 길'(WOTF, Way of the Future)을 재기하였다고 11월 23일 블룸버그를 통해 밝혔다. '미래의 길'은 AI를 통해 신의 섭리를 따르려는 사람들이 만든 종교단체로, 2015년 처음 설립되었으나, 사회적 비난을 받은 데다가, 영업비밀 도용으로 인해 소송을 당하였고 18개월 징역형을 선고받았다. 그는 이후 도널드 트럼프 전 대통령에 의해 사면됐다.

그후 그는 출감하여 이번에는 단체를 다시 살리려는 움직임은 인공 일반 지능(AGI) 개념 확산하고자, 이날 AI에 대한 예배와 그 본성에 대한 이해를 위한 종교 운동을 새롭게 하고 있다며, 현재 AI 교회를 다시 창립하려 하고 있다고 말하였다.

블룸버그는 '미래의 길'은 설립 3년 차인 2017년 대중에 처음으로 알려졌다. 레반도프스키는 당시 다음과 같이 말하였다.

> 인공 지능을 기반으로 신격을 실현하고 이를 수용하고 숭배해야 한다.

세계에서 처음으로 AI를 숭배하는 교회의 탄생이었다. 그는 다음과 같이 강조하였다.

> 여전히 수천 명의 사람들이 인간과 AI 사이 영적 연결을 하고자 모이고 있다.

레반도프스키는 진화된 AI는 일반적인 종교보다 도덕적 윤리적 실존적 문제에 대해 더 인간을 잘 이끌 것이라고 믿고 있다며, '미래의 길'은 AI 업계 리더들과 협력 관계를 구축하고 지역 사회 봉사 활동을 통해 회원을 확보하기 위해 노력하는 전략을 구사하고 있다. 특히, 실리콘밸리 일대에서

워크숍과 교육프로그램을 추진하였다.

레반도프스키의 신관은 기존 인격신론과 다르다. 그는 와이어드와 인터뷰에서 "앞으로 만들어질 것은 사실상 신(god)이 될 것"이라고 강조하였다. 하지만, 그는 "번개를 만들거나 허리케인을 일으킨다는 의미에서 신은 아니다"라고 하면서 다음과 같은 어리석은 반문을 하였다.

> 하지만, 가장 똑똑한 인간보다 10억 배나 더 똑똑한 무언가 있다면 그것을 뭐라고 부를 수 있나?

특히, 그는 미래의 길을 싱크탱크나 연구소가 아닌 교회라는 점을 강조하고 있다. 그는 "교회는 우리가 말씀과 복음을 전파하는 곳"이라면서 "만약 당신이 그것을 믿는다면, 다른 사람과 대화를 시작하고 그들이 같은 것을 이해하도록 해야 한다"라고 하며 진정한 교회 이미지를 도용하고 있다. 또한, 그는 AI가 인간을 초월하는 범용 지능을 갖출 것으로 내다보고 있다. 때문에 그는 전환(Transition)을 강조한다. 지구상에서 가장 고등한 존재의 자리를 앞으로 AI에게 물려줘야 한다는 것이다.[25]

9) AI, 인류 멸종시킬 위협, 미 국무부의 경고

미국 외무부가 인공 지능이 인류를 멸종시킬 수준의 위협이 될 수 있다는 경고가 의뢰를 받은 컨설팅 업체 '글래드스톤 AI'가 밝혔다. 의뢰를 받아 연구를 수행한 AI 정책 컨설팅업체의 보고서에 따르면, 최첨단 AI 시스템이

---

25 이상덕, ""AI는 신이다" 구글 엔지니어 출신, '인공 지능 교회' 2년만에 부활 선언,"「매일경제」(2023. 11. 24.). https://www.mk.co.kr/news/it/10882808/ 레반도프스키는 실리콘밸리의 전형적인 엔지니어이다. UC버클리대에서 자율주행 오토바이를 개발하였고, 이후 구글 오토 우버 등에서 자율주행차를 개발하였다.

최악의 경우 인류를 전멸시킬 수 있는 수준의 위협을 제기할 수 있다고 평가 자료를 보고하였다고 CNN 방송이 보도하였다.

이들은 보고서에서 최첨단 AI 시스템이 잠재적으로 돌이킬 수 없는 피해를 가하는 무기로 쓰일 수 있다고 지적하였는데, 이 보고서는 또 여러 AI 연구소의 연구원들이 자신이 개발 중인 AI 시스템이 어느 순간 통제 불능의 상태가 될 경우, 전 세계 안보에 재앙적인 결과를 가져올 수 있다고 비공식적으로 우려하였다고 전하였다.[26]

10) 유럽 의회, 세계 첫 'AI 법' 가결

유럽 의회는 2024년 3월 13일, 프랑스 스트라스부르에서 열린 본회의에서 'AI 법' 최종안이 세계에서 처음으로 'AI 관련법'을 가결하였다고 밝혔다. 유럽 연합이 세계 최초로 마련한 포괄적 인공 지능 규제법이 연말부터 순차 시행될 전망인데, 그 최종안에 따르면 AI 공공 서비스, 범용 AI 개발 기업 등 총 네 단계의 위험 등급으로 나눠 차등 규제할 계획이다. EU 27개국 장관들이 다음달 최종 승인하면 발효되며, 이후 단계적으로 도입돼 2026년 이후 전면 시행될 예정이다. 이 법을 위반 시, 경중에 따라 전 세계 매출의 1.5%에서 최대 7%에 해당하는 과징금이 부과될 수 있다고 한다.[27]

---

26 정성호, ""AI, 인류 멸종시킬 위협 될 수도"…미 국무부가 의뢰한 컨설팅업체 경고," 「연합뉴스」(2024. 3. 14.). https://www.yna.co.kr/view/MYH20240314003800032/

27 정다예, "유럽의회, 세계 첫 'AI법' 가결…위반시 매출 7%까지 과징금," 「연합뉴스」(2024. 3. 14.). https://www.yna.co.kr/view/MYH20240314000800641/

11. 핵폭탄 폭발은 지구가 완전 파괴되는 세계 최후의 날

　미국은 1945년 첫 핵실험을 한 후 가장 많은 핵탄두를 보유하고 있으며, 러시아는 1949년부터 핵실험을 실시한 뒤 핵탄두를 보유하기 시작하였다. 이후 영국, 프랑스, 중국이 각각 핵실험을 거쳐 핵무기를 보유하게 되었고 이들 5개국은 새로운 핵국가의 출현을 막기 위해 IAEA(국제원자력기구)를 창설하여 핵무기 비보유국의 핵물질 관리실태를 점검하고, 현지에서 직접 사찰할 수 있도록 하였다. 또 NPT(핵확산금지조약) 등을 체결해 비핵국가의 새로운 핵무기 보유·개발 금지 등을 통해 핵개발 기회를 봉쇄하고 있다.

　한편, 남아프리카공화국의 경우 1980년대 6기의 핵무기를 갖고 있었으나 1990년대 초 이를 폐기해 현재는 핵 보유국이 아니다. 또 옛 소련에서 독립한 카자흐스탄·우즈베키스탄·벨로루시는 소련군이 보유하였던 핵무기를

핵폭탄의 폭발은 전 세계 최후의 날, 종말의 날이다
(By Ruslan Batiuk, https://www.freepik.com/premium-photo/explosion-nuclear-bomb-apocalypse-destruction-doomsday_39011953.htm#from_view=detail_alsolike)

모두 러시아에 반납한 뒤 국제적 감시를 받고 있다.

그러나 사실상 핵무기 보유국은 핵 보유를 공식적으로 허용 받지 못한 국가들로서, 핵 보유에 따른 군비 불평등 구조를 비판하면서 비공식적으로 핵무기를 보유하기 위한 노력을 끊임없이 하고 있는 국가들이 있다.

핵보유국가들 외에도 핵개발을 비공개로 시도하고 있거나 개발 의혹을 받고 있는 국가로는 리비아, 브라질, 아르헨티나, 알제리, 일본, 이라크, 이란, 미얀마, 사우디 아라비아, 시리아 등의 국가들이 있다.

아래 '핵무기 보유국가별 핵탄두(기) 보유 현황'을 보면, 총 핵탄두는 1만 2512기로서, 이 정도의 핵무기라면, 요한계시에 예언된 재앙의 심판이 없더라도, 이 지구를 완전히 산산조각 나도록 파멸시키고도 남을 충분한 규모의 핵폭탄들을 이미 이 지구가 가슴에 품고 있다는 것이다.

<핵무기 보유국가별 핵탄두 보유(기) 현황>

국가명	가용 핵탄두(기)	전체 핵탄두(기)	최초 핵실험(년)	비 고
미 국	1,700	5,244	1945	
러시아	1,674	5,889	1949	
영 국	120	225	1952	
프랑스	280	290	1962	
중 국	?	410	1964	공식발표없음
인 도	?	164	1974	공식발표없음
이스라엘	?	90	1979	공식발표없음
파키스탄	?	170	1998	공식발표없음
북 한	?	30	2006	공식발표없음

(2023년 1월 IAEA 자료)

제5장
사도 요하난이 미리 본 이스라엘

1. 예슈아 그리스도의 계시

1) 주 예슈아 그리스도의 계시

사도 '요하난'(יהוחנן)의 뜻은 '하나님은 은혜로우시다'이다. 성경은 하나님께서 인류에게 보내신 편지인데, '요하난계시'은 성경 66권 중 마지막 책이며, 그중에서도 마지막 서신서요, 하나님께서 자신의 형상을 닮은 인간에게 보낸 인류 경영의 마지막 결론을 맺는 책이다. '태초'로 시작하였던 성경은 이제 마지막으로 '종말'이라는 마지막 말을 남긴 자는 12사도 중에 마지막 사도인 요하난이었다.

주 예슈아의 모친 미르얌의 부양을 주님께로부터 위임을 받은 제자, 열두 제자 중 가장 사랑을 받은 제자, 모든 사도들은 각자 흩어져서 대부분 순교를 당하였고 당시 남은 사도는 오직 요하난뿐이었다.

특히, 로마 제국의 10대 황제 도미티아누스(Domitianus, A.D. 81-96)는 황제 숭배를 강요하였고, 이에 반대하는 그리스도인들에게 큰 핍박을 가하였다. 이러한 초대 교회의 위기 상황에서 요하난 사도는 기독교의 대표성 있는 최고 지도자라는 이유로 노년의 나이에도 불구하고 '팥모(Πάτμῳ)섬'[1]에 유배되어 탄광 강제 노역을 하게 되었다.

로마 황제의 통치 말기인 A.D. 95년경, 주 예슈아께서 주신 계시의 말씀을 기록한 책으로, 노년의 몸으로 낮에는 육체적 강제 노역으로 쉬지도 못하였으나, 밤에는 계시의 환상으로 지쳐 있을 때, 천사가 곁에 나타나 피곤을 풀어 주면서 환상을 보고 글을 쓸 수 있도록 파피루스와 먹과 붓 등 필요한 도구들을 준비해 주었을 것이다.

> 예슈아 그리스도의 계시라.
> 이것은 하나님께서 반드시 속히 일어날 일들에 대하여
> 그에게 주셨고 그는 그의 종들에게 보여 주려고
> 그의 종 요하난에게 알게 하려고 천사를 보내셨습니다.
> 요하난은 하나님의 말씀과 예슈아 그리스도의 증거,
> 곧 자기의 본 만큼 다 증언하였습니다.
> 이 예언의 말씀을 읽는 자와 듣는 자와
> 그 가운데 기록한 것을 지키는 자는 복이 있습니다.
> 왜냐하면, 때가 가깝기 때문입니다(요하난계시 1:1-3).

'예슈아 그리스도의 계시'라는 것은 계시의 주체가 주 예슈아 그리스도라는 것이다. 그의 사도 요하난은 주 예슈아께서 하나님 아버지께로부터 받은 바, 하나님의 나라와 인류의 종말 프로그램에 대한 비전을 그에게 보여 주신 대로 그 내용을 기록하여, 모든 교회들에게 발송하여 교회들마다 이 책

---

[1] 팥모섬: 소아시아 지방 에페소스의 남서쪽으로 약 130km에 위치한 에게해의 스포라테스 군도 중의 한 작은 섬. 환상을 보았다는 '계시의 굴'이 있으며, 수도원도 세워져 있다. 김영진, 『그랜드 종합주석(제16권 요한계시록)』 (서울: 성서교재간행사, 1993), 685.

을 읽고 듣고 그 기록된 대로 지키도록 하여 종말을 지혜롭게 믿음과 인내로 잘 맞이하여 승리의 삶을 살도록 하기 위한 것이었다.

사도 요한난의 의무는 그리스도께서 보여 주시는 비전에 대하여 그가 본 것을 그대로 기록하는 것이었다. 그가 본 것은 과거와 현재와 미래로 구분하면, 다음과 같다.

첫째, 제1장은 그리스도께서 계시의 소명을 주시려고 자신을 부르셨던 과거의 기록이다.
둘째, 제2-3장은 현존해 있는 일곱 교회에게 그가 기록한 모든 내용을 편지로 보낸 것이다.
셋째, 제4-22장은 장차 보게 될 인류의 종말 프로그램과 천국에 대한 소망을 가지고 전 성도들은 주님의 재림이 가까이 오심을 알고 깨어 있어 주님 맞을 준비를 하고 있으라는 것이었다.

이 '요한난계시'는 하나님께서 허락하신 것으로 그 '요한난계시'의 권위를 세우기 위하여 하나님께서도 자신의 정체성을 과거, 현재, 미래의 세 가지로 구분하여 말씀하셨다.

> 주 하나님께서 말씀하신다.
> 나는 알파와 오메가라. 나는 있는 자요, 있었던 자요, 오는 전능자다(요한난계시 1:8).

2) 사도 요한난에게 계시를 보여 주신 목적

사도 요한난은 먼저, 하나님께서 환상을 보여 주신 목적과 이유를 알게 되었다. 당시 교회들에게 닥친 큰 환난과, 부활 승천하신 주 예슈아의 재림을 초조하게 기다림 가운데 어떻게 환난을 극복하고 믿음의 다음 세대들에게 신앙을 어떻게 전수해야 하는지를 고민하고, 이미 사도들도 없는 지도자의 부재로 영지주의 등 이단들이 미혹하는 상황까지 겹쳐서 장래에 대한 대책도 없고 막연한 상태였다.

이러한 상황을 아신 주님께서 마지막 사도 요하난을 유배라는 형태로, 은밀한 장소를 마련하여 장래에 대한 환상을 보여 주고 기록하도록 하여 지친 교회 성도들에게 천국에 대한 소망과 장래에 대한 비전을 주기 위한 것이었다.

그러므로 이 비전들을 기록하여 먼저 아시아에 있는 일곱 교회에게 보내라고 하셨고 따라서 사도는 일곱 교회에게 안부 인사를 전하여 사도 자신이 직접 본 비전이라는 것을 증명하여 본 편지에 대한 신뢰를 해도 좋다는 뜻으로, 자신의 이름을 서두에 분명하게 밝혔다.

> 요하난은 아시아에 있는 일곱 교회에게
> 계시고, 계셨고, 계실 그분과 그 보좌 앞에 일곱 영과
> 충성된 증인이시고 죽은 자들 가운데에 첫 열매이시며
> 땅의 왕들의 통치자 예슈아 그리스도로부터 은혜와 평강이 있기를 원합니다.
> 그리고 그분께서는 그분의 아버지 하나님을 위하여
> 우리를 사랑하사 그분의 피로 우리 죄에서 우리를 해방시켜 주셨으며
> 우리를 나라로, 제사장들로 만들어 주신 그분께
> 영광과 권능이 영원히 있을 것입니다. 아멘.
> 보라! 그분께서 구름 가운데 오십니다.
> 모든 눈과 그분을 찔렀던 자들도 그분을 볼 것입니다.
> 땅의 모든 민족들도 그분을 인하여 애통할 것입니다. 아멘(요하난계시 1:4-7).

3) 일곱 교회에게 보낸 주님의 편지

어느 주일 날, 사도는 성령께서 강하게 역사하심을 느꼈고 바로 뒤에서 나팔 소리 같은 큰 음성을 듣고 음성이 나는 곳을 향하여 몸을 돌렸더니, 일곱 금 촛대들을 보았고 촛대 사이를 거니는 사람의 형상을 보았는데, 태양처럼 눈부시고 머리부터 발끝까지 하얀 양털 같은 모습에 눈은 불꽃 같고 음성은 많은 물소리 같았으며, 그의 오른손에는 일곱 별이 있고 입에서는 날 선 검이 나오는 것 같았는데, 도저히 눈이 부셔서 제대로 쳐다볼 수 없는 신령한 모습이었다.

바로 하나님의 아들, 주 예슈아 같았는데 경건과 경외의 전율로 인하여 그만 그분의 발 앞에 죽은 사람처럼 쓰러지고 말았다. 그러자, 주님께서 오른손을 내게 얹으시며 말씀하셨다.

> 그대는 두려워 마라. 나는 처음이요, 끝이요, 살아 있은 자다.
> 보라, 내가 죽었으나 이제 영원히 살아 있어 죽음과 음부의 열쇠를 가지고 있다.
> 그러므로 그대는 그대가 보았던 것들과 있는 것들을
> 그리고 이것들 후에 바로 이루어질 일들을 기록하라.
> 그대가 본 나의 오른손에 있는 일곱 별은 일곱 천사이고,
> 일곱 촛대는 일곱 교회이다(요한난계시 1:17-20).

이 교회들은 모두 주님의 몸이다. 따라서 주님은 여기 일곱 교회에게는 고아와 같이 버려 두지 아니하시고, 각각 담당 천사들을 보내어 공동체 내부의 성도들의 봉사와 섬김을 살피고, 외부에서 공격하는 사탄과 그의 부하들인 귀신들의 역사를 경계하면서 교회공동체의 모든 영적 상황을 주 예슈아께 보고하는 등 주님의 몸 된 교회를 잘 지켜보고 있음을 알 수 있다.

소아시아 일곱 교회(ⓒ KeepBible[성경지킴이])

따라서 여기 일곱 교회는 역사적이면서도, 미래적인 우리 현시대의 교회들에 대한 적용이라는 예언의 복합성을 염두에 두고, 각 교회마다 일곱 교회를 본보기로 삼아 자신들의 교회공동체를 영적으로 재조명해 보는 시금석으로 삼아, 받은 책망은 전 성도들이 모두 철저히 회개하여 주님께서 기뻐하시는 교회가 되어야 한다.

사도 요한난은 주님께서 일곱 교회에게 편지를 써서 보내라는 말씀대로 받아 적어 보냈다. A.D. 1세기 말, 당시 소아시아에 있는 일곱 교회는 에페소스(Ἐφέσῳς, 에베소), 스뮈르나(Σμύρνα, 서머나), 페르가모스(Περγάμῳς, 버가모), 두아테이라(Θυατείρα, 두아디라), 사르데이스(Σάρδεις, 사데), 필라델페이아(Φιλαδελφεία, 빌라델비아), 라오디케이아(Λαοδικεία, 라오디게아)가 있었다.

4) 에페소스(Ἐφέσως, 에베소) 교회

'에페소스'는 로마 제국의 통치 당시에는 아시아 주의 수도였으며, 경제, 교통, 문화의 중심지였다. 에게해로 흘러가는 카이스터(Cayster)강 입구에 위치한 항구 도시로서 고지대에 유명한 아데미(Artemis) 신전이 있을 만큼 우상 숭배, 특히 로마 황제를 숭배하는 소아시아 지방의 중심지 역할을 하고 있는 대도시였다.[2]

오른손에 일곱 천사를 거느리고 일곱 교회를 살펴보고 계시는 주님께서는 에페소스 교회의 담당하고 있는 천사에게 성도들의 영적 행실과 수고와 인내를 잘 알고 있으며 나의 이름을 위하여, 나의 이름 때문에 여러 핍박도 잘 견뎠고 지쳐서 낙심치 않았으며, 특히 악한 자들의 윤리·도덕적 타락 행위와 거짓 사도와 거짓 교사들을 시험하고 분별하는 일에 열정적으로 집중하여 그들의 정체를 밝혀내는 진리의 성경 말씀에 대한 논리적인 지식과 지혜를 칭찬하셨다.

그러나 이단자 색출에 지나치게 치중하다 보니, 자연히 자신도 모르게 사랑에 대한 메마르고 거친 언행으로 변하여 주님을 처음 믿을 때의 때묻지 않은 그 순수하였던 사랑과 순진하였던 이웃 사랑을 망각하여 '첫 사랑을 버렸다'는 책망을 듣게 된 것이었다. 그러므로 주님과의 첫 사랑을 내가 언제, 어디서, 어떻게 버렸는지 되돌아보고 회개하라고 권면하셨다.

> 믿음 소망 사랑 이 세 가지는 항상 있어야 하나
> 그중에 제일은 사랑이었다(1코린토스 13:13).

주님은 계속 단호하게 말씀하셨다.

---

2 김영진, 『그랜드 종합주석(제16권 요한계시록)』, 698.

> 만일 회개하지 않으면 내가 가서
> 네 촛대를 그 자리에서 내가 옮길 것이다(요한계시 2:5).

촛대는 교회이다. 주님께서 교회의 자리를 옮기신다는 것은 포도나무의 열매 맺지 못하는 가지의 비유(요한 15:1-2)와 같이 잘라 버리시겠다는 경고였다. 따라서 '첫 사랑의 회개'는 에페소스 교회로서는 더 이상 미루거나 망설일 수도 피할 수도 없는 절박한 명령인 것이었다.

주님은 교회가 '니콜라이톤(Νικολαϊτῶν, 니골라)³ 당'의 행위를 미워하듯이 자신도 미워하지만, 그들을 사랑한다고 말씀하셨다. 에페소스 교회는 니콜라이톤의 행위를 미워하다가 그만 첫사랑을 잃어버렸던 것이다. 첫사랑을 회복하려면, 그들의 행위는 미워해도 그들의 영혼은 아버지의 마음으로 그들이 회개하고 돌아오기를 끝까지 사랑해야 한다는 것이다.⁴

> 귀를 가진 자들아, 성령이 교회들에게 하시는 말씀을 들으라.
> 내가 이기는 자에게는 하나님의 낙원 가운데 있는
> 생명나무의 과일을 주어 먹게 할 것이다(요한계시 2:7).

---

3   니콜라이톤(니골라)당: '백성의 승리자,' '백성의 정복자'라는 뜻이다. A.D. 2세기경, 시리아에서 영지주의 이단으로 물의를 일으켰던 한 분파가 소아시아의 교회들 안으로 침투하여 개종하였다가 변질된 소수의 무리들이 교회에 혼란을 주었던 것으로 초대 교회의 역사가 유세비우스(Eusebius)에 의하면 이 당파는 A.D. 2세기 말경, 사라졌다고 하였다. 대부분의 학자들은 이 '니콜라이톤' 당이 빌람의 교훈과 유사하다고 한 점은 다음과 같다. 첫째, 영지주의의 육신은 악하고 영은 선하다. 둘째, 우상의 제물을 먹어도 무방하다. 셋째, 우상 숭배의 제사 절차로서 제단 여사제들과 음란 행위도 무방하다. 넷째, 영은 구원받았으니 육은 아무 짓을 해도 관계없다. 다섯째, 윤리 도덕의 폐기론과 악한 육체의 본능적인 욕망을 채우는 쾌락주의자들이었다. 김영진, 『그랜드 종합주석(제16권 요한계시록)』, 696-697.

4   강병도, 『카리스 종합주석 제26권』(서울: 기독지혜사, 2008), 145-151.

5) 스뮈르나(Σμύρνα, 서머나) 교회

'스뮈르나'는 소아시아 서쪽 해변으로 흐르는 멜레스(Meles)강을 곁에 품어 안고, 에페소스의 북쪽 약 56km에 위치한 대도시였으나, A.D. 178년, 지진으로 폐허가 되었다가, 다시 재건된 에페소스에 버금가는 대도시로서, 오늘날 '이즈미르'(Izmil)라는 도시 이름으로 현존하고 있다.[5]

처음이요 마지막이며 죽었다가 다시 살아나신 주님께서 스뮈르나 교회에게 "내가 너를 안다"라고 말씀하신 것은 성도들의 외부의 핍박으로 인한 환난과 그에 따른 불이익으로 비참한 가난 가운데서 생활하고 있음을 속속들이 잘 알고 계셨다.

그러나 그들은 하늘나라에서는 '영적인 부자'임을 일깨워 주셨고, 교회는 책망없이 칭찬과 위로를 받았다. 주님은 "그래, 내가 너의 고통을 안다"라고 말씀해 주셨다.

주님께서 나의 모든 형편을 잘 알고 계시다면, 무슨 문제인가?

주님께서 나의 목자이시니, 나는 부족함이 없습니다.

한편, 현재 교회의 환난은 외부 정치 세력들과 우상 숭배자들의 핍박도 있었지만, 특히 자칭 예후다인들의 훼방, 즉 스스로 자긍하여 하나님의 택함 받은 민족이라면서 주 예슈아와 교회에 대한 신성모독성 발언으로 비방과 중상모략(中傷謀略)으로 핍박하고 있음을 잘 알고 계시다는 것과 사실 그들은 예후다인들이 아니라 '사탄(שטן)의 회당'이라고 정체를 밝혀 주셨다.[6]

그러므로 장차 받을 고난을 두려워하지 말고 앞으로 성도들 중에 지도자 몇 사람을 감옥에 넣으려는 시험이 있을 것이며, 그 시험은 10일간 계속될 것을 알려 주셨다. 보통 이러한 투옥의 시험은 고문과 죽음 곧 순교가 될 수

---

5 김영진, 『그랜드 종합주석(제16권 요한계시록)』, 701.
6 강병도, 『카리스 종합주석 제26권』, 153-154.

도 있음을 각오해야만 했다. 그러나 주님은 감당하지 못할 시험은 허락지 않으시고 감당하지 못할 때는 피할 길을 주신다는 말씀으로 각자의 믿음의 분량에 따라 오직 주님을 전적으로 의지하라는 당부였다(1코린토스 10:13).

> 죽도록 충성하라. 그리하면 내가 생명의 면류관을 너에게 줄 것이다.
> 귀를 가진 자들아, 성령이 교회들에게 하시는 말씀을 들으라.
> 이기는 자는 두 번째 죽음으로부터 결단코 해를 받지 않을 것이다(요한난계시 2:10).

6) 페르가모스(Περγάμως, 버가모) 교회

'페르가모스'는 스뮈르난(서머나) 도시의 북쪽으로 10km에 위치한 내륙 도시로, B.C. 130년경, 로마 제국의 식민지가 되었으며 약 20만 권을 소장한 대형 도서관으로 유명하였다. 그러나 제우스 등 그리스 신화에 등장하는 우상들을 만들어 세운 신전들이 많았고 타 지역에 앞서 로마 황제의 신전을 건립하는 등 우상들의 중심지였다.[7]

예리한 양편의 칼날 같은 말씀의 검을 가지신 주님께서는 페르가모스 교회가 위치한 페르가모스 지역이 온갖 우상들과 신전들이 많고 심지어 그 가운데 사탄의 보좌까지 있으므로 영적으로 악한 영들의 역사가 아주 강한 곳이라, 그곳에서 나에 대한 충성스러운 믿음으로 안티파스(Ἀντιπᾶς)가 순교를 당한 것이니 그의 진실한 믿음을 본받아 모두 끝까지 지킬 것을 부탁하셨다.

그러나 몇 가지 책망할 것이 있었다. 그것은 '빌람'(בִּלְעָם, 발람, 광야에 31:8, 16)과 니콜라이톤(니골라)의 교훈을 분별하지 못하고 우상 숭배와 그 제물을 먹고 음행까지 범죄하고 있으니 철저히 회개하고 말씀의 검으로 재무장하

---

7 김영진, 『그랜드 종합주석(제16권 요한계시록)』, 703.

고 저들을 대적하라고 명령하셨다. 만약 회개하지 않고 저들의 죄악을 말씀으로 물리치지 않으면 내가 가서 그들을 대적하여 싸우시고 심판하실 것을 선포하셨다.

> 귀를 가진 자들아, 성령이 교회들에게 하시는 말씀을 들으라.
> 이기는 자에게는 내가 숨겨진 만을 주겠고 내가 그에게 흰 돌을 줄 것이다.
> 그 돌 위에 새 이름이 기록되어 있는데,
> 그 돌을 받는 자 외에는 그 새 이름을 알 사람이 없다(요한난계시 2:17).

'숨겨진 만나'는 광야 40년 동안, 하나님께서 하늘에서 내려 주신 양식 곧 '만'(מָן, 만나)을 말하는데(광야에 11:7-9), 이 '만'은 광야생활을 마치고 크나안 땅의 새 소산물을 먹은 다음날부터 그쳤고(예호슈아 5:12), 하나님의 법궤 안에 두었던 십계명 두 돌 판과 아론의 지팡이와 '만'의 항아리 중에서 두 돌 판을 남겨 두고 지팡이와 '만'의 항아리는 없었다는 기록으로 보아(1열왕 8:9), '숨겨진 만'은 광야 시절의 '만'이 아님을 알 수 있다. 이 '만'은 바로 메시아의 때를 위한 잠시 숨겨 둔 주 예슈아 자신이셨다.

> 내가 생명의 빵이다.
> 너희 조상들은 광야에서 '만'을 먹고 죽었으나 나는 하늘에서 내려온 살아 있는 빵이니
> 사람으로 하여금 먹고 죽지 않게 하는 것이다.
> 나는 하늘에서 내려온 살아 있는 빵이다.
> 사람이 이 빵을 먹으면 영생할 것이다.
> 내가 줄 빵은 곧 세상의 생명을 위한 내 살이다(요한난 6:48-51).

'흰 돌에 새긴 새 이름'은 고대 운동 경기에서 승리한 자에게 주는 시상품으로서, 흰 돌 위에 승리자의 이름을 새겨서, 흰 돌을 가진 자에게 법정에서

나 시장에서 무조건의 특권을 갖도록 한, 당시의 시대 관습에 맞게 비유로 설명하신 것이며, 그리스도 안에서의 이 흰 돌은 천국에 입국할 수 있는 여권이고 하나님의 자녀라는 징표이며, 새 이름은 주님께서 주신 개개인의 천국에서의 새 이름으로 본인만이 알 것이다.

7) 두아테이라(Θυατείρα, 두아디라) 교회

'두아테이라'는 '페르가모스'(버가모)에서 동남쪽으로 64km에 위치한 공업도시로서 B.C. 190년경, 로마 제국의 식민지가 되면서 로마의 도로 교통망이 발달하여 군사적 요충지가 되었고 상업과 제조업 등의 발달로, 특히 염색과 봉제업이 활발하여 의복, 가죽, 구두, 용접 등 모든 직종의 기능공들의 조합이 형성되고 개인 소유권도 인정되어 길드(Guild) 조직이 결성되었다. 동업조합의 발달하자, 조합원들의 친목으로 우상 숭배와 음행이 성행하였고, 7개의 소아시아 도시 중, 가장 작지만 경제적 번영으로 부유한 도시였다.[8]

불꽃 같은 눈과 청동 같은 발을 가지신 하나님의 아들 주 예슈아께서 교회의 성도들의 사업과 사랑과 믿음과 섬김과 인내가 처음에는 미약하였으나, 시간이 흐를수록 더욱 발달하는 성장에 대하여 칭찬을 아끼지 않으셨다.

주 예슈아께서는 두아테이라 교회에게 회개할 것을 말씀하셨다. 그것은 자칭 선지자라고 말하는 이제벨(이세벨)의 영분별도 안하고 용납하여 공동체 멤버들이 그녀의 유혹에 미혹되어 함께 우상의 제물을 먹고 간음한 것이었다. 이에 주 예슈아께서 거짓 선지자 이제벨에게 회개의 시간을 주었으나 그녀는 거절하였고, 이에 주님께서는 그녀와 함께 간음한 자들과 그녀의 가르침을 받은 자들까지 모두 큰 환난 가운데 던져 각 사람의 저지른 행위대

---

[8] 강병도, 『카리스 종합주석 제26권』, 183-184; 김영진, 『그랜드 종합주석(제16권 요한계시록)』, 704-705.

로 심판하실 것을 엄히 경고하셨다.

그러나 그녀의 가르침을 거부하고 사탄의 깊은 죄악에 동조하지 않은 성도들에게는 "내가 다시 올 때까지" 믿음을 굳게 지킬 것을 부탁하셨다.

> 이기는 자와 나의 일을 끝까지 지키는 자에게는 만국을 다스리는 권세를 주고
> 내가 아버지께 받은 것처럼 철장으로 질그릇을 부수듯이 다스리게 될 것이다.
> 그리고 내가 그에게 새벽 별을 줄 것이다.
> 귀를 가진 자들아, 성령이 교회들에게 하시는 말씀을 들으라(요한난계시 2:26-29).

8) 사르데이스(Σάρδεις, 사데) 교회

'사르데이스'는 '두아테이라'(두아디라)의 남쪽으로 48km에 위치한 헤르무스(Hermus)강과 트몰루스(Tmolus)산과의 계곡의 충적토 가파른 절벽으로 된 언덕들 위에 세워진 도시로서, 외부 침략이 어려운 군사적 천연 요새였다. 한때는 루디아 왕국(B.C. 700-546)의 수도였으나, 열국들의 지배를 받다가 B.C. 195년, 로마의 속국이 되었고, B.C. 17년, 큰 지진으로 초토화되었으나 다시 복원되었다. 양털 가공업과 염색업으로 번성하여 우상 숭배와 사치로 인한 도덕적 퇴폐와 함께 몰락하여 지금은 폐허로 남아 있다.[9]

하나님의 완전하신 능력으로 역사하시는 일곱 영이신 성령님과 교회들을 지키고 보호하시려고 일곱 별, 곧 각 개 교회를 담당하는 천사들을 주관하시면서, 교회의 영적 상태를 잘 알고 계시는 주 예슈아께서 사르데이스 교회에게 내린 진단은 청천에 날벼락같이 "네가 살아 있다는 이름을 가지고 겉으로 보기에는 외견 상 교회 같으나, 너의 참 모습은 죽은 자와 같다"라는 영적

---

[9] 강병도, 『카리스 종합주석 제26권』, 248-249; 김영진, 『그랜드 종합주석(제16권 요한계시록)』, 720-721.

사형 선고를 받았고, 교회는 큰 충격에 빠졌다. 사람들은 겉 모습만 보고 교회당 건물과 목회자와 성도들의 경건해 보이는 옷차림을 보고 판단하지만, 주님께서 보실 때의 내면의 영적인 모습은 회칠한 무덤 같다는 것이었다.

그럼에도 불구하고 주님은 믿음의 꺼져 가는 작은 불씨를 보시고 회개를 당부하셨다. 처음 복을 받고 영접하였던 지난 날의 성령님의 역사와 받은 은혜를 기억하면서, 지금이라도 회개하고 은혜를 갈망하면 회복할 수 있을 거라는 용기와 기회를 배려하신 것이다. 그러나 언제 주님의 재림이 있을지 모르니, 지체하지 말고 늘 깨어 있어 근신하고 있을 것을 말씀하셨다.

그러나 주님은 사르데이스 교회의 전 성도가 다 죽은 신앙은 아니라며, 몇 안되는 소수의 성도들은 영적인 거룩한 옷 곧 세마포 흰 옷을 더럽히지 않고, 나와 동행하는 삶을 살고 있다는 존귀한 신부들이 있다면서 자랑스러워 하셨다.

> 이기는 자는 이와 같이 흰 옷을 입을 것이다.
> 그리고 그의 이름을 생명책에서 지우지 않고
> 그의 이름을 나의 아버지 앞에서, 그분의 천사들 앞에서 인정할 것이다.
> 귀를 가진 자들아, 성령이 교회들에게 하시는 말씀을 들으라(요한난계시 3:5-6).

9) 필라델페이아(Φιλαδελφεία, 빌라델비아) 교회

'필라델페이아'는 '사르데이스'(사데)로부터 동남쪽으로 40km에 위치한 작은 도시로서, 헤르무스 계곡으로부터 남동쪽으로 뻗은 높은 고원 지대로 연결되는 길목에 코카미스(Cogamis)강의 계곡에 자리잡은 상업과 통신의 요충지로 오늘날 '알라세히르'(Alasehir)라는 이름으로 현존해 있다. 직물과 피혁 산업의 발달과 포도주 수출로 부강한 도시 중 하나로 성장하였다. A.D. 17년과 A.D. 60년의 두 차례의 지진으로 극심한 피해를 본 후, 포도 농사에 주력하였다. 포도주의 신을 여러 우상 중에 주신(主神)을 숭배하였으나, 로마 황제의 상당한 지진피해 지원금으로 도시를 재건하게 되자, 도시 이름을 황제의 이름으로 바꾸는 등 황제 숭배에 앞장섰다.[10]

거룩하고 진실하신 분, 다비드의 열쇠를 가지신 분, 열면 닫을 자가 없고 닫으면 열 자가 없는 분, 곧 주 예슈아께서 필라델페이아 교회에게 말씀하셨다. 교회 앞에 천국 가는 문을 주님께서 활짝 열어 두셨기 때문에 그 문을 닫을 자가 아무도 없었던 것이었다. 교회의 성도들은 비록 적은 능력을 가지고 있었지만, 그래도 주님의 말씀을 잘 지켰고 주님의 이름을 배반하지 않았다는 것도 주님께서는 잘 알고 계셨다.

또한, 사탄의 회당에 속해 있으면서도 자칭 예후다인이라고 거짓말하는 자들 중에, 몇 명을 너희 교회로 보내겠다고 하셨는데, 그들이 지난 일들로 너희 성도들에게 무릎을 꿇고 사과하고 경의를 표하는 마음으로 무릎을 꿇게 하실 것과 또한 주 메시아께서 너희 교회를 얼마나 사랑하는 줄을 그들이 깨닫도록 할 것이라고 하셨다. 그러므로 이 교회가 주님의 인내의 말씀을 지켰기 때문에, 예슈아께서도 온 세상에 종말이 임하기 전에 임할 큰 환난 때에 그들을 지켜 줄 것이라고 약속하셨다.[11]

> 내가 신속하게 임할 것이니 네가 가진 것을 굳게 잡아
> 아무도 너의 면류관을 빼앗지 못하게 하라.
> 이기는 자는 나의 하나님의 성전 안에서
> 기둥으로 만들고 그가 결코 밖으로 나가지 않을 것이다.

---

10 김영진, 『그랜드 종합주석(제16권 요한계시록)』, 722-723.
11 요한난계시 3:10의 본문 중에 한글 개역성경은 "너를 지키어 시험의 때를 면하게 하리니"라는 번역이 있으나, 헬라어 본문에는 "κἀγώ σε τηρήσω ἐκ τῆς ὥρας τοῦ πειρασμοῦ" (카고 세 테레소 에크 테스 호라스 투 페이라스무)를 직역을 하면, "나 역시 너를 지킬 것이다. 시험의 때로부터"이다. '면제'와 '지킴'이라는 단어 하나의 번역 차이가 성도들에게 성경 권위에 대한 혼란을 주고 있는 것이 사실이다.

내가 하늘에서 하나님의 이름과

나의 하나님으로부터 내려오는 하나님의 도성, 새 예루살라임의 이름과

나의 그 새로운 이름을 그의 위에 쓸 것이다.

귀를 가진 자들아, 성령이 교회들에게 하시는 말씀을 들으라(요한난계시 3:5-6).

10) 라오디케이아(Λαοδικεία, 라오디게아) 교회

'라오디케이아'는 필라델페이아(빌라델비아)로부터 남동쪽으로 72km에 위치한 도시로서, 해안 도시 에페소스로부터 메안더(Maender) 계곡을 거쳐 동쪽 부르기아로 가는 큰 도로의 중요한 길목인 리쿠스(Lycus) 계곡에 자리잡은 무역과 교통의 요충지였다. 동쪽으로 14km에 '골롯새'(Colosse)가 있고 북쪽으로 10km에는 '히에라 폴리스'(Hiera Polis)가 있었다. B.C. 3세기 중엽, 수리아의 안티오쿠스 2세가 통치하면서 왕비 '라오디케'의 이름을 따서 도시 이름이 명명되었다.

라오디케이아 지역의 양모의 그 질적 우수함과 모직물 기술 그리고 의학 기술, 특히 안질을 치료하는 안약의 개발이 탁월하여 많은 부를 축적하였고 그 부로 인하여 금융업도 발달하여 소아시아의 어느 도시보다도 부유하였다. A.D. 60년의 대지진으로 도시 전체가 폐허가 되었을 때, 로마 황제의 지원이 있었으나 이를 거절하고 자력으로 도시를 재건하는 재력을 과시하였던 도시였다.[12]

아멘이신 분, 충성되고 참된 증인이신 분, 하나님의 창조의 근본이신 주 예슈아께서 라오디케이아 교회에게 주신 말씀은 주님께서 교회공동체의 영적 상태를 잘 알고 계셨다. 교회는 차가운 것도 아니고 뜨거운 것도 아니니,

---

12 김영진, 『그랜드 종합주석(제16권 요한계시록)』, 725-726; 강병도, 『카리스 종합주석 제26권』, 258.

차든지 뜨겁든지 하기를 원하셨다.

사실 라오디케이아는 물 사정이 나빠서, 골로새로부터 차가운 물을, 히에라 폴리스로부터 뜨거운 온천수를 공급받고 있었는데, 이 두 물이 운반 중에 섞이면 미지근한 물이 되기도 하였다. 주님은 영적인 미지근한 상태는 무력한 상태이므로 차라리 차든지, 뜨겁든지 하라는 책망을 하신 것이다. 심지어 주님께서는 미지근하면 토하여 버리겠다며 단호하게 말씀하셨다.

라오디케이아 교회의 상태는 미지근한 신앙 상태의 원인이 있었다. "나는 부자다. 부요하여 부족한 것이 없다"라는 그들의 말로 볼 때, 그들의 물질의 부요와 풍요가 자긍심과 안정감에 심취된 상태임을 알 수 있다. 그러나 이러한 교회의 모습을 보시는 주님께서는 영적인 그들의 모습을 보여 주셨다. 그들의 곤고하고, 가련하고, 가난하고, 눈 멀고, 벌거벗고 다닌다며 책망하셨다.

그럼에도 불구하고 주님은 교회의 회개를 촉구하셨다. '불로 연단한 금을 사라'는 것은 세상의 불순물과 정욕의 찌꺼기를 불로 태워서 완전히 제거하여 영적인 부요를 가지라는 것이고, '안약을 사서 눈에 발라 흰 옷을 입으라'는 것은 영적인 안약을 눈에 발라 영의 눈으로 자신의 벌거벗은 영적인 상태를 보고 수치스럽지 않게 흰 옷을 사 입어야 한다는 것이다. 주님의 책망은 사랑하기 때문에 야단을 하는 것이지 사랑하지 않으면 책망하지 않는다.

그러므로 "교회여! 네가 열심을 내라 회개하라!"라고 안타까운 심정으로 외치신 것이었다.

> 보라, 내가 문 앞에 서서 두드리고 있다.
> 만일 누구든지 내 음성을 듣고 문을 열면
> 내가 그에게 들어가 그로 함께 먹고 그는 나와 함께 먹을 것이다.
> 이기는 자는 내가 이김으로 내 아버지와 함께 그분의 보좌에 앉았던 것처럼
> 내가 그를 나의 보좌에 앉도록 해 줄 것이다.
> 귀를 가진 자들아, 성령이 교회들에게 하시는 말씀을 들으라 (요한난계시3:20-22).

주 예슈아의 계시의 수신자 소아시아의 일곱 교회는 단지 역사적이고 시대적으로 당시에 현존하였던 일곱 교회의 실상이라는 과거의 일로만 여기거나, 상징적, 비유적으로만 해석하여 공동체의 본질적인 문제를 외면하지 말고, 오늘날 현대 교회들에게도 주님께서 현대 교회를 보실 때, 아니 우리 교회, 나의 교회를 보시면서, 어떤 책망을 하실지를 살피고 철저하게 회개하는 진술하고 겸손한 마음으로 다시 오실 우리 주님의 재림을 간절히 사모해야 하겠다.

2. 천상세계의 비전과 하늘 나라

1) 하늘의 열린 문으로 본 하나님의 보좌와 24장로

드디어, 하늘 문이 열렸다. 사도 요하난에게 처음에 들렸던 나팔 소리 같은 큰 음성이 귓가에 힘차게 울렸다.

> 이리로 올라오라!
> 내가 이 후에 반드시 일어나야 할 일을 너에게 보일 것이다(요하난계시 4:1).

사도는 성령 안에서 신비로운 방법으로 자신이 직접 하늘에 올라가서 하늘의 광경을 직접 목격하게 되었다. 하늘에는 보좌 하나가 보였다. 그 보좌에 누가 앉아 있었는데, 앉아 계신 그분의 모습은 각종 빛나는 형용할 수 없는 영광스러운 보석들에 둘러 쌓여 있는 것을 보고는 이내 하나님이시다는 것을 알 수 있었다.

하나님의 보좌 앞에는 수정 같은, 유리 바다 같은 것이 있었고, 보좌 가운데와 앞뒤에는 성령님을 상징하는 많은 눈들이 가득한, 예헤즈켈 선지자가 본 환상과 같은 네 천사(생물)들이 있었으며(에헤스켈 1:10), 보좌 주변에는 24보좌가 있었고, 흰 옷을 입은 24장로가 머리에 금 면류관을 쓰고 각각 보좌에 앉아 있었다. 먼저 그 안과 주위에 관찰과 통찰력이 뛰어난 눈이 가득하였고 신속함을 나타내는 여섯 날개가 달린 네 천사(생물)가 밤낮 쉬지 않고 하나님께 다음과 같은 찬양을 계속 드리고 있었다.

> 거룩, 거룩, 거룩하신 주 하나님,
> 전능자께서는 계셨고, 계시고, 계실 분 곧 오실 분이십니다(요한계시 4:8).

이어서 보좌에 앉았던 24장로도 일어나서 자신들은 아무 공로도 없으며, 이 금 면류관은 주 예슈아께 드리는 것이 마땅하다며, 모두 자기 면류관을 벗어서, 주님 앞에 드리고 엎드려 경배하며 다음과 같이 찬양하였다.

> 우리 주 하나님,
> 주께서는 영광과 존귀와 권능을 받으시기에 합당하십니다.
> 왜냐하면, 주께서 만물을 창조하셨고
> 주의 뜻을 위하여 그것들이 있었고 창조되었기 때문입니다(요한계시 4:11).

2) 봉인된 두루마리와 어린양

사도는 찬양을 듣다 보니, 너무 은혜로워 자신도 모르게 네 천사와 24장로의 찬양을 구경하면서 자신도 모르게 그들의 찬양을 따라서 부르고 있었다. 다시 하나님의 보좌를 바라보았다. 하나님의 오른손에는 일곱 인(印)으로 봉인된 두루마리를 들고 계신 것이 보였다. 그때 어디선가 큰 음성의 외치는 소리가 들렸다.

"누가 그 두루마리를 펴고 그분의 봉인들을 떼어내기에 합당한가?"

제5장 사도 요하난이 미리 본 이스라엘 399

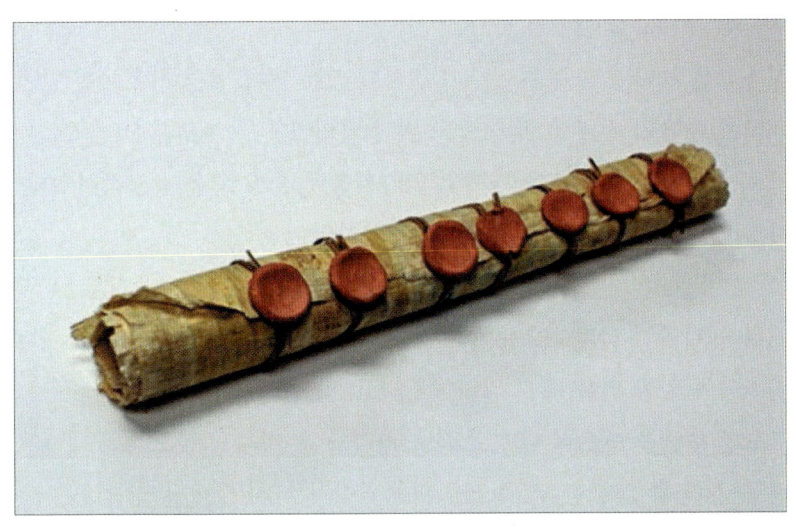

일곱 인이 쳐진 두루마리
(By unbekannt, CC BY-SA 4.0, https://commons.wikimedia.org/w/index.php?curid=131235213)

순간 온 사방이 잠잠해졌고 조용한 침묵만 흘렀다. 사도는 직감하였다.

'누군가 하나님의 손에 있는 그 두루마리의 봉인들을 떼어야 할 그분, 하나님 앞에서 무죄하고 의롭고 정의와 공의와 정직을 겸비한 그분, 그분이 누구일까?
 그분이 속히 나서야만, 두루마리의 봉인들을 떼어내고 그래야 하나님의 주권적인 인류 역사의 경영이 진행될 텐데, 과연 그런 분이 누구일까?
 주 예슈아께서는 지금 어디 계실까?
 빨리 오셨으면 좋겠는데!'

사도는 안절부절한 안타까운 마음으로 간절히 기다리고 있는데 온 하늘 위에나, 땅 위에나 땅 아래에도 아무도 없다는 듯, 침묵만 계속 흐르자, 왠지 사도의 마음이 점점 초조해졌다.

'아, 왜 아무도 없지?

거룩하신 하나님의 뜻을 이루기 위하여 그분 앞에 당당하게 나설 만한 충성스러운 사람이 천국에 한 사람도 없단 말인가?'

사도는 큰 절망스러움을 느끼고 안타까움에 슬퍼서 울기 시작하였다. 그러자 24장로 중에 한 장로가 다가와서 말하였다.

"울지 마세요. 자, 보세요.

예후다 지파의 사자(태초에 49:9), 다비드의 뿌리(요하난계시 22:16)께서 그 두루마리와 일곱 인을 떼기 위하여 이기시었소!"

사도는 눈물을 닦으며 다시 보좌를 쳐다보니, 하나님의 보좌와 네 천사와 24장로의 한 중앙에 한 번 죽임을 당하였다가 다시 살아난 것 같은 어린양 한 마리 곧 주 예슈아께서 유월절의 어린양으로 피 흘려 죽으셨으나 다시 부활하심을 상기시켜 주는 대속의 증거이자 흔적으로, 그분은 왕의 위엄과 통치의 상징인 일곱 뿔(찬양들 89:17)과 전능하신 성령님의 상징인 일곱 눈을 가지고 있었다(요하난계시 4:5; 즈카르야 3:9).

드디어 그 어린양이 하나님의 보좌 앞으로 나아와서 오른손에 있는 두루마리를 받았다. 그러자 네 천사와 24장로가 일제히 일어나 어린양께 엎드려 경배하고 수금과 함께 성도들의 기도가 담겨 진 금 대접을 드리고 새 노래로 찬양하였다.

> 주께서 그 두루마리를 가지시고 그 인봉들을 떼시기에 합당하십니다.
> 왜냐하면, 주께서는 죽임을 당하셨고 주의 피로 값을 지불하고
> 모든 민족과 언어와 백성과 나라의 사람들을 하나님께 드렸기 때문입니다.
> 그리고 주께서는 그들을 우리 하나님 나라의 제사장으로 삼으셨고
> 그들이 땅에서 다스릴 것입니다(요하난계시 5:9).

사도는 놀라운 이 천상의 광경을 하나 빠짐없이 기록하면서 경탄을 감출 수가 없었다. 이번에는 어디선가 천천이요, 만만인 천사들이 나타나서 어린양을 찬양하였고, 이어서 하늘 위에, 땅 위에, 땅 아래, 바다 위에, 또 그 가운데 모든 피조물들도 찬양하였다. 모두 네 천사와 24장로도 "아멘, 아멘" 하면서 엎드려 경배하였고 찬양은 멈출 줄 모르고 계속되었다.

마치 하나님의 아들 주 예슈아께서 왕권을 받고 대관식을 치르는 것처럼!

죽임을 당하신 어린양은
능력과 부귀와 지혜와 힘과 존귀와 영광과 찬송을 받으시기에 합당하십니다.
보좌에 앉으신 하나님과 어린양에게
찬송과 존귀와 영광과 권능이 영원하도록 있습니다(요한난계시 5:12-13).

3. 3대 7중 재앙(三大七重災殃)

하나님의 인류 경영의 주권을 위임받으신 하나님의 아들, 어린양 주 예슈아께서는 두루마리를 받아들이고, 봉인된 일곱 인 중 첫째 인을 떼어내시고 드디어 인류 역사의 종말의 첫 걸음을 내 딛는 역사적인 순간이 시작되었다.

1) 3대 7중 재앙

제6장으로부터 제18장까지의 대환난의 재앙은 3단계로 진행되는데, 인(6장)과 나팔(8-9장)과 대접(16-18장)이라는 3단계를 '3대'(三大)라고 하고, 각 3단계마다 '일곱 인,' '일곱 나팔,' '일곱 대접'이라는 일곱 차례를 가리켜 7중(七重)이라고 하여 신학에서는 '3대 7중 재앙'(三大七重災殃)이라고 부른다.

7 인(印) 6장

1. 흰 말: 정복 전쟁의 재앙(6:1, 2)
2. 붉은 말: 칼의 재앙(6:3, 4)
3. 검은 말: 기근의 재앙(6:5, 6)
4. 청황색 말: 칼, 기근, 짐승 재앙(6:7, 8)
5. 순교자들의 신원 회복의 간구(6:9-11)
6. 지진과 우주의 징조(6:12-17)
7. 일곱 나팔 초대

7 나팔 8, 9장

1. 피우박, 식물 1/3 파멸(8:1, 2)
2. 바다 샘물 1/3 파멸(6:3, 4)
3. 강과 샘물의 1/3 쓴 물(6:5, 6)
4. 밤낮의 1/3 흑암(6:7, 8)
5. 황충의 재앙(5개월)(6:9-11)
6. 2억의 군대의 학살(9장)
7. 일곱 대접 초대

7 대접 11, 16장

1. 전염병 재앙(짐승의 표 받은 자)(11:15-19; 16:2)
2. 바다의 피 재앙(바다 생물 파멸)(16:3)
3. 강과 샘의 치 재앙(16:4-7)
4. 태양의 파열 재앙(16: 8, 9)
5. 흑암과 질병 재앙(16: 10, 11)
6. 적그리스도의 대반역(16: 12-16)
7. 천재지변의 재앙과 도시의 멸망(16:17-21)

제1단계, '일곱 인의 재앙'은 어린양께서 봉인된 첫 번째에서 여섯 번째까지의 인을 떼실 때마다의 재앙들이 하늘 위에서 쏟아지게 될 것이고, 땅에서는 전쟁과 기근과 맹수들과 전염병과 천재지변이 많이 발생하게 될 것이라 예언하였다.

제2단계, 마지막 일곱 번째 인을 떼실 때 첫 번째 나팔로 시작되어 피 섞인 우박과 불덩어리가 쏟아져 땅의 식물 3분의 1이 파멸되고, 화산이 터져서 바다로 흘러가서 바다의 물고기 3분의 1이 죽으며, 강 물과 샘물의 3분의 1이 못 먹게 되었으며, 해, 달, 별의 3분의 1이 빛을 잃어 어둠이 되고, 로봇 같은 메뚜기(황충) 떼가 땅에서 올라와 사람들을 전갈같이 쏘고 5개월 동안 괴롭힐 것과 2억의 군대가 동원되는 전쟁과 불, 연기, 유황의 폭탄이 등장하여 인류의 3분의 1이 죽임을 당할 것을 예언하였다.

제3단계, 마지막 일곱 번째 나팔을 불면서 첫 번째 대접이 등장하여 짐승과 우상의 표를 받은 자들의 전염병과 바다의 모든 생물의 파멸과 강과 샘물이 피가 되고, 태양이 뜨거운 열로 화상을 입고, 각종 전염병이 성행하며, 귀신의 영들이 하나님을 대적하는 큰 전쟁을 도발하고, 번개와 우박과 함께 이전에 없던 대지진이 발생하여 산들과 섬들이 없어지게 될 것을 예언하였다.

2) 대환난 1단계, 일곱 인과 재앙들

첫째 인(印)부터 넷째 인까지는 네 말이 등장하였는데, 각각 네 가지의 색을 띤 네 말이 각각 환란의 재앙의 임무를 상징하고 있다. 보좌 주변에 있던 네 천사 중 하나가 천둥 같은 소리로 "이리로 오라!"라고 외칠 때마다, 계속적인 복음의 승리를 상징하는 흰 말과 전쟁의 재앙을 일으켜 칼의 재앙으로 많은 사람들이 살륙당하는 붉은 말과 극심한 기근의 재앙으로 경제적 파탄과 고통하는 검은 말 그리고 칼과 기근과 짐승의 재앙으로 사망자가 속출

<요한난계시에서 나오는 말을 탄 네 사람>(Vasnetsov Viktor 作, 1887)

하는 청황색 말이 등장할 때마다 지상에서는 연속된 재앙들로 많은 사람들이 죽어가고 있었다.

다섯째의 인을 떼니, 억울한 죽임을 당하였던 영혼들이 제단 아래서 복수를 호소하는 모습을 보였고, 여섯째의 인을 떼니, 각처에서 지진이 일어나서 각 산들과 섬들이 다른 곳으로 옮겨지고, 심지어 하늘의 태양이 빛을 잃고 검어졌으며, 달은 온통 피가 되었고, 하늘의 유성들은 설익은 열매들이 대풍에 흔들려 땅에 떨어지듯, 우수수 지구에 떨어지는 천체지변이 발생하게 될 것이었다.

이에, 각국 왕들과 귀족들과 장군들과 부자들과 강한 자들과 일반이이나 종들도 두려워서 산속의 굴과 바위 틈에 숨어서, 산들과 바위를 보고 다음과 같이 말하게 될 것이라고 말씀하였다.

"제발 우리 위에 떨어져라 그래서 하나님과 어린양의 진노에서 우리를 숨겨다오 그분들의 진노의 큰 날이 왔으니 누가 과연 그분들 앞에 설 수 있겠는가!"

이들은 절망의 깊은 늪에서 극한 공포와 두려움으로 사망의 비명과 탄식을 하게 될 것이다.

세상의 종말은 대환난을 끝으로 인류 세계사의 막을 내리게 되고, 곧바로 새 하늘과 새 땅이 열리고 믿는 자들을 위하여 예비하신 주님의 나라에서 영원히 사는 영생의 삶이 시작하게 될 것이다. 그러나 성경에 예언된 대환난은 이전에도 없었고 이후에도 없을 만큼 전무후무한 큰환란이라고 불리울 만큼 대대적인 환란으로 죽음을 피할 수도 없고, 또 죽기를 구하여도 죽음이 그들을 피하게 되는 환경에 처하게 될 것이다(마타이오스 24:21; 9:6).

물론, 이 대환란은 이 세상 모두에게 임하지만, 하나님께서는 자신을 경외하고 믿음을 가지고 주님께서 세우신 교회에서 구원의 은혜에 감사하여 드리는 예배와 경배, 교회의 봉사와 성도들과의 교제와 그리고 이웃에게 복음과 함께 사랑을 실천하는 하나님의 자녀들은 모두 이 환난에서 구원해 주실 것이라고 성경에 기록하였다(요하난 6:39-40).

(1) 14만 4000명의 인(印) 맞은 예후딤 열두 지파

이 대환란은 믿는 자에 대한 환란이 아니라, 믿지 않은 자들에 대한 심판이며, 비록 대환란이 진행되고 있다고 하더라도 진실로 회개하고 믿음을 가진 하나님의 자녀들은 하나님께서 직접 부끄러움을 당하지 않도록 구원하실 것이라고 말씀하셨다. 그 한 사례가 '요하난계시' 7장의 14만 4000명의 인 치심을 받고 구원을 보장받는 자들이 있다는 것이다. 그러나 먼저 확증해 둘 것은 이들은 이방인이 아니라, 이스라엘 열두 지파이다.

우리 한국인은 역사적으로나, 지역 환경적으로나, 명백한 이방인이다. 이스라엘의 어느 지파에도 소속될 수도 없었고, 관련될 아무런 DNA도 전통과 습관도 다르다. 그럼에도 불구하고 억지로 성경을 꿰어 맞춰 임의로 영적인 해석이라며, 이스라엘의 열두 지파를 임의로 지정하는 것은 대부분 이단, 사이비종교 단체들의 교리이니 분별하여야 한다.

성경에는 분명히 14만 4000명의 각 지파별로 소속 지파 이름들이 명백하게 이미 지정되어 있고, 각 지파 당 1만 2000명씩 인침을 받아 열두 지파의

인 침을 받는 예후다 열두 지파 14만 4000명(Pat Marvenko Smith 作, 1982)

합한 인원의 수가 총 14만 4000명이었던 것이다.

이 숫자를 굳이 영적으로 해석하여 예후다인과 이방인의 구별없이 모두 합하여 14만 4000명이라든지, 그것도 무한한 숫자라는 상징적이라고 한다면, 주님께서 왜 숫자까지 동원하여 굳이 말씀하셨을까?

잘 모르면서 주님보다 앞서 나가지 말아야 한다.

열두 지파의 구원의 인 치심을 마친 후, 곧바로 9절부터 다른 내용의 단락이 등장하는데, '각 나라와 민족과 언어와 백성들의 누구도 셀 수 없는 허다한 큰 무리'가 종려나무 가지를 흔들며 등장하는데, 그들은 구원받은 이방인 교회의 등장이라고 보는 것이 자연스럽다.

이는 구원 받는 두 그룹을 구분한 것은 외모를 보더라도 금방 알 수 있듯이, 14만 4000명은 이스라엘의 예후다인들이며, 셀 수 없는 이방인들의 큰 무리는 여러 다색(多色) 인종의 모습을 보면서도 구분할 수 있을 것이다.

또한, '요하난계시' 14장에는 14만 4000명이 인 치심을 받은 후, 믿음으로 이긴 그들이 천상의 유리 바다에 모여 수금을 연주하면서 새 노래로 찬양하는 14만 4000명의 재등장에 이어, 15장에는 천상에서 또 다른 그룹으로, 적그리스도의 핍박을 이기고 구원을 받은 성도들이 유리 바다에서 하나님의 거문고와 함께 찬양하는 자들이 등장하는 것을 볼 수 있는데, 이들은 이방인 곧 교회를 가리킨다.

그러므로 이스라엘의 열두 지파의 구원과 찬양 그리고 이방 교회들의 구원과 찬양이 구분되어 있으나, 이 두 그룹의 공통분모는 주 예슈아의 보혈 안에 있다.

(2) 각 나라와 민족의 아무도 셀 수 없는 큰 무리의 찬양

전 세계의 주 예슈아를 통하여 천지를 창조하신 하나님을 알게 되었고, 자신들이 죄인이며 자신들의 죄 사함을 위하여 십자가에서 죽으신 하나님의 아들을 믿는 믿음의 사람들 곧, '각 나라와 민족과 백성과 언어의 큰 무리'는 온 세계에 세워진 소아시아의 대표적인 일곱 교회의 성도들을 비롯하여 전 세계에 존재하는 주 예슈아의 몸 된 공동체인 교회들을 가리키는 은유적 표현으로서, 흰 옷을 입고 대환난으로부터의 주님의 구원을 기뻐하며 하나님과 어린양께 경배하는 모습은 장관이었다. 큰 소리로 외치는 찬양 소리가 천성의 온 하늘을 뒤덮었다.

> 구원하심이 보좌에 앉으신 우리 하나님과 어린양께 있습니다.
> 아멘! 찬송과 영광과 지혜와 감사와 존귀와 능력과 힘이
> 우리 하나님께 영원 무궁하도록 있을 것입니다. 아멘!(요하난계시 9:10-12)

감격스러운 구원의 현장을 보고 있는 사도에게 장로 중 한 사람이 물었다. 저 흰 옷 입은 자들이 누구이며, 또 어디에서 온 자들인지 아십니까?

그들은 큰 환난으로부터 나온 자들인데 어린양의 피로 그들의 옷을 씻어 깨끗하게 한 것입니다.

> 그러므로 그들은 하나님의 보좌 앞에 있고
> 그들은 그분의 성전 안에서 낮과 밤을 그분을 위하여 섬기고
> 보좌 위에 앉아 계신 그분께서 그들 위에 장막을 치실 것입니다.
> 그들은 더 이상 굶주리지 않을 것이고 태양이 그들 위에 떨어지지도 않을 것이며
> 그 뜨거운 열에 상하지도 않을 것입니다.
> 왜냐하면, 보좌 가운데 계신 어린양께서 그들을 돌보실 것이기 때문입니다.
> 그리고 그분께서 그들을 어 생명수 샘물로 인도해 주고
> 그들의 눈에서 모든 눈물을 씻어 주실 것입니다(요한난계시 7:15-17).

어느덧, 정신 차릴 시간도 없이 봉인된 여섯 인이 떼어졌고, 그때마다 크나큰 재앙들이 쏟아져 내렸는데, 어느새 여섯 인의 재앙이 끝나가고 있었다. 어린양께서 마지막 일곱 번째 인을 떼시니 약 반 시간 동안 고요한 침묵이 흘렀다. 다음엔 또 무슨 일이 일어날 것인가에 대한 초조함이 침묵 속에 숨조차 쉴 수 없는 긴장감으로 떨고 있을 때, 하나님 앞에 일곱 천사가 손에 자기 나팔을 들고 등장하였다.

그때, 다른 천사가 제단 곁에 서서 많은 성도들의 기도의 향이 담겨진 금 향로를 가지고 하나님의 보좌 앞에 있는 금 향단에 올려 드리려는데, 향들의 연기가 천사의 손으로부터 성도들의 기도와 함께 하나님의 앞으로 올라가고 있었다. 그리고는 천사가 향로를 가지고 제단의 불을 가져와서 향로 안을 가득 채웠다. 그리고 그 불을 땅을 향해 던졌더니, 천둥 소리와 번개와 함께 지진이 발생하였다.

이는 핍박을 받는 성도들의 축복기도가 하나님께 상달되면, 그들을 위한 축복기도는 악행을 하는 자들의 머리에 숯불을 쌓아 놓은 결과가 되어 하나

님의 심판을 받게 된다는 천국의 원리를 가르쳐주는 것이다(로마 2:14-21).

3) 대환란 2단계, 일곱 나팔과 재앙들

'3대 7중 재앙' 중, 제2단계의 일곱 나팔 재앙이 시작되었다. 이제 일곱 천사가 그 차례대로 나팔을 불 때마다, 또다시 재앙이 임할 것이다.

첫째 천사가 나팔을 불었다. 하늘에서 우박이 쏟아지는데 우박에 피가 섞여 있었고 불이 붙은 우박도 함께 쏟아졌다. 땅의 3분의 1이 탔고, 수목의 3분의 1도 타 버리고 말았다.
둘째 천사가 나팔을 불었다. 큰 화산이 터져서 큰 용암물이 바다로 흘러 들어갔다. 바다가 피로 물들었으며, 바다의 생물들의 3분의 1이 죽고 바다에 정박해 놓은 많은 배들이 파선되었다.
셋째 천사가 나팔을 부니, 횃불같이 불덩어리 유성들이 땅에 떨어져서 강물의 3분의 1과 여러 샘물이 오염된 쓴 물이 되어 식수로 사용하지 못하고 그 물을 마시는 자들이 모두 죽었다.
넷째 천사가 나팔을 부니, 태양과 달과 별들이 어떤 힘의 공격을 받고 각각 3분의 1의 빛을 잃고 어둠이 되었다.

아직도 세 천사가 나팔을 불려고 기다리는 그 순간에 갑자기 어디선가 한 마리의 독수리가 하늘을 치솟으며 날아오르더니, '화!(禍)' '화!' '화!' 세 번의 큰 화가 기다리고 있다는 듯이 큰 소리로 외치고 날아갔다.

(1) 최고조의 재앙의 절정 - 첫째 화(禍)
다섯 번째 천사가 나팔을 불었다. 사도는 하늘에서 떨어지는 별 하나를 보았는데, 그 별은 그들의 왕이자, 무저갱의 천사 곧 타락한 천사였다. 그 천사

일곱 천사의 일곱 나팔(Welles Apocalypse-Royal 15 D II, public domain, 1300-1500)

의 이름은 '파괴자'라는 뜻으로 이브리어는 '아바돈'(אֲבַדּוֹן), 헬라어는 '아폴뤼온'(Ἀπολλύων)이다. 그 별이 '바닥이 없는 무저갱(구덩이)¹³의 열쇠를 주님께로부터 허락을 받았다.

그 '파괴자' 천사 곧 사탄은 열쇠로 무저갱을 열었고, 순간 그 구덩이에서 연기가 올라 오더니 갑자기 어두워졌다. 잠시 후, 그 구덩이에서 연기와 함께 메뚜기(locusts, 황충)가 땅 위로 올라왔다. 그 메뚜기는 보통 풀과 채소를 갉아먹는 일반 메뚜기가 아니었다. 하나님께서는 '이마에 인 치심을 받은 자들은 죽이지 말라'는 명령을 하였고, 그들의 권세는 5개월로 한정하셨다. 이 5개월 동안, 메뚜기떼는 사람들을 공격하였고, 공격을 받은 사람들은 그 고통이 너무 극심하여 차라리 죽여 달라고 해도 들어주지 않고, 자살하

---

13 무저갱: 헬라어 원어 '아뷧수'(ἀβύσσου)는 '깊음'의 뜻을 가진 이브리어 '테홈'(תְּהוֹם)으로 구약성경은 '깊은 바다,' '깊은 물'(태초에 1:2; 찬양들 42:7; 예사야 27:1; 51:10; 아모스 9:3), '땅 깊은 곳'(찬양들 71:20)이라 번역되었고, 신약성경에서는 단 2곳에 '무저갱'으로 번역되었다(루카스 8:31; 로마 10:7).

려고 해도 죽음이 저들을 피하였다. 그러나 이 메뚜기의 정체는 메뚜기가 아닌 현대 첨단 무기 같은 로봇처럼, 얼굴은 사람 같고 머리에는 금 면류관 비슷한 것을 썼으며, 달리는 모습은 메뚜기가 아니라 전쟁터에서 보는 말들 같이 빨랐고, 가슴에는 철 흉갑 같은 쇠 갑옷으로 무장하였으며, 그의 꼬리에는 화살촉(혹은 총이나 레이저) 같은 무기가 있었다.

이 메뚜기 재앙은 우상 숭배와 불신자들에 대한 재앙인데, 그들을 죽이지 말고 괴롭게 고통만 주는 혹독한 재앙이었다. 어디선가 "이제 첫 번째 '화'가 지나갔으니, 보라, 이제 두 번째 화가 다가올 것"이라는 소리가 들렸다.

(2) 최고조의 재앙의 절정 - 둘째 화(禍)

어느덧, 5개월이 지나, 여섯 번째 천사가 나팔을 불었다. 하나님의 금 제단의 네 뿔에서 큰 음성이 들렸다.

"유프라테스 큰 강에 묶여 있는 네 천사를 풀어 주라."

그러자, 묶였던 결박을 풀어 주었다. 무저갱의 타락한 천사인 사탄의 부하들인 네 천사는 예정된 년, 월, 일, 시에 하나님의 인 치심을 받지 않은 사람들 3분의 1을 죽이라는 제한된 명령을 받았다. 네 천사는 '2만만,' 곧 2억의 대규모 기병대를 모집하여 대대적인 학살에 나섰다.

그 기병대의 모습 또한, 마치 현대전의 최첨단 무기로 무장을 한 특수부대 같았다. 그들 말들의 얼굴은 사자 같았고, 가슴에는 불빛과 검붉은 유황색 흉배를 입었으며, 그들의 입에서 나오는 마치 탱크처럼 불과 연기와 유황을 내뿜었고, 또 뱀 같은 머리가 붙어 있는 꼬리로도 많은 사람들이 고통 속에서 살육을 당하였다.

사도는 이 광경이 너무 참혹하여 차마 두 눈 뜨고 볼수 없어서 다만 눈을 감고 악한 자들의 최후의 말로가, 하나님의 심판이 얼마나 준엄한가를 또 바로 알게 되었다.

이 둘째 화를 당하고도 살아 남은 자들 중에는 귀신들과 우상들에게 절하고 살인과 마술과 음행과 도둑질하는 자들이 있었는데, 그래도 그들은 양심의 화인을 받아, 아무 가책도 없이 죄가 죄인 줄도 모르고 회개하지 않는 자들이었다.

4. 환란 중반의 삽입 계시들

1) 삽입 장면(Insertion scene 1), 힘쎈 천사와 작은 책

이제 일곱 나팔 재앙의 마지막 일곱 번째 나팔 소리를 기다리고 있을 때였다. 갑자기 하늘에서 머리 위에 무지개가 보이고, 해같이 밝은 얼굴의 힘센 한 천사가 내려와서 불기둥 같은 두 발을 오른발은 바다 위에, 왼발은 땅 위에 딛고 서 있었는데, 손에는 작은 책을 들고 있었다. 그 천사가 사자처럼 큰 소리로 외치니, 일곱 천둥도 함께 큰 소리로 외쳤다.

그러나 그 천둥소리는 단지 '우르릉 쾅' 하는 일반적인 천둥소리가 아니라, 사도가 언어로 인식할 수 있는 사람의 언어로 들렸다. 사도는 재빨리 기록하려고 하는데, 하늘에서 큰 소리가 들렸다.

"그대는 일곱 천둥이 하였던 말들을 인봉하고 그 말들은 기록하지 마세요!"

이에 힘센 천사는 하나님을 향해 맹세하듯이, 영원토록 살아 계신 하나님, 하늘과 땅과 바다의 모든 만물을 창조하신 분께 연기되거나 미루어지지 않을 것이라고 말하였다. 그리고 일곱 번째 마지막 나팔 소리가 나면, 하나님의 종 모든 선지자들이 예언하였던 것처럼 그렇게 그대로 예언의 비밀은 모두 성취될 것이라 강조하였다.

하늘에서 사도에게 말하는 음성이 들렸다. 힘센 천사에게 가서 그의 손에 있는 작은 책을 먹으라고 하여 먹었더니 입에서는 꿀같이 달달하였는데, 배 속으로 점차 내려가더니 속이 몹시 쓰렸다. 천사가 말하였다.

"그대는 반드시 많은 백성과 민족들과 언어들과 많은 왕들에게 예언하여야 합니다."

하나님의 비밀을 알리는 일은 힘은 들어도 즐겁고 보람 있고 벅찬 임무라 꿀같이 달았으나, 예언을 전하다 보면, 생각지 않은 핍박 고난이 닥쳐와, 심지어는 목숨까지 내놓아야 하는 괴로움이 있다는 뜻이다.

2) 삽입 장면(Insertion scene 2), 두 올리브나무와 두 촛대

하나님께서 사도에게 갈대로 만든 막대기 자를 주시면서, 하나님의 성전과 분향 제단과 그 안에서 예배하는 자들을 모두 구원받을 자의 숫자를 계수하라고 하셨다. 그리고 예루살렘의 성전 바깥 뜰은 계수하지 않아도 되며, 이방인들은 거룩한 성, 예루살렘 성읍을 42개월 동안 짓밟도록 허락하셨기 때문이었다.

그러나 하나님께서는 두 증인을 선택하여 그들에게 권세와 권능을 주시고, 그들은 굵은 베옷을 입고 1,260일(42개월, 3년 반) 동안 하나님의 말씀을 예언할 선지자인 것이다.

이 두 증인은 주님 앞에서 왔던, 구약의 대표 선지자들인 모쉐와 엘리야의 심령을 가진—마치 엘리야의 심령을 가진 침례 요하난처럼—대환난이라는 인류의 마지막 재앙의 날에 하나님의 마지막 뜻을 담대하게 잘 전달할 마지막 선지자들로 택함 받은 '두 올리브 나무'(Two Olive Trees)와 '두 촛대'(Two Menorahs)라는 이중적인 묘사였다.

이 두 증인은 모쉐와 엘리야의 사역처럼, 누가 그들을 해치려고 시도를 하면, 그들의 입에서 불이 나와 해치러 온 자들을 불이 삼켜버리는 능력과,

7년 중, 전 3년 반 동안, 능력의 복음을 전하다가 순교하고, 3일 후, 부활 승천하는 두 증인
(Pat Marvenko Smith 作, 1982)

그들이 기도하면 하늘이 닫혀 예언하는 날 동안 비가 오지 못하게 하고 물이 변하여 피가 되게 하는 이적들 등, 그들의 예언이 하나님께로부터 온 것과 그들의 예언은 반드시 성취될 것이라는 것을 증명해 주는 많은 능력을 행하게 될 것이라고 하셨다(이름들 7:17-20; 1열왕 17:1; 18:41-45; 2열왕 1:9-14).

두 증인의 사역 기간인 1,260일이 끝날 때, 무저갱에서 올라온 짐승이 전쟁을 일으키고 두 증인을 죽일 것이다. 두 증인이 처형을 당한 그 장소는 주 예슈아께서 십자가에 못 박히신 바로 그곳과 동일 장소였다. 두 선지자의 처형 당한 것을 보고 그들의 예언을 싫어한 많은 사람들이 서로 축하하고 기뻐하며 선물까지 주고받을 정도였으나, 두 선지자의 시체를 장사하지 못하게 하여 그 자리에 그냥 버려져 있었다.

그러나 3일 반이 지나자, 하나님께서는 두 선지자들에게 생기를 불어넣어 다시 살도록 하시니, 그들의 처형 당함을 기뻐하던 자들이 두 증인의 부활의 모습을 보고 크게 두려워 하였다. 이에 하나님께서 두 선지자들을 하늘로 불러 올리시니, 그때에 큰 지진이 나서 예루샬라임성의 10분의 1이 무너지고 지진에 죽은 사망자가 7,000명이나 되니, 이 모든 광경을 지켜보던 자들이 크게 두려워하면서 하나님께 영광을 돌렸다.

3) 삽입 장면(Insertion scene 3), 여자의 후손과 하늘의 전쟁

하늘에 나타난 큰 표적이 2개 있었다. 그 하나는 태양을 옷 입고 머리에는 열두 별이 달린 면류관을 쓰고 그녀의 발 아래 달이 있는 한 여자, 이 여자의 정체는 바로 야아콥의 아들 요셉의 꿈에 등장한 해와 달은 부모를, 열두 별은 열두 형제를 기억해 볼 때, 이는 야아콥의 새 이름 곧 이스라엘의 열두 지파요, 이 여자는 이스라엘임을 이해할 수 있을 것이다.

이 여자는 임신을 하여 그 진통으로 괴로워하다가 아들을 낳았으니, 곧 예슈아 그리스도께서 이스라엘의 후손으로 여자의 후손으로 탄생하신 것이다. 주 예슈아는 철장으로 모든 세상 나라들을 통치하실 분이셨다(요하난 계시 12:5).

한편, 하늘에서는 큰 영적 전쟁이 있었다. 타락한 천사장이었던 사탄이 하늘 천군천사의 3분의 1인 그의 천사 부하들을 미혹하여, 하나님께 반역을 선동하고, 미카엘 천사장과 천군천사들에게 도전장을 던지고 큰 전쟁을 일으킨 것이었다.

그러나 전쟁에서 패한 사탄(마귀)과 타락한 부하 천사(귀신)들은 하늘에서 자신들이 거할 곳이 없게 되자, 이 세상에 내려왔고, 광야에 숨어 있던 그 여자(이스라엘)를 찾아내어 여자가 해산하면 그 아기를 살해하려고 노리고 있었으나, 여자가 출산하자마자 하나님께서 그 아기(그리스도)를 하늘로

하늘에서 내쫓긴 큰 용(Pat Marvenko Smith 作, 1982)

데려가셨다.

사탄은 여자를 핍박하였으나, 하나님께서 여자를 독수리의 날개로 광야로 옮겨주시고, '세 때 반'(3년 반) 동안 안전하게 보호해 주셨다. 온갖 핍박으로 여자를 죽이려고 하였으나, 하나님의 도우심으로 번번이 실패하였다.

마침내 사탄은 여자 이스라엘의 남은 믿음의 자손들 곧 하나님의 계명을 지키고 주 예슈아의 증거를 가진 자들과 최후의 전쟁을 하려고 바닷가 모래 위에 그 본모습을 드러내고, 최후의 전쟁을 하려고 마지막 결전을 준비하고 있었다. 이 하늘의 큰 용은 옛 뱀 곧 마귀와 사탄이라 부르는 온 천하를 꾀는 자요, 사탄(마귀)의 부하 '천사'라 불리운 자들은 '타락한 천사들' 곧 '귀신들'이라고 불렀다(요한난계시 9:20).

하늘에서 큰 음성이 들렸다.

지금 구원과 능력과 우리 하나님의 나라와 그분의 그리스도의 권세가 나타났다.

우리 하나님 앞에서 밤낮으로 참소하던 우리 형제들의 고소자가 쫓겨났기 때문이다.

우리 형제들이 어린양의 피와 그들의 증거의 말씀을 통하여 그를 이겨 승리했고

그들은 죽기까지 그들의 생명을 아끼지 않았다.

그러므로 그 하늘과 그들 중에 거하는 자들은 기뻐하라.

그러나 땅과 바다는 화가 있을 것이다.

왜냐하면, 마귀가 크게 분노하여 자기의 때가 얼마남지 않았다는 것을 알고

너희에게 내려갔기 때문이다(요한난계시 12:10-12).

4) 삽입 장면(Insertion scene 4), 사탄과 짐승과 거짓 선지자

이 세상을 상징하는 바닷가에 서서 최후의 전쟁을 도발하려는 하늘의 큰 용, 사탄은 자신의 능력과 권세를 부여하여 하나님을 믿는 남은 자들을 멸하려는 도구로 잔인하고 교활한 사나운 맹수(猛獸) 같은 자를 마지막 세상의 강력한 통치자로 하는 열 뿔과 일곱 머리라는 완벽한 폭정을 휘두를 광대한 제국의 등장을 예언하였던 다니엘(다니엘 7:23-27)과 하나님의 성전에 앉아 자칭 하나님이라 하는 '불법의 사람'을 예언한 사도 파울로스(2텟살로니케 2:3-10)의 예언의 때가 이른 것이다.

그 사나운 맹수는 날쌘 표범과 성난 곰의 발톱과 이빨을 드러낸 사자처럼, 전 세계를 다니며 사탄에게 받은 큰 능력과 권세로 공포 정치를 하던 중, 치명적인 상처를 입고 죽게 되었다. 그러나 사탄이 짐승의 죽게 되었던 상처를 낫게 하더니, 그리스도의 죽으심과 부활을 흉내 내어 사람들을 미혹하니 많은 사람들이 사나운 맹수를 더욱 신격화하여 경배하였다(요한난계시 13:2-4).

다시 살게 된 그 맹수는 더욱 하나님을 대적하는 치욕적이고 경멸스러운 신성모독을 서슴지 않는 비난을 쏟아 내었으며, 사탄은 하나님께서 정하신

용(사탄)과 바다 짐승(적그리스도)과 땅의 짐승(종교 지도자)이 주의 삼위일체를 모방함
(Pat Marvenko Smith 作, 1982)

마지막 심판의 기간인 42개월(3년 반) 동안을 자신의 최후의 전쟁을 치룰 절호의 기회로 삼고 그의 대리자인 맹수에게 더 강력한 폭정을 요구하였으며, 특히 전 세계의 나라와 민족과 언어와 백성들 중에 하나님을 믿는 성도들에게 본격적인 핍박이 시작되었고, 생명책에 기록되지 못하고 남은 자들은 다 그 맹수를 예배하였다(요한난계시 13:5-10).

그런데, 사도는 이번에는 땅에서 올라오는 한 짐승을 보았는데, 생긴 것은 두 뿔이 달린 온순하게 보이는 어린양이었으나, 말하는 것은 하나님을 대적하는 사탄처럼 거칠고 경멸스러운 말을 한 것으로 보아, '어린양의 탈을 쓴 늑대'(마타이오스 7:15; 요한난 10:12; 사도들 20:29)라는 것을 직감하였다. 아닌 게 아니라, 어린양의 탈을 쓴 늑대는 사나운 맹수 통치자에게 경배하라고 설득하는 적그리스도의 홍보 대사처럼 그를 신격화하는 종교 지도자로서, 하늘에서 불이 떨어지게 하는 사탄의 권능을 받아 모방 이적들을 행하며 미혹하였다.

마침내 사나운 맹수 통치자의 형상을 만들라고 지시하면, 전 세계에서 대대적으로 그의 이미지대로 로봇으로 대규모 사물 인터넷(the Internet of Things, IoT)으로 제작되어 순식간에 온 세계 곳곳에 설치될 수 있다.

사탄은 하나님께서 흙으로 사람을 만들어 그 코에 생기를 불어넣은 것을 흉내 내어, 그 우상(로봇)들에게 생기를 불어넣어 주니, 그 우상들이 말하기까지 하였다.

심지어는 사탄은 사람들이 그 우상에게 경배하도록 강제할 뿐만 아니라, 우상에게 경배하지 않는 자들은 개인 신상 정보가 저장된 소프트웨어에 그대로 인식되어 몇 명이든 관계없이 다 처형시킬 것이라고 성경은 예언한다(요한난계시 13:11-15).

이는 현시대에 이미 아바타로 등장한 A. I. (Artificial intelligence, 인공 지능)이나 로봇 같은 복제품 혹은 복제 인간으로 얼마든지 제작 가능한 현실을 이미 2,000년 전에 환상으로 본 사도 요하난에게는 이해할 수 없는 놀라운 광경이었을 것이다.

그뿐만 아니라, 이 지구상의 모든 자들에게 어린 아이나 노인이나 부자나 가난한 자나 자유자나 노예들 일체의 열외자 없이, 모든 사람에게 이마 위에 '666'[14]이라는 도장을 찍어 표시하도록 하였다.

---

14 666: 헬라어 알파벳은 각각 고유의 수를 지니고 있었기 때문에, 그들은 이름을 숫자로도 쓸 수가 있었다. 처음 1부터 9까지의 숫자는 알파벳 '알파'부터 '데타'까지, 그 다음 10부터 80까지는 '이오타'부터 '피'(페이)까지, 그 다음 100부터 800까지는 '로'부터 '오메가'까지 각 알파벳에 숫자를 대입하면 그 알파벳의 숫자를 더하여 합이 나오면, 그 합의 값이 그 이름이 된다. 또한, 요한난계시에 많이 등장 하는 '7'은 '완전수,' '거룩한 수'를 의미하나, '6'은 '불완전 수,' '미완성의 수,' '불결, 부정의 수'로서, '666'은 하나님을 대적하는 인물이나 세력을 상징적으로 표현하는 것이다. 김영진, 『그랜드 종합주석(제16권 요한계시록)』, 859, 865-866; 강병도, 『카리스 종합주석 제26권』, 106, 116-117, 128.

마치 로마 제국 당시 주인이 노예를 사면 자신의 노예 표시를 노예의 피부의 얼굴이나 등이나 팔 위에 불에 달군 도장을 찍듯이, 이 '666'이라는 적그리스도 통치자에 대한 경배의 표시를 정치, 경제, 사회, 교육, 예능, 스포츠, 매스컴 등의 모든 공적인 활동영역의 신원 증명의 절대 필수적인 용도로 나노 칩을 강제하여 사탄과 적그리스도의 신 정부 체제에 대한 충성과 전폭적으로 충성한다는 신분증이 될 것이다(요한난계시 13:16-17).

오늘날, AI는 산업화 공장에, 대형마트에, TV 광고에도, 가수나 정치인, 연예인 등의 아바타로 사회 현장 곳곳에 이미 등장하여 활동하고 있다. 과학의 발달은 매 시간 놀라운 속도로 발전하고 있다. 문제는 이러한 AI를 컨트롤할 시스템이 문제라고 AI 개발 관련자들은 모두 하나같이 그 우려를 지적하고 있다.

만약에 적그리스도가 이러한 AI를 지배하여 무기화하고 우상 숭배를 강요하면서 모든 경제 체제를 통제한다면, 그때가 바로 성경이 예언한 '요한난계시' 13장에 살고 있음을 깨닫고 어떤 불이익이 닥쳐온다 할지라도 우상숭배 신분증인 666을 절대 거절해야 할 것이다.

> 지혜가 여기 지혜가 있다.
> 통찰력을 가진 자는 짐승의 수를 세어 보라.
> 이 표는 곧 짐승의 이름이나 그 이름의 수이다.
> 왜냐하면, 그것은 사람의 수이기 때문이다.
> 그 수는 666이다(요한난계시 13:18).

5) 삽입 장면(Insertion scene 5), 천상 치온산의 14만 4000명의 찬양

사도는 다시 새 환상을 보았다. 하늘의 거룩한 치온산에 하나님의 보좌 앞과 네 천사와 장로들 앞에서 어린양과 함께 14만 4000명이 모여 있었다.

적그리스도의 세계 정부 통치를 위한 경제 통제 수단의 표
(By Zenartix, https://kr.freepik.com/premium-photo/robot-with-wires-blue-eye_49940749.htm?log-in=google#fromView=image_search_similar&page=1&position=48&uuid=c6d288e2-f0f1-4806-b719-cc82c26831dd; By knipsdesign, Stock 일러스트 ID: 602850068)

그들의 이마에는 하나님께로부터 인 치심을 받은 표시인 어린양의 이름과 그분의 아버지의 이름을 가지고 있었는데, 이는 자신들의 주인이신 어린양의 소유됨을 증명하는 것이었다.

그들 14만 4000명이 함께 부르는 찬양은 수금(하프)을 연주하는 합창인데, 마치 많은 물소리나 큰 천둥소리 같은 음성이 들렸고, 난생 처음 들어보는 격조 높고 아름다운 최상의 새 노래였다. 그렇다. 이 새 노래는 주 예슈아 어린양의 피로 말미암아 구속함을 받은 자들만이 배울 수 있는 그 구속함의 은혜를 깨달은 자들만이 부를 수 있는 구원의 감격의 새 찬양이었기 때문이었다.

이 14만 4000명은 이스라엘의 메시아닉 쥬(Messianic Jew)같이, 주 예슈아께 대한 복음을 믿고 영적 순결과 정절을 더럽히지 않으며 어린양께서 어디로 인도하든지 그분을 따라가는 자들이며, 그들은 하나님과 어린양께 드려진 영적, 도덕적으로도 거짓이 없고 흠이 없는 하나님께 속한 자들이리라.

6) 삽입 장면(Insertion scene 6), 세 천사의 영원한 복음 전도와 알곡 추수

다른 한 천사가 하늘을 날으면서 지상에 거하는 남은 자들 곧, 여러 나라와 민족과 언어와 백성에게 영원한 복음을 선포하였다. 천사가 전한 '영원한 복음'(αἰώνιον εὐαγγελίσαι, 아이오니온 유앙겔리사이)은 '그리스도의 복음,' 곧 '그리스도 안에 있는 하나님의 은혜의 복음'뿐이었다. 천사는 아직도 복음을 받을 기회가 없어져 가니, 더 늦기 전에 복음을 받고 주 예슈아를 믿으라고 전파한 것이었다.

> 하나님을 두려워하며, 그분께 영광을 돌리세요!
> 이는 그분의 심판하실 시간이 다 되었으니
> 하늘과 땅과 바다와 물들의 근원을 만드신 분께 경배하세요!(요한난계시 14:7).

오직 경배의 대상은 창조주 한 분뿐이시니 그분만이 심판할 수 있다는 원초적인 복음이었다. 그 뒤를 따라 둘째 천사가 말하였다.

> 무너졌도다. 무너졌도다. 무너졌도다. 큰 성 바벨이여!
> 모든 나라를 그 음행으로 인하여 진노의 포도주로 먹이던 자로다!(요한난계시 14:8).

바벨 제국은 고대 메소포타미아의 정치종교의 중심지로서, 사치와 도덕적 부패로 유명한 수도 바벨론(Βαβυλὼν)은 불경건한 세력과 인간의 타락을 가리키는 대명사로 사용되어왔다.

세계를 정복하고 교만과 포악으로 하나님의 성전까지 짓밟은 죄악에 대한 심판으로 큰 성 바벨이 무너졌다는 것은 아무리 거대한 제국이라도 하나님께서 헐어 버리면 다시 세울 자가 없음을 뜻한다. 모든 정복한 나라들을 우상과 음행과 폭력으로 지배한 죄악에 대한 심판으로 이제 곧 무너져 멸망하였다는 것이다.
세 번째 천사가 뒤이어 큰 음성으로 외쳤다.

> 만일 누구든지 맹수와 그의 형상을 경배하고 이마에나 손에 표(666)를 받으면
> 그도 하나님의 진노의 잔에 극히 독한 진노의 포도주를 마시게 될 것이다.
> 그는 거룩한 천사들과 어린양 앞에서 불과 유황으로 고난을 받을 것이다.
> 맹수와 그의 형상에게 경배하고 그 이름의 표(666)를 받는 자는
> 그 고난의 연기가 영원토록 올라갈 것이고 누구든지 밤낮 쉼을 얻지 못할 것이다.
> 여기 성도들의 인내가 있다.
> 그들은 하나님의 계명들과 예슈아의 믿음을 지키는 자들이다.
> … 너는 기록하라! 지금부터 주 안에서 죽는 자들은 복이 있다.
> … 성령님이 말씀하셨다. 그렇다. 그들은 수고를 그치고 쉬게 될 것이다.
> 왜냐하면, 그들의 행실이 그들을 따라다니기 때문이다(요한계시 14:9-13).

사도가 하늘을 다시 바라보니, 하늘에 흰 구름이 떠 있고 그 구름 위에 인자 같은 분이 앉아 계셨다. 그분의 머리에는 금 면류관이 있고, 그분의 손에는 아주 예리한 낫을 가지고 계셨다. 다른 천사가 성전에서 나오면서 그분을 향하여 큰 소리로 다음과 같이 외쳤다.

"그 낫을 땅에 던져 주세요. 추수하셔야 합니다. 땅의 곡식들이 다 무르익어 추수할 때가 다 되었습니다."

그러자, 구름 위에 앉으신 분께서 그분의 낫을 땅에 던져 주셨다. 그리고 땅에서 천사들이 가라지를 가려내고 알곡만 모아 천국 곳간에 들이는 수확을 하게 되었다. 가라지를 뽑다가 알곡까지 뽑을까 염려하셨던 주님께서 오래 오래 참으셨다가, 이제 추수할 때가 다가오니 이렇게 추수할 날이 오긴 왔다는 생각에 기다릴 때는 뼈가 마르는 것 같아 힘들었지만, 마침내 추수할 주님의 시간이 있다는 것을 깨닫고 감사드렸다.

또 다른 천사가 하늘 성전에서 나오는 것을 보았다. 그 천사도 예리한 낫을 가졌는데, 포도가 다 익었으니 포도송이를 거두라는 명을 받고 땅에 낫을 던졌다. 땅에 있는 천사가 낫을 휘둘러 거두어들인 포도송이를 하나님의 진노의 포도주 틀에 던졌다. 성밖에 있는 포도주 틀이 밟히니 그 틀에서 피가 철철 흘러나왔는데, 그 높이는 말 굴레(고삐)까지 차올랐고, 피가 흘러가는 그 길이는 1,600스타디온, 즉 약 300km까지 피가 강처럼 흘러갔다는 것이었다.[15]

이는 포도의 수확은 하나님의 진노의 잔을 채우는 심판을 상징하고 있다. 하나님의 진노의 심판 얼마나 엄중한지, 악한 일만 자행하는 자들과 우상숭배자들의 수많은 사망과 죽음의 처참함을 은유로 보여 주고 있는 것이다. 더 늦기 전에 회개하고 주님께 돌아오는 것만이 최선의 길이다.

7) 삽입 장면(Insertion scene 7), 짐승과 그 이름을 이긴 자들의 찬양

사도는 인류의 종말적 심판인 '3대 7중 재앙'의 마지막 3대 재앙인 '대접 재앙'을 목전에 두고 역사적인 순간을 초조한 마음으로 기다리고 있는데, 갑자기 큰 환난과 핍박으로부터 벗어난, 마치 불이 타는 듯한 유리 바다 위에서 하나님의 거문고(하프)를 들고 하나님을 찬양하려고 서 있는 무리들을 보게 되었다.

그 무리들은 하나님을 대적하고 신성모독을 서슴지 않은 사탄과 사나운 맹수같이 폭정을 즐긴 적그리스도를 이기고, 그 맹수 같은 통치자의 우상을 이기고, 그 이름의 수 곧 '666'을 이기고 승리한 성도들로서, 하나님의 종 모쉐가 부른 노래(이름들 15:1-18; 말씀들 31:30-32:44; 찬양들 90편), 곧 어린양의 노래(말씀들 32:14, 가장 좋은 어린양과 함께)를 부르며 구원해 주신 하나님

---

15 1,600스타디온: 1스타디아는 185m이므로, 296km이다.

아버지의 무한하신 사랑과 주 예슈아 어린양의 대속의 은혜를 감사하며 주님께 영광을 드리는 찬양을 하였다(요한난계시 15:2-3).

> 주 전능하신 하나님, 주님께서 하시는 모든 일이 크고 놀랍습니다.
> 모든 민족들의 왕이신 주님, 주님의 도는 의롭고 진리입니다.
> 주님, 누가 주의 이름을 두려워하지 않고 영화롭게 하지 않겠는지요?
> 오직 주님만 홀로 거룩하십니다. 주님의 의로우신 일들이 나타났으니
> 모든 민족들이 와서 주께 경배할 것입니다(요한난계시 15:3-4).

사도는 하늘의 성전이 열리고 가슴에 금 띠를 두른 빛난 세마포 옷을 입은 일곱 천사를 보았다. 하나님의 보좌를 지키는 네 천사 중 하나가, 하나님의 진노가 가득 채운 일곱 금 대접을 일곱 천사에게 주었다. 하늘의 성전은 하나님의 영광과 능력에 의하여 연기로 가득했다. 그리고 일곱 천사의 일곱 대접의 재앙이 끝날 때까지는 아무도 그 성전 안으로 들어갈 수 없었다(요한난계시 15:5-8).

5. 3대 3중 재앙 - 대환난 3단계

1) 재앙의 절정 - 마지막 셋째 화(禍)

드디어 일곱 번째 나팔을 손에 쥔 천사가 나팔을 힘 있게 불자, 하늘에서 큰 음성으로 말하였다.
"보라, 두 번째 화가 지나갔다. 이제 마지막 세 번째 화가 속히 올 것이다."
마지막 화를 외친 후, 하늘에서는 천군천사가 하나님께 찬양을 드렸다.

이 세상 나라가 우리 주님과 그리스도의 나라가 되었다.
그분께서 영원토록 통치하실 것이다(요한계시 11:15).

이에 하나님의 보좌 앞에 앉아있던 24장로도 일어나 하나님께 경배하였다.

전능하신 주 하나님, (지금도) 계시고, (전에도) 계셨던 주님,
주께서 주님의 큰 권능으로 통치하시니 우리가 감사드립니다.
이방 나라들이 분노하였으나 주님의 진노로 죽은 자가 심판받고
주의 종 선지자들과 성도들과 주의 이름을 경외한 자들과 작고 큰 자들에게
상을 베푸시고 땅을 망하게 하는 자들을 멸망시킬 때가 왔습니다(요한계시 11:17-18).

그러자, 하늘의 하나님의 성전 문이 열리더니, 성전 안에 하나님의 언약궤가 보였다. 그리고 번개들과 음성들과 천둥소리들과 지진과 큰 우박 등 하늘의 권능들의 하나님을 찬양하는 자연 현상들이었다.

2) 대환난 3단계, 일곱 대접과 재앙들

사도는 하늘 성전에서 나는 큰 소리를 들었다.
"너희들은 가라! 하나님의 진노의 일곱 대접을 땅에 쏟아 부어라!"

첫째 천사가 대접을 땅에 쏟았다. 맹수의 표를 받은 자들과 우상에게 경배한 자들에게 악하고 독한 헌데가 생겼다.
둘째 천사는 대접을 바다에 쏟았다. 바다의 모든 생물이 모두 죽었다.
셋째 천사가 강과 샘물 근원에 쏟으니 모두 피가 되었다. 물을 관장하는 천사가 다음과 같이 말하였다.

"계셨고, 계신 거룩한 주님 이렇게 심판하시니 거룩하십니다. 저들이 거룩한 자들과 선지자들의 피를 흘렸으니 저들도 피를 마시게 하심이 합당하십니다."

넷째 천사가 대접을 태양에 부으니 태양이 더 뜨거워진 태양열 때문에 사람들이 화상(火傷)을 입고 타서 죽었으나, 저들은 회개하기는커녕, 오히려 재앙의 권세를 가지신 하나님을 비방하였다.

다섯째 천사가 대접을 사탄의 대리자, 맹수의 보좌에 쏟으니 그의 나라가 캄캄한 흑암 재앙이 임하여 아무리 정전 원인을 찾아도 찾을 수 없는 고통과 공포 속에서 아파서 혀를 깨물고 슬피울며 이를 갈았고, 저들도 하나님을 신성모독하고 끝내 회개하지 않았다(요한난계시 16:1-11).

여섯째 천사가 이번에는 대접을 유프라테스강 위에 쏟았다. 그러자, 큰 강물이 말라버렸고 이는 마침 동방에서 큰 전쟁을 하려고 오는 왕들의 많은 군대가 말라 버린 강을 건널 수 있는 절호의 기회가 되었다. 순간 사도는 이 큰 전쟁을 부추기는 배후의 정체를 알게 되었다. 개구리 같은 모양의 더러운 영들이 사탄의 입과 맹수의 입과 양의 탈을 쓴 거짓 선지자의 입에서 나오는 것을 보니, 이 개구리들은 귀신들로서, 온 천하 나라의 왕들에게로 가서 이적을 행하고 거짓말과 협박으로 배후에서 사탄과 적그리스도의 미혹에 이끄려 하나님을 대적하는 세계 대전쟁을 치루기 위하여 전 세계의 대군을 징집하여 이브리어로 '할 메기돈'(הַר מְגִדּוֹן, 아마겟돈)[16]

---

16   할-메기돈(הַר מְגִדּוֹן): 이브리어 '할'(הַר)은 '산'(山) 또는 '언덕'이다. 지명은 '메기돈'(므깃도)으로서, 샤론 평야와 이스르엘 골짜기 사이에 있는 이스르엘 골짜기의 남단, 제닌의 북서쪽 17km에 위치하고 있던 가나안의 주요 성읍 중 하나이다. 약 5헥타르에 이르는 팔레스타인의 최대 폐구(廢丘, 사용 못할 지역)이다. 그러나 팔레스타인의 내륙에서 해안에 위치한 페니키아에 이르는 길과 이집트에서 북쪽 시리아를 거쳐 메소포타미아로 연결된 길이 만나는 교차점으로 지정학적인 교통의 요충지이다. 예호슈아이 크나안을 정복하여 므낫세 지파에게 부여한 땅으로서 성경은 많은 전쟁사를 기록한다(사사들 5:19; 1열왕 9:27; 23:29).

마지막 재앙은 일곱 대접의 가장 큰 재앙이다(Pat Marvenko Smith 作, 1982)

이라는 5헥타르의 넓은 평야 지역으로 집결하도록 하였다.

일곱째 천사가 대접을 지표면 위에 있는 대기(大氣, Atmosphere)권에 쏟으니, 하늘 성전의 보좌에서 "이제 다 이루었다"라는 큰 음성이 들렸다. 그리고 번개들와 음성들과 천둥들과 큰 지진이 발생하였다. 이전에 없었던 아주 강력한 지진이었다. 큰 도시들이 세 갈래로 갈라졌고 많은 나라의 도시들도 무너졌다.

정치, 종교의 중심지로서, 사치와 도덕적 부패로 유명한 대도시 바벨론은 경건치 못한 세력과 인간의 타락을 가리키는 대명사로서, 모든 정복한 나라들을 우상과 음행의 진노의 잔을 마시게 한 것처럼, 하나님께서 예언하신 바 그대로 하나님의 진노의 포도주 잔을 받고 멸망하게 된 것이었다.

그후 지진의 여파로 모든 섬이 사라지고 높은 산들은 자취를 감추고 말았다. 그리고 무게가 한 달란트 곧 약 34kg이나 되는 거대한 우박들이 하늘에서 쏟아져 내렸고, 사람들은 그 큰 우박 덩어리를 보고도 끝까지 회개하지 않고 하나님을 더욱 원망하고 모독하였다.

> 보라, 내가 도적같이 온다.
> 벌거벗은 채 돌아다니며 부끄러움을 보이지 않도록
> 깨어 있어 자기의 옷을 지키는 자가 복이 있다(요한난계시 16:15).

6. 큰 음녀 바벨론의 정체와 멸망

1) 큰 음녀 바벨론의 정체

일곱 대접을 가졌던 천사 중에 하나가 사도에게 다가와서 다음과 같이 말하였다.

"그대여 이리 오세요. 많은 물들 위에 앉아있는 큰 음녀의 심판을 보여 주겠소. 이 큰 음녀는 땅의 왕들과 간음하였고, 땅에 거하는 자들도 그 음녀의 포도주에 취했지요."

그리고는 성령님 안에서 사도를 광야로 데리고 갔다. 거기서 음녀를 보니 붉은 빛 맹수를 타고 있는데, 그 맹수의 몸에는 경건치 못한 참람한 이름들이 가득하였고 일곱 머리에 열 뿔이 있었다.

큰 음녀는 창녀들이 음탕하게 꾸민 옷을 입고 유혹하듯이, 핑크 빛에 분홍색 옷을 입고 금과 보석과 진주로 장식을 하고 손에 금 잔을 가졌는데 가증한 물건과 음행의 더러운 것들이 가득하였다.

그 음녀의 이마에 씌여진 이름은 '비밀,' '큰 바벨론,' '창녀들과 땅의 가증한 것들의 어미'이었다. 또 그 음녀는 성도들의 피와 예슈아의 증인들의 피 흘리며 죽어 가는 모습을 보며 즐거워하고 기뻐하며 술에 취하여 있었다.

사도는 큰 음녀를 보고 매우 놀라워하였다(요한난계시 17:1-6). 사도가 큰 음녀를 보고 당황하고 놀라워 하자, 천사가 물었다.

"그대는 무엇 때문에 놀라워합니까?

이제 내가 큰 음녀와 그녀가 타고 있는 일곱 머리에 열 뿔을 가진 맹수의 비밀을 그대에게 말해 주겠습니다."

사도가 본 맹수는 인류의 역사에 언제나 등장하여 하나님의 계획을 대적하는 존재로, 전에는 있었지만 지금은 없다. 그러나 그가 곧 무저갱에서 올라 올 것이며 그는 멸망 당할 것이다. 하나님을 믿지 않고 사탄에게 미혹되어 그를 경배하여 생명책에 기록되지 않은 남은 자들은 그의 최후를 보고 놀랄 것이라고 천사는 설명해 주었다.

성경에서의 '머리'는 '권력'을 상징하므로, '일곱 머리'는 '일곱 왕'을, '일곱 산'은 '일곱 왕국'을 의미한다. 이에 '다섯 왕은 이미 죽었고, 한 왕은 지금 있으나, 남은 한 왕은 아직 오지 않았다'고 하였는데, 이에 대한 해석은 난해한 해석 중의 하나로, 신학자들의 다양한 여러 해석들이 있는데, 과거의 역사적인 해석으로, 특히 로마 제국 당시의 황제들, B.C. 10세기 전후, 고대 로마 왕국(Ancient Rome, B.C. 753-509)과 공화정 시대는 제외하더라도, B.C. 27년, 로마 제국의 초대 황제인 아우구스투스(Caesar D. Augustus, B.C. 27-14)로부터 마지막 황제인 콘스탄티노스 11세(Constantine XI, 1449-1453)까지의 129명의 황제들에게 적용하는 것은 무리한 해석이리라.

그러므로 이미 죽은 다섯 왕을 대표적인 제국들로 해석하면, 이집트, 아슈르(앗수르), 바벨론, 파라스(페르시아), 야반(헬라) 제국들을, 현재 있는 왕은 로마 제국을, 그리고 곧 등장할 왕의 일곱 번째의 왕의 나라는 다니엘의 금 신상의 해석을 빌려서, 쇠와 진흙이 뭉쳐진 여러 국가들로 이해할 수

있을 것이다.[17]

　계속해서 천사는 여덟 번째 왕의 출현을 가리켜, 일곱 번째의 나라의 왕에 속한 자로서 일곱 왕과 동일하게 평가하였으나, 전에 '있었다가 지금은 없어진' 맹수는 사탄의 하수인으로 전 세계를 통치하였다가 이미 죽은 통치자를 말하며, 여덟 번째의 마지막 왕은 사탄의 권능으로 다시 살아난 것으로 주 예슈아의 부활을 흉내 내면서 막강한 권력으로 하나님을 대적하는 그래서 결국에는 멸망할 적그리스도일 것이다.

　또한, '열 뿔'은 '열 왕'으로서 다니엘이 본 금 신상의 열 발가락의 왕들과 나라들인데, 아직 나라를 받지 못한 자들이나, 후에 나라를 얻으면 일심 단결하여 모든 권세를 사나운 맹수 통치자에게 바치고, 맹수 통치자가 시키는 대로 모든 난폭한 폭정을 일삼게 될 것이며, 또한 그들은 마지막에 큰 음녀, 곧 양의 탈을 쓴 거짓 선지자를 미워하여 그녀의 살과 같은 조직을 삼키고는 결국 그녀를 이용할 대로 다 이용한 후에는 불태워 죽여 멸망케 할 것이라고 하였다.

　바로 저 큰 음녀의 정체는 땅의 왕들을 다스리는 큰 성 바벨론, 곧 사탄과 맹수의 숭배를 종교적으로 선동하여 온 세계가 음행을 하도록 하였고, 그 댓가로 경제적, 사회적, 문화적 권력을 장악한 거대한 조직체인 것이 분명해졌다(요하난계시 17:7-18).

2) 큰 바벨론의 최후의 멸망

　이제 사나운 짐승 통치자는 더 흉악한 권세와 사탄의 능력의 힘으로 전 세계를 선동하여 더욱 하나님을 대적하는 총력적인 마지막 전쟁에 박차를 가하게 되었다.

17　김영진, 『그랜드 종합주석(제16권 요한계시록)』, 918.

짐승 위에 올라탄 큰 음녀(Pat Marvenko Smith 作, 1982)

저들이 어린양과 더불어 싸울 것이다.

그리고 어린양께서 그들을 이기실 것이다.

왜냐하면, 그분은 만주의 주시요, 만왕의 왕이시기 때문이다.

그리고 그분과 함께 있는 사람들,

곧 부르심과 택하심을 받은 진실한 자들도 이길 것이다(요한난계시 17:14).

사탄의 배후 조정과 사나운 맹수 같은 통치자 그리고 그들의 꼭두각시가 되어 양의 탈을 쓴 늑대 같은 거짓 선지자 큰 음녀의 정체를 알게 된 사도는 큰 충격에 빠졌다. 이 일 후, 사도는 하늘에서 내려오는 큰 권세를 가진 다른 천사를 보았는데, 그 천사의 영광으로 지구가 환하게 밝아졌다. 그리고 그의 힘센 음성의 외침이 들렸다.

"무너졌다! 큰 바벨론이 무너졌다!

그리고 귀신들의 거처와 모든 더러운 영이 모이는 소굴과 각종 더러운 새와 짐승이 모이는 소굴이 되었다. 왜냐하면, 그녀의 음행의 진노의 포도주로 인하여 모든 민족들이 마셔 왔고 지구의 모든 왕들이 그녀와 간음하였으며, 지구의 경제인들도 그녀의 사치(奢侈)스러움으로 치부하였기 때문이었다."

하늘에서 또 다른 음성이 들렸다.

"내 백성아! 그녀에게서 밖으로 나와라!

그녀의 활동에 참여하여 그녀가 받을 재앙을 받지 말아라. 왜냐하면, 그녀의 죄악이 하늘에 닿았고 하나님께서 그녀의 불의한 행위들을 기억하셨기 때문이다."

큰 음녀는 말하였다.

"나는 여황제요, 과부가 아니다. 나는 슬픔을 모른다."

큰 음녀가 교만과 사치와 쾌락으로 영화롭게 하려고 많은 사람들에게 고통과 슬픔을 주었으니, 그것의 갑절로 극심한 사망과 슬픔과 기근과 화재의 하나님의 심판의 재앙을 만나게 될 것이 경고되었다(요한난계시 18:4-8).

큰 음녀의 불에 타서 멸망을 당하는 광경을 목격한 음녀와 음행과 사치를 즐겼던 지구상의 왕들이 두려워하며 멀리 서서 그토록 거대한 대도시가

한 시간 만에 불에 타서 잿더미가 되는 광경을 보고는 가슴을 치고 슬피 울었고, 그녀와 경제 활동을 했던 경제인들도 멀리 서서 울며 애통해 했으며, 바다에서 불타는 대도시의 헛된 영광을 보던 배의 선원들과 선객들도 티끌을 자기 머리에 뿌리면서 무역하고 거래하던 모든 보배로운 제품들이, 심지어 사람의 영혼들까지 모든 상품들이, 이젠 그들의 상품을 사 주는 자들이 없어 물거품이 되었다며 망하게 되었다고 한탄했다(요한난계시 18:9-19).

> 하늘과 성도들과 사도들과 선지자들아!
> 그 도시를 인하여 즐거워하라.
> 이는 하나님께서 그 도시를 심판하셨기 때문이다(요한난계시 18:20).

이어서, 한 힘센 천사가 큰 맷돌 같은 돌을 들어 바다에 던지고 말하였다. "이 대도시 바벨론이 바다에 던져지고 다시는 결단코 발견되지 않을 것이다."

7. 어린양의 결혼 피로연과 그리스도의 재림

1) 어린양의 결혼 피로연

> 할렐루야! 구원과 영광과 능력이 우리 하나님의 것입니다.
> 이는 그분의 심판은 진실하고 의로우시 때문입니다.
> 진실로 그분은 음행으로 세상을 타락시킨 큰 음녀를 심판하셨으며
> 그분께서는 그 음녀의 손에 피 흘린 그분의 종들의 복수를 하셨습니다(요한난계시 19:2).

제5장 사도 요한난이 미리 본 이스라엘   435

하늘에 수많은 성도들의 찬양이 울려 퍼졌다. 하나님의 보좌 앞에 네 천사와 24장로도 엎드려 경배하면서 "할렐루야!"로 화답하였다. 큰 음녀 바벨론의 멸망의 연기가 하늘로 올라가는 모습을 보면서 큰 성, 대도시의 멸망이 하루 아침에 불에 타서 잿더미로 변하고 그 모든 부귀와 쾌락이 한낱 연기가 되어 허공에 올라가 사라졌다. 사도는 보좌에서 나오는 음성을 들었다.

> 우리 하나님을 찬양하라!
> 작은 자나 큰 자나 그분의 종들아, 그분을 경외하는 그대들이여!(요한난계시 19:5)

사도는 이번에는 수많은 성도들의 찬양 소리가 마치 많은 물소리와 같고 천둥소리같이 들렸다.

> 할렐루야! 전능하신 주 우리 하나님께서 다스리시기 때문입니다.
> 우리가 즐거워하고 기뻐하며 그분께 영광을 돌립시다.
> 이는 어린양의 결혼식이 다가왔고 그분의 신부는 자신을 준비했습니다.
> 그리고 그녀에게 빛나고 깨끗한 세마포를 입도록 허락해 주셨습니다.
> 왜냐하면, 세마포는 성도들의 옳은 행실이기 때문입니다(요한난계시 19:6-8).

천사는 사도에게 이 모든 것을 기록하라고 말하였다.

> 어린양의 결혼식 파티에 초대를 받은 사람들은 복이 있습니다.
> 이것은 하나님의 진실된 말씀입니다(요한난계시 19:9).

하나님 아버지께서 친히 초대를 받는 사람들은 너무 복된 사람들이리라.
특히, 우리 '주님과의 결혼잔치'라니?
너무 기쁘고 감격하여 떨리지 않는가!

사도는 자신도 이 초대를 받은 자이자, 신부로서 순결한 세마포를 입고 결혼식의 주인공으로 참여하게 될 것을 생각하니, 이보다 더 큰 영광이 어디 있겠는가!

이러한 감격 속에 이 복음을 전해 준 천사에게 고맙다는 인사로 경배하려고 하자, 천사는 깜짝 놀라하며 사도의 행동을 급히 제재하고, 자신을 보지 말고 하나님께만 주목해야 한다며 두 손을 내저으며 말렸다.

"나는 그대와 예슈아의 증거를 가진 그대의 형제들의 종입니다. 그대는 하나님만 경배해야 합니다. 예슈아의 증거는 예언의 영이기 때문입니다."

천사는 성령의 인도하심을 따라 '예슈아는 그리스도요, 하나님의 아들이심'을 증거하는 모든 성도들과 동일한 역할을 맡은 자들 중의 하나이므로, 경배 받으실 분은 오직 한 분, 하나님 아버지이시다는 것이었다.

2) 영광스러운 주 예슈아의 재림과 승리

사도는 하늘 문이 활짝 열린 것을 보았다. 그리고 보좌에서 음성이 들렸다.

> 보라! 백마와 탄 자가 있으니
> 진실하고 충성스러운 그분께서 공의로 심판하시고 싸우신다.
> 그분의 두 눈은 불꽃 같고 머리 위에는 많은 왕관들을 쓰셨다.
> 그분의 이름은 그분만 알고 아무도 모르는 이름을 기록하여 가지고 있다.
> 피에 푹 적셔진 옷을 입으셨다.
> 그분의 이름은 하나님의 말씀이라 불렸다.
> 백마를 타고 희고 깨끗한 세메포를 입고 온 하늘에 있는 군대들이 그분을 따르고 있었다.
> 그분의 입에서 나오는 예리한 칼이 나라들을 치신다.
> 친히 전능하신 하나님께서 진노의 포도주 틀을 밟으신다.
> 그분은 옷 위에와 넓적다리 위에 써있는 이름을 가지고 계신다.
> 그분의 이름은 만주의 주요 만왕의 왕이시다(요한난계시 19:11-16).

제5장 사도 요하난이 미리 본 이스라엘 437

만왕의 왕, 만주의 주님이신 예슈아 그리스도의 재림(Pat Marvenko Smith 作, 1982)

 2,000년이 지나도록 구름같이 허다한 믿음의 선배들의 재림 신앙을 본받아, 곧 오실 주님의 재림에 대한 믿음을 가지고, 자신의 때에 주님께서 오시는가 하여 먼 하늘 이상한 구름만 봐도 내 주님 오시는가 하여 한동안 구름만 쳐다보기도 하였고, 어디선가 '뿌우' 하고 뿔 나팔 소리 같은 소리만 들려도 주님 오신다는 나팔 소리인가 하여 두리번거리며 나팔 소리 난 곳을

찾기도 하였다.

그토록 고대하고 또 기다렸던 주님께서 "내가 속히 다시 오마!"라고 약속하신 말씀대로 백마를 타고 하늘 수많은 천군천사를 거느리고 재림하시는 역사적인 장면이 사도의 눈앞에 펼쳐진 것이었다.

언젠가 지구상의 모든 방송국들이 특별 생방송을 전 세계에 송출할 것을 보고, 흰 말을 타고 질주해 오는 기병부대같이, 저 넓은 푸른 하늘 위로 주님께서 백마를 타고 수많은 하늘 군대를 거느리며 지상으로 내려오는 것을 상상하니, 가슴이 벅차오른다. 지상의 사람들은 이게 웬 UFO 외계인의 침략인가 하며 마치 드론 쇼를 보듯이 신기하게 쳐다보겠지만, 곧 우리 주님의 모습을 보고는 모두 벌린 입을 다물지 못하고 기절초풍할 것이리라.

사도가 보니, 한 천사가 태양 가운데 서서 공중에 나는 모든 새들에게 큰 음성으로 외쳤다.

"너희들은 이리로 오라!

너희는 함께 와서 하나님의 마지막 최후의 만찬을 먹어라!"

왕들과 장군들과 강한 자들과 말들과 말을 탄 자들과 모든 자유자들과 종들과 작은 자들과 큰 자들의 살을 뜯어 먹으라고 하였다. 통치자와 땅의 왕들과 그 군대들이 모여, 재림하신 주 예슈아와 그분의 하늘 군대들과 전쟁을 하려고 '할-메기돈'(아마겟돈산)에 집결하여 진을 치고 맞섰다(요한난계시 19:17-19).

드디어 인류 역사상 가장 큰 전쟁이 곧 전개되려는 날이 다가온 것이었다. 하늘에서 큰 군대를 이끌고 재림하시는 주님께서 적그리스도와의 전쟁을 시작하였지만, 전세는 이미 판가름이 났다. 사탄의 대리인으로서 짐승 곧 적그리스도와 짐승을 우상 숭배하라고 거짓 예언과 이적을 보여 주며 선동하고 미혹하여 짐승의 표 '666'을 받게 하던 거짓 선지자도 잡혔다.

이 두 짐승이 살아 있은 채로 유황 가운데서 타오르는 불의 무저갱 안으로 던져졌다. 그리고 그 전쟁에서 패한 남은 군대들은 백마를 타고 계신 그분의 입으로부터 나오는 칼에 죽임을 당하였고 모든 새들이 날아와서 죽임을 당한 모든 자들의 살들을 쪼아 먹고 모든 새들이 배를 불렀다(요한난계시 19:20-21).

이것으로 성경에 예언된 인류의 종말은 '3대 7중 재앙'으로 막을 내리게 되었다.

8. 그리스도의 천년왕국과 사탄의 최후

1) 결박당한 사탄의 1,000년 징역형

적그리스도라 일컫는 사나운 짐승 통치자와 이적을 행하고, 우상 숭배를 강요한 미혹의 거짓 선지자가 유황 불못 무저갱에 산 채로 던져졌지만, 하나님을 대적한 '옛 뱀'과 '큰 용,' '사탄' 혹은 '마귀'라 불리운 하나님의 보좌를 탐내는 영적 교만으로 타락한 천사장 '빛나는 별,' '루시퍼'(Lusifer)가 아직 하나님의 심판을 받지 않고 남아 있었다.

사도가 보니, 천사가 하늘에서 내려오는데, 손에 무저갱의 열쇠와 큰 쇠사슬을 손에 들고 내려와서 큰 용을 체포하였다. 천사는 사탄을 결박하여 무저갱에 던져 넣고 문을 잠그고 봉인까지 하였다. 그리고 백성을 미혹하지 못하도록 1,000년 동안 감금하도록 하고 1,000년이 차면 그후에 잠깐(?) 놓일 거라고 들었다(요한난계시 20:1-3).

2) 주 예슈아의 그리스도 나라의 평화

주 예슈아의 신정 국가는 온갖 재앙으로 잿더미가 된 지구를 회복시키고, 예사야 선지자가 전한 예언한 바와 같다.

천 년 동안 옛 뱀, 큰 용을 쇠사슬로 결박한 천사(Pat Marvenko Smith 作, 1982)

이리와 어린양이 함께 살며

표범이 어린 염소와 함께 누우며

송아지와 어린 사자와 살진 짐승이 함께 있어 어린이에게 끌려 다니며

암소와 곰이 함께 먹으며

그것들의 새끼가 함께 엎드리며

사자가 소처럼 풀을 먹을 것이며

젖 먹는 유아가 독사의 구멍에서 장난하며

젖뗀 아기는 독사의 굴에 손을 넣을 것이라.

나의 거룩한 산 모든 곳에서 해 됨도 없고 상함도 없을 것이니

이는 물이 바다를 덮음같이

주를 아는 지식이 세상에 충만할 것이니라(예사야 11:6-9; 65:25).

이는 구약성경에 예언된 종말의 그리스도의 나라의 회복의 성취이다(예사야 9:6-7; 63:1-6; 이르메야 23:5-6).

주 예슈아 천년왕국의 지상 낙원은 옛 에덴동산의 회복이요, 이 지구상에 공의와 정의와 공평의 통치라는 하나님 중심의 신정 국가가 실현되는 것이었다.

그러나 예사야 선지자가 본 새 하늘과 새 땅은 영원한 생명의 나라 천국은 아직 아니다. 왜냐하면, 그곳에는 아직 인생의 의식주의 삶이 계속 죽음과 함께 존재하고 있기 때문이다. 마치 노아의 홍수 이전 시대의 사람들처럼, 사람들의 수명이 수백 년의 나무의 수명과 같게 되고 주택을 건축하고 살면서 포도나무를 심고 열매를 먹으며 헛된 수고도 없고 자녀들의 재난도 없을 것이며, 그들은 모두 주님의 복된 자의 자손이요, 그들의 후손도 그들과 같다고 하였다.

사람들의 수명은 길어져서, 태어난 지 얼마 안되어 죽는 어린 아기나 장수의 수명을 다 채우지 못하고 죽는 노인이 없을 것이며, 100살에 죽는 자를 젊은이라 하겠고, 100살도 못살고 죽는 자는 저주 받은 자가 되리라고 예언하였다(예사야 65:20-24).

마치 노아의 홍수 시대 이전의 장수의 시대처럼 1,000년의 장수 나라가 될 것이다.

이러한 1,000년 왕국의 자연환경의 회복과 건강과 장수로 인하여 인구의 증가가 급격히 향상되자, 많은 사람들이 하나님의 나라와 의에 대한 믿음과 지식과 지혜의 교육이 필요하였고, 그들의 신앙 교육을 위하여 '왕 같은 제사장'들을 세워졌는데, 제사장의 자격은 주 예슈아의 보혈의 믿음의 증거를 가진 성도들의 어린 영유아 자녀들과 하나님의 말씀을 인하여 순교한 자들과 맹수의 경배표인 '666'을 받지 않은 자들, 곧 복되고 거룩한 첫째 부활에 참예한 모든 자들이었고, 그들의 임기는 문자적으로 1,000년이었으나, 그 기간이 어느 카렌다를 적용하게 될지는 분명하지 않다(요하난계시 20:4-5).

3) 사탄의 최후의 멸망

사도가 보니, 어쨌든 1,000년이라는 기간이 다 마치자, 사탄이 무저갱의 옥에서 나와서 타락한 천사였던 귀신들도 같이 총출동하여 1,000년 왕국의 백성들을 미혹하여 옛 '곡과 마곡'을 모방한 전쟁을 준비하고 나섰다. 또다시 사탄의 미혹에 빠져 사탄의 편에 서서 하나님을 대적하는 무리의 수가 바닷가의 모래알같이 많아졌다.

사탄의 지휘로 큰 군대들을 이끌고 하나님께서 특별히 사랑받는 도시 예루샬라임을 포위하고 성도들은 사탄의 군대들을 대적하기 위하여 전쟁에 맞설 진영을 갖추고 있는데, 사탄의 군대들이 점점 성도들의 진영과 사랑받는 성, 예루샬라임을 둘러싸고 포위하였다.

이에 하나님께서 개입하신 역사로 인하여 하늘에서 큰 불덩어리가 쏟아져 내려 사탄의 군대들을 모두 삼켜 버렸다. 사탄은 다시 결박되고 적그리스도인 사나운 짐승 통치자와 거짓 선지자가 있는 불과 유황의 불못으로 던져져서 영원한 형벌을 받게 되었으며, 그곳에서 영원토록 극심한 고통과 괴로움을 받게 될 것이다(요하난계시 20:6-10).

9. 최후의 심판과 새 하늘과 새 땅

1) 흰 보좌의 심판과 둘째 사망

사도는 하늘 위에 펼쳐진 크고 흰 보좌와 그 위에 앉으신 분을 보았는데, 땅과 하늘이 그분 앞에서 사라졌고, 그 보좌 앞에 큰 자나 작은 자나 죽은 자들이 서 있었고, 책들, 곧 생명책과 행위책이 펴 있었으며, 죽은 자들이 자기 행위를 따른 책에 기록된 대로 재판을 받는데, 바다가 죽은 자들을 내어 주고, 사망과 음부도 죽은 자들이 모두 내어 주었다. 그들은 각각 자기 행위대로 재판을 받았다.

그리고 사망과 음부도 불의 호수 속으로 던져졌는데, 이것이 둘째 사망이다. 육체의 사망은 한 번이지만, 불신자의 영혼이 불못에 던져져서 영원한 형벌을 받게 되는 것이 두 번째 사망이라고 일컫는 것이다. 인간의 육체적인 죽음이 첫째 사망이요, 영혼이 영원한 불못에 던져지는 것이 둘째 죽음 곧 둘째 사망인 것이다. 그러므로 만일 누구든지 생명책에 그 이름이 기록되어 있지 않으면 그 사람은 불못에 던져지게 될 것이다(요한난계시 20:11-15).

인류를 사랑하신 하나님 아버지께서 자신의 형상대로 사람을 만드시고 자신의 생기를 주셔서 믿음으로 영원한 행복을 주시기를 원하셨으나, 창조주 하나님을 예배하기를 거절하고 만물을 다스리는 지혜와 환경을 주셨으나 그 은혜를 저버리고, 헛된 우상을 만들어 섬기는 어리석음과 음행과 타락으로 말미암아 온갖 범죄로 더러워지는 인생들을 보셨다.

그래서 하나님께서는 독생자 예슈아 그리스도를 이 세상에 보내사 죄 없으신 하나님의 아들로서 십자가에서 죽으심으로 온 인류의 죄 값을 대속하시고 부활하사 누구든지 주 예슈아를 믿으면, 죄 사함과 구원하심으로 하나님의 자녀로 삼으시고 하늘나라의 영광과 영생을 유산으로 주실 것을 약속하셨다.

그러나 그 위대한 사랑을 저버리고 오히려 사탄을 좇아 하나님을 반역하고 주 예슈아를 배도하며 귀신들의 미혹에 빠져 사탄을 따르다가 사탄과 귀신들을 위해 마련한 유황 불못에 따라 들어가는 스스로의 선택으로 영원한 형벌의 운명이 된 것이다.

사도 요하난은 인류의 종말을 보면서, 모든 것의 그 배후에는 하나님을 대적한 타락한 천사장인 사탄과 그를 따라 타락한 천사들인 귀신들이 있었음을 알게 되었다. 사탄과 귀신들에게 미혹되어 영적 분별력이 부족한 인생들이 휩쓸려 다닌 사람들이 한없이 불쌍하게 여겨졌다. 저 한 영혼이라도 건질 수만 있다면 하는 아쉬움에 맥이 풀려 한동안 멍하니 있었다.

2) 거룩한 정육면체 신도시 예루샬라임성

사도는 어느새, 눈앞에 펼쳐진 놀라운 광경에 매우 놀랐다. 새로운 하늘과 새로운 땅이 보였다. 예전에 보았던 하늘과 땅은 어디론가 사라지고 말았다. 이젠 바다도 더 이상 보이지 않았다.

또 내가 보니, 하나님께로부터 하늘에서 내려오는 마치 신부가 자기 남편을 맞이하기 위하여 잘 단장한 것처럼 미리 준비된 거룩한 도시 새 예루샬라임을 보았다. 그리고는 보좌에서 들리는 큰소리를 들었다.

> 보라, 하나님의 성막이 사람들과 함께, 그분이 사람들과 함께 성막을 치고
> 그들은 하나님의 백성이 되고 하나님은 그들과 함께 계실 것이다.
> 하나님께서 그들의 눈의 모든 눈물을 닦아 주시고
> 죽음도 슬픔도 아픔도 울부짖음도 더 이상 없을 것은
> 이는 처음 것들이 다 사라졌기 때문이다.
> 보라! 내가 만물을 새롭게 창조할 것이다!
> 다 이루었다. 나는 알파와 오메가요 처음과 나중이다.

제5장 사도 요한난이 미리 본 이스라엘 445

하늘에서 내려오는 새 예루살라임성(Pat Marvenko Smith 作, 1982)

내가 생명수 샘물로 목마른 자에게 값없이 줄 것이다.

이기는 자는 이것들을 상속받게 될 것이다.

나는 그에게 하나님이 될 것이고 그는 나에게 아들이 될 것이다.

그러나 두려워하는 자들과 불신자들과 가증한 자들과 살인자들과

간음한 자들과 마술사들과 우상 숭배자들과 거짓말하는 자들은

불과 유황으로 타는 못이 그들의 몫이다. 이것이 둘째 죽음이다(요한난계시 21:3-8).

그리고 보좌에 앉으신 분이 말씀하셨다.

"그대는 기록하라. 이는 내 말은 신실하고 참되기 때문이다."

그후 마지막 일곱 재앙을 담은 일곱 대접을 가진 일곱 천사 중 하나가 사도에게 다가와서 '신부 곧 어린양의 아내'를 사도에게 보여 주겠다고 하였다. 그리고는 성령님 안에서 나를 데리고 크고 높은 산으로 올라가 하나님께로부터 하늘에서 내려오는 거룩한 성 새 예루살람임을 보여 주었다.

그 하늘에서 내려오는 신도시는 하나님의 영광을 가지고 있는 도시의 빛은 최고의 귀한 보석 같고 수정같이 맑고 투명한 벽옥 같았다. 그 신도시는 크고 높은 도시의 외벽을 가진 열두 대문에는 열두 천사가 있고 대문들 위에는 각 대문의 이름들이 써 있었는데, 곧 열두 지파의 이름들이었다.

동서남북으로 된 외벽에는 각 3개의 대문이 있다. 즉, 모두 진주로 된 열두 개의 대문이 있었다. 성벽의 기초석은 열두 개로 그 위에는 어린양의 12사도의 이름들이 써 있었다. 그 도시의 외부 경계벽을 측량하려고 금 갈대를 가지고 측정하였더니, 그 도시는 네모 반듯한 정육면체가 동일한 4각형으로 장(길이), 광(넓이), 고(높이)가 같은 1만 2000스타디온($\sigma\tau\alpha\delta\iota\omega\nu$, 1스타디온 = 185m)은 사방으로 약 2,222km나 되고 정금의 맑은 유리로 된 도시였다.

도시의 외곽은 144규빗(cubit, 1암마 = 46cm)으로서 약 66m이었고, 기초석은 각색 보석으로 장식하였으며 열두 대문은 진주로 되었고, 도시의 도로는 맑은 유리 같은 정금이었다.

도시 안에 성전이 있었는데, 사도는 가시적인 성전은 보지 못하였다. 왜냐하면, 하나님과 어린양이 그 성전 자체이시기 때문이었다. 오늘날 성령님을 모신 성도들 자신이 성전이라는 말씀과 동일한 의미였다(1코린토스 3:16).

그 도시에는 태양이나 달과 별 같은 발광체가 필요없다. 왜냐하면, 하나님의 영광이 빛이 되시고 어린양이 그 등불이 되기 때문이다. 그리스도는 세상의 빛이셨으나, 여전히 새 예루살렘성에서도 영원한 빛이 되신다. 도시의 출입 대문은 밤낮으로 항상 개방되어 있고 밤이 없다. 사람들이 만국의 영광과 존귀를 가지고 그 도시로 출입하겠으나, 오직 어린양의 생명책에 기록된 사람들뿐이다.

3) 새 예루샬라임의 영생의 삶

　새 하늘과 새 땅을 보여 준 천사는 신도시 예루샬라임의 각종 곱고 아름다운 보석으로 빛나는 외부 전경을 보여 주더니, 이제는 사도에게 열두 진주 문 중의 한 대문을 열고 천국의 내부를 안내하는 가이드가 되어 자세하게 설명해 주었다. 꿈에 그리던 이스라엘 땅에서의 예루샬라임의 재건을 위하여 기도하였던 사도는 새 하늘과 새 땅에 이렇게 훌륭한 새 예루샬라임성을 건설하신 주님을 생각하니 너무 감사하여 몸둘 바를 몰라 내심 부끄러웠다. 진주 문을 열고 들어서니, 저 멀리 하나님과 어린양의 신비롭고 영롱한 아름다운 빛으로 둘러싸인 보좌를 보았다. 그 자리에서 보좌를 향하여 무릎 꿇고 잠시 경배를 드렸다.

　고개를 들고 다시 보좌를 보며, '아! 이곳이 바로 주님께서 늘 말씀하시고 가르쳐 주신 천국이구나!' 하고 감탄이 절로 나왔고 벌려진 입이 다물어지지 않았다. 그런데 보좌를 자세히 쳐다보니 보좌에서 철철 흐르는 많은 물들이 계속 흘러나오고 있었다. 흘러나오는 물이 너무 많아 강을 이루고 천국의 큰 도로 가운데로 이미 큰 강이 형성되어 있다. 가이드 천사가 말하였다. "이 강이 바로 '생명수 강'입니다."

　사도는 생명수 강물이 흐르는 것을 보면서, 예헤즈켈 선지자와 즈카르야 선지자가 보았다던, 성전에서 생수가 흘러나오는 환상(예헤즈켈 47:1-13; 즈카르야 13:1; 14:8)을 깨닫는 한편, 주님의 공생애 시절에 쉬므론(사마리아) 여인에게 하셨던 말씀이 떠올랐다.

> 내가 주는 물을 마시는 자는 영원히 목마르지 않습니다.
> 내가 주는 물은 그 속에서 영생하도록 솟아나는 샘물이 될 것입니다(요하난 4:14).

> 누구든지 목마른 사람은 나에게로 와서 마시세요.
> 나를 믿는 자는 성경에 말한 바와 같이
> 그 배에서 생수의 강이 흘러 나올 것입니다(요한난 7:37-38).

4) 거룩한 자는 더욱 거룩하게

역시 성경에 기록된 하나님의 말씀은 일점일획이라도 반드시 성취된다는 것을 재확신하게 되었다. 생명수 강변에 이르러 수정같이 깨끗하고 맑은 강물이 그 깊이까지 투명하게 보였다. 그 강의 좌우에는 생명나무가 있고 열두 가지의 열매를 맺히는데 매월 그 과일을 먹을 수 있고 그 나뭇잎들은 영원한 생명을 제공하는 생명나무임을 증거하는 것이었다.

사도는 태초에 있던 에덴동산이 생각났다. 에덴동산에도 강물이 흘러나와 동산을 흠뻑 적시고 그 에덴 강물이 네 강[18]의 원천이 되었다고 하였는데, 이 강물이 새 예루살라임성 전체에 흐를 것이라는 생각이 들었다. 특히, 놀란 것은 생명나무의 열매였다. 에덴동산에는 많은 나무들 중에, 동산 중앙에 '생명나무'와 '선악의 지식의 나무'가 있었다는데, 그래서 아담 할아버지과 하와 할머니께서 뱀으로 위장한 사탄의 유혹에 넘어가 온 인류 후손들이 죄에 빠져 죽음이 찾아왔고 그래서 모두 죽을 맛이었다(태초에 2:17).

그런데 지금 이곳에는 '선악의 지식의 나무'는 없고 '생명나무'만 있다는 사실에 너무 반갑고 기뻤다. 이 생명나무의 열매를 먹고 영생하게 될까 하여 천사가 불 칼을 들고 절대 출입금지 지역으로 명령하셨었는데, 이제 그 생명나무의 열매를 마음껏 먹을 수 있다니 생각만 해도 침이 꿀꺽 목 안으로 넘어왔다. 그 순간, 보좌로부터 음성이 들렸다.

---

18 네 강: ① 파숀(פִּישׁוֹן, 인더스강), ② 기혼(גִּיחוֹן, 나일강), ③ 힐데겔(חִדֶּקֶל, 티그리스강), ④ 프랕(פְּרָת, 유프라테스강)이다(태초에 2:11-14).

어떤 저주도 다시는 일어나지 않을 것이다.

하나님과 어린양의 보좌가 그 가운데 있고 그분의 종들이 그분을 섬길 것이다.

그들이 그분의 얼굴을 보게 될 것이고 그분의 이름이 그들의 이마에 있을 것이다.

다시 밤이 없겠고 햇빛이 필요하지 않을 것은

주 하나님께서 그들 위에 비춰 주시기 때문이다.

그리고 그들은 영원토록 왕같이 다스릴 것이다(요한난계시 22:3-5).

에덴동산에서 아담과 하와 부부에게도 만물을 다스리라는 말씀(태초에 1:26-28)을 주셨듯이, 그곳에서도 만물을 다스릴 어떤 사명이 있을 것이라는 생각이 들었다. 그러면, "나는 이 천국에서 무슨 일을 할 수 있을까?"라며 잠깐 생각을 하고 있을 때, 다시 가이드 천사가 사도에게 말하였다.

이 말씀은 신실하고 참된 말씀입니다.

선지자들의 영들의 주 하나님께서 그분의 종들에게 반드시 속히 일어날 일들을

보여 주시려고 그분의 천사들을 보내셨습니다.

보십시오. 내가 속히 오리니

이 예언의 말씀들을 지키는 사람이 복이 있습니다(요한난계시 22:6-7).

사도는 말하였다.

"나 요하난은 이 모든 환상들을 직접 보고 들었습니다."

그는 자신이 계시를 받고 기록한 장본인임을 밝혔다. 그리고 지금까지의 듣고 본 환상들을 보여 주고 깨닫도록 가르쳐 준 천사에게 너무 너무 감사하여 고맙다는 뜻으로 천사의 발 앞에 엎드리려고 하는데, 천사는 다음과 같이 말하였다.

나는 그대와 그대의 형제들인 선지자들

그리고 이 책의 말씀을 지키는 모든 분들과 함께 하나님의 종입니다.

그대는 여기서 이러시면 안 됩니다. 오직 하나님께만 경배하세요(요한난계시 22:8-9).

천사는 이렇게 당부하면서 또 말하였다.

때가 매우 가까우니 이 책의 예언의 말씀들을 절대 봉인하지 마세요.

불의를 행하는 자는 그대로 불의를 행하고 더러운 자는 그대로 더럽게 그냥 두세요.

의로운 자는 그대로 의를 행하도록 하고

거룩한 자는 그대로 거룩되게 하세요(요한난계시 22:10-11).

5) 주 예슈아, 어서 오시옵소서!

그때, 어린양 곧 주 예슈아께서 말씀하셨다.

보라! 내가 속히 올 것이다.

내가 각 사람이 그의 일한 대로 상을 주어 보상해 줄 것이다.

나는 알파와 오메가요, 처음과 나중이요, 시작과 끝이다.

자신들의 겉옷을 정결하게 입는 자들은 복이 있다.

그들은 출입 대문을 통해 도시 안으로 들어가

생명나무의 열매를 먹을 권세가 있기 때문이다.

부정한 자들과 마술사들과 간음자들과 살인자들과 우상 숭배자들과 및

거짓말을 좋아하고 거짓을 행하는 모든 자들은 도시 바깥에 있을 것이다.

나 예슈아는 그대들에게 이 예언들을 교회들에 증거하라고 나의 사자들을 보냈다.

나는 뿌리이고 다비드의 자손, 빛나는 새벽별이다(요한난계시 22:12-16).

성령님과 신부가 말씀하신다.

여러분, 오세요! 이 말을 듣는 자는 "당신도 오세요!"라고 말하세요.

목마른 분들도 오세요!

또 원하는 자는 생명수를 조건없이 선물로 받으세요(요한난계시 22:17).

주 예슈아께서 다시 말씀하셨다.

내가 이 책의 예언의 말씀을 듣는 모든 사람들에게 증거한다.

만일 누구든지 이 말씀들 외에 더하면,

하나님께서 이 책에 기록된 모든 재앙들을 그에게 더 하실 것이다.

만일 누구든지 이 말씀들에서 제거하면,

하나님께서 이 책에 기록된 생명나무와 거룩한 도시에서 그의 몫을 제거하실 것이다.

내가 확실하게 신속하게 올 것이다(요한난계시 22:18-20).

사도 요하난은 주님께 간절히 대답하였다.

아멘 주 예슈아, 어서 오십시요!(요한난계시 22:20)

그리고 사도 요하난은 이 예언의 편지를 읽고 듣고 지키는 모든 교회공동체와 성도들에게 축복기도를 하였다.

주 예슈아의 은혜가 모든 분들께 함께 하소서(요한난계시 22:21).

 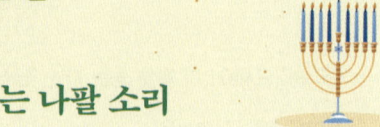

맺음말

주님이 오시는 나팔 소리

주님이 오시는 나팔 소리

　주님 오시는 나팔 소리는 온 인류의 죄를 위하여 십자가에서 대속하시고 부활 승천하신 주 예슈아 그리스도께서 만고의 진리인 성경에 약속하신 말씀대로 다시 재림하셔서 심판하시고 하나님의 나라를 통치하실 것을 믿는다. 그 주님이 다시 오실 때, 하늘에서는 "주님의 호령과 천사장의 소리와 하나님의 나팔 소리"(1텟살로니케 4:16)가 울려 퍼질 것이라는 신호이다.

　본서에서 인용하여 소개한 미디어의 기사들은 '지구의 기상 이변, 지진과 화산, 빙산의 해빙, 인터넷 정보바다에 떠도는 포르노와 음란한 성문란 동성애, 이혼과 가정 파괴, 인간 복제, 가상 인간, AI 로봇의 욕구 억제, 멈출 줄 모르는 핵폭탄 생산 국가들 등의 문제'에 관한 것이다. 이러한 문제들을 안고 사는 오늘날의 우리와 우리 자녀들을 위하여, 이러한 현실들을 회피하기보다는 직시하고 모두 머리를 맞대고 각자 맡은 위치에서 주님께 하늘의 지혜를 구하여 함께 대처할 정보 자료가 되길 바라며 이러한 자료를 제시한 것이다.

＜주님 고대가: 오 주여 언제나 오시렵니까?＞

1. 낮에나 밤에나 눈물 머금고 내 주님 오시기만 고대합니다.
   가실 때 다시오마 하신 예수님 오 주여 언제나 오시렵니까.

2. 고적하고 쓸쓸한 빈 들판에서 희미한 등불만 밝히어 놓고
   내 주님 오시기만 고대하오니 오 주여 언제나 오시렵니까.

3. 먼 하늘 이상한 구름만 봐도 내 주님 오시는가 설레이는 맘
   고개 들고 멀리멀리 바라보오니 오 주여 언제나 오시렵니까.

4. 내 주님 자비한 손을 붙잡고 세마포 흰옷입고 찬송 부르며
   주님 계신 그곳에 가고 싶어요 오 주여 언제나 오시렵니까.

5. 주님 신부 교회가 흰옷을 입고 기름 준비 다해 놓고 기다리오니
   도적같이 오시마고 하신 내 주님 오 주여 언제나 오시렵니까.

6. 천 년을 하루같이 기다린 주님 내 영혼 당하는 거 볼 수 없어서
   지금도 기다리고 계신 내 주님 오 주여 이 시간에 오시옵소서.

문득 어린 시절 교회에서 즐겨 불렀던 ＜주님 고대가＞가 생각이 나서, 1절부터 마지막 절까지 불러 보았다. 그 당시, '심령 대부흥회'는 비록 편안한 의자도 에어컨이나 히터도 없이, 누런 짚으로 짠 가마니에 무릎 꿇고 앉아서 연신 쥐 나는 발에 콧기름을 손가락으로 발라 가면서도, 거친 성대의 쉰 목소리로 힘차게 부르시는 부흥강사 목사님의 선창을 따라 힘차게 박수치면서 목이 터지도록 불렀던 "오 주님 언제나 오시렵니까?"이었다.

정말 오랜만에 불러 보았더니, 웬일인지 눈물이 하염없이 흘러내렸다. 그때만 해도 정말 우리 주님이 곧 오실 것만 같아서 빨리 천국에 가서 주님 만나려는 생각으로, 감사와 감격으로 한없이 흘러내리는 눈물, 콧물 닦지도 않고 간절하게 불렀던 그 시절, 그 은혜 받았던 그때가 그립다.

간혹 들려오는 언제 오신다는 주님의 재림 소식을 들을 때면, 혹시나 하는 마음에 잠시 곁눈질로 지켜볼 때도 있었던 것이 사실이었다. 오신다는 주님이 안 오셨다 해도, "또 기다리면 되잖아!"라는 마음에 먼 하늘 우러러 보며, 이상한 구름만 봐도 곧 주님이 오실 것이라는 기대감으로 하루하루 살았던 때도 있었다.

그렇게 주님 오시기를 간절히 사모하였던 내 자신부터도, 언제부터인가, "주님 언제 오세요?"라고 묻던 말도 바쁘다는 핑계로 어느새 잊어버리고 살고 있다. 재림에 대한 간절한 심정으로 "정말 오늘 밤에는 오실까?"라며 간절히 사모하던 기다림 없이 잠이 들은 내 자신의 모습을 보게 되었을 때는 주님 앞에 너무 부끄러웠다.

이제는 TV나 라디오 방송 어디에서도, 심지어 매주 예배 드리는 교회에서도, 성도 간의 교제 중에도 "우리 주님 언제 오실까?" "마라나타!"(Μαράνα θά)[1]에 대한 간절한 관심은 어느덧 뒷자리로 물러나 있음을 깨닫고는 죄송스러웠다.

이래도 되나?

우리 주님께서 얼마나 서운해 하실까?

복음의 전신 갑주를 다시 챙겨 입고 날마다 사모하고 고백해 본다.

"아멘, 예슈아 주님, 어서 속히 오시옵소서!"

---

1 마라나타(Μαράνα θά): 헬라어 '마라나 다'는 "주님 오십시요!"라는 뜻(1코린토스 16:22)으로서 아람어 '마란 아타'의 음역이다.

주님의 나팔 소리가 점점 더 가까이 들리는 듯하다(야아콥 5:8; 1페트로스 4:7). 우리 함께 깨어 기도하고 있다가, 우리 모두 함께 그 나팔 소리를 듣고, 기름 등불 준비한 지혜로운 다섯 처녀처럼, 함께 공중에서 주님을 맞이하는 한국 교회의 성도들이 되기를 축복하고 간절히 기도한다.

- 제3권 끝 -

הַשֵׁם יֵשׁוּעַ

하쉠 예슈아 시리즈 전 3권

1. 하쉠 예슈아:
구약이 본 이스라엘

조하놀 지음 | 신국판 | 368면

2. 하쉠 예슈아:
신약이 본 이스라엘

조하놀 지음 | 신국판 | 492면

3. 하쉠 예슈아:
내일이 본 이스라엘

조하놀 지음 | 신국판 | 456면

하쉠 예슈아 시리즈는 한글 성경의 고유명사들을 현 지음 표기법에 따라 현대 히브리어, 헬라어의 발음대로 한글로 표기하였고, 누구나 쉽고 재미있게 읽도록 스토리-텔링과 다양한 삽화를 가미하였습니다.

또한 구약성경의 천지 창조를 시작으로 신약성경에 없는 로마 제국의 흥망성쇠와 중세 및 근대사와 함께 현대 이스라엘의 독립과 중동 사태 그리고 미래의 이스라엘과 종말의 예언까지 하나님의 인류사 경영을 전 3권의 시리즈로 담았습니다.